पर्दे से पिकाडिली तक

पर्दे से पिकाडिली तक

अपनी पहचान के लिए एक मुस्लिम महिला का संघर्ष

ज़रीना भट्टी

SAGE | bhasha

Los Angeles | London | New Delhi
Singapore | Washington DC | Melbourne

Originally Published in 2016 in English by
SAGE Publications India Pvt Ltd as *Purdah to Piccadilly: A Muslim Woman's Struggle for Identity*

This edition published in 2017 by

SAGE | bhasha

SAGE Publications India Pvt Ltd
B1/I-1 Mohan Cooperative Industrial Area
Mathura Road, New Delhi 110 044, India
www.sagepub.in

SAGE Publications Inc
2455 Teller Road
Thousand Oaks, California 91320, USA

SAGE Publications Ltd
1 Oliver's Yard, 55 City Road
London EC1Y 1SP, United Kingdom

SAGE Publications Asia-Pacific Pte Ltd
3 Church Street
#10-04 Samsung Hub
Singapore 049483

Published by Vivek Mehra for SAGE Publications India Pvt Ltd, typeset in 12.5/14.5 pt Kokila by Diligent Typesetter India Pvt Ltd, Delhi and printed at Repro India Ltd., Mumbai.

ISBN: 978-93-528-0168-8 (PB)

Translator: Gauri Mirashi (TranslationPanacea)
SAGE Team: Syed Husain Naqvi, Vinayak Dubey

मैं अपने इस संस्मरण को अपने माता-पिता, मोहम्मदी बेग़म और फ़रीदुल हक़ को परिवर्तन को विनम्रता के साथ स्वीकार करने की उनकी क्षमता को समर्पित करती हूँ।

विषय-सूची

प्रस्तावना

संस्मरण ज़्यादातर मशहूर लोगों जैसे विद्वान्, दार्शनिकों और कलाकारों द्वारा लिखे जाते हैं, जिन्होंने ज्ञान, कला और संस्कृति में महत्वपूर्ण योगदान दिए होते हैं। मैं ऐसी किसी विशिष्टता का दावा नहीं कर सकती, और फिर भी मैंने मेरी 80 साल की लंबी यात्रा के अपने जीवन और अनुभवों का वर्णन किया है। मैंने ऐसा अपनी तीन बेटियों के सुझाव और प्रोत्साहन पर किया है, जिनका यह मानना है कि मेरा जीवन एक आम मुस्लिम महिला के जीवन से ज़रा हटके रहा है, क्योंकि मैंने अपनी पहचान बनाने के लिए अपने समय के स्थापित सामाजिक मानदंडों के ख़िलाफ़ संघर्ष किया है। मेरी यह इच्छा भी थी कि मैं उन विशाल सामाजिक-सांस्कृतिक परिवर्तनों को दर्ज करूँ जिनकी पिछली शताब्दी के दौरान मैं गवाह बनी हूँ। एक सार्वभौम लोकतांत्रिक राज्य के रूप में स्थापित होने के बाद, भारत ने सामाजिक-आर्थिक विकास का एक बड़ा कार्यक्रम शुरू किया, जिसमें जाति व्यवस्था और परंपरागत स्त्री-पुरुष संबंधों पर सवाल उठाए गए। उसने खुद को एक धर्मनिरपेक्ष लोकतांत्रिक संविधान दिया जिसने सभी भारतीय नागरिकों को "जाति, पंथ, और लिंग के परे जाकर" समानता प्रदान की।

आगे के पन्नों में, मैंने स्वतंत्रता से पहले और स्वतंत्रता-पश्चात के बाद भारत की सामाजिक और राजनीतिक उथल-पुथल का वर्णन किया है और सामाजिक-आर्थिक समानता और सामाजिक न्याय की धारणा के उद्भव को प्रतिबिंबित किया है जिन्होंने जाति, स्तर, और लिंग की सीमाओं को ध्वस्त करने का प्रयास किया। इन धारणाओं ने, कठोर और पुरानी सामाजिक संरचना के विरोध के माहौल में, न केवल देश की सामाजिक बनावट को बल्कि व्यक्तिगत आकांक्षाओं और जीवन शैली को भी प्रभावित किया।

मैंने इस बात पर भी प्रकाश डाला है कि किस प्रकार स्वतंत्रता के बाद के भारत और देश के विभाजन के बाद के राजनैतिक परिवर्तनों ने भारतीय मुस्लिमों को प्रभावित किया जो भारतीय समाज और राजनीति का एक अभिन्न भाग थे। वे अपनी धार्मिक और सांस्कृतिक वफ़ादारी के बीच बंटा हुआ महसूस करने लगे थे। धार्मिक सरगर्मी उन्हें पकिस्तान की तरफ खींचने लगी लेकिन सांस्कृतिक रूप से उन्हें यह महसूस हो रहा था कि उनकी जड़ें भारत में ही हैं। दबाव में आकर, कुछ ने पाकिस्तान में स्थानांतरित होने का निर्णय लिया, लेकिन उनमें से बहुतों को बाद में अपने इस निर्णय का पछतावा हुआ क्योंकि उन्होंने खुद को वहां की प्रमुख पंजाबी और सिंधी संस्कृति और वहां की भाषा से अलग महसूस किया। जो अपनी जड़ों की रक्षा करने के

लिए पीछे रह गए, उन्हें भारत के स्वतंत्रता संघर्ष में महत्वपूर्ण योगदान देने के बावजूद भी अपने ही जन्मदाता देश में अल्पसंख्यकों का स्तर स्वीकार करने का आघात सहना पड़ा। इन कारकों का अभी भी बढ़ते कट्टरवाद पर एक दुर्भाग्यपूर्ण प्रभाव है जो कि इस समुदाय को रूढ़िवाद और अलगाववाद की तरफ और अधिक खींच रहा है।

पचास साल के बाद भी, मैं उस दिन की याद को संजोकर रखती हूँ जब मैं रॉयल अल्बर्ट हॉल में बैठी थी और मेरा नाम पुकारा गया था। वह विद्यार्थियों की एक अंतर्राष्ट्रीय सभा थी, जिनमें से अधिकांश विशेषाधिकार प्राप्त वर्गों से थे, जिनमें विश्वभर के शाही परिवार भी शामिल थे। मैं ब्रिटेन की राजमाता, रानी एलिज़ाबेथ से अपनी पदवी प्राप्त करने के लिए उठी, जो उस वक्त लंदन विश्वविद्यालय की कुलपति थीं। मैं अपने नम्र अतीत को याद करने से खुद को नहीं रोक पाई, जहाँ मैं एक मध्यम-वर्गीय परिवार की बेटी थी जिसकी एक अनपढ़ दादी थी और एक माँ थी जिसे कभी स्कूल नहीं भेजा गया था, केवल घर पर ही उर्दू पढ़ाई गई थी; मैं एक ऐसी बच्ची थी जिसका हर शैक्षणिक वर्ष की शुरुआत में स्कूल में जाना संकट में पड़ जाता था; मैं वह थी जिसे प्रोफ़ेसर बनने के लिए विदेश जाकर पढ़ने के हर स्तर पर हतोत्साहित किया गया था; जिसका ऐसी उच्च आकांक्षाएं पालने के लिए उपहास बनाया गया था। लेकिन मैं यहाँ थी, इस शाही परिवेश में बैठी हुई, लंदन विश्वविद्यालय की पदवी प्राप्त कर रही थी। यह कोई सपना नहीं था। आज मेरे नाती-पोतों समेत जो भी इसे पढ़ रहे होंगे, शायद कहेंगे कि "तो क्या? यह तो कोई बड़ी बात नहीं है।" लेकिन मेरी परिस्थितियों को देखते हुए, यह मेरे लिए एक बहुत बड़ी बात थी। मैंने यह समझाया है कि क्यों विश्वविद्यालय के दीक्षांत समारोह में पदवी के वितरण जैसी सामान्य घटना मेरे लिए इतनी महत्वपूर्ण थी जिसने मुझे उपलब्धि की भावना प्रदान की, और मैंने तत्कालीन प्रचलित सामाजिक-सांस्कृतिक व्यवस्था के संदर्भ में अपने व्यक्तिगत अनुभव और संघर्षों को भी बताया है। इस सारे वर्णन को उस समय के संक्षिप्त सांस्कृतिक इतिहास के तौर पर देखा जा सकता है। जब मैं बड़ी हो रही थी, उस समय की प्रचलित सामाजिक संरचना बहुत ही सामंती और पितृसत्तात्मक थी। समाज को जाति, वर्ग, और लिंग के आधार पर सामाजिक और आर्थिक रूप से अलग कर दिया गया था। सामाजिक संरचना आज की तुलना में बहुत ही कठोर थी; इसमें व्यक्तिगत विचलन के लिए कोई जगह नहीं थी, यह जब भी घटित होते थे, उन्हें पृथक रूप से अस्वीकृत कर दिया जाता था, जिससे व्यक्तिगत पथभ्रष्टता और भी मुश्किल हो जाती थी। भारतीय मुस्लिम समाज भी इस स्थिति के लिए अपवाद नहीं था।

इस्लाम के समानतावादी लोकाचार के मुस्लिम दावों के बावजूद, भारतीय मुस्लिम समाज प्रभावशाली हिंदू सामाजिक संरचना से अत्यधिक प्रभावित हुआ है। यह थोड़े से क्षेत्रीय मतभेदों के साथ हिंदू जाति व्यवस्था के अनुरूप ही जाति व्यवस्था का पालन करता है। इसने स्त्री-पुरुष संबंधों, परिवार द्वारा तय किए गए विवाहों, स्त्री-पुरुष भेदभाव, क़ानूनी अधिकार, विधवा पुनर्विवाह का अस्वीकार, और विधवाओं को शापित मानना और उनके व्यक्तिगत जीवन पर बहुत से प्रतिबंध लगाना, आदि से संबंधित हिंदू रिवाज़ों को अपना लिया था। मुस्लिम समाज महिलाओं पर बहुत कठोर था। इसने उन्हें शिक्षा से वंचित किया और अलग-थलग रखा, और

बाहरी दुनिया से कोई भी संबंध रखने से प्रतिबंधित किया। किसी भी विरोध के बिना निर्धारित सामाजिक मानदंडों का पालन करने को अच्छा माना जाता था।

मैंने अवध क्षेत्र की पारंपरिक सामाजिक संरचना की कार्य पद्धति को विस्तार में दर्ज कराने की कोशिश की है, यह क्षेत्र उस समय आगरा और अवध के संयुक्त प्रांतों में आता था जिसे अब उत्तर प्रदेश (उप्र) के नाम से जाना जाता है। इस भूतपूर्व प्रांत का अवध क्षेत्र सामंती था और इस पर मुस्लिम लोगों का वर्चस्व था। सामाजिक न्याय और सामाजिक-आर्थिक समानता के नए अपनाए गए विचारों के वज़न से, वह सामाजिक संरचना न केवल आर्थिक रूप से बल्कि सांस्कृतिक रूप से भी टुकड़े-टुकड़े होने लग गई थी। मैं परिवर्तन की इस प्रक्रिया की गवाह रही हूँ और उस सामाजिक और पारिवारिक माहौल का सामना करने के मेरे व्यक्तिगत अनुभव और संघर्ष आगे के लेखन में प्रतिबिंबित होते हैं। अपने जीवन के अनुभवों को बताते हुए, मैं अपने पाठकों को यह भी कहना चाहती हूँ कि आगे बढ़ने के लिए सपने और आकांक्षाएँ, और उन्हें पूरा करने के लिए आत्मविश्वास होना बहुत ज़रूरी है।

आभार

इस पांडुलिपि के पहले भाग को पढ़ने और एक सकारात्मक प्रतिक्रिया देने के लिए मैं स्टेट यूनिवर्सिटी ऑफ़ सैन डिएगो, कैलिफ़ोर्निया के प्रोफ़ेसर पैट हकल को धन्यवाद देना चाहती हूँ। क्योंकि मैं कंप्यूटर से ज्यादा वाकिफ़ नहीं हूँ इसीलिए जब भी मैं कंप्यूटर से संबंधित किसी समस्या का सामना करती थी तो मुझे बचाने के लिए मेरे नाती दानियाल ख़ान और लायला ख़ान सामने आते थे, जिसके लिए मैं उन्हें बहुत धन्यवाद देना चाहती हूँ। मेरे सबसे बड़े नाती, अरमान घोष, जो एक छोटी यात्रा पर भारत आया था, को भी नन्ना (नानी माँ) की मदद के लिए शामिल किया गया जो उसने बड़े ही धैर्य के साथ की।

मेरी प्रिय सहेली, डॉ. रोमिला थापर को अपने अतिव्यस्त जीवन के बावजूद भी पांडुलिपि पढ़ने और सुझाव देने के लिए बहुत-बहुत धन्यवाद और आभार। मैं डॉ. सबा महमूद बशीर को धन्यवाद देना चाहती हूँ और मेरी पांडुलिपि की गुणवत्ता सुधारने के लिए उनके विस्तृत संपादन और सकारात्मक सुझावों के प्रति मैं उनकी कर्ज़दार हूँ। और आखिर में, मैं सेज प्रकाशन की सुश्री सुनंदा घोष को इसे प्रकाशित करने की संभावना की पेशकश देने के लिए धन्यवाद देती हूँ। इस पांडुलिपि के कुछ भाग का संपादन करने के लिए मैं सुश्री श्रेया चक्रवर्ती, आगे के संपादन के लिए अमृता और एलीना मजूमदार को धन्यवाद देना चाहती हूँ जिन्होंने मेरी कुछ हद तक अपूर्ण पांडुलिपि को प्रसन्नतापूर्वक और धीरज के साथ संभालने में मदद की।

मैं अपने असंख्य मित्रों और करीबी रिश्तेदारों के प्रति अपना आभार और कृतज्ञता दर्ज कराना चाहती हूँ जिन्होंने मेरी प्रेरणा को जीवंत रखा, इन सबके अलावा मेरी बेटियों, हुमा, किरण और निखत को उनके निरंतर प्रोत्साहन और समर्थन के लिए धन्यवाद देना चाहती हूँ। मैं यहाँ अपने भांजे सोहेल अकबर, मेरी बहन सीमिन, उसके पति अब्दुल हाई, मेरी भांजी काकुल और मेरी मित्र और एक समय की सहकर्मी डॉ. तायशा अब्राहम का भी नाम लेना चाहूंगी जिनका समर्थन मेरे इस प्रयास में बहुत ही महत्वपूर्ण है।

मैं उन सभी से तहेदिल से माफ़ी मांगना चाहती हूँ जो शायद इस बात से नाराज़ हों कि मैं यहाँ उनका नाम लेना भूल गई हूँ या फिर जो इस संस्मरण में मेरे द्वारा की गई किसी अनपेक्षित टिप्पणी से आहत महसूस कर रहे हों। मैं उन्हें यह यकीन दिलाना चाहती हूँ कि मेरा इरादा किसी

को दुःख पहुँचाने का या किसी को ग़लत तरीक़े से प्रस्तुत करने का बिलकुल नहीं था। अंत में, मैं चाहती हूँ कि लोग मुझे एक ऐसी महिला के रूप में याद रखें जो धर्म से मानवतावादी, पेशे से समाजशास्त्री और आस्था से नारीवादी थी।

ज़रीना भट्टी
मसूरी

1

पृष्ठभूमि

लखनऊ से लेकर लंदन के रॉयल अल्बर्ट हॉल तक की मेरी लंबी यात्रा 9, अगस्त, 1933 को शुरू हुई, जब फ़रीदुल हक़ और मोहम्मदी बेग़म के यहाँ उनकी पहली संतान, एक बेटी का जन्म हुआ। इस बच्ची का नाम ज़रीना रखा गया (इसका शाब्दिक अर्थ है 'सुनहरा')। उसका वज़न इतना कम था कि उसका बचना लगभग असंभव लग रहा था; वह न केवल जीवित बची, बल्कि वृद्ध भी हुई और अभी भी एक 80 साल की मोटी-ताज़ी नानी के रूप में जीवित है।

पहली संतान होने के कारण, मेरे माता-पिता ने, और विशेष रूप से मेरी दादी ने, बहुत प्यार से मेरा स्वागत किया, जो कि एक भारतीय परिवार के लिए असामान्य था जहाँ पर लड़की का जन्म लेना निराशा लेकर आता है, खासतौर पर अगर वह पहली संतान हो तो। इस असामान्य स्वागत का कारण यह था कि मेरी दादी को कोई लड़की नहीं थी। वह 18 साल की कच्ची उम्र में, विवाह के केवल दो साल बाद ही विधवा हो गई थीं और उन्होंने पुनर्विवाह नहीं किया था। जब मेरी दादी ने अपने पति को खोया, उस समय मेरे पिता केवल छह महीने के थे। वे बेटी के लिए बहुत लालायित थीं। जब मेरे पिता का विवाह हुआ और मेरी माँ गर्भवती हुई, तो मेरी दादी ने बेटी के लिए प्रार्थना की और उनकी प्रार्थना सुन ली गई। मेरा जन्म उनकी प्रार्थनाओं की एक मार्मिक प्रतिक्रिया थी। हालांकि मेरे जन्म के समय मेरे माता-पिता बाराबंकी—उत्तर प्रदेश का एक ज़िला—में रह रहे थे, लेकिन मेरा जन्म लखनऊ में हुआ, क्योंकि अच्छी चिकित्सा सुविधाओं के कारण मेरी माँ को प्रसव के लिए वहां लाया गया था।

मेरे माता-पिता दोनों ही रुदौली के ज़मींदार परिवारों से ताल्लुक़ रखते थे, यह भूतपूर्व बाराबंकी ज़िले का एक मुस्लिम-बहुल *क़स्बा*[1] था। उप्र की पूर्व मुख्यमंत्री मायावती ने साल 2007 में अपने पहले कार्यकाल के दौरान ज़िलों को पुनर्गठित किया था, इसीलिए रुदौली अब फ़ैज़ाबाद ज़िले में आता है। स्वतंत्रता के पहले, उप्र, आगरा और अवध का संयुक्त प्रांत कहलाता था। अंग्रेज़ों के पदभार संभालने से पहले, अवध क्षेत्र पर मुस्लिम नवाबों का एक

[1] एक छोटा शहर।

राजवंश शासन करता था। अवध के नवाब अपनी दुर्व्यवहार की हद तक विवादास्पद, बेहद सामंती जीवनशैली के लिए मशहूर थे। उस संस्कृति के अवशेष अभी भी लखनऊ और उस क्षेत्र के *क़स्बों* में क़ायम हैं।

इसका तो उल्टा डोला वापस आएगा[2], क्योंकि घर के काम-काज की तरफ़ मेरा बिलकुल भी झुकाव नहीं था, इसीलिए माँ का बार-बार दोहराया जानेवाला यह राग आज भी मेरे कानों में गूंजता है। तब उन्हें पता नहीं था कि इसमें 12 साल का लंबा समय लगेगा, क्योंकि 'मेरा डोला तब लौटा', जब मैंने 12 साल तक चली एक दुःखद शादी के बाद तलाक़ ले लिया।

मेरे पास अपने बचपन की बहुत स्पष्ट यादें नहीं हैं लेकिन मुझे यह बात अच्छे से याद है कि मैंने कभी भी कुछ भी सही नहीं किया। मेरे माता-पिता को मेरा पालन-पोषण करने में बहुत मुश्किल हुई होगी। मेरे बड़े होने के सालों के दौरान, किसी भी तरह का अपरंपरागत व्यवहार स्वीकार नहीं किया जाता था, और सामाजिक रूप से निर्धारित आयु-और-लिंग विशिष्ट आचरण पर बहुत ज़ोर दिया जाता था। यह बर्ताव करने के नियम लड़कों और पुरुषों की अपेक्षा लड़कियों और महिलाओं पर ज़्यादा सख़्ती से लागू किए जाते थे; लड़कियों और महिलाओं की तुलना में लड़कों और पुरुषों के पथभ्रष्ट (बिगड़ैल) व्यवहार के प्रति समाज अधिक दयालु था और इसीलिए लड़कों और पुरुषों के लिए सामाजिक प्रतिबंध कम कठोर थे। लड़कियों के लिए जो अनुचित व्यवहार माना जाता था, जैसे तेज़ी से चलना, इधर-उधर कूदना और भागना, प्रश्न पूछना, ज़ोर से बोलना, आदि सभी बातों के लिए मुझे हमेशा सुधारा जाता था—"एक महिला की आवाज़ पुरुषों के रहने की जगह तक सुनाई नहीं देनी चाहिए"—यही राग हमेशा अलापा जाता था। मुझे हमेशा यह याद दिलाया जाता था कि मैं एक लड़की हूँ और लड़कियों को लड़कों की तरह व्यवहार नहीं करना चाहिए।

स्त्रीत्व की परिभाषा थी एक नाज़ुक शरीर, दूसरों पर निर्भर रहने का स्वभाव, शांत, विनम्र, आज्ञाकारी, कोमलता से बोलनेवाली, प्रश्न न पूछनेवाली, तर्क न करनेवाली, और लिंग के आधार पर बनाए गए नियमों को बिना किसी शर्त के स्वीकार कर लेनेवाली। भारत में, या वास्तव में इस उपमहाद्वीप में ही, लड़कियों और लड़कों के इस अनुकूलन की शुरुआत शैशवावस्था से ही हो जाती थी। छोटी बच्चियों को स्त्रीत्व के आदर्श प्रतिमान यानि चुप, इच्छा-रहित, विनम्र, आज्ञाकारी, त्याग करनेवाली, और धार्मिक व्यक्ति बनना सिखाया जाता था जिनके जीवन का उद्देश्य अपनी स्वतः की पहचान की इच्छा किए बिना, बेटियों, पत्नियों, और माँओं की तरह जीना और मर जाना था। इसके विपरीत, लड़कों को मैदानी खेल खेलने, आक्रामक बनने, शारीरिक रूप से शक्तिशाली बनने, अच्छे से खाना खाने, एक शानदार व्यक्तित्व का विकास करने, और खुद को लड़कियों से श्रेष्ठ मानने के लिए प्रोत्साहित किया जाता था। हम लड़कियों को मोटे होने के डर से अच्छा खाना खाने से भी हतोत्साहित किया जाता था, क्योंकि उस वक्त भी विवाह के बाज़ार में छरहरी लड़कियों को ही प्राथमिकता दी जाती थी।

[2] इसकी डोली उसी दिन वापस आ जाएगी।

लड़कियों से यह उम्मीद की जाती थी कि वे एक, या ज़्यादा से ज़्यादा, दो रोटियां और मुट्ठीभर चावल खाएं, जबकि लड़कों को कम से कम तीन या चार रोटियां और दो मुट्ठीभर चावल खाने के लिए प्रोत्साहित किया जाता था। मुझे कई बार तीन रोटी खाने की इच्छा होती थी, लेकिन तीसरी रोटी मैं बहुत ही अपराध भावना के साथ खाती थी। इसके बावजूद भी, सौभाग्यवश, मैं अपनी पूरी युवावस्था में बेहद छरहरी थी।

लड़कियों के लिए भोजन को सीमित करने का एक कारण यह भी था कि हमें ज़्यादा शारीरिक मेहनत करने नहीं मिलती थी। हमें घर की चारदीवारी के भीतर ही सीमित रखा जाता था; यहाँ तक कि छोटी बच्चियों को भी भीतरी आंगन के बाहर जाकर खेलने की इजाज़त नहीं थी। छोटी उम्र से ही हम लड़कियों का परिचय घरेलू गतिविधियों से करा दिया जाता था और हमें बाहर जाकर खेलने के लिए ज़्यादा समय ही नहीं मिलता था। जो खेल लड़कियां खेला करती थीं वह उन खेलों से बहुत अलग थे जो लड़के खेला करते थे। हम ज़्यादातर घर पर बनाई हुई गुड़ियों से खेलते थे या फिर चचेरी बहनों के साथ रस्सी कूदते या लंगड़ी खेलते थे। अगर कोई युवा चचेरा भाई हममें शामिल होता था, तो वह हमारा उपहास करता था और हमें ऐसा करने से हतोत्साहित करता था। स्त्री-पुरुष के बीच के ऐसे भेदभाव से मुझे बहुत गुस्सा आता था; मैं अक्सर अपने चचेरे भाइयों के साथ गेंद खेलने या पतंग उड़ाने में शामिल होना चाहती थी। आजकल की तरह उस समय व्यावसायिक खिलौने इतने आम नहीं थे।

हम लड़कियों को बड़ों के प्रति ज़्यादा सम्मान दिखाने के निर्देश दिए जाते थे और परिवार के बुज़ुर्गों की उपस्थिति में अपने सिर ढकने को कहा जाता था, जिसे सम्मानसूचक चिह्न माना जाता था। जब हम शारीरिक रूप से विकसित होने लगे तो हमें अपने सीने को ठीक से ढकने के भी निर्देश दिए जाने लगे। दुपट्टा पहनना अनिवार्य हो गया और उसे कुछ इस तरह से ओढ़ा जाता था कि सीना अच्छे से ढका जा सके। अविवाहित लड़कियों को चोली पहनने के लिए हतोत्साहित किया जाता था; एक लड़की के लिए चोली ख़रीदना और पुरुष दुकानदार को उसका माप बताना शर्मनाक माना जाता था। हममें से कुछ ने घर पर ही चोली सिलना सीख लिया और हमें उसे सबकी नज़र से बचाकर धोना और सुखाना पड़ता था। अविवाहित और विवाहित महिलाओं के लिए लज्जा के विभिन्न मानदंड लागू किए जाते थे—विवाहित महिलाओं को अधिक स्वतंत्रताएं थीं और उनके लिए लज्जा के हुक्मनामे कुछ कम थे। महिलाओं को विवाह के बाद ही पूर्ण, सामाजिक स्थिति प्राप्त होती थी और फिर ही वे कुछ हद तक सामाजिक भोग-विलास का आनंद उठा सकती थीं। उदाहरण के लिए, विवाहित महिलाएं चिकन[3] के कुरते पहनती थीं, वे लंबे कुरते मलमल के बने होते थे, जो कि एक पारदर्शी कपड़ा होता है, वे उसके नीचे केवल एक चोली पहनती थीं और खुद को बड़े दुपट्टों से ढक लेती थीं। वे ग़रारे[4] पहनती थीं। ग़रारों की कमर पर रंगीन धागों या ज़री[5] से कढ़ाई की हुई होती थी। यह ज़रूर ही महिलाओं की कमर की तरफ़ ध्यान आकर्षित करने के लिए

---

[3] नाज़ुक हाथ की कढ़ाई का एक प्रकार।

[4] चौड़े पैरों की घागरे जैसी पतलून जो पैरों को ढक लेती थी।

[5] कढ़ाई के लिए प्रयोग किया जानेवाला सोने का धागा।

किया जाता होगा। मुझे लगता है कि इसके पीछे का विचार यह होगा कि विवाहित महिलाएं अपने पतियों को कामुक रूप से आकर्षक लगें, लेकिन अविवाहित महिलाओं की कामुकता को उनके कौमार्य की तरह ही दबाकर रखा जाता था, कौमार्य उनकी सबसे "कीमती संपत्ति" थी, जिसकी रक्षा की जानी चाहिए थी।

अविवाहित महिलाओं को बहुत भड़कीले कपड़ों और भारी गहनों से खुद को सजाने से हतोत्साहित किया जाता था और मेकअप करने या बालों में फूल लगाने की भी अनुमति नहीं थी। इस बात की बिलकुल भी अनुमति नहीं थी कि खुद को इस प्रकार से तैयार किया जाए या इस प्रकार से पेश किया जाए जिससे कि पुरुष आकर्षित होते हों। लड़कियों को जीवन के तथ्यों के बारे में कोई भी ज्ञान नहीं प्रदान किया जाता था; बल्कि हर वह प्रयत्न किया जाता था कि उन्हें यौन संबंधों के बारे में कुछ भी पता न चल सके, जबकि विवाहित महिलाओं को यौन बातचीत करने की अनुमति थी। हमारे क्षेत्र में, यह एक रिवाज़ था कि विवाह की रात के बादवाली सुबह को (ऐसा माना जाता है कि मुस्लिम विवाहों में पहली रात को ही यौन संबंध बना लिए जाते हैं, क्योंकि ऐसा हुए बिना विवाह को क़ानूनी तौर पर वैध नहीं माना जाता है) नईनवेली दुल्हन को विवाहित महिलाओं के समूह में बैठाया जाता था और पेशेवर गायिकाएं श्रोताओं के मनोरंजन के लिए भड़कीले गाने गाती थीं। अविवाहित लड़कियों को इस *महफ़िल*[6] में शामिल होने की इजाज़त नहीं थी।

इज़्ज़त

इज़्ज़त और शर्म की धारणा भी इन सामाजिक रूप से अनुकूल लड़कियों के लिए महत्वपूर्ण भूमिका निभाती थीं। मेरे बढ़ते हुए वर्षों के दौरान मुझे इनका प्रशिक्षण दिया गया था। यह सभी धारणाएं एक महिला की लैंगिकता के साथ क़रीबी रूप से जुडी हुई थीं। इज़्ज़त की धारणा के केंद्र में महिला हुआ करती थी, क्योंकि वह अपने व्यवहार के ज़रिये अपने परिवार की इज़्ज़त को बढ़ा या घटा सकती थी; विशेष रूप से, अपने लैंगिक आचरण के माध्यम से। यही कारण था कि उसे संरक्षित रखा जाता था और उसकी लैंगिकता को नियंत्रण में रखा जाता था। एक अविवाहित लड़की को उसकी लैंगिकता को दबाना भी सिखाया जाता था। विवाह से पहले बेटी का कौमार्य खोना, इससे ज़्यादा परिवार की इज़्ज़त को दूषित करनेवाली कोई भी चीज़ नहीं थी।

मुझे बाहर जाने या सहेलियों से मिलने की इजाज़त नहीं थी। मेरी सामाजिकता केवल माता-पिता के साथ, रिश्तेदारों के घर जाने तक ही सीमित थी। जब भी हम बाहर जाते थे, हम एक ढके हुए तांगे[7] में, बुर्क़ा पहनकर जाते थे, और अगर पिताजी हमारे साथ नहीं आते थे तो हमारे साथ एक पुरुष रक्षक होता था, जो कि अक्सर मेरे पिताजी का चपरासी हुआ करता था।

---

[6] सम्मेलन।

[7] घोड़े द्वारा चलाई जाने वाली गाड़ी।

वह चपरासी तांगे की अगली सीट पर बैठता था और हम लोग पिछली सीटों पर, और हमारे बीच में एक परदा लगा रहता था। अगर मुझे कभी-कभार स्कूल की किसी सहेली से मिलने जाने की अनुमति मिलती तो भी इसी प्रकार की व्यवस्था में जाना पड़ता था।

एक लड़की से यह उम्मीद की जाती थी कि वह परिवार की इज़्ज़त की बलिवेदी पर अपनी प्रतिभाओं का बलिदान कर दे। लड़कियों को ऐसी कोई भी गतिविधियाँ करने की अनुमति नहीं थी जिनका सार्वजनिक प्रदर्शन किया जा सकता था; किसी भी प्रकार की कलात्मक प्रतिभा, जैसे चित्रकारी या संगीत को हतोत्साहित किया जाता था।

महिलाएं अपनी कलात्मक क्षमता को बाहर निकालने के लिए दुपट्टों को कल्पनाशील तरीकों और रंग संयोजनों में रंगती थीं और रोज़मर्रा की सामग्री पर कढ़ाई करती थीं। दुर्भाग्यवश, मुझे संगीत और नाटक का शौक था। हम लखनऊ के एक प्रसिद्ध संगीत महाविद्यालय से ज़्यादा दूर नहीं रहते थे और मैंने उस महाविद्यालय में दाखिला लेकर हिंदुस्तानी शास्त्रीय संगीत सीखने की इच्छा ज़ाहिर की थी। लेकिन मेरे परिवार ने तुरंत मना कर दिया। एक "इज़्ज़तदार" परिवार की लड़की संगीत सीखने के बारे में सोच भी कैसे सकती है? केवल पेशेवर गायकों की जाति की महिलाएं या वेश्याएं ही सबके सामने गाती हैं। युवा महिलाएं और लड़कियां पारिवारिक समारोहों में शौकिया गायिकाओं के तौर पर लोक-गीत गाती थीं, लेकिन संगीत सीखने और सबके सामने गाने की इजाज़त बिलकुल भी नहीं थी।

मुझे अभिनय का भी शौक था और माता-पिता की थोड़ी घुडकियां खाकर भी मैं स्कूल के नाटकों में भाग लेती थी। एक बार, स्कूल के एक नाटक में, मुझे नईनवेली दुल्हन की भूमिका निभानी थी, जिसका मतलब यह था कि मुझे दुल्हन की तरह तैयार होना था। पहले तो मेरे माता-पिता ने मेरे अविवाहित होने के कारण मुझे ऐसा करने की अनुमति नहीं दी, लेकिन फिर बहुत सी मान-मनौवल के बाद उन्होंने अनुमति दे दी। एक दूसरे मौके पर, विभाजन के तुरंत बाद, लखनऊ के ज़नाना बाग़ (महिलाओं का बाग़) में सुप्रसिद्ध उर्दू लेखिका, इस्मत चुगताई द्वारा लिखित नाटक *धानी बांकें* (हरी चूड़ियां) का मंचन होनेवाला था। उस नाटक में मेरी मुख्य भूमिका थी, जिसके लिए परिवार में हुई कुछ चर्चा के बाद मुझे अनुमति मिली और वह भी इसीलिए क्योंकि इस नाटक का मंचन एक ऐसे बाग़ में होनेवाला था जो केवल महिलाओं के लिए थे और जहाँ दर्शक केवल महिलाएं ही थीं। यह नाटक विभाजन के बाद हुए सांप्रदायिक दंगों पर आधारित था और एक ऐसी युवा महिला की दुर्दशा को दर्शाता था जिसने दंगों में अपने पति को खो दिया था। अपने दुर्भाग्य पर विलाप करते हुए, उसे कहना था कि वह गर्भवती भी थी जिससे उसका दुःख और भी बड़ा हो जाता था। एक अविवाहित लड़की ऐसा कैसे कह सकती है कि वह गर्भवती है, चाहे नाटक में ही क्यों न हो? निर्देशक को सलाह दी गई कि वह मेरे संवादों में से उस वाक्य को हटा दे।

उस नाटक को बहुत सराहा गया था। बाद में यह निर्णय लिया गया कि उसका मंचन एक बड़े सार्वजनिक खुले बाग़ में भी किया जाएगा। लेकिन मेरे माता-पिता ने मुझे पुरुषों के सामने अभिनय करने की अनुमति नहीं दी। मैं बहुत ही निराश और गुस्से में थी, लेकिन मुझे थोड़ी राहत इस बात से मिली कि अंसार चाचा—मेरे चाचा जो कि पत्रकार थे—ने स्थानीय अख़बार में उस नाटक की समीक्षा छापी और उसमें मेरे अभिनय की तारीफ़ की। अख़बार में अपना

नाम देखकर मैं बहुत ही रोमांचित हो गई, लेकिन मेरे *अब्बूजान*[8] इस बात से खुश नहीं थे कि मेरा नाम अख़बार में छपा था जिसे हर कोई पढ़ सकता था। उन दिनों महिलाओं की ऐसी ही गुमनामी की चाहत समाज को थी।

रीति-रिवाज़ और जीवन-चक्र संबंधी समारोह

इस्लाम पारंपरिक रूप से रीति-रिवाज़ों को दूर रखता है, फिर भी भारतीय मुस्लिम जीवन की सभी घटनाओं पर रिवाज़ों का प्रदर्शन करते हैं। दरअसल, कुछ लोग तो इन रिवाज़ों की प्रक्रियाओं के विशेषज्ञ माने जाते थे और विधिपूर्वक नियत ढंग से इन रिवाज़ों का संचालन करते थे। जीवन-चक्र के इन रिवाज़ों ने भारतीय मुस्लिमों के बीच मौजूद मज़बूत पितृसत्ता की पुष्टि ही की है। गर्भधारण से शुरू करते हुए, विभिन्न कर्मकांडी प्रथाओं ने बेटों के वर्चस्व पर ज़ोर दिया है। भावी माताओं को यह सुझाव दिया जाता था कि उन्हें चांदनी रातों के दौरान गर्भधारणा के लिए प्रयत्न करना चाहिए क्योंकि इससे वे बेटे को जन्म देंगी, जबकि अंधेरी रातों में गर्भधारणा करने से बेटी का जन्म होता है। गर्भधारणा के बाद, गर्भवती महिला को बेटे के जन्म के लिए दाहिनी तरफ़ सोने का सुझाव दिया जाता था। दाहिनी बाजू बायीं की तुलना में शुभ मानी जाती थी। बेटे के जन्म का स्वागत ख़ुशी और उत्सव मनाकर किया जाता था, जबकि बेटी के जन्म से निराशा फैल जाती थी। 1968 तक, जब दिल्ली के एक अस्पताल में मेरी तीसरी बेटी का जन्म हुआ, मैंने खुद इस भेदभाव का अनुभव लिया है। उस समय भ्रूण का लिंग पता करने के लिए अल्ट्रासाउंड मशीनें उपलब्ध नहीं थीं; इसीलिए स्वाभाविक रूप से, जिस पल मेरे बच्चे का जन्म हुआ, मैंने बच्चे के लिंग के बारे में पूछताछ की। मैंने देखा कि प्रसूतिगृह में चुप्पी छा गई और मेरे बार-बार पूछे जाने पर भी कोई उत्तर नहीं दिया गया। आखिरकार, जब मुझे दूसरे कमरे में ले जाया गया, तब महिला डॉक्टर मेरे पास आई, प्यार से मेरा हाथ दबाया और धीमी आवाज़ में बताया (जैसे कि वह मौत की सज़ा सुनाने वाली हो) कि मैंने एक बेटी को जन्म दिया है। मुझे उसके इस रवैये पर बहुत गुस्सा आया। मैंने उसका हाथ झटक दिया और कहा, "मैंने इंसान के बच्चे को ही जन्म दिया है न, आप तो ऐसा व्यवहार कर रही हैं जैसे मैंने किसी राक्षस को जन्म दिया है।" वह शर्मिंदा हो गई और बोली कि आमतौर पर माताएं बेटी के जन्म पर टूट जाती हैं और कुछ तो उसे घर ले जाने से भी इंकार कर देती हैं, इसीलिए उन्हें सावधान रहना पड़ता है।

जन्म का जश्न

जश्न का स्तर भी नवजात शिशु के लिंग के आधार पर भिन्न होता है। भारतीय मुस्लिमों में, छठी[9] का जश्न आमतौर पर जन्म के छठे दिन किया जाता है जब नई माँ को स्नान करवाकर शुद्ध किया

---

[8] पिताजी।

[9] छठा दिन।

जाता है, बच्चे के बाल काटे जाते हैं, और एक दावत दी जाती है। लड़की के मामले में, जश्न या तो होता ही नहीं या फिर छोटे स्तर पर होता है। इस्लामी विश्वास के अनुसार, नवजात बच्चे के नामकरण समारोह में दो बकरियों की कुर्बानी दी जानी चाहिए लेकिन नवजात बच्ची के लिए केवल एक ही बकरी की। *जजमानी* प्रणाली के तहत्, *कमीन*[10]—यानि नाई—जो बच्चे के बाल काटता है और लड़कों का खतना करता है, नाई की पत्नी जो नई माँ को शुद्धिकरण स्नान करने में मदद करती है, *मिरासी* या गानेवाली जाति जो ऐसे मौकों पर गाना गाते हैं, और अन्य जातियां जो इन समारोहों का आयोजन. और निष्पादन करने में मदद करते हैं, उन्हें नक़द या वस्तु के रूप में इनाम दिए जाते हैं। तोहफों की कीमत नवजात शिशु के लिंग पर निर्भर करती है। नई माँ का स्तर और उसके साथ किया जानेवाला व्यवहार भी इसी बात पर निर्भर करता है कि बच्चा लड़का है या लड़की, क्योंकि अज्ञानता की वजह से, माँ को ही बच्चे के लिंग के लिए ज़िम्मेदार माना जाता था। अगर महिला बेटे को जन्म देती थी तो ससुराल में उसका स्तर बढ़ जाता था।

विवाह समारोह

किसी व्यक्ति के जीवन की सबसे बड़ी घटना विवाह होती थी। विवाह तय किए जाते थे—एक ऐसी प्रथा जो आज भी जारी है—लेकिन अक्सर विवाह तय करने से पहले लड़कों से परामर्श लिया जाता था और लड़की के परिवार से यह उम्मीद की जाती थी कि वे दहेज़ दें और विवाह का खर्च उठायें। भारतीय मुस्लिमों में, खासतौर पर अवध के क्षेत्र में, दहेज़ की वस्तुओं के लिए कोई नक़द लेनदेन या स्पष्ट मांगें नहीं की जाती थीं। हालांकि यह मान लिया जाता था कि लड़की के माता-पिता अपने वित्तीय संसाधनों के अनुसार, अपनी बेटी को कुछ चीज़ें देंगे। ऐसी ही उम्मीदें लड़के के परिवार से भी की जाती थीं, क्योंकि *बारी*[11] दूल्हे के परिवार द्वारा ख़रीदी जाती थी। लेकिन आजकल, मुस्लिमों में भी, अमीर-ग़रीब दोनों में ही लड़केवालों की तरफ़ से बहुत बड़ी मांगें रखी जाती हैं। दहेज़ पर प्रतिबंध लगानेवाला क़ानून 1961 में पारित हुआ था और इसके हिसाब से दहेज़ लेना और देना दोनों ही क़ानूनन जुर्म है, लेकिन फिर भी दहेज़ की यह प्रथा रुकने की बजाय आम होती जा रही है, जिसकी वजह से अक्सर लड़की के माता-पिता को ऋण लेना पड़ता है और वित्तीय कठिनाई का सामना करना पड़ता है। दहेज़ प्रतिष्ठा का एक प्रतीक और अगणित संपत्ति को वैध बनाने का एक वाहन बन गया है। जिनके पास अगणित संपत्ति नहीं है वे अमीरों की बराबरी करने की कोशिश करते हैं और इसके फलस्वरूप वित्तीय कठिनाइयों में फंस जाते हैं।

सभी स्तरों की लड़कियों के लिए विवाह एक पूर्ण आवश्यकता बन गई है और लड़के इसी बात का फायदा उठाकर बड़ी-बड़ी मांगें करते हैं। भारत में आकांक्षाएं बढ़ गई हैं। युवा लोग सारे ऐशोआराम के साथ जीवन की शुरुआत करना चाहते हैं। अगर वे इतना नहीं कमाते कि अपनी

---

[10] गुलाम जाति के लोग जो भूमि-स्वामित्व वाले अपने सामंती संरक्षकों जिन्हें जजमान कहते हैं, को सेवा प्रदान करते हैं, और अपनी सेवाओं के बदले में अनाज प्राप्त करते हैं।

[11] दुल्हन के लिए कपड़ों और गहनों के तोहफ़े।

इच्छित जीवनशैली को प्राप्त कर सकें, तो वे अपनी आकांक्षाएं दहेज़ के ज़रिए पूरा करने की कोशिश करते हैं। बहुत ही कम लोगों के पास दहेज़ की मांग को ठुकराने का सामाजिक साहस होता है, क्योंकि उन्हें यह डर होता है कि फिर उनकी बेटियों को दूसरा साथी मिलने की संभावना ख़तरे में पड़ सकती है। दहेज़ पर प्रतिबंध लगानेवाला क़ानून अप्रभावी रहा है।

मांझा

एक परंपरागत धारणा यह है कि बेटी *पराया धन*[12] है, जो ससुराल की अमानत है, और विवाह के बाद अपने जन्मजात परिवार के लिए अजनबी बन जाती है, मांझा का रिवाज़ इस बात की फिर से पुष्टि करता है। इसके अनुसार, जिस लड़की का विवाह होनेवाला है, उसे अपने जन्मजात परिवार से शारीरिक रूप के अलग करके घर के एक अलग भाग में रखा जाता है जहाँ उसके साथ केवल उसकी आयु की लड़कियां ही होती हैं। मांझा को एक समारोह के द्वारा चिन्हित किया जाता है जिसमें लड़की को सादे पीले या गुलाबी कपड़े पहनाए जाते हैं (क्षेत्रीय विविधता के अनुसार), उसे कोई गहने नहीं पहनाए जाते, केवल एक चूड़ी पहनाई जाती है जिसमें कपड़े के एक टुकड़े में बंधा हुआ थोड़ा-सा चावल और ताज़ी घास बंधी होती है। चावल समृद्धता का और ताज़ी घास प्रजनन क्षमता का प्रतीक है। मित्रों और रिश्तेदारों को बुलाया जाता है और भावी दुल्हन के शरीर पर *बुटना*[13] मला जाता है। ऐसा माना जाता है कि *बुटना* शरीर को कोमल और सुगंधित बनाता है। विधवाओं को इस पूरे समारोह से दूर रखा जाता है। मांझा में रहने के दौरान दिन में दो बार *बुटना* की मालिश की जाती है। लड़की को अपने घर में एक मेहमान की तरह रखा जाता है और उसके और उसकी सहेलियों के लिए विशेष नाश्ता तैयार किया जाता है, वे लड़कियां दुल्हन के साथ रहती हैं, रूमानी गाने गाती हैं, और उसे चिढ़ाती हैं। पुराने दिनों में, मांझा एक से दो सप्ताह तक चलता था, लेकिन आजकल, यह केवल एक औपचारिकता बन गई है जो तीन दिन तक ही होती है और इससे जुड़े हुए रीति-रिवाज़ शुरू रहते हैं।

विवाह का दिन

परंपरागत रूप से, विवाह दिन में होता है। दुल्हन के घर *बारात*[14] सुबह देर से आती है। दूल्हे और उसके साथवालों का औपचारिक स्वागत किया जाता है। प्राथमिक परिचय के बाद, दुल्हन के परिवार के सदस्य और रिश्तेदार बहुत ही विनम्रता और आदर से पेश आते हैं। पेय पदार्थ दिए जाते हैं। मुझे याद नहीं है कि पेयों के साथ नाश्ता भी परोसा जाता है या नहीं, लेकिन आजकल यह एक रिवाज़ बन गया है। इन सब औपचारिकताओं के बाद तुरंत ही, *निकाह*[15] किया जाता

---

[12] दूसरों की संपत्ति।

[13] एक आयुर्वेदिक उबटन।

[14] विवाह पक्ष।

[15] इस्लाम में विवाह।

है और *निकाह* की पूर्णता की घोषणा *पटाखों*[16] से की जाती है। दूल्हे और दुल्हन के रिश्तेदार एक-दूसरे को बधाई देते हैं, हाथ मिलाते हैं, और दो परिवारों के बीच के इन नवनिर्मित संबंधों की पहचान के तौर पर गले मिलते हैं। इसके बाद, पहले *मर्दाने*[17] में और फिर *ज़नाने*[18] में, खाना परोसा जाता है। दिलचस्प बात या है कि निकाह के पहले और बाद में *मर्दाने* में ख़ुशी का माहौल होता है, जबकि *ज़नाने* में, एक तरह की निराशा व्याप्त होती है क्योंकि दुल्हन के प्रियजन प्रसन्नता के साथ-साथ दुल्हन के भविष्य के बारे में अनिश्चितता की मिश्रित भावनाएं व्यक्त कर रहे होते हैं। यह भावनाएं ज़्यादा स्पष्ट रूप से दुल्हन और उसके रिश्तेदारों के रोने द्वारा व्यक्त की जाती हैं, यह रोना *निकाह* के समय और उसके बाद *रुखसती*[19] के समय भी शुरू रहता है। दुल्हन की विदाई के समय, पुरुष गायक एक विशिष्ट गीत गाते हैं जो दुल्हन की भावनाओं का चित्रण करता है: "*काहे को ब्याही बिदेस बाबुल मोरे, भैया को दीहे महले हो महले, मेरे को दिए परदेस*" (मेरे प्रिय पिताजी, आप मुझे इतनी दूर क्यों भेज रहे हैं? आपने मेरे भाइयों को तो रहने को महल दिए हैं और मुझे एक दूर-दराज की अनजानी जगह पर भेज रहे हैं)।

दुल्हन के साथ नए घर में आमतौर पर रक्षात्मक ढाल के रूप में एक बुज़ुर्ग रिश्तेदार जाती थी। वह अगले दिन अपने जन्मजात घर में वापस आती थी। यह ज़रूरी था कि दुल्हन अपने विवाह की रात अपने पति के घर में बिताए ताकि यौन संबंध बनाए जा सके, क्योंकि *निकाह* को वैध ठहराने की यह एक अनिवार्य शर्त थी। इस घटना का जश्न *वलीमा*[20] से मनाया जाता था। दूल्हे के घर में दुल्हन के प्रवेश के समय भी रीति-रिवाज़ होते हैं। सबसे पहले, दूल्हे की बहनें घर में दुल्हन के प्रवेश को रोकती हैं। दुल्हन को अंदर आने की अनुमति तभी मिलती है जब दूल्हा उन्हें पैसे देता है। यह इस तथ्य को दर्शाता है कि एक बाहरी व्यक्ति दूल्हे की बहनों के अधिकार-क्षेत्र में प्रवेश कर रही है। फिर दुल्हन को सभी आमंत्रितों के बीच बैठाया जाता है। वह बहुत शर्मीली होती है, और उसका चेहरा और सिर ढका हुआ होता है। दूल्हे को भी अंदर बुलाया जाता है और नारियल के टुकड़ों से सजी हुई मीठे चावल की तश्तरी उन दोनों के बीच में रखी जाती है। दूल्हा थोडा-सा चावल उठाकर दुल्हन की हथेली पर रखता है और फिर उसे एक बच्चे को दे दिया जाता है। वह ऐसा सात बार करता है; यह रस्म दर्शाती है कि वह प्रदाता होगा। इस प्रकार से, देनेवाले की भूमिका में पति और लेनेवाली की भूमिका में पत्नी उसी वक्त स्थापित हो जाती है। इसके बाद दुल्हन को कमरे के बीचोंबीच बैठाया जाता है, उसकी सहायता के लिए एक बुज़ुर्ग रिश्तेदार होती है, और उसका चेहरा *घूंघट*[21] से ढका हुआ होता है। एक के बाद एक, रिश्तेदार और मित्र—जो ज़्यादातर महिलाएं ही होती हैं, अपवाद केवल कुछ क़रीबी पुरुष

---

[16] आतिशबाजी।

[17] घर का पुरुष भाग।

[18] घर का महिला भाग।

[19] अपने जन्मजात घर से ससुराल में दुल्हन की विदाई।

[20] दूल्हे के परिवार द्वारा दी जानेवाली दावत।

[21] महिलाओं द्वारा सिर और कभीकभार चेहरे को ढकने के लिए पहना जानेवाला परदा।

होते हैं जिनके सामने दुल्हन परदा नहीं करती है—दुल्हन के पास आते हैं और उसकी सहायता करनेवाली महिला *घूंघट* उठाकर दुल्हन का चेहरा दिखाती है। उसके रूप पर टिप्पणियां की जाती हैं; अगर दुल्हन दिखने में सुंदर नहीं हो तो अक्सर तीखी टिप्पणियां भी फुसफुसाई जाती हैं। फिर हर कोई उसे तोहफा देता है, जो आमतौर पर नक़दी होती है। इसे *मुंह दिखाई*[22] कहा जाता है। यह एक बहुत ही अपमानित करनेवाली प्रथा है और अगर दुल्हन प्रथानुसार सुंदर नहीं है तो यह उसके लिए बहुत ही कष्टप्रद होता है। दुल्हन का चेहरा देखते हुए, महिलाएं दुल्हन द्वारा पहने गए उन गहनों की भी जांच-पड़ताल करती हैं जो उसे उसके माता-पिता ने दिए होते हैं। इन सब रस्मों के होने के बाद ही दुल्हन को उसके वैवाहिक घर में स्वीकार किया जाता है। अगले दिन, जब दुल्हन अपने जन्मजात घर में अपने पति के साथ जाती है तो, *सलाम कराई*[23] की रस्म होती है। दूल्हा अपनी नई ब्याहता पत्नी के रिश्तेदारों से घिरा बैठता है और सबसे उसका परिचय कराया जाता है। प्रत्येक रिश्तेदार उसे नकद या वस्तु तोहफे में देता है। उसे दुल्हन से छोटे रिश्तेदारों द्वारा चिढ़ाया जाता है, उलटे-सीधे सवाल पूछे जाते हैं, और यहाँ तक कि उसके साथ व्यावहारिक मज़ाक भी किए जाते हैं। इस परिचय के बाद, दूल्हे को परिवार में पूरी तरह से स्वीकार कर लिया जाता है। लेकिन दुल्हन को जिस कठिन परीक्षा से गुज़रना पड़ता है, उसकी तुलना में दूल्हे की कठिनाई तो कुछ भी नहीं है।

[22] चेहरा दिखाना।

[23] दूल्हे द्वारा दुल्हन के रिश्तेदारों को सलाम करना।

2

परिवार का परिचय

मेरे पिता, फ़रीदुल हक़, मेरी माँ और दादी से ज़्यादा रूढ़िवादी थे। जब वे छह महीने के थे, तब 1903 में पूरे देश में फैली प्लेग की महामारी में उन्होंने अपने पिता को खो दिया। *बाजी*[1] अपने ससुरालवालों के संपर्क में रहीं इसीलिए मेरे पिता अपने सबसे छोटे चाचा सिराज-उल-हक़ की संरक्षकण में रुदौली में बड़े हुए। हालांकि *बाजी* को अपने बेटे से बहुत लगाव था, लेकिन उससे भी ज़्यादा उन्हें शिक्षा की अहमियत पता थी और इसीलिए उन्होंने उसे इटावा, उप्र के एक प्रतिष्ठित आवासीय स्कूल में भेजा। स्कूल की शिक्षा पूरी करने के बाद, *अब्बूजान* ने अलीगढ़ मुस्लिम विश्वविद्यालय में दाखिला लिया, जिसे उन दिनों भारतीय मुस्लिमों के लिए शिक्षा का मक्का माना जाता था। उनके चाचा, सिराज ने भी वहीं से स्नातक किया था; दरअसल, वे रुदौली के पहले स्नातक थे। अलीगढ़ मुस्लिम विश्वविद्यालय से स्नातक करने के बाद, मेरे पिताजी ने क़ानून पढ़ने का फ़ैसला किया। वह एक वेतन पानेवाली नौकरी नहीं करना चाहते थे, क्योंकि ज़मींदारों के लिए, किसी और के लिए काम करना कुछ हद तक अपमानजनक माना जाता था। इसीलिए, उन्होंने ऐसा पेशा अपनाने की सोची जो उन्हें स्वतंत्रता प्रदान करता था। हालांकि बाद में, उन्होंने महसूस किया कि स्वभाववश, वे इस क़ानूनी पेशे के लिए उपयुक्त नहीं थे। *अब्बूजान* अपने उन रिश्तेदारों के सभी क़ानूनी मामलों का ध्यान रखते थे, जो अपनी भूमिगत संपत्ति से संबंधित अंतहीन मुक़दमेबाज़ी में शामिल थे। उन्होंने न केवल उनसे शुल्क लेने से मना कर दिया, बल्कि वे उन्हें रहने की जगह भी उपलब्ध कराते थे। कई बार जब मेरी माँ मेहमानों का स्वागत करते हुए थक जाती थी, तो *अब्बूजान* कहते थे, "आतिथ्य मेरा धर्म है"। वकालत में कुछ वर्ष संघर्ष करने के बाद, आख़िरकार उन्होंने लखनऊ में सुन्नी केंद्रीय वक़्फ़ बोर्ड में नौकरी कर ली। उन्होंने उस नौकरी में अच्छी प्रगति की और उस बोर्ड के निदेशक के पद तक पहुंचे, और उसी पद से सेवानिवृत्त हुए।

---

[1] दादी।

जब *अब्बूजान* अपने वकालत में स्थिर हो गए, तो मेरी दादी ने निर्णय लिया कि अब उनके लिए दुल्हन खोजने का समय हो गया है। सिराज चाचा की एक विवाह योग्य बेटी थी, आरिफ़ा, और यह उचित माना गया कि *अब्बूजान* से उसका विवाह कर देना चाहिए। भारतीय मुस्लिमों में चचेरे-ममेरे भाई-बहनों में विवाह की अनुमति है और इसे प्राथमिकता भी दी जाती है। हालांकि *अब्बूजान* अपने चाचा के बहुत क़रीब थे और उनके प्रति बहुत आभारी भी थे, लेकिन उन्होंने यह विवाह करने से विनम्रता से इंकार कर दिया। आरिफ़ा साधारण शक्लोसूरत की थी और उनसे एक साल बड़ी भी थी। उन दिनों में भी, विवाह तय करते समय, लड़की के इंकार के विपरीत, लड़कों के इंकार को अपमानजनक नहीं माना जाता था। सौभाग्य से, *अब्बूजान* के इंकार के बावजूद, चाचा-भतीजे का संबंध ख़राब नहीं हुआ और दोनों परिवार सौहार्दपूर्ण बने रहे। आरिफ़ा का विवाह जल्दी ही एक दूसरे भाई से कर दिया गया। बाद में, मेरे माता-पिता का विवाह परिवारवालों की मर्ज़ी से करा दिया गया।

मेरे माता-पिता प्रकट रूप से धार्मिक नहीं थे। मेरे माता-पिता अपनी *नमाज़*[2] नियमित रूप से नहीं पढ़ते थे। लेकिन *अब्बूजान* रमज़ान[3] के महीने के दौरान रोज़े रखते थे। वे पूरे 30 दिन रोज़े रखते थे और रोज़ा खोलने के बाद दिन में एक बार *नमाज़* पढ़ते थे। मेरी माँ रमज़ान के महीने के दौरान अनियमित रूप से रोज़े रखती थीं और वह भी तब जब वे गर्भवती नहीं थीं या फिर स्तनपान नहीं कराती थीं। मुझे याद नहीं कि रमज़ान के महीने के दौरान *बाजी* ने कभी *नमाज़* पढ़ी हो या रोज़ा रखा हो। *अब्बूजान*, *इफ़्तार*[4] के बारे में बहुत हंगामा मचाते थे, वे घर पर *इफ़्तार* पार्टियों का आयोजन करते थे और अपने मित्रों की पार्टियों में भी जाते थे। *इफ़्तार* पार्टियों ने अब राजनैतिक रूप धारण कर लिया है, क्योंकि अब मुस्लिम मत मिलने की नीयत से बहुत से गैर-मुस्लिम राजनैतिक नेता *इफ़्तार* पार्टियों का आयोजन करते हैं। पहले भी, इन पार्टियों को अपना सामाजिक स्तर दर्शाने का अवसर माना जाता था। किसने रोज़ा रखा या किसने नहीं से ज़्यादा महत्वपूर्ण यह माना जाता था कि किसके यहाँ क्या परोसा गया और किसकी *इफ़्तार* पार्टी में किसे आमंत्रित किया गया था या किसे नहीं। हम बच्चों पर *नमाज़* पढ़ने या नियमित रोज़ा रखने या क़ुरान पढ़ने का दबाव नहीं डाला जाता था। हमारे यहाँ ताक (आले) पर क़ुरान की एक पुरानी प्रति रखी रहती थी, लेकिन मेरे परिवार में किसी ने शायद ही कभी उसे पढ़ा था।[5]

---

[2] प्रार्थना।

[3] रमज़ान के महीने के दौरान, एक मुस्लिम वयस्क रोज़ा रखता है और आत्म-शुद्धि के एक चिह्न के रूप में बुरे विचारों या कार्यों से दूर रहता है। रमज़ान के रोज़े में सूर्योदय से सूर्यास्त तक अन्न, पानी या खाने की कोई भी वस्तु नहीं ली जाती है।

[4] रोज़ा खोलने वाला नाश्ता।

[5] यह रोज़ा सूर्योदय से सूर्यास्त तक चलता है और उस समय के दौरान किसी को भी कुछ भी खाने या पीने की अनुमति नहीं होती है। रमज़ान के महीने के बाद ईद आती है, तब रमज़ान की समाप्ति के सूचक के तौर पर ग़रीबों को *ज़कात* (दान पुण्य) दी जाती है। रमज़ान के महीने को मुस्लिमों द्वारा पवित्र महीना माना जाता है, जब प्रत्येक वयस्क मुस्लिम को शुद्धिकरण के तौर पर रोज़ा रखना पड़ता है और एक पवित्र जीवन जीना पड़ता है। रोज़ाई, या *ज़कात* व्यक्ति की वार्षिक आमदनी का 1/40वां भाग होता है।

हालांकि यह तथ्य था कि मेरे माता-पिता धार्मिक नहीं थे, लेकिन मुझे *रोज़ा कुशाई*[6] की विधि से गुज़रना पड़ा। उन दिनों ऐसे अवसरों पर तोहफ़ों की बजाय पैसे दिए जाते थे, इसीलिए सभी आमंत्रितों ने मुझे रोज़ा रखने पर पैसे दिए थे। मेरे रोज़े के दिन, मैं स्कूल नहीं गई, लेकिन सूफ़िया—मेरी छोटी बहन—गई थी, और जब वह शाम को 4 बजे घर लौटी, तो उसने घोषणा की कि उसने भी रोज़ा रखा है, और अपना न खाया हुआ भोजन दिखाया। उस दिन रोज़ा खोलने के लिए बहुत देर हो चुकी थी। इसका परिणाम यह हुआ कि जो पैसे मुझे मिले वह हम दोनों के बीच बांटने पड़े। मैं बहुत गुस्सा थी। आज भी जब हम मिलते हैं, मैं उसे इस बात की याद दिलाती हूँ और मज़ाक में उससे कहती हूँ कि मैंने उसे मेरे हिस्से के पैसे "चुराने" के लिए माफ़ नहीं किया है। उस पहले रोज़ा के बाद, वह रोज़ेरखती गई जबकि मैं नहीं। मुझे बहुत भूख लगती थी और मैं पूरे दिनभर बिना कुछ खाए या पिए नहीं रह सकती थी। "अपनी छोटी बहन को देखो, वह रोज़ा रख रही है और तुम, बड़ी होने के बावजूद भी भूख बर्दाश्त नहीं कर सकती हो!" मैं दबाव में आकर रोज़ा रखती थी और उसका सामना करती थी, लेकिन मैं कभी भी पूरे तीस दिन तक रोज़े नहीं रख पाई।

मुझे क़ुरान पढ़ना सीखने जैसी धार्मिक औपचारिकताओं से भी गुज़रना पड़ता था। मैंने ऐसा करने में कोई ख़ास दिलचस्पी नहीं दिखाई थी क्योंकि यह अरबी में लिखी थी, जो भाषा हमारी समझ में नहीं आती थी। दरअसल, हमें क़ुरान पढ़ना सिखाने की यह पूरी कवायद एक तमाशा बनकर रह गई थी। मुझे और मुझसे एक साल बड़े चचेरे भाई इक़बाल को एक *मौलवी*[7] के सुपुर्द किया गया था जो हमें क़ुरान पढ़ना सिखाते थे। *मौलवीजी* खुद ही अरबी भाषा नहीं जानते थे। उन्हें हमें पढ़ाने से ज़्यादा उस वेतन में दिलचस्पी थी जो उन्हें हमें पढ़ाने के लिए मिलता था। वे एक बूढ़े आदमी थे और उन्हें ऊंघने की आदत थी।

क़ुरान बहुत से अध्यायों में विभाजित है और हर बार जब हम एक अध्याय पूरा कर लेते थे, तो हमारे प्रयास की सराहना होती थी और मिठाइयाँ बांटी जाती थीं। *मौलवीजी* को उनके वेतन के अलावा भी अतिरिक्त पैसे दिए जाते थे। मेरा भाई और मैं एक-दूसरे से प्रतियोगिता करते थे कि दोनों में से कौन अध्याय पहले पूरा करता है। आगे निकलने के लिए, हम एक साथ कई पन्ने उलट देते थे। *मौलवीजी* कभी भी हमारी इस शरारत का पता नहीं लगा पाते थे। अध्याय को जल्दी से पूरा करना हम सभी के हित में था—इससे हमें अपने माता-पिता की सराहना मिलती थी और *मौलवीजी* को आर्थिक लाभ।

अब्बूजान साइकिल से अपने दफ़्तर जाते थे और काम पर जाने से पहले कलेवा करके जाते थे। उन्हें तंबाकू के साथ पान[8] खाने का व्यसन था, इसीलिए दफ़्तर में साथ लेकर जाने के लिए उनके लिए बहुत से पान तैयार किए जाते थे। अगर मेरी माँ के पास समय नहीं होता

---

[6] जब कोई छोटा बच्चा पहली बार रोज़ा रखता है तो उस दिन मनाया जानेवाला जश्न।

[7] स्थानीय मस्ज़िद का पुरोहित।

[8] पान के पत्ते।

था, तो *बाजी* पान तैयार करती थी और उनकी *गिलौरियां*[9] बनाकर छोटे आयताकार डिब्बों में रख देती थी। दिलचस्प बात यह थी कि पान के डिब्बों से सामाजिक स्तर भी प्रतिबिंबित होता था—अमीर लोग बारीक़ ज़रदोज़ी के काम से मढ़े हुए चांदी के डिब्बों का प्रयोग करते थे। अगर एक से ज़्यादा लोगों को दफ़्तर या अन्य कामों से बाहर जाना पड़ता था, तो ऐसे बहुत से डिब्बे तैयार किए जाते थे और यह सुबह के घंटों में घर की महिलाओं की एक प्रमुख गतिविधि होती थी। मेहमानों को सुंदर डिब्बे जिन्हें *पानदान* कहते थे, में से पान पेश किए जाते थे। स्तर के मामले में इनका भी लक्ष्यार्थ यही होता था, और यह निर्भर करता था कि वे चांदी के बने हैं या साधारण धातु के।

अब्बूजान काफी हद तक एक अनुशासित जीवन जीते थे। उन्हें अच्छे मुगलई खाने का शौक था लेकिन वे हमेशा कम मात्रा में खाते थे। उन्हें रिश्तेदारों और मित्रों को घर पर बुलाना बहुत पसंद था, इसीलिए हमारे घर पर हमेशा मेहमान होते थे। वे अतिरेक केवल उसी समय करते थे जब वे मेहमानों के साथ होते थे, ताकि उनका स्वागत अच्छे से कर सकें। पूरे जीवनभर अब्बूजान की सेहत अच्छी रही, उन्हें कभी कोई गंभीर बीमारी नहीं हुई, और 83 साल की उम्र में उनकी शांतिपूर्ण मृत्यु हो गई। अपने आख़िरी दिन तक, वे अपना ध्यान खुद ही रखते थे और कभी भी अपने बच्चों के ऊपर बोझ नहीं बने। सौभाग्यवश, वे हमारे साथ ज़्यादा वक्त नहीं बिताते थे, जिस वजह से मैं अपने अनुचित व्यवहार के प्रति उनकी अस्वीकृति से बच गई। वे अपनी शामें ज़्यादातर अपने पुरुष मित्रों के साथ बिताते थे। वे मेरी माँ और दादी से ज़्यादा रूढ़िवादी थे। मुझे याद नहीं कि उन्होंने कभी हमारे गृहकार्य में हमारी मदद की हो। हम अपना गृहकार्य खुद ही करते थे और अपने छोटे भाई-बहनों के गृहकार्य में उनकी मदद करते थे।

मेरी माँ

जब मेरे पिताजी ने अपनी चचेरी बहन से विवाह करने से मना कर दिया, तो मेरी दादी को अपने बेटे के लिए दूसरी दुल्हन ढूंढनी पड़ी। उनकी नज़र मेरी माँ पर पड़ी, जो उसी गाँव की और समान पृष्ठभूमि की थी। आपा (हम अपनी माँ को आपा कहकर बुलाते थे, यह शब्द बड़ी बहन को पुकारने के लिए इस्तेमाल किया जाता है, लेकिन हमारी माँ अम्मा कहकर बुलाने के लिहाज़ से बहुत छोटी थीं) तीन भाई-बहनों में सबसे छोटी थीं और उन्होंने 6 साल की कच्ची उम्र में अपनी माँ को खो दिया था। उनका पालन-पोषण उनकी सबसे बड़ी बहन ने किया था, जो उनसे 12 साल बड़ी थी, उन दोनों बहनों के बीच का एक भाई था। मेरे नानाजी ने पुनर्विवाह नहीं किया और वे अपने बच्चों के प्रति समर्पित थे। आपा बहुत सुंदर और बाल-सुलभ थीं, उनका यह गुण पूरे जीवनभर बरक़रार रहा। उस समय की प्रथा के अनुसार, उन्हें स्कूल नहीं भेजा गया था,

---

[9] शंकु आकार में बनाया हुआ पान, जिसे पुराने कागज़ और भीगे हुए लाल मलमल के कपड़े में लपेटा जाता था ताकि पान दिनभर ताज़ा रहे।

लेकिन उन्हें घर पर ही उर्दू की प्राथमिक शिक्षा दी गई थी और क़ुरान पढ़ना सिखाया गया था। जब उनका विवाह हुआ तब वे केवल 16 साल की थी, और जब मेरा जन्म हुआ तब 18 की।

अपने पूरे प्रजनन जीवन के दौरान, आपा हर तीसरे साल एक बच्चे को जन्म देती थीं। वे इन बार-बार की गर्भधारणाओं और प्रसव के बोझ तले दबी हुई थीं। कुल मिलाकर, वे 11 बार गर्भवती हुईं और उन्होंने नौ जीवित बच्चों को जन्म दिया-सात बेटियां और दो बेटे। एक बार उन्हें मृत बच्चा पैदा हुआ और एक बच्चा शैशवावस्था में ही मर गया। *बाजी* ने मेरी माँ को मदद का हाथ दिया और आपा को थोड़ी राहत प्रदान करने के लिए मुझे व्यावहारिक तौर पर गोद ही ले लिया। *अब्बूजान* उनसे 12 साल बड़े थे और उनसे कहीं ज़्यादा परिपक्व, धैर्यवान, और शांत थे। मेरी माँ का स्वभाव उनसे बिलकुल विपरीत था—दोस्ताना, निर्गामी, और बेसब्र। उम्र के अंतर के बावजूद, *अब्बूजान* उनके लिए एकदम सही थे, क्योंकि वे समान जाति और स्तर के थे, विश्वविद्यालय में शिक्षा प्राप्त थे, खुद का व्यवसाय था, और उन्हें एक भद्र पुरुष माना जाता था। स्वभावों में अंतर होने के बावजूद, मेरे माता-पिता का विवाह सौहार्दपूर्ण था। परिवार में श्रम का विभाजन पारंपरिक रूप से हो रखा था, इसीलिए *अब्बूजान* की ज़िम्मेदारी थी पैसा कमाना और आपा की ज़िम्मेदारी थी घर संभालना और बच्चों की देखरेख और पालन-पोषण करना। मेरे पिताजी ने न तो कभी घर के काम-काज में और न ही हमारी देखरेख में कोई मदद की, जो कि प्रथागत था। मुझे याद नहीं कि आपा ने कभी श्रम के इस विभाजन पर प्रश्न उठाया हो, उनकी शिकायत केवल उस बोझ को लेकर थी जो बड़े परिवार और *अब्बूजान* के प्रोत्साहन पर हमेशा घर पर आनेवाले मेहमानों के कारण उन्हें उठाना पड़ता था। आपा *अब्बूजान* का सम्मान करती थीं और रिवाज़ के अनुसार, कभी भी उन्हें उनके नाम से नहीं पुकारती थीं। *अब्बूजान* उनके प्रति दयालु थे और उनका सम्मान करते थे। हालांकि उनका संबंध बहुत औपचारिक नहीं था-आपा *अब्बूजान* को *आप* की बजाय *तुम* कहकर पुकारती थीं। वे उनकी गुलामी भी नहीं करती थीं।

हालाँकि आपा उच्च शिक्षित नहीं थीं, लेकिन उनका दृष्टिकोण बहुत धर्मनिरपेक्ष था। क्योंकि हमारे परिवार की महिलाएं धर्मनिरपेक्षता का पालन करती थीं, इसीलिए हमारे और पड़ोसी हिंदू परिवारों के बीच ज़्यादा सामाजिक संपर्क नहीं था। सामाजिक संपर्क केवल पुरुषों तक सीमित था, लेकिन एक-दूसरे के त्योहारों पर, हमारे बीच तोहफ़ों और मिठाइयों का आदानप्रदान होता था। मुझे याद है कि हमें अपने हिंदू पड़ोसियों के यहाँ से *पूरियां*[10] और शाकाहारी व्यंजन और मिठाइयाँ मिलती थीं। आपा को उनके यहाँ की सब्जियों की प्रतीक्षा रहती थी क्योंकि उनका मानना था कि मुस्लिम, जो कि मुख्य रूप से मांसाहारी होते हैं, हिंदुओं जितनी स्वादिष्ट सब्जियां नहीं पका सकते हैं। हम उनके यहाँ कोई खाने की वस्तुएं नहीं भेजते थे, इसके बदले में हम उन्हें शबरात[11] पर पटाखे भेजते थे, इसको हलवा[12] परोसकर और पटाखे जलाकर मनाया जाता है। मैं अपनी माँ से पूछती थी कि हम अपने हिंदू पड़ोसियों को हलवा क्यों नहीं भेजते हैं और मेरी

[10] तलकर फुलाई गई रोटी।

[11] एक त्योहार जिसकी रात मुस्लिम अल्लाह की खास इबादत करते हैं और गुनाहों की तौबा करते हैं।

[12] सूजी और घी का प्रयोग कर बनाया गया एक मीठा व्यंजन।

माँ समझाती थी कि हिंदू *छुआछूत*[13] को मानते हैं और हमारे यहाँ के पके हुए खाने को स्वीकार नहीं करते हैं। उसकी बातों में क्रोध का थोड़ा-सा भी चिह्न नहीं होता था। मेरे और ज़्यादा सवाल पूछने पर वह समझाती थी कि यह उनका रिवाज़ है और बस ऐसा ही है। सूफ़िया और मुझे परदे में रखे जाने से पहले[14], हम अन्य बच्चों के साथ, अपने सबसे अच्छे कपड़े पहनकर, दीवाली की रोशनी और दशहरा मेला[15] देखने जाया करते थे। हम उन्हें केवल "हिंदू" त्योहारों की बजाय भारतीय त्योहार मानते थे, और उनमें भाग लेने में हमें मज़ा आता था। लेकिन विभाजन के बाद, मेरे भतीजों और भतीजियों की भावना वह नहीं रह गई है, क्योंकि अब इन त्योहारों को "भारतीय" की बजाय "हिंदू" माना जाता है। उसी प्रकार, हमें सिखाया गया था कि हम अपने बड़ों का अभिवादन करने के लिए थोडा-सा झुककर *आदाब*[16] या *तस्लीम*[17] कहें, लेकिन अब जब मैं लखनऊ जाती हूँ, तो देखती हूँ कि मेरी बहन के बच्चे "*सलाम आलेकुम*[18]" कहते हैं जिसका जवाब मुझे अरबी अभिवादन "*वालेकुम अस्सलाम*[19]" से करना पड़ता है। मैं अभी भी यह स्वाभाविक रूप से नहीं बोल पाती हूँ क्योंकि मैं पहले उन्हें *जीते रहो*[20], या ऐसा ही कुछ कहकर आशीर्वाद दिया करती थी। सौभाग्यवश, मेरा परिवार अभी भी इस व्यापक भारतीय समाज में धर्मनिरपेक्ष और अच्छी तरह से एकीकृत है। फिर भी, मैंने इस बात पर गौर किया है कि विशिष्टता की एक निश्चित राशि अनजाने में ही उनकी जीवनशैली में रेंगकर आ रही है।

मेरे रिश्तेदारों और पारिवारिक मित्रों ने सात बेटियों और दो बेटों वाली मेरी माँ को एक बड़े दुर्भाग्य की तरह देखा। लेकिन शुक्र है कि मेरे माता-पिता और दादी ने हम लड़कियों को कभी भी बोझ नहीं समझा। जब तीन बेटियों के बाद मेरे भाई, ख़ालिद का जन्म हुआ, तब हमें हमारे प्रति हमारे पिताजी के रवैये में कुछ बदलाव नज़र आया। मेरा भाई अब्बूजान के साथ खाना खाता था और उन्हें जो भी पकाया गया था, उसमें का सबसे अच्छा परोसा जाता था। खाने में उनकी पसंद को हमारी पसंद के ऊपर प्राथमिकता दी जाती थी। मेरे भाई की शिक्षा को हमसे ज़्यादा महत्व दिया जाता था; उसकी ज़रूरतों को तुरंत पूरा किया जाता था, जबकि हम बहनों को अक्सर इंतज़ार करना पड़ता था।

मुझे अपनी माँ के साथ बैठने में बहुत मज़ा आता था, ख़ासतौर पर तब जब उनकी सहेलियां मिलने आती थीं। मैं उनकी बातें सुनती थी और बीच-बीच में प्रश्न पूछने या टिप्पणी करने से खुद को रोक नहीं पाती थी। मैं उनकी कुछ बातों की गहराई माप नहीं पाती थी, उदाहरण के लिए, एक बार आपा की सहेली ने उनसे ठिठोली करते हुए कहा, "ओह, तो तुमने स्नान कर लिया

---

[13] अस्पृश्यता।

[14] सिर से लेकर पैर तक शरीर को ढकनेवाला एक अतिरिक्त कपड़ा पहनने की प्रथा।

[15] मेला, प्रदर्शन।

[16] एक धर्मनिरपेक्ष उर्दू अभिवादन।

[17] अभिवादन।

[18] आपको शांति मिले।

[19] आपको भी शांति मिले।

[20] एक आशीर्वाद, जिसका मतलब है, 'तुम्हारी उम्र लंबी हो'।

है। अब तुम फंस जाओगी!" मेरी माँ ने शर्माते हुए उत्तर दिया, "मैं उम्मीद करती हूँ कि नहीं!" इसका क्या मतलब था? अगर उन्होंने स्नान कर लिया है तो वे "फंस" क्यों जाएंगी? जब मैंने आपा से पूछा, तो उन्होंने मेरे प्रश्न को यह कहते हुए टाल दिया कि मैं अभी यह सब समझने के लिए छोटी हूँ। इस रहस्य को समझने के लिए मुझे बहुत साल लग गए। एक और रहस्य यह था कि मैंने कभी इस बात पर गौर नहीं किया कि आपा को माहवारी आती थी। ज़ाहिर तौर पर, उन्हें माहवारी केवल एक साल और नौ महीने या दो साल और तीन महीने में एक बार आती थी, यह इस बात पर निर्भर करता था कि जिस बच्चे को वह स्तनपान करा रही थी उसका लिंग क्या था। क्योंकि उन्हें स्तनपान कराते समय माहवारी नहीं आती थी, तो उन्हें शुद्धि स्नान करने की ज़रूरत ही नहीं पड़ती थी, जो कि माहवारी के बाद अनिवार्य होता है। स्तनपान बंद कराने के बाद जल्दी ही, उन्हें माहवारी आती थी और वे शुद्धि स्नान करती थीं। इसके बाद वे फिर गर्भधारण कर लेती थीं। इस प्रकार से, अधिकतर मामलों में स्नान का मतलब होता था माहवारी का आना और उसके बाद फिर गर्भधारण।

सामाजिक दबाव

जैसा कि मैंने पहले ज़िक्र किया है, मेरे बुज़ुर्ग हमेशा मेरे विचित्र व्यवहार की वजह से इस बात की चिंता करते रहते थे कि "लोग क्या कहेंगे"। किसी की जीवनशैली के लिए सार्वजनिक अनुमोदन बहुत व्यग्रतापूर्वक मांगा जाता था। मेरी माँ मुझे अक्सर डांटा करती थी और कहती थी कि मुझे वकीलन के गुण विरासत में मिले हैं। लेकिन जब मैं पूछती थी कि वकीलन कौन है, तो हर कोई इस सवाल को टाल देता था। मेरी दादी को हमेशा चिंता रहती थी कि अगर मेरी छवि तार्किक और अपरंपरागत बन गई तो मुझे उपयुक्त साथी नहीं मिलेगा। मैं उन्हें बताती थी कि उन्हें चिंता करने की ज़रूरत नहीं है क्योंकि मैं विवाह ही नहीं करना चाहती हूँ (उस वक्त मुझे नहीं पता था कि आगे जाकर मैं एक बार नहीं बल्कि दो बार विवाह करूंगी)। इस बात पर वे कड़ी आवाज़ में कहती थीं, "बेशर्म लड़की, लड़कियां अपने विवाह की बात नहीं करती हैं। दरअसल, जब भी तुम्हारे विवाह की चर्चा हो, तुम्हे नज़रें झुका लेनी चाहिए या वहां से चले जाना चाहिए। यह सब मामले तुम्हारे बुज़ुर्गों द्वारा तय किए जाते हैं।" 8 या 9 साल की उम्र में भी, मैं इस बात पर बहुत गुस्सा हो जाती थी कि दूसरे लोग मेरा भविष्य तय करेंगे। मेरे बड़े होने के दिनों के दौरान, मुझे अक्सर यह टिप्पणी सुनने को मिलती थी, "लोग क्या कहेंगे?" मैं मुंहतोड़ जवाब देती थी, "मुझे परवाह नहीं है।" जिसके जवाब में मुझे सुनने को मिलता था, "अगर तुम लोगों की राय की परवाह नहीं करोगी, तो तुम *बदनाम* हो जाओगी।" सामाजिक दबाव हमारी ज़िंदगी पर शासन करता था। वास्तव में, व्यक्तिगत व्यवहार पर सामाजिक नियंत्रण को पारंपरिक समाजों का एक विशेष लक्षण माना जाता है, और जैसे-जैसे समाज आधुनिकता की तरफ़ बढ़ता है, इस नियंत्रण की पकड़ ढीली पड़ती जाती है। आज के भारत में, हम इस बदलाव की प्रक्रिया का, इसके सभी दबावों और संघर्षों के साथ अनुभव ले रहे हैं। मैं ऐसा

महसूस करती हूँ कि मेरी पीढ़ी परंपरा और आधुनिकता के बीच फंसी हुई थी—हममें से वे जो आज 70 साल के आसपास हैं, हम एक परंपरा-बाध्य समाज में बड़े हुए लेकिन हमारे बच्चे काफी कुछ आधुनिक समाज में बड़े हुए। एक युवा महिला के तौर पर, मैंने बहुत से सामाजिक मानदंडों का अनादर किया था और अपने लिए एक ऐसी ज़िंदगी तैयार करने की कोशिश की थी जो मेरे समय से काफी कुछ आगे थी। मेरी स्वच्छंदता ने मुझे सामाजिक अस्वीकृति का पात्र बनाया और मेरे माता-पिता को काफ़ी शर्मिंदगी उठानी पड़ी। मुझे ऐसा करने का पछतावा है, लेकिन मैं अपने माता-पिता की क्षमता की भी सराहना करती हूँ कि उन्होंने बदलाव की मेरी इच्छा को समझा और बड़ी ही दयालुता से मुझे माफ़ कर दिया। इंग्लैंड से मेरे लौटने के बाद, मैंने *अब्बूजान* को मनाया कि वे आपा को बुर्क़ा न पहनने की अनुमति दें, जो उन्होंने दयालुता से किया भी। आख़िरकार, आपा भी उस अनावश्यक भार से मुक्त हुईं।

वकीलन: एक विद्रोहिणी

तथापि, हमारे परिवार में मैं अकेली विद्रोही नहीं थी। वकीलन—मेरे पिताजी की सौतेली बहन जिसका परिवार ने परित्याग कर दिया था—ने मुझसे भी ज़्यादा साहसिक क़दम उठाए थे। वकीलन[21] का यह नाम इसीलिए पड़ गया था क्योंकि बचपन से ही वह बहुत ज़्यादा बहस करती थी। उसे पारिवारिक राजनीति का शिकार बना दिया गया था लेकिन वह इतनी साहसी थी कि उसने सभी सामाजिक मानदंडों को ठुकरा दिया और अपना जीवन खुद बनाया। मेरे पिता, जिन्होंने अपने पिता को तभी खो दिया था जब वे केवल छह महीने के ही थे, को मुस्लिम पर्सनल लॉ के अनुसार *महजूब* घोषित कर दिया गया था, और इसका मतलब यह था कि मेरे दादाजी की संपत्ति उनके सबसे क़रीबी जन्मसे संबंधियों के हाथ में चली गई—मेरे चाचाओं के—क्योंकि पोते से ज़्यादा बेटा क़रीबी माना जाता है। मेरे पिता के चाचा, सिराज ने अपने अन्य तीन भाइयों से विनती की कि वे उन्हें विरासत में मिली संपत्ति में से थोड़ा-थोड़ा हिस्सा मेरे पिताजी को दे दें। उनके एक चाचा को विरासत में मिली संपत्ति में से एक छोटा टुकड़ा भी बांटने का विचार पसंद नहीं आया, लेकिन अपने भाइयों के दबाव में आकर वे ऐसा करने के लिए राज़ी हो गए। लेकिन एक जोड़तोड़ करनेवाला व्यक्ति होने के कारण, उन्होंने एक योजना सोची जिससे उन्हें सब वापस मिल सके। उन्होंने अपने बेटे और वकीलन के बीच विवाह का प्रस्ताव रखा, ताकि इस तरीक़े से वे *अब्बूजान* की संपत्ति में से वकीलन के हिस्से पर अपना दावा पेशा कर सकें (इस्लाम में, अपने भाई की संपत्ति में से बहन को आधा हिस्सा मिलता है)। उनका बेटा और वकीलन एक-दूसरे के बिलकुल भी लायक नहीं थे। वकीलन एक बहुत ही बुद्धिमान स्त्री थी जिसने अरबी में लिखी क़ुरान पढ़कर खुद ही उर्दू सीख ली थी क्योंकि अरबी

[21] अभिवक्ता के लिए उर्दू शब्द

वर्णमाला काफी कुछ उर्दू वर्णमाला के समान है। उसका चचेरा भाई, जिसके साथ उसके विवाह का प्रस्ताव रखा गया था, वह बमुश्किल साक्षर था। इसके अलावा, वह कद में भी छोटा था, और उसका व्यक्तित्व बिलकुल भी प्रभावशाली नहीं था, जबकि वकीलन लंबी-तगड़ी थी और उसका व्यक्तित्व बहुत ही शानदार था। वकीलन उससे विवाह नहीं करना चाहती थी और उसने निश्चित तरीक़े से इस विवाह के प्रति अपनी अस्वीकृति व्यक्त कर दी। उसके इंकार को अनादर माना गया और उसकी तरफ़ कोई ध्यान नहीं दिया गया। विवाह तय कर दिया गया। वकीलन का दिमाग़ ख़राब हो गया। उसने आख़िरकार पड़ोसियों के समर्थन की मांग करने के बारे में सोचा। उसने कागज़ के टुकड़ों पर "कृपया मेरा विवाह रोकिए" लिखकर पड़ोसियों के दरवाज़ों पर चिपका दिया। उसने किसी तरह से रात देर से घर से चुपके से निकलकर यह काम किया होगा। इसका भी कोई फ़ायदा नहीं हुआ। उसके इस तरह से इंकार का सार्वजनिक प्रदर्शन करने को उसके परिवारवालों ने और भी ज़्यादा शर्मनाक माना। विवाह तय किएनुसार ही हुआ; तथापि, वकीलन ने इस विवाह को स्वीकार नहीं किया और कुछ महीने बाद ही भागकर दिल्ली चली गई। वह किस प्रकार से बचकर भागी यह हमेशा एक रहस्य ही बना रहा, क्योंकि मेरे परिवार का कोई भी व्यक्ति कभी इसके बारे में बात नहीं करता था। वकीलन का परित्याग कर दिया गया और बहुत लंबे समय तक हमें उसकी कोई ख़बर नहीं मिली। प्रकट रूप से, वह दिल्ली में लड़कियों को क़ुरान पढ़ाकर और महिलाओं के समारोहों में इस्लामी भजन गाकर अपना जीवनयापन करती थी। बाद में, उसने पुनर्विवाह किया और उसके दो बेटे भी हुए, लेकिन कम उम्र में ही वह विधवा हो गई। यह सारी ख़बरें दिल्ली से रुदौली आनेवाले लोगों के ज़रिये मेरे माता-पिता के घर तक पहुंचती थीं।

उसके बुढ़ापे में जब उसके बेटों की नियुक्ति लखनऊ में हो गई थी, तब वकीलन भी वहीं रहने के लिए चली गई थी। मेरे माता-पिता भी वहीं रह रहे थे। तब तक गुस्सा शांत हो चुका था, इसीलिए उसे उसके "पापों" के लिए माफ़ी मिल गई थी और परिवार ने उसे फिर से स्वीकार कर लिया था। यही वह समय था जब मैं उससे पहली बार मिली थी। मैं उस वक्त 9 या 10 साल की थी। मैं उसके व्यक्तित्व से बहुत प्रभावित हुई थी—वह एक बहुत ही दिलचस्प और ज्ञानवान व्यक्ति थी, जिसे अपने भाई, यानि *अब्बूजान* के प्रति गहरा प्रेम था, और वह अपने भांजे-भांजियों से, यानि हम से, बहुत प्यार करती थी। मैं अक्सर सोचती हूँ कि विवाह के लिए अपना साथी खुद चुनने के अधिकार को स्थापित करने के लिए अपने पूरे परिवार द्वारा परित्याग कर दिए जाने के बाद उसने भावनात्मक रूप से कितना कुछ सहा होगा। वह बहुत ही अभिमानी थी और उसने कभी भी अपने अतीत के प्रति कोई पछतावा या अपराध-भावना नहीं दर्शाई। भारत के विभाजन के बाद, उसके दोनों बेटों ने पाकिस्तान जाने का फ़ैसला किया और वह भी उनके साथ कराची चली गई, लेकिन उसे पाकिस्तान पसंद नहीं आया और वह कुछ सालों के बाद भारत लौट आई। लखनऊ के हमारे घर में एक छोटी-सी बीमारी की वजह से उसकी मृत्यु हो गई। उस वक्त मुझे याद है कि वकीलन केवल सफ़ेद कपड़े पहनती थी और विधवाओं के ऊपर थोपे गए सभी प्रतिबंधों का पालन करती थी, हालांकि वह एक ऐसी विद्रोही थी जिसने बहुत सारी सामाजिक प्रथाओं को तोड़ा था।

हमारी एक और साहसी मौसी भी थी जो मेरी माँ की चचेरी बहन और उनकी पक्की सहेली थी, उन्हें भी प्रथाओं के कारण काफ़ी कुछ सहन करना पड़ा था लेकिन उनके पास वकीलन जितना साहस नहीं था और वे एक तय किए गए विवाह की बलि चढ़ गई थीं, जबकि वे अपने एक भाई के प्रेम में पागल थीं। एक लड़की के लिए प्रेम करना और अपने प्रेमी से विवाह की इच्छा ज़ाहिर करना सबसे बड़ा सामाजिक अपराध था। इसीलिए जिस पल उनके परिवार को उनके इरादों का पता चला, उन्होंने जल्दी से उनका विवाह तय करा दिया, हालांकि वे इस बात का विरोध करती रहीं। मेरी माँ ने मुझे बताया कि विवाह के दिन तक, वे विरोध करती रहीं और यह घोषणा की कि वे *निकाह* के लिए अपनी स्वीकृति ही नहीं देंगीं। सैद्धांतिक रूप से, *निकाह* के लिए दूल्हे और दुल्हन दोनों की रज़ामंदी ज़रूरी है। प्रथा यह है कि दो पुरुष, जो कि विशेषतः दुल्हन के संबंधित होते हैं, एक वकील के साथ, *ज़नाने* में दाखिल होते हैं और दुल्हन की रज़ामंदी पूछते हैं। दुल्हन को ज़ोर से "मंज़ूर है" नहीं कहना चाहिए, क्योंकि यह शर्मनाक माना जाता है, इसीलिए "हूँ" की एक सादी आवाज़ ही रज़ामंदी के तौर पर स्वीकृत कर ली जाती है। मेरी माँ के अनुसार, मेरी मौसी ने रज़ामंदी देने से इंकार कर दिया और अंत में उनकी एक चाची ने उनकी ओर से "हूँ" कहा। वह अपने विवाह से बिलकुल भी खुश नहीं थी। वह अक्सर मेरी माँ से मिलने लखनऊ आती थीं और हमेशा दुखी और खोई-खोई रहती थीं। 40 साल की उम्र में उनकी मृत्यु हो गई। उनका प्रेमी जीवनभर अविवाहित रहा। उनके अतीत के बारे में जानने के बाद, उनके पति ने उनमें ज़्यादा दिलचस्पी नहीं दिखाई, हालांकि उसने उन्हें तीन बच्चों की माँ बना दिया। वह खुद को अन्य महिलाओं में व्यस्त रखता था। यह ऐसी सामाजिक मजबूरियां थीं जिन्होंने महिलाओं को मूलभूत मानव अधिकार देने से भी मना कर दिया था।

मेरे चाचाः अंसार हरवानी

मैं अपने दोनों चाचाओं की बड़ी प्रशंसा करती थी और स्कूल में उनके महत्व के बारे में शेखी बघारती थी। हालांकि मेरे अंसार चाचा, जो अपने छात्र जीवन से ही राजनीति में शामिल थे, अक्सर "भूमिगत" या जेल में रहते थे, और मुझे याद है कि *दादी*[22] उनकी सुरक्षा के लिए चिंतित रहती थीं। कुछ घटनाएं ऐसी हुई जिनका मुझपर बहुत प्रभाव पड़ा, जिन्होंने मुझे देशभक्ति की गहरी भावना से भर दिया और मेरी भारतीय पहचान को मज़बूत किया। जब अंसार चाचा "भूमिगत" होते थे, परिवार को उनका पता-ठिकाना मालूम नहीं होता था। उनके साथ कोई संवाद नहीं होता था, और दर-उस-सिराज—उनका निवासस्थान—को सख्त निगरानी में रखा जाता था। एक बार, हमें एक अहस्ताक्षरित पोस्टकार्ड मिला जिसमें लिखा था कि अंसार चाचा फलां तारीख़ और समय पर फलां ट्रेन से लखनऊ स्टेशन से गुजरने वाले हैं। इसीलिए, मेरे समेत पूरा परिवार उनकी एक झलक पाने की उम्मीद में स्टेशन पर गया। दरअसल उन्हें एक जेल से

---

[22] पिता की माँ।

दूसरी जेल में स्थानांतरित किया जा रहा था। हम सबने ट्रेन के आने का बेसब्री से इंतज़ार किया और फिर वह डिब्बा खोज निकाला जिसमें वे थे। उसमें बहुत कड़ी सुरक्षा थी। जब ट्रेन रुकी, हम डिब्बे की तरफ़ भागे। डिब्बे के दरवाज़े पर हथियारबंद सुरक्षाकर्मी थे और खिड़कियों पर लोहे की सलाखें लगी हुई थीं। दादी ने अंसार चाचा को छूने के लिए लोहे की सलाखों के अंदर हाथ डाला लेकिन खिड़की के बाहर खड़े एक सुरक्षाकर्मी ने बेदर्दी से उनका हाथ दूर हटा दिया। मैं सुरक्षाकर्मी की क्रूरता पर चौंक गई। ट्रेन केवल कुछ मिनटों के लिए ही रुकी लेकिन हम कम-से-कम उन्हें देख तो पाए। वे हमें बताते रहे कि हम उनकी चिंता न करे और जेल में उनका अच्छा ख्याल रखा जाता है। हम अपनी आँखों में आंसू भरे हुए घर लौट आए लेकिन हम इस बात से और भी ज़्यादा सुनिश्चित हो गए कि वे एक अच्छे काम के लिए लड़ रहे थे।

एक अन्य मौके पर, अंसार चाचा लंबे समय के लिए भूमिगत थे। पुलिस को उनके पते-ठिकाने की जानकारी देनेवाले के लिए पुरस्कार की घोषणा की गई थी। जब इससे भी काम नहीं बना, तो ब्रिटिश सरकार ने हमारे परिवार को तंग करना शुरू कर दिया और कहा कि वे परिवार की सारी जायदाद को नीलाम कर देंगे। इसे दबाव की एक रणनीति के रूप में इस्तेमाल किया गया। नीलामी के एक दिन पहले, दर-उस-सिराज की सारी संपत्ति की एक फेहरिस्त तैयार की गई, जिसमें बच्चों की चीज़ें भी शामिल थीं। रुदौली के गाँव के घर में भी ऐसा ही किया गया। वास्तविक नीलामी अगली सुबह होनेवाली थी, जिसके कारण परिवार की पूरी संपत्ति छिन जानेवाली थी, लेकिन हुआ ऐसा कि एक रात पहले अंसार चाचा को गिरफ्तार कर लिया गया, इसीलिए नीलामी रद्द कर दी गई। उस मौके पर परिवार जिस आघात से गुज़रा उसे मैं कभी नहीं भूल सकती। हम सभी विभाजन के विरोध में थे और इसके लिए जो भी आवश्यक हो उसका त्याग करने के लिए तैयार थे। हमारा परिवार इकलौता ऐसा परिवार नहीं था। ऐसे लाखों हिंदू और मुस्लिम लोग थे, जो इस प्रकार की तकलीफों से गुज़रे थे। ऐसी घटनाओं ने अंसार चाचा के प्रति मेरे आदर को और बढ़ा दिया क्योंकि वे उनकी देशभक्ति के उत्साह और साहस को प्रतिबिंबित करती थीं।

जब भारत छोड़ो आंदोलन का उन्माद पूरे देशभर में फैल गया था, तब जिस डर से मेरा परिवार गुज़र रहा था वह भी मुझे स्पष्ट रूप से याद है। लखनऊ विश्वविद्यालय के अन्य छात्रों की तरह मेरे चचेरे भाई, अब्बू भाई, भी इसमें शामिल थे। वे अपनी विधवा माँ की इकलौती संतान थे और वह नहीं चाहती थी कि वे स्वतंत्रता संग्राम में बहुत अधिक संलग्न हों, क्योंकि उन्हें डर था कि उन्हें भी अंसार चाचा की तरह गिरफ़्तार करके जेल में बंद कर दिया जाएगा। शहर में भारत छोड़ो आंदोलन के समर्थन में छात्रों का एक प्रदर्शन होनेवाला था और अब्बू भाई उसमें शामिल होनेवाले थे। ऐसा डर था कि वहां हिंसा और लाठी चार्ज होगा और गिरफ्तारियां की जाएंगी। इसीलिए सभी ने अब्बू भाई को उस प्रदर्शन में शामिल होने से रोकने की कोशिश की लेकिन वे अपनी बात पर अटल थे। उन्हें ज़बरदस्ती एक कमरे में धकेलकर बाहर से ताला लगा दिया गया और उनकी माँ कहती गईं, "हम अपने इकलौते बेटे को नहीं खो सकते।" मैं आज भी अब्बू भाई को चिल्लाते हुए और दरवाज़ा पीटते हुए, बाहर निकालने की प्रार्थना करते हुए सुन सकती हूँ।

शायर मजाज़: मेरे चाचा

मेरे चाचा मजाज़—हम उन्हें *अम्मूजान* कहते थे—एक और ऐसे व्यक्ति थे जिन्होंने मुझे बहुत प्रभावित किया था। अपने समय के सर्वश्रेष्ठ उर्दू शायरों में से एक और एक बहुत अच्छे इंसान होने के अलावा, उनकी आदत हंसी-मज़ाक करने की थी। शायर जोश मलीहाबादी, जो मजाज़ के समकालीन और एक बड़े मशहूर उर्दू शायर थे, मजाज़ की बहुत ज़्यादा शराब पीने की आदत के बारे में जानते थे, और उन्होंने एक बार उनसे कहा, "यार मजाज़, शराब पीने को नियंत्रण में रखने के लिए तुम्हे अपने सामने एक *घड़ी* रखनी चाहिए।" मजाज़ ने उत्तर दिया, "*घड़ी* क्यों जोश साहब, मैं तो अपने सामने एक *घड़ा* रखने की सोच रहा हूँ।" उनका एक और प्रचलित चुटकुला था, जो बार-बार दोहराया जाता है, कुछ ऐसा है: एक दिन मजाज़ एक ऐसे व्यक्ति से मिले जिनका मत उनके बारे में अच्छा नहीं था और उन्होंने सुन रखा था कि मजाज़ बहुत ज़्यादा शराब पीते और धूम्रपान करते हैं। उस व्यक्ति ने मजाज़ से पूछा कि क्या यह बात सच है। मजाज़ ने मुंहतोड़ जवाब देते हुए कहा, "बिलकुल नहीं, मैं न तो शराब पीता हूँ और न ही धूम्रपान करता हूँ।" इस बात पर, उस व्यक्ति ने आश्चर्य व्यक्त करते हुए टिप्पणी दी, "तो मतलब तुममें कोई दोष नहीं है?" मजाज़ ने कहा, "मुझमें केवल एक ही दोष है और वह यह है कि मैं झूठ बहुत बोलता हूँ।"

एक ऐसा परंपरागत मुस्लिम समाज जिसपर सामंती मूल्यों के ज़मींदार वर्ग का शासन था, उसके हिसाब से मजाज़ काफी अनुपयुक्त थे। वे स्वभाव से लापरवाह थे, और उस समय बनाए गए सामाजिक मानदंडों का पालन नहीं करते थे। अलीगढ़ मुस्लिम विश्वविद्यालय से स्नातक करने के बाद, उन्हें आकाशवाणी (ऑल इंडिया रेडियो) की एक पत्रिका, *आवाज़* में संपादक की नौकरी मिल गई। यह वह समय था जब उनकी शायरी अपने चरम पर थी और वे दिल्ली के समाज की उच्च मंडली में बेहद मशहूर थे। दिल्ली में अपने निवास के दौरान, उनका परिचय डॉ. अंसारी से हुआ, जो अखिल भारतीय कांग्रेस समिति के एक बार के अध्यक्ष थे और दिल्ली के बेहद अमीर और सम्माननीय व्यक्ति थे। मजाज़ के उनके परिवार में गर्मजोशी से स्वागत होता था। डॉ. अंसारी की एक खूबसूरत युवा बेटी थी और मजाज़ को उससे प्यार हो गया। उस लड़की को भी इस लंबे, खूबसूरत, युवा पुरुष, जो बहुत हंसी-मज़ाक करता था और जो दिल्ली का सबसे मशहूर शायर था, का साथ पसंद आने लगा। उस लड़की के प्रति मजाज़ का जुनून इस हद तक बढ़ गया कि इन्होंने उसके सामने अपने प्यार का इज़हार कर दिया और विवाह का प्रस्ताव रख दिया। लेकिन उसने स्पष्ट रूप से इंकार कर दिया और मजाज़ को परिवार से निर्वासित कर दिया गया।

प्रगतिशील उर्दू लेखकों और शायरों ने 1950 के दशक में छोटी पुस्तिकाओं के रूप में एक-दूसरे के ऊपर व्यक्तिगत वर्णन लिखे। इस्मत चुगताई ने मजाज़ के ऊपर लिखते हुए मजाज़ की दुर्दशा का ख़ूबसूरती से वर्णन किया। उन्होंने लिखा कि मजाज़ का जीवन एक माली की तरह है जिसने एक राजकुमारी के लिए एक सुंदर बगीचा बनाया था। एक दिन, वह राजकुमारी बगीचे में आई और लाल गुलाब के पास रुककर उसकी प्रशंसा करने लगी। माली को बहुत गर्व महसूस

हुआ और उसने वह गुलाब राजकुमारी को देते हुए उसे बालों में सजाने की विनती की। जिसपर उस राजकुमारी ने जवाब दिया, "नहीं, नहीं, मुझे अपने बालों को इस गुलाब से नहीं सजाना। मेरे बालों को सजाने के लिए मेरे पास सोने से बने फूल हैं।" दुर्भाग्यवश, यही वह समय था जब मजाज़ ने अंग्रेज़ी सरकार के विरुद्ध लिखने की वजह से आकाशवाणी की अपनी नौकरी भी गंवा दी। उन्होंने सरकार का समर्थन करने के कारण दो प्रसिद्ध उर्दू शायरों को लक्षित करते हुए आलोचनात्मक कविताएँ भी लिखीं। व्यक्तिगत और व्यावसायिक असफलताओं और अपने अतिसंवेदनशील स्वभाव के कारण, उन्होंने अपना मानसिक संतुलन खो दिया और अपने ग़मों को डुबोने के लिए शराब का सहारा ले लिया। इसके बाद उनके परिवार ने उन्हें वापस लखनऊ बुला लिया जहाँ उनके पिता की सेवानिवृत्ति के बाद उनके माता-पिता रहने लगे थे।

जब मैं मजाज़ को जानने जितनी बड़ी हो गई थी, तब वे अपने माता-पिता के साथ रहते थे। हालांकि उन्होंने विवाह नहीं किया और उनके खुद के बच्चे भी नहीं थे, लेकिन वे बच्चों से प्यार करते थे। मैं उनकी बहुत सराहना करती थी और जब भी वे घर में होते थे उनके आसपास मंडराती रहती थी। वे महिलाओं के बीच बहुत लोकप्रिय थे और मेरे स्कूल की एक अध्यापिका उन्हें बहुत पसंद करती थीं। उनका नाम बहुत अजीबोगरीब था—हव्वा बाई रहमान। उनकी सहेलियां उन्हें अक्सर "कव्वा[23] बाई" कहकर चिढ़ाती थीं। तो एक दिन, मजाज़ ने मुझसे पूछा कि क्या मुझे कव्वा बाई पढ़ाती हैं। मैंने विरोध करते हुए कहा, "नहीं, वे हव्वा बाई हैं।" तो उन्होंने बहुत ही गंभीर लहज़े में कहा, "ओह, तो तुम्हारी अध्यापिका अपना असली नाम छुपाती हैं," और सुझाव दिया कि अगर मुझे उनपर विश्वास नहीं है, तो मुझे अध्यापिका से ही पूछ लेना चाहिए कि क्या उन्हें कव्वा बाई के नाम से जाना जाता है। एक छोटी लड़की के रूप में, मैं हमेशा शेखी बघारती थी कि मैं बहुत बहादुर हूँ और अपनी कुछ सहपाठियों की तरह किसी भी अध्यापिका से नहीं डरती हूँ। इसीलिए उन्होंने मुझे और उकसाया और कहा कि अगर मैं सच में बहादुर हूँ और किसी भी अध्यापिका से नहीं डरती हूँ, तो यह साबित करने के लिए मुझे उनसे पूछना पड़ेगा कि क्या वे कव्वा बाई के नाम से जानी जाती थीं। मैं उलझन में पड़ गई लेकिन मैं अपने दावे को साबित भी करना चाहती थी। इसीलिए अगली बार जब सुश्री रहमान कक्षा से बाहर जा रही थीं, मैंने उन्हें दरवाज़े पर रोका और बताया कि मेरे चाचा ने मुझे बताया है कि उन्हें कव्वा बाई के नाम से जाना जाता है और क्या यही उनका असली नाम है। वे बहुत ही दयालु थीं और उन्होंने कहा कि मुझे अपने चाचा को कहना चाहिए (उन्होंने अंदाज़ा लगा लिया था कि वे चाचा कौन थे) कि मुझे अपनी अध्यापिकाओं से ऐसे असभ्य प्रश्न नहीं पूछने चाहिए। मुझे आज भी याद है, मैं इतनी छोटी थी कि सुश्री रहमान को मेरी बात सुनने के लिए थोड़ा नीचे झुकना पड़ा। तब मुझे अपनी मूर्खता का एहसास हुआ और बहुत शर्मिंदगी महसूस हुई। अगले दिन, *अम्मूजान* ने मुझसे पूछा कि क्या मैंने अध्यापिका से प्रश्न पूछने का साहस जुटा लिया है। मैंने गर्व से कहा कि मैंने पूछ लिया है। तो वे हंसने लगे और मुझे और ज़्यादा चिढ़ाते हुए कहने लगे, "तुम्हारा मतलब है कि तुमने सच में अपनी अध्यापिका से ऐसा असभ्य प्रश्न

---

[23] कौआ।

पूछ लिया? ओह! ओह! तुमने अपनी अध्यापिका को कव्वा कहा!" मुझे यह इतना मूर्खतापूर्ण लगा कि मेरे आंसू निकल आए। उन्होंने तब मुझे प्यार से गले लगाते हुए कहा कि वे तो केवल मज़ाक कर रहे थे और उन्हें पूरा विश्वास हो गया है कि मैं एक बहुत ही बहादुर लड़की हूँ। मुझे याद है कि वे अपने भांजे और मेरे पसंदीदा भाई, जादू (जावेद अख़्तर, कवि-गीतकार) के साथ बहुत खेला करते थे, और उसे बहुत ज़्यादा सताया भी करते थे।

एक छोटी और दुःखभरी ज़िंदगी जीने के बावजूद भी (उनकी मृत्यु 42 वर्ष की आयु में हो गई), उन्होंने अपने दुःखद अंत तक अपने हंसी-मज़ाक के स्वभाव और ज़िंदगी के प्रति अपने सकारात्मक रवैये को बरक़रार रखा।

बाजी: मेरी दादीमाँ

हम सब अपनी दादी को *बाजी*[24] कहकर पुकारते थे,—क्योंकि मेरे पिता को उन्हें *बाजी* कहकर पुकारने के निर्देश दिए गए थे—क्योंकि अम्मा पुकारने के लिहाज़ से वे बहुत छोटी थीं। असल में, वे पड़ोसियों और रिश्तेदारों की भी *बाजी* बन गई थीं और यहाँ तक कि घर के नौकर भी उन्हें बेग़म साहब की बजाय *बाजी* कहते थे। व्यावहारिक रूप से देखा जाए तो *बाजी* ने ही मुझे पाल-पोसकर बड़ा किया था और मेरे सामाजिकीकरण में मेरी खुद की माँ से ज़्यादा प्रभाव *बाजी* का रहा है। काफी लंबे समय तक तो मैं *बाजी* को ही अपनी माँ मानती थी। अपनी युवावस्था में, वे काफी सुंदर महिला रही होंगी। वे लंबी और छरहरी थीं और उनके नाक-नक्श उत्कृष्ट थे और वे बहुत बुद्धिमान भी थीं। वे केवल 16 साल की थीं जब उनका विवाह मेरे दादाजी के साथ हुआ जो उम्र में उनसे काफी बड़े थे। वे एक विधुर थे और उनकी पहली पत्नी से उन्हें एक बेटी भी थी, जो *बाजी* की ही उम्र की थी। मैं हमेशा से यह जानने को उत्सुक रहती थी कि इतनी युवा, सुंदर और प्रतिष्ठित परिवार की होने के बावजूद भी *बाजी* का विवाह उनसे उम्र में इतने बड़े व्यक्ति के साथ कैसे कर दिया गया। दुर्भाग्यवश, दूसरे विवाह के केवल दो वर्षों बाद ही मेरे दादाजी अपने पीछे एक 6 महीने के बेटे को छोड़कर चल बसे। बाजी का कभी पुनर्विवाह नहीं हुआ, जो कि इस्लाम के ख़िलाफ़ है क्योंकि इस्लाम में यह कहा गया है कि *इद्दत*[25] की निर्धारित अवधि समाप्त होने के तुरंत बाद विधवा का पुनर्विवाह कर दिया जाना चाहिए। इस अनिवार्य अवधि के पीछे का तर्क यह था कि अगर उस समय में गर्भधारणा हो जाती है तो उसे आसानी से स्थापित किया जा सके। लेकिन अन्य हिंदू रिवाज़ों की ही तरह, विधवा पुनर्विवाह पर लगाया गया प्रतिबंध भारतीय मुस्लिमों में भी प्रचलित था।

भारतीय मुस्लिमों के बीच हिंदू संस्कृति का प्रभाव इतना शक्तिशाली था कि अपने पति को खोने के बाद *बाजी* को हिंदू विधवाओं की तरह ही शापित माना गया। उस क्षेत्र में प्रचलित हिंदू

---

[24] बड़ी बहन को पुकारने का एक और शब्द।

[25] पति की मृत्यु या उससे तलाक लेने के बाद महिला द्वारा पालन की गई इंतज़ार की अवधि। यह चार महीने और 10 दिन की होती है।

रिवाज़ों के अनुसार उनपर बहुत सारे प्रतिबंध लगाए गए थे, जिनमें शामिल था ख़ुशी के मौकों पर विधवाओं को उनमें भाग न लेने देना। 18 वर्ष की उम्र, यानि जब से वे विधवा हुई, तब से लेकर पूरी ज़िंदगी उन्हें केवल सादे सफ़ेद कपड़े पहनने पड़े। वे कोई गहने नहीं पहन सकती थीं, सादी चूड़ियाँ या फूल भी नहीं, और न ही इत्र[26] लगा सकती थी। एक किशोर लड़की के द्वारा उपभोग किए जानेवाले सभी सुख भोगने से इंकार कर दिए जाने पर वे कितना कुंठाग्रस्त महसूस करती होंगी, और वह भी केवल इसीलिए क्योंकि उन्होंने अपने पति को खो दिया था, जिसकी ज़िम्मेदार वे नहीं थीं! मुझे याद है कि बड़ी होने पर जब मैं उनकी यह दुःख से भरी दुर्दशा देखती थी तो मुझे कितना क्रोध आता था। *बाजी* को सभी ख़ुशी के मौक़ों जैसे सगाई, विवाह और बच्चे के जन्म से जुड़े सभी समारोहों और प्रथाओं से दूर रहना पड़ता था, जबकि उन सबकी तैयारी में उनके हुनर और श्रम का योगदान होता था। उन्हें सफ़ेद रंग से नफ़रत थी और वे हममें से किसी को भी सफ़ेद कपड़े पहनने की अनुमति नहीं देती थीं, हालांकि उन दिनों सफ़ेद दुपट्टे पहनने का बहुत चलन था। जब हम स्कूल में होते थे, *बाजी* हमारे दुपट्टों को अपनी मर्ज़ी के रंगों में रंग देती थीं, जो अक्सर हमारे कपड़ों के साथ मेल नहीं खाते थे। हम कुंठाग्रस्त हो जाते थे और भुनभुनाते थे, लेकिन उनका मानना था कि सफ़ेद कपड़े पहनने से हमारी भी किस्मत उनकी जैसी हो जाएगी और हम भी छोटी उम्र में विधवा हो जाएंगे।

बाजी खाना पकाने और कपड़े सिलने में बहुत माहिर थीं। उन दिनों में, लड़कियां और महिलाएं अपने कपड़े खुद सिलती थीं। दर्ज़ी—जो कि ज़्यादातर पुरुष होते थे—को अपना माप देना अयोग्य माना जाता था। अपवाद के तौर पर, कुछ जगहों पर कोई विधवा या निचले वर्ग की परित्यक्त महिला पैसे कमाने के लिए सिलाई करना सीखती थी और अमीर परिवारों को अपनी सिलाई की सेवा प्रदान करती थी। *बाजी* को ग़रारों की कटाई और सिलाई करने में बहुत अच्छा माना जाता था। ग़रारों को काटने और सिलने के लिए विशेष हुनर की ज़रूरत पड़ती थी क्योंकि उन्हें छह गज के कपड़े से बनाया जाता था। कुछ महिलाएं ग़रारों को सिलने में और कपड़े को काट-छांटकर इस्तेमाल करने में गर्व महसूस करती थीं। विवाह और अन्य समारोहों के लिए, महिलाएं एक साथ बैठकर ग़रारे काटती और सिलती थीं। *बाजी* को अक्सर सलाहकार के रूप में आमंत्रित किया जाता था।

परदा या महिलाओं का कारावास

महिलाएं *ज़नाने* की चारदीवारी के भीतर कैद होती थीं, वे शायद ही कभी दुकानों में जाती थीं। लेकिन दुकानदार अक्सर हमारे घर पर आते थे और मुझे याद है कि चीनी दुकानदार भी होते थे जो विशेष किस्म का रेशम लाते थे। अफ़गानी दुकानदार भी होते थे जो बहुत ही मुश्किल से मोलभाव करते थे। इनकी चीज़ें एक नौकर लड़का *ज़नाने* के भीतर लेकर आता था। बहस और मोलभाव किसी तीसरे व्यक्ति के ज़रिए या फिर परदे के पीछे से होता था। जीवनचक्र की

[26] सुगंधित द्रव्य।

घटनाओं के दौरान होनेवाले समारोहों के अतिरिक्त महिलाओं के लिए मनोरंजन का और कोई साधन नहीं था। उन दिनों में टेलीविज़न नहीं होता था और गाँवों और छोटे शहरों में सिनेमाघर भी नहीं होते थे। तो यह समारोह और धार्मिक त्योहार महिलाओं को थोड़ा मनोरंजन प्रदान करते थे और उन्हें व्यस्त भी रखते थे। यह अवसर उनका संगठनात्मक कौशल दिखाने का और उनके अच्छे-अच्छे कपड़े और गहने दिखाने का अवसर भी प्रदान करते थे। एक तरीका जिसमें महिलाएं अपना प्राकृतिक हुनर और कलात्मकता दिखा सकती थीं, वह था दुपट्टों को अनोखे रंग संयोजनों में रंगकर और उनपर जटिल नमूने बनाकर जिसे *लहरिया*[27] कहा जाता था। वे दुपट्टों पर सिलवटें भी घर पर ही बनाते थे। एक कहावत के अनुसार, "एक वस्तु को बहुत लंबे समय तक रख लो और वह फिर से चलन में आ जाएगी" और यह सही भी साबित हुई है। आजकल *लहरिया* और सिलवट पड़े हुए मलमल के दुपट्टे फिर से चलन में हैं।

तब महिलाओं के हाथों में हुनर था और वे *खासदानों*[28] और *पानदानों*[29] के लिए सुंदर आवरण बनाया करती थीं। कलात्मक तरीक़े से तैयार किए गए यह आवरण लड़की के विवाह के साजो-सामान का हिस्सा बनता था। इन समारोहों के आयोजन में प्रबंधकीय कौशल का उपयोग भी किया जाता था। और सबसे बड़ी बात, महिलाओं को यह अवसर मिल जाता था कि वे खर्चे के लिए पैसे और वस्तुएं उपलब्ध कराने के लिए पुरुषों को आदेश दें। अगर बाजी का जन्म आज के समय में हुआ होता और वे शिक्षित होतीं, तो वे एक बहुराष्ट्रीय संगठन का प्रबंधन कर सकती थीं। वे निश्चित रूप से एक सफल कार्यक्रम आयोजक के रूप में काम कर रही होतीं। लेकिन अफ़सोस, *बाजी* अशिक्षित थीं!

मैं अपनी दादी की देखभाल में बड़ी हुई। वे मुझे बड़ों की तरह चमकीले, भड़कीले कपड़े पहनाती थीं, जिससे मैं नाराज़ हो जाती थी और वे कपड़े पहनने में नखरे दिखाती थी। वे मेरे लिए कपड़े के गुड्डा-गुड़िया बनाया करती थीं। वे गुडिया के विवाह का आयोजन करती थीं और आस-पड़ोस के बच्चों को बुलाकर दावत देती थीं। मुझे याद है कि इस तरह के आयोजनों से मैं अक्सर नाराज़ हो जाया करती थी। लेकिन वे अपने तरीक़े से, मुझे एक गृहिणी और पत्नी की मेरी भावी भूमिकाओं के लिए तैयार कर रही थीं। ज़ाहिर तौर पर, इससे आपा को बहुत गुस्सा आता था क्योंकि मेरी दादी ने मेरी दूसरी बहनों के लिए इतने विस्तृत गुडिया के खेल के लिए कभी समय नहीं निकाला। प्रतिक्रियास्वरूप, आपा का झुकाव सूफ़िया की तरफ़ ज़्यादा हो गया। *बाजी* का इरादा अच्छा था लेकिन उनकी अतिरंजना ने कुछ हद तक बाकी के परिवार के साथ मेरे संबंध को ख़राब कर दिया क्योंकि सभी को यह लगता था कि मेरे छोटे भाई-बहनों की तुलना में मुझे ज़्यादा लाड-प्यार मिलता है।

आगे जाकर, *बाजी* को उच्च रक्तचाप की बीमारी हो गई जिसके कारण अंततः 62 साल की उम्र में उनकी मृत्यु हो गई। मेरे प्रेम और माँ की दुर्दशा के से निकटता ने मुझे उन क्रूर तरीक़ों से

---

[27] भड़कीले रंगों में रंगे विशिष्ट लहरों-जैसी डिज़ाइन के कपड़े।

[28] तैयार पान या *गिलौरी* रखने के डिब्बे।

[29] पान तैयार करने की विविध सामग्री रखने का डिब्बा।

अवगत कराया जिनपर आधारित व्यवहार भारत के सभी समुदायों में सभी सामान्य महिलाओं और विशेषतः विधवाओं के साथ किया जा रहा था। इस जागरूकता ने एक बहुत छोटी उम्र से मेरे मन में ऐसी पारंपरिक प्रथाओं के प्रति नाराज़गी पैदा कर दी। मेरे व्यक्तिगत जीवन में मैंने इन प्रथाओं में से ज़्यादातर को ख़ारिज कर दिया। इसीलिए, जब मेरी बेटी का विवाह हो रहा था, मैंने *खाला*—मेरी मौसी जो छोटी उम्र में विधवा हो गई थीं और जिन्हें विधवाओं पर लगाए गए सांस्कृतिक रूप से निर्धारित सभी प्रतिबंधों का पालन करना पड़ता था—को विवाह की प्रथाओं की शुरुआत करने को कहा, क्योंकि वे सबसे बुज़ुर्ग रिश्तेदार थीं। ऐसा करने पर बहुत से लोगों के माथे पर बल पड़ गए। *खाला* ने भी पहले तो मेरी विनती को ठुकरा दिया लेकिन फिर मेरे ज़ोर देने पर, और कुछ अन्य प्रबुद्ध मेहमानों के अनुमोदन पर, उन्होंने आख़िरकार यह प्रस्ताव स्वीकार कर लिया। मैं देख सकती थी कि विधवा होने के कलंक से मुक्ति पाने के बाद उन्हें बहुत अच्छा महसूस हो रहा था।

हालाँकि मैं यह मानती हूँ कि विधवाओं पर की जानेवाली क्रूरता के बावजूद, इस पारंपरिक प्रणाली ने उनके इस बेरंग अस्तित्व को कुछ राहत भी प्रदान की, क्योंकि वे संयुक्त परिवार में व्यस्त रहती थीं और अकेलेपन का कष्ट उन्हें इतना नहीं सताता था। उदाहरण के लिए, मेरी *खाला* जो कि एक विधवा थीं, मेरा ननिहाल संभालती थीं। घर में काम उन्हें अच्छी तरह से व्यस्त रखते थे। एक तरह से, उन्होंने ही मेरी माँ, जो उनसे 12 साल छोटी थी, को पाल-पोसकर बड़ा किया था। लेकिन अपने पिता की सुरक्षा के बावजूद भी *खाला* का स्वभाव कड़वा हो गया था। हम लड़कियां उन्हें ज़्यादा पसंद नहीं करती थीं क्योंकि वे हमें सताती थीं और छोटी-छोटी बातों में हमारी गलतियां ढूंढती थीं। सौभाग्यवश, *बाजी* के अंदर ऐसी कड़वाहट नहीं थी, इसका कारण यह था कि एक तो उनका स्वभाव खुशमिजाज था और दूसरे क्योंकि वे आर्थिक रूप से किसी के ऊपर निर्भर नहीं थीं, क्योंकि उनके पिता, जो कि एक अमीर, भगवान् का खौफ़ रखनेवाले इंसान थे, उन्होंने अपनी संपत्ति अपनी बेटियों के बीच भी बांटी थी। इस्लामी सिद्धांतों के अनुसार, बेटियों को भी अपनी पैतृक संपत्ति में उत्तराधिकार हासिल है, लेकिन भाइयों के मुक़ाबले आधा। हालांकि उन दिनों बेटियां आमतौर पर पैतृक संपत्ति में अपना हिस्सा नहीं लेती थीं, क्योंकि हिंदुओं की तरह मुस्लिमों पर भी "प्रथागत क़ानून" का शासन चलता था जो कि मुस्लिम पर्सनल लॉ से काफ़ी हद तक हटके था। प्रथागत क़ानून के तहत्, *बाजी* के पिता ने अपनी बेटियों को कोई ज़मीन नहीं दी लेकिन उसके बदले में नक़द रूपया दे दिया, जो कि उस समय के हिसाब से बहुत असामान्य था। यह अपरंपरागत उदारता का एक उदाहरण था।

मेरे भाई-बहन

रंग-रूप के मामले में, सूफ़िया हम बहनों में सबसे सुंदर मानी जाती थी क्योंकि वह उस समय के प्रचलित सुंदरता के पैमानों पर खरी उतरती थी। उसके नाक-नक्श तीख़े, रंग बहुत गोरा, आँखें बड़ी-बड़ी, अंडाकार चेहरा, और पतले होंठ थे। वह बहुत आज्ञाकारी भी थी और हर बात को

ख़ामोशी से मान लेती थी। शारीरिक सुंदरता के मामले में मेरा स्थान दूसरा था क्योंकि मेरा चेहरा थोड़ा गोल और आँखें छोटी थीं, और सूफ़या के बिलकुल विपरीत, मैं बिगड़ैल थी जो हर बात पर सवाल पूछती थी। लेकिन कुछ रिश्तेदार और मित्रों का झुकाव मुझे ज़्यादा आकर्षक मानने की तरफ़ था क्योंकि मेरा व्यक्तित्व गर्मजोश और जीवंत था। सूफ़या और मुझे बुर्क़ा पहनना पड़ता था, हालांकि छोटी बहनों को नहीं पहनना पड़ता था। उन्होंने आईटी महाविद्यालय (अब इसाबेला थोबर्न महाविद्यालय) में शिक्षण प्राप्त किया था, जिसे मेरे समय में "आधुनिक" माना जाता था, लेकिन उनके समय में नहीं। यहाँ तक कि उन्होंने लखनऊ विश्वविद्यालय में भी शिक्षा प्राप्त की थी, जिसमें कि सह-शिक्षा थी।

हमारी तीसरी बहन, सेहबा, बचपन में आकर्षक नहीं मानी जाती थी क्योंकि न तो उसका रंग गोरा था, न ही बड़ी आँखें थीं और न ही अंडाकार चेहरा था, और सबसे बड़ी बात, उसने तीसरी बेटी के रूप में जन्म लिया था। लेकिन बड़ी होने के बाद, सेहबा सबसे आकर्षक युवती के रूप में उभरी जिसका कद लंबा, दिलचस्प व्यक्तित्व था और वह दिखने में बुद्धिमान दिखती थी। उसे आज समकालीन मानकों के अनुसार सुंदर माना जाता है। हम बहनों में गुणों, सुंदरता, और पारंपरिक मुस्लिम *तहज़ीब*[30] का बहुत आकर्षक मिश्रण था, और साथ ही आधुनिक शिक्षा की सही ख़ुराक भी थी, यही सब गुण हैं जिनका मूल्य विवाह के बाज़ार में किया जाता है। हमें खाना पकाने के साथ-साथ, सिलाई, कढ़ाई, और बुनाई भी सिखाई गई थी; वे सब हुनर जो एक अच्छी पत्नी और बहू में आवश्यक होते हैं। मेरी सभी बहनें इन हुनरों में बहुत अच्छी थीं। मुझे बुनाई अच्छी लगती थी, जो मुझे आज भी अच्छी लगती है, और कढ़ाई भी, लेकिन मुझे साधारण सिलाई और खाना पकाने से नफ़रत थी। यह भयानक था, क्योंकि बड़ी बहन होने के नाते, मुझे छोटी बहनों के लिए आदर्श बनना था। मेरी चौथी बहन, शहला, सिलाई और खाना पकाने में बहुत ही अच्छी थी। वह अब खुद को लखनऊ में समाज कार्य और उर्दू सिखाते हुए व्यस्त रखती है। सेहबा भी घर के काम-काज में बहुत अच्छी थी और पढ़ाई के प्रति भी उसका झुकाव था। उसने विवाह के बाद भी अपनी पढ़ाई जारी रखी। सौभाग्यवश, उसका पति वाशिंगटन में नियुक्त था, इसीलिए उसने अमेरिका में रहने का फ़ायदा उठाते हुए शिकागो विश्वविद्यालय से भाषाविज्ञान में पीएचडी करी और अमेरिका और कनाडा में भाषाविज्ञान और अंग्रेजी साहित्य पढ़ाया। उसने पीएचडी का अपना निबंध (थीसिस) प्रकाशित किया और हमारे चाचा, शायर मजाज़ की ग़ज़लों का एक संग्रह भी प्रकाशित किया। सेहबा अब शायरी लिखने में भी अपना हाथ आज़मा रही है, उसकी यह प्रतिभा इतने सालों तक अव्यक्त ही रह गई थी। मेरी पांचवी बहन, यास्मीन, अपने पति के नियुक्ति स्थल, लागोस, नाइजीरिया में पुस्तकालय अध्यक्ष के तौर पर नौकरी करती थी। हम सात बहनों में से केवल मैंने और मेरी सबसे छोटी बहन रेशम ने, लंबे समय तक नौकरी की। रेशम अपने पति के साथ टोरंटो, कनाडा चली गई और वहां पालनाघर केंद्रों के पर्यवेक्षक के तौर पर नौकरी करने लगी। सूफ़या ने बेकिंग का एक पाठ्यक्रम पूरा किया

[30] संस्कृति

और खुद को सामाजिक कार्य में व्यस्त कर लिया। मेरी अन्य बहनें स्नातक होने के बावजूद, गृहिणी बनकर ही खुश हैं।

सूफ़िया को अपने पति के साथ पाकिस्तान जाना पड़ा; मेरे पूरे परिवार में केवल उसी को पाकिस्तान जाना पड़ा। वह हमेशा मेरी माँ की चहेती बनी रही क्योंकि वह हर काम एकदम "सही" करने में कामयाब रहती थी। वह स्वभाव से विनम्र थी और ख़ुशी-ख़ुशी घरेलू बन गई। मेरे दो भाई, ख़ालिद और शाहिद, बहुत महत्वाकांक्षी नहीं थे और मध्यम स्तर की शिक्षा प्राप्त करने के बाद, एक इत्मीनान की ज़िंदगी जीने और मामूली आय अर्जित करके संतुष्ट थे। ख़ालिद, जिसका जन्म तीन बहनों के बाद हुआ था, उसे मेरे पिता ने बहुत लाड-प्यार दिया, और उसपर थोडा अनुशासन लागू करने की भी कोशिश की। लेकिन इससे काम नहीं बना क्योंकि ख़ालिद थोडा मनमौजी और बहुत कल्पनाशील है। शायरी के प्रति उसके परिवार के गुण उसे विरासत में मिले हैं और अभी हाल ही में उसकी ग़ज़लों का संग्रह प्रकाशित हुआ है। वह अपनी दक्षिण-भारतीय दंतचिकित्सक पत्नी और बेटी के साथ ओटावा में बस चुका है। मेरे छोटे भाई शाहिद ने, कंप्यूटर में कुछ मध्यम स्तर की शिक्षा प्राप्त की, एक पाकिस्तानी लड़की से विवाह किया, और अमेरिका में रहता है। उन्होंने बच्चों को जन्म न देने का निर्णय लिया। यह बात गौर करनेवाली है कि हम नौ भाई-बहनों के केवल 13 बच्चे हैं।

मेरी दो बहनों, सीमिन और रेशम, का जन्म तब हुआ जब मैं लंदन में थी और उन्होंने मुझे पहली बार तब देखा जब वे छह और आठ साल की थी। मेरे एक भाई को सूफ़िया के पास पाकिस्तान भेज दिया गया, क्योंकि उन दिनों, भारतीय मुस्लिम एक विशिष्ट अवधि के लिए पाकिस्तान में रह सकते थे और इसके बावजूद भी उनकी भारतीय नागरिकता बरक़रार रहती थी। मैं बहुत सालों तक उससे नहीं मिली। लंदन से भारत लौटने के बाद, मैं दिल्ली में रहती थी, इसीलिए मैं कभी भी अपने तीन सबसे छोटे भाई-बहनों के साथ एक घर में नहीं रही। हमने बाद में जाकर, पूरी तरह से तो नहीं लेकिन कुछ हद तक, इस दूरी की भरपाई की।

मेरे सभी भाई-बहनों ने अपने समाज में ही, यानी मुस्लिमों से ही विवाह किया। मैंने यह परिपाटी तोड़ी और न केवल तलाक़ लिया, जो कि उन दिनों में बहुत ही असामान्य था और तब तक मेरे रिश्तेदारों या पारिवारिक मित्रों में से किसी ने भी तलाक़ नहीं लिया था, बल्कि बाद में जाकर एक ईसाई से विवाह किया, जो उस समय की एक और दुर्लभता थी। मेरे माता-पिता के साथ-साथ मेरे भाई-बहनों और अन्य क़रीबी रिश्तेदारों ने मेरे ईसाई पति का परिवार में स्वागत किया। समय के साथ बदलने की उनकी यह क्षमता उल्लेखनीय थी।

मेरे परिवार में महिलाओं की शिक्षा

मेरे परिवार में पहलों की संख्या बहुत ज़्यादा थी। मेरी बुआ, सफ़िया अख़्तर (कवि-गीतकार जावेद अख़्तर की माँ), स्नातक की पदवी प्राप्त करनेवाली रुदौली की पहली महिला थीं। वर्ष 1930 के पूर्वार्ध में, एक *क़स्बे* की मुस्लिम महिला के लिए स्नातक होना एक इतनी अनोखी

घटना थी कि महिला शिक्षा के एक बड़े समर्थक, एक क़रीबी पारिवारिक मित्र, चमरू बाबू, उसे बधाई देने के लिए लखनऊ आए। लेकिन उन्हें उसके घर का ठीक पता मालूम नहीं था, इसीलिए उन्होंने इस इलाक़े में पड़ोसियों से उस घर का पता पूछा "जिस घर की लड़की अभी हाल ही में स्नातक हुई है।" उन्हें बिलकुल सही पते पर पहुँचाया गया। सफ़िया ने अलीगढ़ में अध्यापिका की नौकरी भी की, इस काम को पहली बार करने का श्रेय भी उसे ही प्राप्त हुआ। लेकिन फिर भी मेरी बुआ बुर्क़ा पहनती थी और महिलाओं के ऊपर लगाए गए अधिकांश सामाजिक प्रतिबंधों का पालन करती थीं।

सफ़िया बुआ मेरी माँ की उम्र की थी। मेरी माँ का विवाह 18 साल की उम्र में बिना किसी उचित शिक्षा के कर दिया गया, लेकिन सफ़िया बुआ की क़िस्मत अच्छी थी कि उन्हें न केवल स्कूल बल्कि विश्वविद्यालय जाने का मौका भी मिला। कुछ परिस्थितियां ऐसी बन गई कि जिसकी वजह से यह संभव हो सका। क़िस्मत की बात है कि सफ़िया के पिता का तबादला एक ऐसे समय में अलीगढ़ में हुआ जब मुस्लिम लड़कियों की शिक्षा को बहुत तवज्जो दी जा रही थी और अलीगढ़ में लड़कियों के लिए एक मुस्लिम स्कूल की भी स्थापना हुई थी। मेरे चाचा, अंसार और मजाज़, क्योंकि मेरी बुआओं से बड़े थे और आज़ाद ख्यालों के थे, उन्होंने अपने माता-पिता को सफ़िया और हमीदा को अलीगढ़ के नए बने लड़कियों के स्कूल में भेजने के लिए मना लिया। देर से शुरुआत करने के बावजूद, मेरी दोनों बुआओं ने बहुत अच्छा किया और हमेशा कक्षा में प्रथम आती रहीं और बाद में स्नातक और स्नाकोत्तर स्तरों पर विश्वविद्यालय में भी प्रथम आयीं। उन्होंने मुझे हमेशा इस बात के लिए प्रभावित किया कि मैं उनके पदचिन्हों पर चलूँ और उच्च श्रेणी प्राप्त करूँ।

मेरी छोटी बुआ हमीदा भी बुर्क़ा पहनकर लखनऊ के आईटी महाविद्यालय में गयीं। परंपरा और आधुनिकता के इस संगम की बहुत सराहना की गई। मेरी बुआओं ने अपने पतियों का भी चुनाव किया, लेकिन तय किए गए विवाह के सभी दिखावे और तैयारी का पालन किया गया। वे अपने समय के रीति-रिवाज़ों का बहुत घनिष्ठता से अनुपालन करती थीं और उस वक्त ज़ोर-शोर से प्रचलित स्त्री-पुरुष भेदभाव का खुलकर विरोध नहीं करती थीं। मेरा मानना है कि शिक्षित महिलाओं की उस पहली पीढ़ी ने यह विचार किया होगा कि परदा और उनकी आज़ादी पर प्रतिबंधों के बावजूद, उन्हें कम-से-कम पढ़ने और नौकरी करने की अनुमति तो है। उस वक्त, एक अशरफ महिला के लिए पढ़ना और नौकरी करना एक विलक्षण कार्य था, जो मेरी दोनों बुआओं ने किया। लेकिन मैंने व्यक्तिगत स्वतंत्रता पर अधिक ज़ोर दिया। जब मैंने विरोध में अपनी आवाज़ उठाई, तो मेरे परिवार और रिश्तेदारों ने इसके प्रति अस्वीकृति दर्शाई। मुझे याद है कि मेरी शिक्षित बुआओं ने भी मुझे प्रचलित सामाजिक मानदंडों को बिना किसी विरोध के स्वीकार करने की सलाह दी थी।

3

पैतृक घर

अमेठी: मेरी दादी का मूल गाँव

बाजी का पैतृक घर अमेठी में था, यह लखनऊ ज़िले का एक *क़स्बा* है (यह नेहरू-गाँधी परिवार के चुनाव-क्षेत्र वाला अमेठी नहीं है)। उनके पिता एक तालुक़दार[1] थे और उनके बहुत बड़े खेत और आम के बगीचे थे। उन्होंने अपने चार बेटों के परिवारों को समायोजित करने लायक विशाल हवेली बनवाई थी, उन चार बेटों में से दो बेटों ने दो बार विवाह किया था (मुस्लिमों को एक ही समय पर चार पत्नियाँ रखने की अनुमति है, यह एक पुरातन क़ानून है जो अभी भी भारत में वैध है), इसीलिए घर को छह भागों में बांटा गया था क्योंकि सह-पत्नियाँ एक साथ नहीं रह सकती थीं। दरअसल, सह-पत्नियों के बीच तीव्र ईर्ष्या थी। मेरे पिता के एक मामा ने मासूमन नाम की एक महिला से विवाह किया था, जो कथित तौर पर *धोबी* जाति की थी, और जिसके कारण उसे "अस्वच्छ" माना जाता था। वह घर की पहली मंज़िल पर एक अलग भाग में रहती थी। *बाजी* के अलावा, परिवार का कोई भी सदस्य उससे बातचीत नहीं करता था। सौभाग्यवश, *बाजी* ने उसे स्वीकार कर लिया था, इसीलिए जब भी हम अमेठी जाते थे, मासूमन हमारा गर्मजोशी से स्वागत करती थी और हम उसके साथ रहने को प्राथमिकता देते थे। हालांकि दूसरी बड़ी मामी (मेरे पिताजी की मामी) ने मासूमन के साथ कोई संपर्क नहीं रखा था, लेकिन अजीब बात यह थी कि उन्होंने अपनी सह-पत्नी की पहली संतान—एक बेटी—को अपना लिया था और अपनी संतान की तरह ही प्यार और ममता से पाला था। लेकिन यह बात समझने वाली है कि इस लड़की और मासूमन के अन्य बच्चों को कभी भी उच्च जाति के परिवारों के जीवनसाथी नहीं मिलेंगे। उन तीन लड़कियों और एक लड़के का विवाह अपने पिता की जाति से नीची जाति में हुआ था।

---

[1] भूमि-धारक लोग।

मेरे बड़े मामा (मेरे पिताजी के मामा) अपनी दोनों पत्नियों के साथ "समान" व्यवहार करते थे, क़ुरान के निर्देशानुसार, अगर पति अपनी चारों पत्नियों के साथ समान व्यवहार करता है तो उसे चार पत्नियाँ रखने की अनुमति है। यह कैसे संभव होगा यह प्रश्न अलग है। हालांकि बड़े मामा अपनी तरफ़ से पूरी कोशिश करते थे और दोनों पत्नियों के साथ समान रातें बिताते थे और दोनों के लिए एक जैसे कपड़े और गहने लाते थे। समारोह के मौकों पर मासूमन को मुख्य घर में आने की इजाज़त थी। पहली पत्नी का दर्जा मुख्य पत्नी का था और समारोह के मौकों पर वे अपना कर्तव्य पूरा करती थी। मुझे याद है ऐसे ही एक मौके पर, जब परिवार में एक विवाह था, मासूमन पहली पत्नी की तरह महंगे कपड़ों-गहनों में सज-धजकर नीचे आई। जब भोजन परोसा गया, तो वह भी बाकी मेहमानों के साथ खाना खाने नीचे बैठी। लेकिन जिस पल उसने ऐसा किया, सभी उच्च-वर्ग की महिलाएं उठ खड़ी हुईं और उसके साथ खाना खाने से मना कर दिया। मासूमन को अपमानित और व्यथित होकर घर के अपने हिस्से में जाना पड़ा। उसके बाद से, भोजन के समय पर वह हमेशा अपने कमरे में चली जाती थी और उसका भोजन वहीं भिजवा दिया जाता था। उस घटना ने भारत में जाति-प्रवृत्त प्रथाओं के ख़िलाफ़ मेरे असंतोष में वृद्धि की। मासूमन का उद्विग्न चेहरा मुझे आज भी याद है।

भारतीय मुस्लिमों में जाति व्यवस्था

मुस्लिमों में दो मुख्य पंथ हैं: सुन्नी और शिया। शिया और सुन्नियों के बीच का फ़र्क मुख्यतः राजनैतिक है। शियाओं का दावा है कि पैगंबर मोहम्मद ने अली—चौथे और चार मुख्य ख़लीफ़ाओं में से सबसे छोटे ख़लीफ़ा—को अपनी जगह लेने के लिए नियुक्त किया था, लेकिन राजनैतिक पैंतरेबाजी का उपयोग कर, सबसे बड़े खलीफ़ा, खलीफ़ा अबू बकर ने पैगंबर की जगह ले ली। समय के साथ-साथ, *नमाज़*[2] की प्रक्रिया के तरीक़े और व्यक्तिगत क़ानून (पर्सनल लॉ) में कुछ छोटे मतभेद उभरे। शिया मुहर्रम[3] मनाते हैं, जबकि सुन्नी ऐसा नहीं करते।

जाति या *ज़ात* भारतीय मुस्लिमों के सामाजिक संबंधों में बहुत महत्वपूर्ण भूमिका निभाती है, जबकि इस्लाम की शिक्षाएं सामाजिक-आर्थिक असमानताओं के ख़िलाफ़ हैं। मेरे बड़े होने के वर्षों के दौरान, जाति प्रथा पूरी तरह से सक्रिय थी और हम पर इसका ख़ुलासा तब हुआ जब हम रुदौली स्थित अपने *नाना* के घर जाते थे। हालांकि मुस्लिम यह दावा करते हैं कि इस्लाम सामाजिक समानता का उपदेश देता है, लेकिन भारतीय मुस्लिम समाज ने कभी भी इस्लामी आदर्शों का पालन नहीं किया और हिंदू जाति प्रथा की तर्ज़ पर भारतीय मुस्लिमों में आज भी सामाजिक-आर्थिक भेदभाव की विस्तृत प्रणाली अस्तित्व में है।

---

[2] इस्लाम द्वारा निर्धारित प्रार्थना जो दिन में पांच बार पढ़ी जाती है।

[3] पैगंबर मोहम्मद के नाती, हुसैन की मृत्यु के वार्षिक स्मरणोत्सव का शोक दिवस।

भारतीय मुस्लिम समाज मोटे तौर पर दो मुख्य समूहों में बंटा हुआ है, जिन्हें उत्तर भारत में अशराफ़ या शैरीफ और गैर-अशराफ़ या कमीन। अशराफों में चार उप-जातियां हैं: सय्यद, जो सामाजिक पदानुक्रम में सर्वोच्च स्थान पर हैं और जिनका दावा है कि वे पैगंबर मोहम्मद के वंशज हैं; शेख़, जिनके बारे में ऐसा माना जाता है कि वे पैगंबर के बाद आनेवाले चार ख़लीफ़ाओं के वंशज हैं; और मुग़ल और पठान, जिनका सामाजिक स्तर थोड़ा नीचा माना जाता है और जिन्हें क्रमशः मुग़ल शासकों और उनके भारतीय सेनापतियों का वंशज माना जाता है। सय्यद और शेख़, बिना किसी निर्धारित प्रतिबंध के आपस में विवाह कर सकते हैं और उठ-बैठ सकते हैं, और उसी प्रकार से मुग़ल और पठान भी कर सकते हैं। बाद की दो जातियों को सय्यद और शेखों के साथ उठने-बैठने की अनुमति है लेकिन उन लोगों के बीच विवाह की अनुमति नहीं है। मेरे चाचा, अंसार हरवानी ने एक पठान लड़की से विवाह किया था क्योंकि वे जाति पर आधारित विभाजन को नहीं मानते थे। क्योंकि मेरा परिवार शेख होने का दावा करता था, इस विवाह से लोगों के माथे पर बल पड़ गए थे। मुझे मेरी दादी की टिप्पणी याद आती है, "एक पठान लड़की से विवाह करने की बजाय तो मेरा भाग्यहीन बेटा किसी हिंदू से विवाह कर लेता।" मेरी बेटी किरण ने भी एक पठान से विवाह किया था लेकिन तब तक, मेरे माता-पिता की मृत्यु हो चुकी थी और एक शहरी-शिक्षित मुस्लिम समाज में इस प्रकार का भेदभाव अपनी महत्ता खो चुका था।

ऐसा माना जाता है कि कमीन स्थानीय आबादी के वे हिंदू लोग होते थे जिन्होंने इस्लाम स्वीकार कर लिया था। उन्होंने अपने पारंपरिक पेशों का अनुसरण करना जारी रखा था और धर्म-परिवर्तन के बाद भी उन्होंने अपनी जीवनशैली नहीं बदली थी। इन गैर-अशराफ़ जातियों ने कुछ इस्लामी प्रथाओं जैसे *निकाह* को अपनाया, लेकिन उनके रोजाना के सामाजिक व्यवहार को विनियमित करनेवाली जाति पंचायतों को पदासीन रखा था। कमीन में ज़्यादातर पेशेवर जातियां, जैसे कि *नाई*, *कुम्हार*, *धोबी*, *मनिहार* (चूड़ी बेचनेवाले), *मिरासी* (गायक) आदि शामिल थीं। उनका भी एक पदानुक्रम था, जो कि किसी के पेशे से जुड़े हुए प्रथागत प्रदूषण की हिंदू अवधारणा के ही समान था।

अशराफ़ और गैर-अशराफ़ साथ में खाना नहीं खाते थे और आपस में विवाह भी नहीं करते थे। अशराफ़ और गैर-अशराफ़ की "स्वच्छ" जातियां, हिंदुओं के अछूतों और "अस्वच्छ" मुस्लिम जातियों के साथ शारीरिक संपर्क से बचते थे। "स्वच्छता" या "अस्वच्छता" का निर्धारण करनेवाला मानदंड, हिंदुओं के द्वारा प्रयोग किए जानेवाले मानदंड की तरह ही था। मुझे याद है कि एक चमार[4] महिला जो मैला उठाती थी और शौचालय साफ़ करती थी, उसे हमसे कुछ क़दम दूर खड़ा रहने के लिए कहा जाता था। जब उसे वेतन दिया जाता था, तो पैसों के आदानप्रदान के समय उसे अपनी हथेलियाँ एक कपड़े से ढकनी पड़ती थी ताकि उसके साथ ज़रा-सा भी संपर्क न हो।

[4] भारत का एक अछूत समुदाय।

नव मुस्लिम

मुस्लिमों की एक अन्य श्रेणी थी नव मुस्लिम, वे नए लोग जो इस्लाम में धर्मांतरित होकर आए थे। वे ज़्यादातर व्यावसायिक गतिविधियों में संलग्न थे और मुख्य रूप से पश्चिम भारत के राज्यों, जैसे गुजरात और महाराष्ट्र से ताल्लुक रखते थे। वे सामाजिक स्तर में अशराफों से निचले दर्जे के माने जाते थे। ज़मींदार अशराफ़ लोग, नव मुस्लिमों के साथ विवाह बंधन में नहीं बंधते थे। मेरे पिताजी के एक मामा ने, मक्का की यात्रा के दौरान, बॉम्बे (अब मुंबई) के एक साथी हाजी से दोस्ती कर ली थी। अपनी दोस्ती को मज़बूत करने के लिए, मामा ने अपनी एक बेटी का विवाह उस नव मुस्लिम दोस्त के बेटे के साथ करने का वादा किया। यह सज्जन अच्छे-खासे पैसेवाले व्यापारी थे, उनका बेटा शिक्षित था, और मामा की बेटी बहुत ही ख़ूबसूरत लड़की थी। लेकिन जब मेरे पिता के मामा ने, अपने दोस्त के नव मुस्लिम बेटे के साथ अपनी बेटी के विवाह की मंशा ज़ाहिर की तो उनके दो बड़े भाइयों ने, जिन्होंने कथित तौर पर नीची-जाति की महिलाओं के साथ विवाह किया था, इसका विरोध किया और उन्हें यह विवाह गठबंधन रोकने पर लगभग मजबूर किया। उनका तर्क यह था कि नीची-जाति की पत्नियों से उत्पन्न हुए उनके बच्चों को किसी भी सूरत में ऊँची-जाति के जीवनसाथी नहीं मिलेंगे, तो फिर ऊँची-जाति के माता-पिता के बच्चे भला क्यों रक्त को "प्रदूषित" करें? आखिर में, दबाव में आकर, सगाई तोड़ दी गई और बेचारी लड़की को उसके ही एक दूर के रिश्ते के भाई के साथ ब्याह दिया गया जो उसके लिए सही नहीं था। दरअसल, उसने आगे जाकर एक बहुत ही दुखी जीवन बिताया।

क़स्बाती बनाम शहरी

मेरे बड़े होने के सालों के दौरान, *क़स्बाती* (क़स्बे से ताल्लुक रखनेवाले लोग) और *शहरी* लोगों के बीच भेदभाव किया जाता था। *क़स्बाती*, जो कि ज़्यादातर ज़मींदार थे, खुद को अपने *शहरी* समकक्षों की तुलना में अधिक सुसंस्कृत और परिष्कृत समझते थे। *शहरी* लोग ज़्यादातर वेतनधारी व्यक्ति या व्यापारी थे—इन व्यवसायों को कम प्रतिष्ठित माना जाता था—जबकि ज़मीन का मालिक होने को अधिक प्रतिष्ठित माना जाता था। *शहरियों* को असभ्य, अपरिष्कृत, और पैसों का लालची माना जाता था। ज़मींदारों या *ताल्लुकदारों* के विरुद्ध ज़्यादातर *शहरी* या तो व्यापारी या वेतनधारी थे। ज़मीन का मालिक होने को व्यापार करने या वेतन कमाने से कहीं ज़्यादा प्रतिष्ठित माना जाता था। विवाह तय करते समय, इस कारक को प्रथम महत्व दिया जाता था। शहर में रहनेवाला परिवार जिसका मूल *क़स्बे* में था, उसे उन परिवारों के ऊपर प्राथमिकता दी जाती थी, जिनका *क़स्बे* में मूल नहीं होता था। ऐसा अक्सर कहा जाता था कि "हम *क़स्बाती* हैं, हमें *शहरियों* में विवाह नहीं करतेहैं"। *क़स्बा* केवल एक भौगोलिक क्षेत्र नहीं बल्कि अपनी खुद की सांस्कृतिक पहचान रखनेवाली एक सांस्कृतिक ईकाई थी। मुस्लिम ज़मींदारों ने मुख्य रूप से इस पहचान को विकसित किया था। अधिकांश समय शहरों में रहने के बावजूद भी,

हमारा परिवार खुद को *क़स्बाती* ही मानता था और हमारी जीवनशैली *शहरी* तरीकों की बजाय *क़स्बाती* तरीकों का ही पालन करती थी। *क़स्बाती* परंपरा से एक बहुत बड़ा विराम हमने इस बात पर लिया था कि हम लड़कियों को स्कूल में भेजा जाता था। लखनऊ में रहने के बाद भी, हमारे परिवार में परदा और बुर्के का इस्तेमाल जारी ही था। इस तरह से हम, *क़स्बाती* परंपराओं की भारी खुराकों के साथ शहरी और ग्रामीण संस्कृतियों के मिश्रण को प्रदर्शित करते थे। विवाह के गठबंधन के साथ ही, हमारा सामाजिक संवाद भी *क़स्बाती* परिवारों तक ही सीमित था। इसमें अपवाद बहुत ही कम थे, जब किसी *क़स्बाती* लड़की का किसी *शहरी* से, या *शहरी* लड़की का किसी *क़स्बाती* से विवाह होता था, तो उनका तिरस्कार किया जाता था।

कस्बातियों को *शहरियों* से भिन्न करने का एक और कारक थी भाषा। *क़स्बाती* "अवधी" नामक क्षेत्रीय उर्दू बोली बोलते थे, जो कि अवध क्षेत्र की थी, जबकि *शहरी* पूरी उर्दू बोलते थे। मैं अवधी बोलते हुए ही बड़ी हुई क्योंकि मेरी माँ, दादी, और रुदौली के अन्य सभी रिश्तेदार यही बोला करते थे। जब मैं स्कूल जाने लगी तब ही मैं उर्दू बोलना सीखी। लेकिन मैं इतनी अनुकूलित हो गई कि मैं उसी भाषा में बात करती जिस भाषा में मुझसे बात की जाती थी, इसीलिए स्कूल में सहेलियों के साथ मैं उर्दू में बात करती थी और घर पर अवधी में। शियाओं के ज़्यादातर शहरी होने और सुन्नियों के ज़्यादातर क़स्बाती होने के तथ्य की सामाजिक-सांस्कृतिक रूढ़िबद्धता और छोटे-मोटे धार्मिक मतभेदों के बावजूद, दोनों समूहों के बीच सौहार्दपूर्ण संबंध होते थे और खुले संघर्ष नहीं हुआ करते थे, जो कि विभिन्न धारणाओं और जीवनशैलियों के बीच की मौन समझ को प्रतिबिंबित करता था।

क़स्बाती तहज़ीब

मेरे माता-पिता जिस ज़मींदार वर्ग से ताल्लुक रखते थे, वे *शहरी* नहीं बल्कि *क़स्बाती* होने में गर्व महसूस करते थे। *क़स्बाती* और उनके आस-पड़ोस के क्षेत्रों में रहनेवाले लोग उनकी परिष्कृत जीवनशैली को लेकर सचेत रहते थे। उनमें अनुग्रहपूर्ण जीवन जीने का एक गुण था जिसे *तकल्लुफ़*[5] कहा जाता है, जिसमें *आदाब* कहकर अभिवादन करने का सही तरीका, शुद्ध उर्दू बोलना, उर्दू शब्दों का सही उच्चारण, खाना खाने का ऐसा तरीका जिसमें उँगलियों का पीछे का हिस्सा गंदा न हो, खाना या खाने की अन्य वस्तु को परोसने से मना करने का सही तरीका, और मेहमान के तौर पर कम मात्रा में खाना आदि शामिल था। कुछ परिवारों के बारे में ऐसे चुटकुले थे कि वे इतना कम खाते थे कि घर लौटकर दोबारा खाना खा सकते थे। तकल्लुफ़ का एक और लक्षण यह था कि आप हमेशा दूसरे व्यक्ति को आपने आगे रखते हैं, उदाहरण के लिए, खाने की मेज पर, आप हमेशा अपने साथ में बैठे व्यक्ति को पहले खाना लेने के लिए कहेंगे या किसी घर या इमारत, यहां तक कि रेलगाड़ी में दाखिल होते समय

[5] अति विनम्रता

भी, आपको अपने साथी को पहले दाखिल होने के लिए कहना चाहिए। *पहले आप* का राग हमेशा अलापा जाता था। ऐसी कहानियां है कि किस प्रकार जब एक से ज़्यादा व्यक्ति यात्रा करते थे, तो प्रत्येक व्यक्ति दूसरे को रेलगाड़ी के डिब्बे में पहले दाखिल होने के लिए कहता था और गाड़ी छूटने तक एक-दूसरे को *पहले आप* कहता रहता था। इस *तकल्लुफ़* या *तहज़ीब* को संभालकर रखने में बहुत कष्ट उठाए जाते थे। हमारे व्यवहार का बहुत विस्तार से निरीक्षण किया जाता था। विशेष रूप से लड़कियों को, निर्धारित मानकों को पूरा करना पड़ता था क्योंकि उसी पैमाने पर हमें *ससुराल* में आँका जाता था। लखनऊ में पली-बढ़ी होने के कारण, मेरे लिए यह बहुत महत्वपूर्ण था कि मैं अपने बच्चों को लखनवी *तहज़ीब* सिखाऊं, विशेष रूप से *आदाब* कहने का सही तरीका। हमें सिखाया गया था कि *आदाब* कहते समय अपनी दाहिनी हथेली को प्याले का आकार देते हुए थोडा सा झुकाना है। मुझे पहले अपने बच्चों और फिर नाती-नातिनों को लखनवी संस्कृति और उर्दू भाषा और उसका सही उच्चारण सिखाने में बहुत तकलीफ़ झेलनी पड़ी। मैं यह स्वीकार करती हूँ कि मैं इस बारे में बहुत ही उग्र राष्ट्रवादी हूँ। मैंने हमेशा इस तथ्य पर दुःख प्रकट किया है कि मेरी बेटियों ने हमारी *तहज़ीब* को आत्मसात नहीं किया है, क्योंकि वे दिल्ली में पली-बढ़ी हैं जिसमें उत्तर और दक्षिण भारत की मिश्र संस्कृति है और उस पर कुछ हद तक शरणार्थी पंजाबी संस्कृति का प्रभुत्व है। एक दिन, मेरी सबसे छोटी बेटी निखत, जो सेंट स्टीफेंस महाविद्यालय में पढ़ती थी, मेरे पास आई और कहा, "माँ, आज तुम्हें बहुत ख़ुशी होगी, क्योंकि कल हमारे उप-प्राचार्य एम. अमीन ने मुझे बुलाया और पूछा कि मैं कहाँ की हूँ। मैंने उन्हें बताया कि मेरा जन्म दिल्ली में हुआ है लेकिन मेरी माँ लखनऊ से ताल्लुक रखती हैं। इस पर उन्होंने उत्तर दिया, 'मुझे ऐसा लगा ही था, क्योंकि तुम्हारे चलने-बोलने के तरीक़े में लखनवी *तहज़ीब* प्रतिबिंबित होती है'।" इस बात ने सच में मेरा दिन बना दिया।

व्यवहार की अत्यधिक विनम्रता, लखनऊ की भूतपूर्व संस्कृति की पहचान थी जो कि मेरी परवरिश का हिस्सा भी थी। लेकिन आज, मैं अपने व्यवहार और जीवनशैली में उन मानकों को पूरा नहीं कर पाती हूँ, क्योंकि भारत और भारत से बाहर की व्यापक यात्राओं, और विभिन्न संस्कृतियों के संपर्क में आकर मेरे जीवन जीने का तरीका बदल गया है, और यह शायद अच्छे के लिए ही हुआ है। समय के साथ-साथ, प्रत्येक संस्कृति के तत्व, समाज के आगे बढ़ने के साथ-साथ अनावश्यक हो जाते हैं; कुछ सांस्कृतिक प्रथाओं को मिटा देना आवश्यक होता है। इसीलिए, मुझे दुःख नहीं है कि मेरे जीवनकाल में, मैंने परंपरागत व्यवहार के कुछ तत्वों को त्याग दिया है और कुछ दूसरे तत्वों को अपनाया है। हालांकि बदलते समय के साथ भी, सब कुछ नहीं खोया है। आज भी, जब मैं लखनऊ रेलवे स्टेशन पर उतरती हूँ, तो मुझे उस आक्रामकता की कमी महसूस होती है जिसका अनुभव दिल्ली में लिया जाता है। दिल्ली की तुलना में यहाँ के कुली और *तांगेवाले* ज़्यादा विनम्र हैं और शुद्ध उर्दू बोलते हैं। कुछ *तांगेवाले* आज भी लखनऊ के पुराने भाग में चलाते हैं। लखनवी *तांगेवालों* को उनके मज़ाकिया स्वभाव के कारण जाना जाता है। एक बार, एक बहुत मोटे व्यक्ति ने लखनऊ में तांगा किराए पर लिया और *तांगेवाले* ने उसे ले जाने के लिए हमेशा से

दोगुना किराया बताया। उस व्यक्ति के विरोध करने पर, *तांगेवाले* ने बड़ी विनम्रता से कहा, "श्रीमान, आपकी '*अच्छी सेहत*' को देखते हुए मुझे आपको दो बार में ले जाना पड़ेगा।" मुझे अक्सर लखनऊ के उन फेरीवालों की याद आती है जो गाने गाते हुए चिल्ला-चिल्लाकर बर्फ़ बेचा करते थे; "अपने शरबत के लिए बर्फ़ लीजिए, यह प्यार में पिघल रहा है" या "हुज़ूर, मजनूं की पतली पसलियों की जैसी कुछ ककड़ियां लीजिए," इसमें वे लैला-मजनूं के महान फ़ारसी महाकाव्य का संदर्भ देते थे।

जजमानी पद्धति

1961 में लागू किये गए भूमि सुधारों के पहले मुस्लिमों में जजमानी पद्धति की प्रथा थी। यह अनिवार्य रूप से एक राजा-प्रजा का रिश्ता था, जहां जजमान यानि ज़मींदार या *तालुक़दार*, अपनी ज़मीन कमीन यानि गैर-अशराफ़ जातियों को जोतने के लिए देते थे। जो भी उत्पन्न होता था, वह प्रजा को तय आधार पर ज़मींदार के साथ, नक़द या अन्य रूप में बांटना पड़ता था। इसके साथ ही, ज़मींदार उन्हें उनके घर बनाने के लिए जगह भी उपलब्ध कराते थे। यह जातियां सरकार के परिवार से वंशानुगत संबंध में जुड़ी रहती थीं। अशराफ़ और गैर-अशराफ़ जातियां *जजमानी* पद्धति के अनुसार आर्थिक रूप से नियमबद्ध होती थीं।

बहुत सी पेशेवर जातियां, जैसे कि नाई, *मिरासी*, कुम्हार आदि विभिन्न ज़मींदारों से जुड़े हुए होते थे, जिन्हें वे अपनी विशेष सेवाएँ प्रदान करते थे। इन सेवाओं के लिए सामान्य आधार पर पैसे नहीं दिए जाते थे लेकिन त्योहारों और समारोहों आदि पर तोहफ़ों के रूप में भुगतान किया जाता था।

मेरे पास बहुत सी सुस्पष्ट यादें हैं कि किस प्रकार विभिन्न कमीन, जैसे कि नाई की पत्नी या चूड़ीवाले की पत्नी, रुदौली या अमेठी की हमारी यात्रा के समय हमारी सेवा के लिए आती थीं। इन जातियों का उल्लेख पहले के अध्यायों में किया जा चुका है लेकिन ज़्यादा विस्तार से नहीं किया गया है। नाई की पत्नी विशेष रूप से हमें नहलाने और हमारे नाखून काटने पर ज़ोर देती थी। हम उसे खुद को नहलाने की अनुमति तो नहीं देते थे लेकिन कई बार हमारे बाल धोने और नाखून काटने की अनुमति दे देते थे।

भूमि सुधार लागू होने के बाद, बहुत सी पेशेवर जातियां या तो अपनी सेवाओं के बदले पैसे लेने लगीं या फिर शहरी क्षेत्रों में चली गयीं। क़स्बाती सामाजिक संरचना के पतन के साथ ही, जजमानी पद्धति का पतन भी निश्चित ही था। शायद यह अच्छे के लिए ही था, क्योंकि नीची जातियों को ऊँची जाति वालों के द्वारा अशिष्ट और नीच चरित्र का समझा जाता था। '*कमीन*' शब्द का मतलब है नीची जाति और आज भी इसे अपमानजनक शब्द माना जाता है। मेरे बड़े होने के वर्षों के दौरान इस जातिवादी रवैये को मैंने अपने परिवार में भी महसूस किया और इसने मेरे अंदर अन्याय की एक गहरी भावना को जन्म दिया। मैंने कई बार इसके ख़िलाफ़ विरोध किया, लेकिन हर बार मुझे झिड़क दिया गया।

ऐसी ही एक घटना मेरे स्कूल के दिनों के दौरान हुई। मेरी छोटी बहन की कक्षा में दो लड़कियों ने हमारे स्कूल में प्रवेश लिया। जल्दी ही हमें पता लगा कि उनका परिवार भी रुदौली का है और उनकी माँ ने संदेश भेजा कि वे हमारी माँ से मिलना चाहती हैं। इसीलिए, उन्हें घर बुलाया गया। जब वह हमारे घर आई तो मेरी माँ को यह अहसास हुआ कि वह एक *कमीन* जाति की है। जैसे ही हमारी मेहमान मेरी माँ के साथ चारपाई पर बैठी, आपा ने गुस्से से कहा, "तुम्हारी हिम्मत कैसे हुई मेरे साथ बैठने की? तुम अपनी लड़कियों को स्कूल में भेजने जितनी अमीर हो गई होंगी लेकिन इससे तुम्हारी जाति नहीं बदल जाती।" हम अपनी माँ के व्यवहार पर भौंचक्के रह गए; इससे पहले हमने कभी भी आपा को जाति के बारे में सचेत होते हुए नहीं देखा था। बेचारी मेहमान बिना कोई विरोध किए चारपाई के निचले हिस्से पर बैठ गई। उन दिनों में सामाजिक पदानुक्रम इतना सख्त था कि चारपाई का भी एक उपरी और एक निचला हिस्सा हुआ करता था। चारपाई का निचला हिस्सा ठीक से बंधा हुआ नहीं होने के कारण बैठने में असुविधाजनक होता था, और उसका उपयोग नीची-जाति के मेहमानों के द्वारा किया जाता था।

जिन्नात और भारतीय मुस्लिमों के अंधविश्वास

मुझे अमेठी जाना बहुत अच्छा लगता था, लेकिन मुझे हमेशा यह डर भी सताता रहता था कि प्रत्येक घर की छत पर रहनेवाले जिन्नात बाबा से मेरा सामना हो जाएगा। हालांकि इस्लाम अंधविश्वासों की निंदा करता है, लेकिन भारतीय मुस्लिम अपने हिंदू समकक्षों जितने ही अंधविश्वासी हैं। ऐसा माना जाता था कि *जिन्नात* अलौकिक शरीर होते हैं जो आम इंसानों को नहीं दिखते हैं। ऐसा माना जाता था कि वे परिवारों के प्रति दयालु और सुरक्षात्मक होते थे और सभी को उनके प्रति बेहद सम्मानजनक होना चाहिए, और घर के जिस भाग में कथित तौर पर जिन्नात बाबा का बसेरा है वहां का बहुत ध्यान रखना चाहिए। अगर कभी किसी भी प्रकार से उन क्षेत्रों को परेशान या भ्रष्ट किया गया तो, जिन्नात बाबा कुछ संकेत देकर अपनी नाराज़गी व्यक्त करेंगे। मुझे कुछ ऐसी घटनाएँ याद हैं जब जिन्नात बाबा की नाराज़गी व्यक्त हुई थी। एक बार, मेरी *बाजी* को लघुशंका जाने की तीव्र ज़रूरत थी (घर का एकमात्र शौचालय व्यस्त था), तो वे आंगन के एक अंधेरे कोने में जीर्ण सीढ़ी के अंत में जाकर बैठ गयीं। उन्हें बाद में अपने ग़रारे (पारंपरिक लखनवी परिधान) पर रक्त नज़र आया। उन्होंने यह अपनी भाभी को दिखाया, और यह बहुत रहस्यमयी था कि यह कहां से आ सकता है, क्योंकि उनकी रजोनिवृत्ति हो चुकी थी और कोई घाव भी नहीं था जिससे कि खून बहे। मुझे आज भी उनके सफ़ेद ग़रारे पर वह लाल धब्बा याद है। उन्होंने उसे धो डाला लेकिन अगले ही पल, वही लाल धब्बा उनके ग़रारे के दूसरे भाग पर उभर आया। फिर से, हर कोई आश्चर्यचकित हो उठा। तब *बाजी* को अचानक अहसास हुआ कि उन्होंने उस सीढ़ी को भ्रष्ट कर दिया है जिसका उपयोग जिन्नात बाबा छत पर चढ़ने के लिए करते थे। जिस पल उन्हें यह अहसास हुआ, वह धब्बा गायब हो गया।

जब जिन्नात बाबा नाराज़ हो जाते थे, तो अपनी भूल सुधारने के लिए तुरंत मिठाई लाई जाती थी (ऐसा माना जाता है कि जिन्नात को मिठाई पसंद है) और उनका अधिकार-क्षेत्र मानी जानेवाली जगह पर *फ़ातिहा*[6] पढ़ा जाता था। अजीब बात यह थी कि मिठाई थोड़े समय बाद गायब हो जाती थी और यह माना जाता था कि जिन्नात बाबा ने उसे खा लिया है और माफ़ी स्वीकार कर ली है। मेरे लिए यह रहस्य ही है कि मिठाई कौन खाता था! वह सब अब इतना हास्यास्पद लगता है लेकिन *बाजी* के पैतृक घर में रहनेवाले लोगों के लिए, वह सब बिलकुल वास्तविक था।

एक दूसरी घटना में, हम सब बच्चे एक कमरे में सो रहे थे जिसके एक कोने में एक लालटेन थी। अचानक लालटेन कमरे से उड़कर बाहर आई और ज़मीन पर गिरकर टूट गई। हम सब जाग गए। मैं तो डर के मारे जैसे जम ही गई लेकिन हममें से सबसे बड़े बच्चे ने इस संकेत को पहचान लिया और चिल्लाया, "जिन्नात बाबा के *नमाज़* पढ़ने की जगह पर लालटेन किसने रखी? देखो, उन्हें गुस्सा आ गया है।" अगली सुबह, मिठाई प्रदान करने की वही रस्म फिर से निभाई गई। उसके बाद से, मैं *बाजी* के साथ सोने लगी।

रुदौली के मेरे माता-पिता के पैतृक घर में जिन्नात होने की भी कहानियां थीं। लेकिन कुछ अस्पष्ट कारणों की वजह से, वे उस घर को छोड़कर कहीं और चले गए थे, कोई नहीं जानता कि कहाँ। मुझे उनकी कहानियां सुनने में मज़ा आता था और राहत महसूस होती थी कि वे अब वहां नहीं हैं। मैं उनका सामना करने के डर के बिना आराम से रुदौली जा सकती थी। एक कहानी हमारे परदादा के दिनों की है, जब जिन्नात बाबा रुदौली के आवासीय परिसर के एक कोने में बने एक छोटे कमरे में रहते थे। दिलचस्प बात यह थी कि यह जिन्नात बाबा बहुत रोमानी और तुनकमिजाज थे। कहानी के अनुसार, एक दिन एक दुल्हन जिन्नात बाबा के कमरे में बेहोश पड़ी मिली। ऐसा मानना था कि जिन्नात बाबा को सुंदर स्त्रियाँ पसंद थीं, इसीलिए विवाहों के मौकों पर, दुल्हन को उनकी नज़र से बचाने के लिए विशेष सावधानियां बरती जाती थीं और क़ुरान के विशेष छंद पढ़े जाते थे। ऐसा मानना था कि जिन्नात बाबा उस बेहोश दुल्हन को गुप्त रूप से वहां ले आए थे। यह सुनने के बाद, घर के बच्चे उस कमरे में ताक-झाँक करने लगे और तीखी टिप्पणियां करने लगे। ऐसा कहा जाता है कि जिन्नात बाबा उनपर नाराज़ हो गए और उन्हें शाप दिया कि अब से, हर पीढ़ी में, एक ऐसा मर्द जन्म लेगा जिसका व्यक्तित्व अजीबोगरीब होगा और वह परिवार के लिए शर्मिंदगी का कारण बनेगा। अजीब बात है कि तब से, पिछली कुछ पीढ़ियों से हमारे परिवार में एक अजीबोगरीब व्यक्तित्व का पुरुष होता आया है। मेरे दादाजी के छोटे भाई; मेरे पिता की पीढ़ी में, हमारे चाचा मजाज़; और हमारी पीढ़ी में, मेरा भाई, जो बुद्धिमान लेकिन अपरंपरागत है। अब तक, हमें अपने बच्चों की पीढ़ी में ऐसा कोई पुरुष नहीं मिला है; उम्मीद है कि वह शाप अब खत्म हो गया है।

आजकल, जिन्नात बाबा के बारे में सुनाई नहीं देता। विभाजन के बाद, अधिकांश युवा पुरुष पाकिस्तान चले गए और बुज़ुर्ग लोगों की मृत्यु हो गई। अमेठी की विशाल हवेली दुरुपयोग के

---

[6] क़ुरान के छंदों का पठन

कारण लगभग समाप्त हो गई है क्योंकि वहां रहनेवाले लोग पाकिस्तान चले गए और जो रह गए, वे आर्थिक रूप से अक्षम थे।

रुदौली: मेरी माँ का पैतृक घर

मैंने रुदौली और अमेठी में बहुत सी ख़ुशी-भरी गर्मियां बिताई हैं।

हमें रुदौली जाना और अपनी पूरी गर्मी की छुट्टियाँ वहां हमारे भाई-बहनों—*खाला* और *मामू*[7] के बच्चों—के साथ खेलते हुए बिताना बहुत पसंद था। वे लगभग हमारी ही उम्र के थे। *नाना* का घर बहुत बड़ा था। इसका आंगन बहुत विशाल था जिसके एक कोने में एक कुआं था जिससे घर के इस्तेमाल के लिए पानी निकाला जाता था। नीची जाति के एक व्यक्ति को कुँए से पानी निकालने के काम के लिए नियुक्त किया गया था, और उस पानी को मिट्टी के घड़ों में भरकर रखा जाता था, क्योंकि उन दिनों फ्रिज नहीं हुआ करते थे। घर की महिलाएं पुरुषों से परदा करती थीं, इसीलिए जब वह अंदर आता था—आमतौर पर दिन में एक या दो बार जो पानी के रोजाना इस्तेमाल पर निर्भर करता था—हम कमरों के अंदर चले जाते थे।

नाना के घर में आंगन के तीन तरफ़ तीन बरामदे थे और प्रत्येक के पीछे एक बड़ा कमरा था। चौथी तरफ़ रसोई और एक बड़ा भंडारघर था जिसमें *नाना* की ज़मीन पर उत्पन्न अनाज, चावल, दाल आदि भरकर रखा जाता था। इनमें से एक हिस्सा *खाला* और उसके परिवार को दिया हुआ था, दूसरा *मामू* और उसके परिवार को, और तीसरा मेहमानों के लिए रखा गया था। मेरे *नाना*, जो कि एक विधुर थे, वे मुख्य घर के बाहर एक अलग घर में रहते थे। उन दिनों में व्यक्तिगत कमरों की धारणा प्रचलन में नहीं थी। छोटे बच्चे अपने माता-पिता के कमरे में सोते थे और जब वे बड़े हो जाते थे, उन्हें बरामदे में भेज दिया जाता था, जिसे सर्दियों में *चिकों*[8] से ढक दिया जाता था। पुराने घरों में बाहर के मुख्य दरवाज़े और अंदर के आंगन के बीच एक छोटा गलियारा हुआ करता था। इस गलियारे का मकसद था बाहर के पुरुषों को सीधे अंदर के आंगन में आने से रोकना। यह गलियारा ही वह जगह थी जहाँ महिलाओं के बाहर आने-जाने के लिए काम में आनेवाली *डोली*[9] रखी जाती थी, हालांकि ऐसा मौका बहुत कम ही आता था। महिलाओं के बैठने के बाद, *डोली* को चारों तरफ़ से मोटे कपड़े से ढक दिया जाता था; और फिर उसे उठाने के लिए *कहारों*[10] को बुलाया जाता था। मेरे पास *डोली* में अपनी माँ या मामी की गोद में बैठने और कपड़े के परदे को थोड़ा-सा खोलकर बाहर झांकने की खुशगवार यादें हैं।

---

[7] मामा।

[8] सूती कपड़े का अस्तर लगा हुआ लटकता हुआ बांस का परदा।

[9] छोटी पालकी।

[10] डोली उठानेवाले।

हमारे *नाना* का बड़ा घर उन कई घरों में से एक था जो एक बड़े प्रांगण के अंदर स्थित थे जहां *नाना* के चचेरे भाई और उनके परिवार रहते थे। इसके अलावा, उस बड़े प्रांगण में पुरुषों का एक आम इलाका भी था जिसमें एक बड़ा दोहरा बरामदा था जिसमें 12 खंबे थे जिसे *बारादरी* (*बारा* यानि 12) कहा जाता था। उन दिनों लगभग हर *तालुक़दार* की एक *बारादरी* हुआ करती थी। इस आम *बारादरी* का उपयोग विवाह के जश्नों और अन्य उत्सव-समारोहों के लिए किया जाता था। *नाना* का घर *बारादरी* से जुड़ा हुआ था। उनका एक बहुत ही ईमानदार व्यक्तिगत सेवक था जो उनकी देखभाल करता था। *नाना* ने एक युवा विधुर होने के बावजूद पुनर्विवाह नहीं किया था क्योंकि उन्हें अपने तीनों बच्चों से बहुत लगाव था और वे उनके लिए सौतेली माँ नहीं लाना चाहते थे। वे एक लंबे-तगड़े और बहुत ही प्रभावशाली व्यक्तित्व के स्वामी थे और उनके चारों तरफ़ एक प्रभामंडल रहता था। परिवार और समुदाय में *नाना* का बहुत सम्मान होता था। वे विधवाओं और विस्तृत परिवार के बच्चों को मदद और सुरक्षा प्रदान करते थे और बहुत ही अनुशासित जीवन जीते थे। नाना एक "अन्यत्रवासी ज़मींदार" थे और रुदौली के आसपास के गाँवों में उनकी बहुत सी ज़मीन और आम के बगीचे थे जिनसे मौसमी आय की अच्छी रकम आती थी। उन दिनों के चलन के मुताबिक, वे खुद खेत पर काम नहीं करते थे बल्कि उन्होंने किसानों को ज़मीन जोतने के लिए दे रखी थी, वे पैदावार रखते थे, और किसानों को पैदावार का कुछ हिस्सा और कुछ नक़द देते थे, जिसे *मालगुज़ारी*[11] कहा जाता था।

नाना अपनी सुबह की प्रार्थना के लिए जल्दी उठ जाते थे। उनका नौकर उन्हें एक कप चाय देता था, फिर *नाना* टहलने के लिए जाते थे और घर आकर अपने नौकर द्वारा बनाया और परोसा हुआ नाश्ता करते थे। उनकी चाय उनके लिए बहुत ख़ास थी जिसे एक *समोवर*[12] में बनाया जाता था, जबकि अंदर के घर में, चाय आम तरीक़े से पतीले में पानी उबालकर बनाई जाती थी। हम बच्चों को उनके *समोवर* के बारे में बहुत कुतूहल रहता था। नाश्ता करने के बाद, *नाना ज़नाने* में आते थे और मेरी *खाला* उन्हें सूचित करती थी कि घर में क्या चल रहा है, जैसे कौनसे मेहमान आ रहे हैं, या निकट भविष्य में कौनसा विवाह या समारोह होनेवाला है, कितना *नेवता*[13] दिया जाना है और उसके लिए या अन्य घरेलू खर्चों के लिए उन्हें कितने पैसे चाहिए। *नाना* घर चलाने के लिए रुपए उपलब्ध कराते थे, और फिर वापस अपने घर में आ जाते थे और दोपहर के भोजन के समय फिर से *ज़नाने* में आते थे। उनके घर में आने पर हर किसी को अपना सर्वश्रेष्ठ व्यवहार करना पड़ता था। अंदर आते समय वे अपना गला खंखारते थे, जो कि उनकी उपस्थिति की एक चेतावनी होती थी। *नाना* अपना दोपहर का भोजन मुख्य घर में अपने छोटे पोते-पोतियों के साथ करते थे। कभी-कभी वे अपने

[11] कर लगाकर एकत्रित किया गया धन।

[12] दो बर्तनों को मिलाकर विशेष रूप से तैयार किया गया चाय का बर्तन।

[13] नक़द तोहफा।

किसी दामाद को अपने साथ दोपहर का भोजन करने के लिए आमंत्रित करते थे और इसे एक विशेषाधिकार माना जाता था।

नाना हर दिन शाम को टहलने जाते थे जिसका अंत गाँव की बैठक में होता था। हर शाम गाँव के पुरुष, ज़्यादातर बुज़ुर्ग लोग, एक केंद्रीय जगह पर एकत्रित होते थे जिसे *तिपाई* कहा जाता था, जिसका शाब्दिक अर्थ था बैठने की जगह (बेंच)। उस जगह पर, बहुत सी बेंचें आयताकार ढंग में रखी जाती थीं और शीर्ष पर ज़मींदार परिवार का सबसे वरिष्ठ सदस्य बैठा करता था। वहां पर, गाँव के मामलों के साथ-साथ, रोज़ाना का उर्दू अखबार पढ़ा जाता था और उसपर चर्चा की जाती थी। अपनी शाम की सैर के बाद, *नाना* कुछ मिनट के लिए घर के दिनभर के हाल-चाल जानने के लिए आते थे। उनका रात का भोजन उनके कमरे में भेज दिया जाता था।

हमारे *नाना* हमें बहुत लाड-प्यार करते थे क्योंकि हम साल में केवल एक बार उनसे मिलने आते थे, जबकि उनके अन्य पोते-पोतियाँ, नाती-नातिनें पूरा समय वहीं रहते थे। हम *शहरियों* के तौर पर अपनी विशेष स्थिति का खूब मज़ा लेते थे; हम खुद को अपने भाई-बहनों से ऊपर समझते थे और उन्हें उन सुविधाओं की कहानियाँ सुनाकर प्रभावित करते थे जिनका लुत्फ़ हम शहर में रहकर उठाया करते थे, जैसे कि बिजली, सिनेमाघर, पक्की सड़कें, और यह तथ्य कि हम स्कूल में जाते थे जबकि वहां रहनेवाली हमारी बहनें स्कूल नहीं जाती थीं। हमारी बहनें मुख्य रूप से शहर के फैशन और फ़िल्मों के बारे में पूछताछ करती थीं।

रुदौली में बहुत से मुस्लिम *तालुक़दार* और ज़मींदार थे, जो एक आराम-भरी, और सामंती जीवनशैली का आनंद उठाते थे। *तालुक़दार* और ज़मींदारों के बीच मुख्य भेदभाव मालिकाना ज़मीन के आधार पर था। *तालुक़दारों* के पास ज़्यादा बड़ी ज़मीनें हुआ करती थीं और वे ज़्यादा विलासी जीवनशैली जिया करते थे। इसके अलावा, रुदौली की आबादी में हिंदू और मुस्लिम किसान, व्यापारी और पेशेवर जातियां शामिल थीं। मैं यहाँ इस बात की तरफ़ ध्यान दिलाना चाहती हूँ कि *कस्बों* में हर जाति और पंथ के हिंदू और मुस्लिम मिलजुलकर किसी भी सांप्रदायिक भावना के बगैर रहते थे। हिंदुओं ने मुस्लिमों की आर्थिक और सांस्कृतिक श्रेष्ठता को स्वीकार कर लिया था और मुस्लिम हिंदुओं की जीवनशैली और जाति व्यवस्था का सम्मान करते थे। मुझे अच्छी तरह याद है कि विभाजन-पूर्व के दिनों में *कस्बों* में कितनी सौहार्द की भावना थी। न तो मंदिर के शंख की आवाज़ से मुस्लिम परेशान होते थे और न ही *अज़ान*[14] की आवाज़ से हिंदू नाराज़ होते थे। मोहर्रम के दौरान, हिंदू और मुस्लिम कंधे से कंधा मिलाकर, *मर्सिया*[15] गाते हुए चलते थे। आज की तरह, उस वक्त ऐसे मौकों पर कोई सांप्रदायिक तनाव नहीं होता था; यहाँ तक कि बकरीद[16] के दौरान जानवरों की क़ुर्बानी के कारण भी टकराव नहीं होता था। मैं इस प्रकार के माहौल में पली-बढ़ी थी।

---

[14] मुस्लिमों की प्रार्थना शुरू करने का बुलावा।

[15] करबला की लड़ाई का नाट्य रूपांतरण करनेवाले शोक भरे गाने।

[16] क़ुर्बानी का त्योहार। इसे ईदुल-अज़हा भी कहा जाता है।

रुदौली का भोजन

रुदौली केवल क्षेत्रफल में ही बड़ा नहीं था, बल्कि आस-पड़ोस के अन्य *कस्बों* से तुलना करने पर, परिष्कृत जीवनशैली के संदर्भ में उसका विशेष स्थान था। अपनी जिन वस्तुओं पर इस *क़स्बे* को गर्व था, उनमें से एक थी यहाँ का खाना। सामंती जीवनशैली में भोजन की एक बहुत महत्वपूर्ण भूमिका थी। घी में तर मुगलई पकवान और मिठाइयों से उनका खाना बनता था। कुछ पकवान थे जो रुदौली की खासियत थे, जैसे *बूट के लड्डू*—हरे चने से बने हुए मीठे गोले—और *अंदरसे की गोली*, एक और खासियत जो चावल की लेई को *तिल* में मिलाकर बनाई जाती थी, फिर उसे छोटे गोलों का आकर दिया जाता था जिनके अंदर खोया[17] भरा रहता था। *रसावल* एक और चहेती मिठाई थी, जो बाराबंकी ज़िले की ख़ासियत थी। मेरे *अब्बूजान* को *रसावल* का बहुत शौक था और मेरी बुआ हमीदा के विवाह के जश्न में इस मिठाई को परोसा गया था। *रसावल* को गन्ने की कटाई के मौसम में तैयार किया जाता था और इसे चावल और गन्ने के रस से बनाते थे। इसे पकाने के लिए बहुत तैयारियां की जाती थीं, क्योंकि इसे पूरी रात धीमी आंच पर पकाना पड़ता था और निरंतर हिलाते रहना पड़ता था। इस मिठाई को फिर मेवों और नारियल से सजाया जाता था, और ठंडा करके मिट्टी की *हांडियों* में रखा जाता था जिन्हें लाल मलमल के कपड़े से कसकर ढक दिया जाता था। आमों की तरह ही *रसावल* को भी उन रिश्तेदारों और मित्रों को तोहफ़े के रूप में भेजा जाता था जो *कस्बों* से दूर शहरों में रहते थे। कुछ उद्यमी *तालुक़दार* इसे राजनीतिक रूप से प्रभावशाली व्यक्तियों को भेजकर उन्हें खुश करने की कोशिश किया करते थे। अब, इनमें से कुछ ख़ासियतें तो लगभग विलुप्त हो चुकी हैं क्योंकि इन्हें बनाने वाले *हलवाई* और *तालुक़दार* और ज़मींदार परिवार दोनों ही पाकिस्तान चले गए हैं। जो कुछ *हलवाई* यहाँ रह गए हैं, उन्हें आज के आधुनिक स्वास्थ्य के प्रति जागरूक लोगों में *रसावल* के लिए ज़्यादा ग्राहक नहीं मिलते हैं।

कस्बातियों की एक और आदत थी, पान चबाना, जो कि महिलाओं और पुरुषों दोनों में ही थी, और विशेष रूप से ज़मींदार परिवारों में थी। आजकल जैसे थोड़े समय के लिए मेहमानों के आने पर उन्हें चाय या कॉफ़ी पूछी जाती है, वैसे ही उन दिनों में पान दिए जाते थे। घर की स्त्री हमेशा *पानदान* के साथ देखी जाती थी, जिसका आकार परिवार के सामाजिक स्तर को दर्शाता था। *पानदान* में दो खाने होते थे: निचले खाने में मसाले जैसे चूना, *कत्था*, कतरी सुपारी और छोटी इलायची रखी जाती थी, और ऊपर के खाने में पान के पत्ते रखे जाते थे। मसालों को पान के पत्ते पर सही अनुपात में रखा जाता था और फिर उसे शंकु आकार में लपेटा जाता था जिसे *गिलौरी* कहते थे। इन *गिलौरियों* को खूबसूरत ज़रदोज़ी का काम किए हुए चांदी या धातु के *खासदानों* (यह परिवार की वित्तीय स्थिति पर आधारित था) में मेहमानों के सामने पेश किया जाता था। सुपारी कतरना और *गिलौरियों* के लिए कागज़ के आवरण बनाना उन अमीर

[17] मावा/औटाया हुआ दूध।

महिलाओं की एक महत्वपूर्ण गतिविधि होती थी जिनके पास खाना बनाने और घर के अन्य काम करने के लिए नौकरानियां थीं।

रुदौली में बहुत से कवि, शायर, लेखक और राजनीतिज्ञ भी हो चुके हैं। मेरे चाचा, मजाज़, एक विख्यात उर्दू शायर थे; उनके भाई अंसार हरवानी एक स्वतंत्रता सेनानी थे जिन्होंने अपनी पूरी युवावस्था स्वतंत्रता आंदोलन को समर्पित कर दी थी और स्वतंत्र भारत की पहली दो संसदों में संसद के सदस्य भी थे। मेरी माँ के एक चाचा शिक्षाविद् थे जिन्होंने रुदौली में लड़कियों के लिए पहले स्कूल की स्थापना करी थी।

मख़दूम मियां: रुदौली के सूफी संत

रुदौली में एक सूफी संत की मज़ार है, जो मख़दूम मियां के नाम से प्रसिद्ध थे। उनकी पुण्यतिथि या उर्स (मुस्लिमों में, किसी पूजनीय व्यक्ति की मृत्यु का स्मरणोत्सव मनाया जाता है क्योंकि मृत्यु होने से वह व्यक्ति, सांसारिक बंधनों से मुक्त होकर ईश्वर से मिल जाता है) को वार्षिक तौर पर बड़े उत्साह के साथ मनाया जाता है। उनके उर्स के समय एक मेला लगता है। इन संत को हिंदुओं और मुस्लिमों दोनों के द्वारा ही समान रूप से पूजनीय माना गया था और यह मेला व्यापारियों को दुकानें लगाने और अपना सामान बेचने के लिए अवसर प्रदान करता था। रुदौली की हमारी वार्षिक यात्रा जून के महीने में होती थी और वही समय उर्स का भी होता था। वह एक बहुत ही विशेष मौका होता था और आमतौर पर सुस्त रहनेवाले *क़स्बे* में बहुत सी गतिविधियाँ और उत्साह पैदा करता था। मज़ार के चारों तरफ़ मील-भर तक, दुकानें लगाई जाती थीं, जिनमें सभी प्रकार की उपभोक्ता वस्तुओं की बिक्री होती थी। केवल आस-पास के *कस्बों* के ही नहीं, बल्कि दूर-दराज के शहरों जैसे फैज़ाबाद और लखनऊ के दुकानदार भी यहाँ आकर दुकानें लगाते थे। वस्तुओं की बिक्री के अलावा, वहां के मुख्य आकर्षण होते थे *क़व्वाली*[18] के सत्र, जिसके लिए भारत के विभिन्न भागों से *क़व्वाल* या गायक आते थे। प्रदर्शन की जगह पर, सभा-भवन के एक हिस्से में बांस के पर्दे लगाकर महिलाओं के लिए अलग जगह बनाई जाती थी। युवा लड़के-लड़कियां ऐसे मौकों की राह देखा करते थे। *क़व्वाली* के सत्र उन्हें अपने प्रेमी-प्रेमिका की झलक देखने के अवसर प्रदान करते थे। जो ज़्यादा साहसी थे, वे तोहफ़ों—निजी श्रृंगार की छोटी-मोटी वस्तुएं जैसे रंगीन रेशमी चोटियाँ, झुमके और *इत्र*— का आदानप्रदान भी करते थे। छोटे नौकर लड़कों के ज़रिये अपने प्रियतम को शीतल पेय भी भिजवाए जाते थे। उन दिनों में, वातित पेय उपलब्ध नहीं हुआ करते थे, इसीलिए शीतल पेय मौसमी फलों के अर्क और कुचली हुई बर्फ़ डालकर बनाए जाते थे। "गिलास" नामक एक बहुत विशेष पेय हुआ करता था, जिसमें कुल्फ़ी[19], फलों के टुकड़े, और *फ़ालूदा*[20] भरा हुआ रहता था। यह सबसे महंगा पेय था और अगर किसी लड़की को "गिलास" मिलता था, तो इसका मतलब यह था कि

[18] सूफी गाने।

[19] शंकु के आकार में जमाई और परोसी गई आइसक्रीम।

[20] गुलाब से स्वाद वाला पेय।

उसका प्रेमी उसके प्रति सच में गंभीर है। वह खिलखिलाते हुए "गिलास" को स्वीकार कर लेती थी और खुद को दूसरों से ऊपर समझती थी। हालांकि उनमें से अधिकांश मासूम फंतासियां होती थीं और विपरीत लिंग के प्रति स्वाभाविक आकर्षण दर्शाती थीं। अजीब बात यह है कि कुछ सालों पहले, मैं मुंबई के जुहू बीच पर घूम रही थी और मुझे "गिलास" का विज्ञापन दिखा। मुझे बहुत आश्चर्य हुआ, जब मैंने देखा कि मेरे बचपन का वही "गिलास" वहां बेचा जा रहा था।

मेरी ममेरी-मौसेरी बहनें मुझसे ज़्यादा प्रतिबंधित जीवन जीती थीं लेकिन प्रेम खुद को व्यक्त करने का मार्ग खोज ही लेता है। रुदौली की लड़कियां अपने रूमानी स्वभाव के लिए मशहूर थीं और अबोध प्रेम संबंध वहां बहुत आम थे। चचेरे भाई-बहनों के बीच भी सख्त परदा रखा जाता था, इसीलिए एक-दूसरे को देखने या मिलने के अवसर बहुत ही सीमित थे। इसीलिए, किसी नौकर लड़के के ज़रिये प्रेमपत्रों का आदानप्रदान किया जाता था, और इसे गुप्त रखने के लिए उस लड़के को अच्छीखासी रक़म दी जाती थी। कभी-कभी, विवाह या अन्य किसी त्योहार के मौके पर, प्रेमी परदे के पीछे से एक-दूसरे की झलक प्राप्त करने का प्रयत्न करते थे। ज़्यादातर, चचेरे-ममेरे भाई-बहनों के बीच प्रेम संबंध होते थे, कई बार तो यह काल्पनिक भी होते थे। मेरी हमउम्र एक बहन थी जिसके साथ मेरी अच्छी दोस्ती थी। उसके घर की पहली मंज़िल के एक कमरे की खिड़की रुदौली की एक गली में खुलती थी। चुपके से ऊपरी मंज़िल पर जाना और खिड़की के पास बैठकर गली से जानेवाले पुरुषों को, विशेष रूप से युवा पुरुषों को देखना, उसकी आदत बन चुकी थी। मुझे पूरा विश्वास है कि उसने उनमें से किसी के साथ प्यार होने की कल्पना भी कर ली होगी। मेरे रुदौली जाने पर, वह मुझे वहां से विद्यमान प्रेम संबंधों की सारी ख़बर देती थी। उनमें से अधिकांश अस्थाई होते थे और जिस पल माता-पिता को इसकी ख़बर लगती थी, वे लड़की का विवाह कर देते थे और उसके बाद वह ख़ुशी से रहती थी। यह एक विडंबना है कि मेरी जो बहन इन प्रेम संबंधों को इतना क़रीब से देखती थी और उम्मीद करती थी कि एक दिन उसे भी कोई प्रेमी मिल जाएगा, उसे न तो कोई प्रेमी मिला और न ही पति। दरअसल, मेरे *क़स्बे* की बहुत सी युवतियां अविवाहित रहीं। मुस्लिमों में यह बहुत ही असामान्य था क्योंकि भाई-बहनों के बीच विवाह को प्राथमिकता देने की वजह से, लड़कियां विस्तारित परिवार में ही जज़्ब हो जाती थीं।

रुदौली का मेला एक सप्ताह तक चलता था लेकिन मुख्य दिवस पर, पृष्ठभूमि में विशेष रूप से तैयार की गई *क़व्वालियों* की मधुर धुनों के बीच, संत के प्रत्यक्ष पुरुष उत्तराधिकारी जिन्हें सज्जाद नशीन कहा जाता था, संत के लबादे (जिसके बारे में दावा था कि वह असली है) को पहनना पड़ता था। सज्जाद नशीन *ज़नाने* के अंदर जाकर वह लबादा पहनते थे और फिर मज़ार में उपस्थित होते थे। भक्त लोग संत और उनके उत्तराधिकारी के प्रति अपनी भक्ति दर्शाते हुए उनके लबादे को छूते थे। रुदौली की महिलाएं *ज़नाने* में एकत्रित होकर, सज्जाद नशीन की पत्नी को *नज़राने* के तौर पर नक़द रुपए देती थी जबकि पुरुष *दरगाह*[21] में खुद सज्जाद नशीन के साथ ऐसा करते थे। रुदौली की वे सभी लड़कियां जिनका विवाह रुदौली के बाहर या भीतर

[21] पूजनीय धार्मिक व्यक्ति की क़ब्र पर बनी इस्लामी मज़ार।

हुआ था, उनसे यह उम्मीद की जाती थी कि वे, विशेष रूप से विवाह के पहले साल में, उर्स में महिलाओं की सभा में भाग लें। *मिरासी क़व्वाली* गाते थे। महिलाएं और लड़कियां उर्स की राह देखती थीं जहाँ उन्हें अपने कपड़े और गहने दिखाने का मौका मिलता था। जो आर्थिक रूप से सबल थे, वे अलग-अलग मौकों जैसे, विभिन्न जगहों पर आयोजित क़व्वाली के सत्रों और आख़िरकार सज्जाद नशीन के निवास पर आयोजित सभा के लिए, बहुत से कपड़ों के जोड़े तैयार करवाते थे। यह एक मौका था, खुद की बेहतरीन पोशाकों और गहनों के ज़रिये अपना आर्थिक स्तर दिखाने का।

एक बार *दादी*, हमारी बुआ साफिया अख़्तर की माँ, बहुत उत्सुक थी कि *मंझली फूफी* (हम अपनी बुआ को इसी नाम से पुकारते थे) विवाह के बाद के पहले उर्स पर रुदौली जाएँ और *नज़राना* पेश करें। *मंझली फूफी* उस समय अलीगढ़ के प्रशिक्षण महाविद्यालय (ट्रेनिंग कॉलेज) में अध्यापन करती थीं, इसीलिए वे केवल उस मौके के लिए रुदौली तक की लंबी यात्रा नहीं करना चाहती थी, लेकिन आख़िरकार वे *दादी* के ज़ोर देने पर मान गयीं। *दादी* ने इस बात पर भी ज़ोर दिया कि *फूफी* भारी कढ़ाईवाला गरारा और कीमती गहने पहनें, ख़ासतौर पर सोने की *पायल* पहनें। *मंझली फूफी* की इन सबमें बिलकुल भी दिलचस्पी नहीं थी, लेकिन *दादी* को, अपने आर्थिक स्तर के ज़रिए गाँव के लोगों को प्रभावित करने का इससे अच्छा मौका नहीं मिल सकता था। आख़िरकार, *मंझली फूफी* ने अपनी माँ की विनती स्वीकार कर ली और खुद को गहने-कपड़ों से सजाकर सज्जाद नशीन की पत्नी को भारी *नज़राना* पेश किया। हैसियत दिखाने का प्रचलन इतना ज़्यादा था कि धार्मिक मौकों पर भी लोग अपना आर्थिक स्तर दिखाने से नहीं चूकते थे।

जैसा कि पहले बताया गया है, रुदौली में रहने के दौरान, हम अपने रिश्तेदारों के यहाँ *डोली* में बैठकर जाते थे। जब हम रेलगाड़ी से यात्रा करते थे, तो रेल्वे स्टेशन पर भी हम *डोली* में बैठकर ही जाते थे। रुदौली में रेलगाड़ी केवल दो मिनट ही रूकती थी। महिलाओं के लिए अलग डिब्बा होता था। जैसे ही रेलगाड़ी आते हुए दिखती थी, *कहारडोली* उठाते थे और महिलाओं के डिब्बे की तरफ़ दौड़ना शुरू कर देते थे। यह एक बहुत ही हास्यास्पद दृश्य होता था क्योंकि *डोलियों* को एक-एक करके डिब्बे के दरवाज़े तक उठाया जाता था और अंदर बैठी हुई अदृश्य महिलाएं डिब्बे में कूद पड़ती थीं। महिलाएं बुर्क़ा पहने हुए भी डिब्बे में घुसते हुए नहीं दिखनी चाहिए थीं। डिब्बे के अंदर से—चलती रेलगाड़ी में से—हम खिड़की के बाहर झाँक सकते थे, लेकिन किसी स्टेशन के आने पर, हमें अपने परदे खींचने पड़ते थे। मुझे यह भी याद है कि किस प्रकार ग़रीब महिलाएं, जिन्होंने बुर्क़ा नहीं पहना होता था लेकिन चेहरे पर घूंघट होता था, रेलगाड़ी के दिखते ही रोना शुरू कर देती थीं, क्योंकि वे अपना जन्मजात गाँव छोड़कर अपने पति के गाँव या शहर के लिए निकल रही होती थीं। रेलगाड़ी के प्लेटफार्म छोड़ते ही उनका रोना बंद हो जाता था।

रुदौली की यात्रा की राह देखने का एक और कारण था, चमरू बाबू के यहाँ जाना। उनका वास्तविक नाम चौधरी मोहम्मद अली था। वे रुदौली के सबसे बड़े *तालुक़दार* थे और बहुत उदार दृष्टिकोण के थे। वे महिलाओं की शिक्षा के बहुत बड़े समर्थक थे और उन्होंने अपनी बेटियों को महाविद्यालय स्तर तक पढ़ाया था। वास्तव में, उनकी बेटियां लखनऊ के करामात

हुसैन मुस्लिम गर्ल्स कॉलेज (अब करामात गर्ल्स कॉलेज) की प्रथम छात्राओं में से एक थीं। अपनी पहली पत्नी को खोने के बाद, उन्होंने लखनऊ की एक महिला से विवाह किया जो कथित रूप से एक वेश्या की बेटी थी। उन्होंने अपने परिवार की और उस समय के प्रचलित सामाजिक पूर्वाग्रहों की अवहेलना की और इस बात पर ज़ोर दिया कि उसे पूरा सम्मान दिया जाए। चमरू बाबू एक पारिवारिक मित्र थे और वे मुझे और मेरी बहन को अपने घर बुलाते थे और हमें गंभीरतापूर्वक पढ़ाई करने के लिए प्रोत्साहित करते थे। वे हमें भारतीय इतिहास की साहसी महिलाओं के बारे में बताते थे और स्वतंत्रता संग्राम में सक्रिय रूप से शामिल समकालीन महिलाओं के बारे में भी बताते थे।

अवध की क़स्बाती संस्कृति का एक मुख्य भाग थे आम। ज़मींदार परिवार, विशेष रूप से *तालुक़दारों* के आम के बगीचे हुआ करते थे और वे आमों की विशाल विविधता रखने में गर्व महसूस करते थे। अक्सर बगीचे में ही, आम खाने की दावतें नियमित रूप से आयोजित की जाती थीं। मेहमानों के लिए बहुत सी तैयारियां की जाती थीं। महिलाओं की आम की दावतें अलग से रात में आयोजित की जाती थीं। रोशनी के लिए गैसोलीन की बत्तियों का प्रयोग किया जाता था। चूंकि उस समय फ्रिज नहीं हुआ करते थे इसीलिए आमों को कुछ घंटों के लिए ठंडे पानी में डालकर रखा जाता था। मित्रों और रिश्तेदारों के बीच आमों की विशेष प्रकार की किस्मों का उपहार के रूप में आदानप्रदान किया जाता था।

मेरे पिताजी को आमों का बहुत शौक था और वे खुद को आम के पारखी समझते थे। जो एकमात्र खरीददारी उन्होंने कभी की थी, वह आमों की थी। मुझे आमों से संबंधित एक घटना याद है जो उनकी ईमानदारी और अखंडता को प्रतिबिंबित करती थी और जिसने हम बच्चों पर एक आजीवन छाप छोड़ दी। मेरे पिताजी कि नौकरी *बलाई आमदनी*, यानि रिश्वत के बहुत से मौके प्रदान करती थी। लेकिन वे बहुत ही ईमानदार थे और कभी भी अपने ग्राहकों से किसी भी प्रकार के एहसान को स्वीकार नहीं करते थे। तथापि, आमों की उनकी पसंद के बारे में सभी को पता था। एकबार *अब्बूजान* के चपरासी ने *ज़नाने* में, चुनिंदा आमों की एक टोकरी भरकर लाई; *अब्बूजान* पुरुषों के हिस्से में एक ग्राहक के साथ व्यस्त थे। हमें यह लगा कि वह टोकरी उन्होंने लाई होगी इसीलिए हम बच्चों ने उन्हें खाना शुरू कर दिया। हमारे द्वारा कुछ आम खा लेने के बाद *अब्बूजान* अंदर आए और आमों को देखते हुए पूछने लगे कि वे कहाँ से आए हैं? मेरी माँ के कहा, “तुम्हारा चपरासी उन्हें लेकर आया है, क्या तुमने नहीं खरीदे हैं?” उन्होंने कहा, “नहीं”, और चपरासी को आमों के बारे में पूछताछ करने के लिए बुलाया। चपरासी ने जवाब दिया, “जिन साहब से आप बात कर रहे थे, उन्होंने टोकरी देकर मुझे उसे अंदर लेकर जाने के लिए कहा।” अब्बूजान बहुत नाराज़ हुए और हमें खाए हुए आमों की गुठलियाँ गिनने के लिए कहा। उन्होंने उतनी ही संख्या में आम मंगवाए और न खाए हुए आमों समेत वह टोकरी ग्राहक को वापस भेज दी।

चमरू बाबू भी आम के पारखी थे। उनके आमों के बगीचे में *सौंदर्य* नाम की एक किस्म थी क्योंकि यह आम दो रंगों का था, एक तरफ़ से लाल और दूसरी तरफ़ से पीला। वे इस किस्म को, विशेष रूप से हम बच्चों को खिलाते थे, और हमें आम के छिलके का रंग पूछकर सताते

थे। अगर हम लाल कहते, तो वे तेज़ी से उसे पलट देते और कहते, "लेकिन देखो, यह तो पीला है!" उनके पास जाकर हम ऐसे मज़े करते थे।

आमों को मिठाई की तरह, भोजन के बाद कुछ टुकड़े परोसकर नहीं बल्कि थोक में खाया जाता था। मेरे बचपन के दिनों में, वे किलो में नहीं बल्कि *सैंकड़ा* में बेचे जाते थे, जिसका मतलब था, प्रति सौ आमों का लगाया गया मूल्य या फिर *ढेरी*[22] के अनुसार, जिसमें 33 आम होते थे। तो अगर कोई एक बार में सौ आम नहीं खरीद सकता था, तो भी वह कम-से-कम एक *ढेरी* तो खरीदता ही था।

मेरे पास खुशनुमा यादें है कि किस प्रकार आमों को पानी की बाल्टियों में भिगोकर रखा जाता था और दोपहर की नींद से जागने के बाद हम उन्हें खाते थे। *अब्बूजान* आमों की बाल्टी अपने सामने रखकर एक कुर्सी पर बैठ जाते थे और हम सब बच्चे ज़मीन पर उन्हें घेरकर बैठते थे। वे बाल्टी में से एक आम उठाते थे, उसके आकार और रंग की प्रशंसा करते थे; उसे सूंघते थे, फिर हममें से एक को सूंघने को देते थे और हमारी राय पूछते थे कि उसकी खुशबू मीठी है या नहीं। यह रस्म जो हर आम के लिए दोहराई जाती थी, के बाद, वे एक टुकड़ा काटते थे और हममें से एक को देते थे, जबकि बाकी के लोग बेसब्री से अपनी बारी का इंतज़ार करते थे। इस तरह से, प्रत्येक बैठक में एक या दो दर्ज़न आम समाप्त कर दिए जाते थे। इस फल के प्रति *अब्बूजान* की पसंद के कारण यह बहुत यथोचित है कि उन्हें आम के पेड़ के नीचे दफनाया गया है और हर मौसम में, आम का बौर उनकी कब्र पर गिरता है। मुझे तरस आता है कि अब आमों को पेड़ों पर पकने ही नहीं दिया जाता है। आजकल, बड़े शहरों से व्यापारी आकर पूरे मौसम के लिए आम के बगीचों को खरीद लेते हैं, कच्चे आमों को तोड़ते हैं और रसायनों के ज़रिये उन्हें पकाते हैं। इन दिनों, हम कुछ टुकड़ों से ज़्यादा आम को पचा ही नहीं सकते हैं। शायद यह उन रसायनों की वजह से है जो उन्हें पकाने के लिए प्रयोग किया जाता है।

मोहर्रम

शिया, करबला के युद्ध के स्मरणोत्सव में मोहर्रम को मनाते हैं जब—किंवदंती के मुताबिक—कई सौ साल पहले, पैगंबर मोहम्मद के नवासे, हसन और हुसैन, को शासन करनेवाले राजा याज़िद द्वारा धोखे से युद्ध में फंसा लिया था। हसन और हुसैन युद्ध के लिए तैयार नहीं थे और बहुत ही सीमित संसाधन होने के कारण, उनकी सेना हार गई थी और दोनों भाई अपने सैन्य दल के साथ मारे गए थे। भारत के शिया आज तक, 10 दिन का शोक व्यक्त करते हुए उस घटना का स्मरणोत्सव मनाते हैं। वे हसन और हुसैन की कब्रों की प्रतिमा तैयार करते हैं—जिन्हें *ताजिये* कहा जाता है—और उन्हें अपने घरों में और *इमामबाड़ा*[23] यानि प्रार्थना घरों में प्रदर्शित करते हैं।

---

[22] एक ढेर।

[23] शिया मुस्लिमों द्वारा बनाई गई मज़ार।

फिर 10वें दिन, इन प्रतिमाओं का जुलूस निकाला जाता है और इंसान को दफ़नाने की तरह ही उन्हें भी दफना दिया जाता है। 10 दिनों के इस शोक के दौरान, सामूहिक रूप से शोक भरे गाने गाए जाते हैं और करबला के युद्ध का नाट्यकरण किया जाता है। इन गानों को *मर्सिया* कहते हैं। कुछ *मर्सिये* उर्दू शायरी की उच्चतम साहित्यिक गुणवत्ता में लिखे जाते हैं। सुन्नी मोहर्रम का पालन नहीं करते लेकिन शियाओं की भावनाओं का सम्मान करते हुए, वे इन 10 दिनों के दौरान, वे किसी भी प्रकार का उत्सव मनाने से बचते हैं। हालांकि यह आम बात नहीं है, लेकिन शिया-सुन्नी विवाह भी होते हैं; मेरी *बाजी* की माँ एक शिया थीं। *बाजी* और उनके भाई-बहनों का लालनपालन पितृसत्तात्मक प्रणाली के कारण सुन्नियों के अनुसार हुआ था लेकिन मेरी परदादी आस्था के प्रति एक स्वस्थ सहिष्णुता थी। वे मोहर्रम के लिए अपने रुदौली में अपने जन्मजात घर पर जाती थीं।

रुदौली में, एक अलग इलाका है जहाँ शिया एकत्रित होकर मोहर्रम मनाते हैं, *ताजिये* रखते हैं और *मर्सिये* पढ़ते हैं। शिया तालुक़दार का *ताजिया*—सबसे बड़ा और सबसे सुंदर तरीक़े से सजाया हुआ—उस जुलूस का नेतृत्व करता था जिसमें सुन्नी और यहाँ तक कि हिंदू भी इस अवसर की मार्मिकता को साझा करने के लिए शामिल होते थे।

लखनऊ का मोहर्रम अपने *मर्सियों* और *ताजियों* की गुणवत्ता दोनों के लिए प्रसिद्ध था। लखनऊ के दो शायर—मीर अनीस और दबीर—उच्च साहित्यिक गुणवत्ता के दिल को छू लेनेवाले *मर्सिये* लिखने के लिए प्रसिद्ध थे। *ताजियों* को रंगीन कागज़ से बनाया जाता था और चांदी और सोने की सामग्री से सजाया जाता था। लेकिन लखनऊ के सबसे मशहूर *ताजिये* जुलूस में सबसे अंत में आते थे। *मर्सिया* गाते हुए और हसन और हुसैन के नामों का जप करते हुए, जुलूस में से सारे *ताजिये* ले जाने के बाद, आखिरी *ताजिया* वह होता था जिसे एक हिंदू भक्त द्वारा तैयार किया जाता था। अपना धर्म बदले बिना, उसके मन में करबला की किंवदंती के प्रति बहुत ही श्रद्धा उत्पन्न हो गई थी और अपनी इस श्रद्धा को व्यक्त करने के लिए, वह एक *ताजिया* बनाता था, उसे अपने घर में प्रदर्शित करता था, और उसे जुलूस में शामिल करता था। वह चिकनी मिट्टी का बना होता था और उसपर हर जगह ताज़ी घास उगी होती थी। मोहर्रम का जुलूस देखनेवाले इसका बहुत बेसब्री से इंतज़ार करते थे। इसे "दूब का ताजिया" (दूब यानि ताज़ी घास) कहा जाता था। यह सुनिश्चित करने के लिए कि घास समान रूप से उगे और जुलूस के दिन तक ताज़ी बनी रहे, घास की देखभाल करने और पानी देने में बहुत तैयारी और विशेषज्ञता की आवश्यकता होती थी। हम मोहर्रम के 10वें दिन किसी सुन्नी रिश्तेदार के घर जुलूस देखने के लिए जाते थे। मैं आज भी वह *ताजिया* और हवा में लहराती उसकी ताज़ी हरी घास की कल्पना कर सकती हूं।

अजीब बात यह है कि लखनऊ में कभी भी हिंदू/मुस्लिम दंगे नहीं हुए, यहाँ तक कि विभाजन के दिनों में भी नहीं जब उत्तर प्रदेश के बहुत से भाग प्रभावित हुए थे। हालांकि व्यक्तिगत स्तर पर शिया और सुन्नियों के बीच सौहार्दपूर्ण संबंध होने के बावजूद भी, लखनऊ में अक्सर शिया/सुन्नी दंगे होते रहते थे। मोहर्रम के जुलूस का प्रत्युत्तर देने के लिए, लखनऊ के सुन्नी पैगंबर मोहम्मद के जन्मदिवस पर एक जुलूस निकालते थे, जहाँ वे पैगंबर और उनके

पहले उत्तराधिकारी खलीफ़ा अबू बकर की तारीफ़ में गाने गाते रहते थे। इन गानों को *मध-ए-सहाबा* कहा जाता था, जिसका मतलब है "खलीफों की प्रशंसा में।" शिया अबू बकर के पहले ख़लीफ़ा बनने के ख़िलाफ़ खड़े हुए थे इसीलिए वे उनकी प्रशंसा में गाने गाने पर नाराज़ हो जाते थे और विरोध करते हुए सुन्नी जुलूस पर पत्थर फेंकना शुरू कर देते थे। इसके परिणामस्वरूप लड़ाईया होती थीं और जुलूस में व्यवधान उत्पन्न होता था। एक घटना मुझे याद है, तब हम पास ही के शहर बाराबंकी में रहते थे, मेरे परिवार और कुछ मित्रों और रिश्तेदारों ने, एक बस किराए पर ली और जुलूस देखने और *मध-ए-सहाबा* को सुनने के लिए लखनऊ पहुंचे। लेकिन जिस पल *अब्बूजान* को ऐसा लगा कि कोई मुसीबत आनेवाली है, हम तुरंत वापस लौट आए।

4

स्कूल और बुर्क़ा

मेरा पहला स्कूल बाराबंकी का लड़कियों का एक सरकारी प्राथमिक स्कूल था। बाराबंकी एक छोटा शहर है जहाँ मेरे पिताजी ने अपनी वकालत शुरू की थी। मैं एक लकड़ी की गाड़ी जिसे *ठेला* कहते थे, में बैठकर स्कूल जाया करती थी, इस *ठेले* में चारों ओर से परदे लगे होते थे और इसे एक व्यक्ति आगे से खींचता था और दो व्यक्ति पीछे से धकेलते थे। अंदर लकड़ी की सीटें होती थीं। बड़ी लड़कियां बुर्क़ा पहनती थी जबकि छोटी लड़कियां नहीं पहनती थीं। *ठेला* खींचनेवाला एक व्यक्ति घर-घर जाकर लड़कियों को एकत्रित करता था। बड़ी लड़कियों को *डोली* में लाया जाता था। *डोली ठेले* की ऊंचाई तक उठाई जाती थी और फिर लड़कियां अंदर कूदती थीं। मुझे आगे जाकर बुर्क़ा पहनने के लिए मजबूर किया गया जिससे मुझे नफ़रत थी। फिर भी उस समय, मैं अन्य बड़ी लड़कियों की तरह *डोली* में बैठने के लिए बहुत लालायित थी। मैंने एक बार ठेलेवाले को अपने लिए *डोली* लाने के लिए कहा क्योंकि मैंने परदा करना शुरू कर दिया है। यह एक झूठ था क्योंकि मैं परदा करने के लिए बहुत छोटी थी। कुछ दिनों तक, मुझे *ठेले* तक चलकर जाने की बजाय *डोली* में बैठकर जाना बहुत अच्छा लगा। लेकिन यह ख़ुशी थोड़े समय की ही थी। एक दिन, ठेलेवाले ने मुझे बाज़ार में बुर्क़े के बिना देख लिया और उस विलासिता का अंत हो गया। यह कितना अद्भुत है कि बच्चे कितनी दृढ़ता से बड़ों की तरह व्यवहार करना चाहते हैं!

हमारा लखनऊ जाना

जब *अब्बूजान* की वकालत से पर्याप्त आय प्राप्त नहीं हुई, तो उन्होंने लखनऊ में वेतनधारी नौकरी करने का निर्णय लिया। यह हम लड़कियों के लिए फायदेमंद साबित हुआ क्योंकि हमारे माता-पिता ने हमें मुस्लिम लड़कियों के एक जाने-माने स्कूल—करामात हुसैन मुस्लिम गर्ल्स स्कूल—में भेजने का निर्णय लिया। यह हमारे घर के बहुत पास था और मेरी बहन और मैं, या तो पिताजी के विश्वासपात्र चपरासी या हमारी बुज़ुर्ग *बुआ* (नौकरानी) के साथ स्कूल जाया करते

थे। मैं नौ साल की थी जब हम लखनऊ गए। उस वक्त तक, हमारे दादा और *अब्बूजान* के बड़े चाचा और अभिभावक—सिराज—सेवानिवृत्त हो चुके थे और उन्होंने लखनऊ में बसने का निर्णय लिया था। उन्होंने हमारे घर के निकट दार-उस-सिराज नामक एक बंगला खरीदा और क्योंकि यह हमारे घर के बहुत पास था, मुझे अपनी शिक्षित बुआओं, सफ़िया और हमीदा के साथ अक्सर बातचीत करने का मौका मिल जाता था, जिसमें मुझे बड़ा मज़ा आता था। मैं जो करना चाहती थी वह करने के लिए मुझे प्रोत्साहित करने में उनका बहुत बड़ा हाथ है। वे लंबी छुट्टियों के दौरान मुझे पढ़ाती भी थीं।

करामात हुसैन मुस्लिम गर्ल्स स्कूल

स्कूल में दाखिले के लिए मेरे पिताजी मेरे साथ गए। सौभाग्यवश, उन दिनों में, दाखिले के लिए प्रतीक्षा सूची नहीं हुआ करती थी। मैं ग़रारे और दुपट्टे में अच्छे से तैयार होकर गई और मुझे निर्देश दिया गया कि मैं स्कूल में रहने के दौरान अपना सिर ढककर रखूं, क्योंकि पता नहीं कैसे मेरे दुपट्टे को सिर से सरकने की आदत थी। मेरे पिताजी ने प्रवेश फॉर्म पर मेरी वास्तविक आयु लिखी लेकिन प्रवेश अधिकारी ने मेरे पिताजी को आयु कुछ वर्ष घटाकर लिखने का सुझाव दिया, जैसा कि उन दिनों रिवाज़ था, क्योंकि लगभग सभी माता-पिता चाहते थे कि उनके बच्चे सरकारी नौकरी करें जिसकी एक आयु सीमा होती थी। मेरे पिताजी ने इस सुझाव का विरोध किया बल्कि गुस्से से कहा, "मेरी बेटी नौकरी नहीं करेगी!" उस वक्त उन्हें यह नहीं पता था कि उनकी बेटी आगे जाकर एक उच्च शिक्षित पेशेवर महिला बनेगी। मेरे पिताजी मेरा नाम भी ज़रीना ख़ातून दर्ज कराना चाहते थे। उन दिनों में आम तौर पर मुस्लिम लड़कियों के लिए उपनामों (सरनेम) का प्रयोग नहीं होता था और ख़ातून, बानो या निसा जैसे प्रत्यय नाम के बाद जोड़े जाते थे। लेकिन प्रवेश अधिकारी ने ज़ोर दिया कि मेरा नाम मेरे उपनाम के साथ ज़रीना फ़रीद ही दर्ज किया जाए। थोड़ी हिचकिचाहट के बाद, मेरे पिताजी ने उसका सुझाव मान लिया।

करामात हुसैन मुस्लिम गर्ल्स स्कूल अनिवार्य रूप से एक आवासीय स्कूल था, जिसे जस्टिस करामात हुसैन नामक एक प्रबुद्ध वकील ने उस क्षेत्र के *तालुक़दारों* की बेटियों के लिए स्थापित किया था। उन्नीसवीं सदी एक ऐसा समय था जब भारतीय मुस्लिम समाज में आधुनिक शिक्षा के प्रति सामान्य जागृति होने लगी थी। भारतीय मुस्लिमों को अंग्रेजी प्रभुत्व के मद्देनजर अपना अस्तित्व खोने का डर लगने लगा था। कुछ प्रबुद्ध मुस्लिमों ने इस परिस्थिति के लिए अपने शैक्षिक और आर्थिक पिछड़ेपन के कारण को पहचाना। सर सय्यद अहमद ख़ान—मुस्लिम समुदाय के आधुनिकीकरण के महान वकील—ने 24 मई, 1875 को उत्तर प्रदेश के अलीगढ़ में मुस्लिम लड़कों के लिए मोहम्मडन एंग्लो-ओरिएण्टल कॉलेज की स्थापना की। लेकिन उनके जैसे सुधारक ने भी महिलाओं की शिक्षा को कोई महत्व नहीं दिया। दरअसल, उन्हें तो उस समय के प्रचलित सामाजिक वातावरण में मुस्लिम महिलाओं को शिक्षित करना

अनुपयुक्त लगा था; उन्हें लगा कि शिक्षा प्राप्त करने से वे समाज के लिए अनुपयुक्त हो जाएंगी और इस कारण शिक्षा क्रूरता को जन्म देगी और उन्हें पीड़ा और दुःख की ज़िंदगी में धकेल देगी। मुस्लिम महिलाओं की शिक्षा के प्रति सर सय्यद के नकारात्मक रवैये के लिए उनके प्रशंसकों ने उस वक्त के रूढ़िवादी मुस्लिम सज्जनों को ज़िम्मेदार ठहराया जिनपर सर का वित्तीय और नैतिक समर्थन निर्भर करता था। ऐसा लगता है कि वे उनसे शत्रुता नहीं करना चाहते थे।

तथापि, मिशनरियों के प्रभाव के चलते महिलाओं की शिक्षा की ओर मामूली शुरुआत हो चुकी थी। कुछ मुस्लिम व्यक्ति जो ब्रिटिश विश्वविद्यालयों में पढ़े थे और पश्चिमी उदारवादी विचारों से प्रभावित थे, उनके द्वारा भी जागरूकता लाई गई थी। उनमें से ही एक थे करामात हुसैन, जो क़ानूनी शिक्षा प्राप्त करने के लिए इंग्लैंड में गए थे। इंग्लैंड में रहने के दौरान, हुसैन का सामना उदारवादी विचारों से हुआ और उन्हें यह एहसास हुआ कि भारत में भारतीय मुस्लिम समुदाय कितना पिछड़ा हुआ है। करामात हुसैन ने पहचाना कि समुदाय के पिछड़ेपन के लिए मुस्लिम महिलाओं में शिक्षा की कमी एक कारण है। उनका मानना था कि अज्ञानी, अशिक्षित माताएं, अपने बच्चों को प्रबुद्ध नहीं बना सकतीं। इसीलिए, महिलाओं को शिक्षित करना और उन्हें आधुनिक विचारों की तरफ ले जाना ज़रूरी है। उन्होंने मुस्लिम महिलाओं के बीच शिक्षा को प्रसारित करने का निर्णय लिया और कुछ समर्थकों का विश्वास जीतने में भी सफल हुए। उन्होंने एक प्रमुख सामाजिक सुधारक, श्री गुलाम-उस-सक़लैन जिनकी मुस्लिम समुदाय में अच्छी साख थे, को विश्वास में लिया और विनती की कि वे उनके विचारों को व्यापक मुस्लिम समुदाय तक पहुंचाएं। जल्दी ही, 1891 में उन्हें इस बात का मौका मिला जब अलीगढ़ में एक मुस्लिम शैक्षिक सम्मेलन का आयोजन हुआ। गुलाम-उस-सक़लैन ने इस मौके का फ़ायदा उठाया और सम्मेलन में मुस्लिम महिलाओं की शिक्षा के लिए एक योजना प्रस्तुत करी। काफी विरोध के बावजूद, वह एक अनुमोदन प्राप्त करने में कामयाब रहे। सौभाग्यवश, उन्हें अपनी योजना के लिए उत्तरप्रदेश के तत्कालीन राज्यपाल, चार्ल्स क्रोस्थवैट के रूप में एक समर्थक मिल गया। उनके समर्थन से, 1883 में इलाहाबाद में लड़कियों के एक स्कूल की स्थापना हुई। इस स्कूल का नाम क्रोस्थवैट के नाम पर रखा गया। करामात हुसैन को स्कूल के शासी निकाय का सचिव नियुक्त किया गया था। इस प्रकार से, 1883 में महिलाओं की शिक्षा की तरफ एक ठोस शुरुआत हुई।

वर्ष 1911 में, सर राजा मोहम्मद अली ख़ान, जो कि महमूदाबाद के राजा और एक प्रबुद्ध मुस्लिम थे, इलाहाबाद के लड़कियों के स्कूल के दौरे पर आए। राजा उस स्कूल से इतने प्रभावित हुए कि उन्होंने सुझाव दिया कि करामात हुसैन लखनऊ में भी ऐसा ही एक स्कूल शुरू करें। इस प्रकार, 21 नवंबर, 1921 में लखनऊ में लड़कियों के एक स्कूल की स्थापना हुई, जिसका नाम आगे जाकर करामात हुसैन मुस्लिम गर्ल्स स्कूल रखा गया। अब यह एक समृद्ध पदवी महाविद्यालय बन गया है और लखनऊ विश्वविद्यालय से संबद्ध है। शुरुआत में यह चौधरी नुसरत अली, जो कि अवध के एक अन्य उदारवादी *तालुक़दार* थे और "अंजुमन-ए-तालुक़दाराने अवध" (अवध के तालुक़दारों के संघ) के सचिव थे, के घर में शुरू किया गया था। सुश्री अमीना पोप, एक ईसाई जिन्होंने इस्लाम स्वीकार कर लिया था और जो महिला

शिक्षा की प्रबल समर्थक थीं, को स्कूल की मुख्याध्यापिका नियुक्त किया गया था। स्कूल की शुरुआत केवल आठ विद्यार्थियों से हुई थी, वे सभी पास-पड़ोस के *तालुक़दारों* की बेटियां थीं। स्कूल की पहली कुछ मुख्याध्यापिकाएं या तो अंग्रेज़ थीं या फिर एंग्लो-इंडियन थीं। शिक्षा का माध्यम उर्दू ही था लेकिन अंग्रेज़ी को एक विषय की तरह पढ़ाया जाता था और इस्लाम की थोड़ी प्रारंभिक शिक्षा भी पाठ्यक्रम में थी। जब मैं 1944 में स्कूल में दाखिल हुई, तो सुश्री मायलेस, जो कि एक एंग्लो-इंडियन थीं, मुख्याध्यापिका थीं। 1947 में भारत की आज़ादी के बाद, मुस्लिम महिलाओं को मुख्याध्यापिका के रूप में नियुक्त किया जाता था और हिंदी को एक अनिवार्य विषय बना दिया गया। मैं अपनी बाकी सभी बहनों की तरह इंटरमीडिएट तक पढ़ी। उन दिनों 10 साल की विद्यालयीन शिक्षा के बाद, एक उच्च माध्यमिक प्रमाणपत्र परीक्षा का आयोजन किया जाता था। उसके बाद, दो साल का इंटरमीडिएट हुआ करता था, और उसके बाद दो साल का बीए जिसे स्नातक कहा जाता था।

मैंने 13 साल की उम्र में बुर्क़ा पहनना शुरू किया, जो कि एक लड़की के लिहाज़ से देर से था। लेकिन मेरा विरोध ज़्यादा दिन नहीं चल सका। मुझे बुर्क़े में स्कूल जाना बिल्कुल भी पसंद नहीं था और मुझे यह पुराने फैशन का लगता था। मैं खुद को पीड़ित महसूस करती थी और मुझे बहुत गर्मी भी लगती थी। स्कूल में, मैं उच्च वर्ग की लड़कियों की संगत में रहती थी, जिनमें से अधिकांश कॉन्वेंट स्कूलों में पढ़ी हुई थीं, फ़र्राटे से अंग्रेज़ी बोलती थीं और बुर्क़ा नहीं पहनती थीं। लखनऊ का बुर्क़ा—जिसे सभ्य महिलाएं पहनती थीं—दो टुकड़ों में आता था, ऊपर का लहराता हुआ कपड़ा जो कंधों से पहना जाता था, और पैरों तक शरीर को ढकता था, और दूसरे टुकड़े में एक लंबा लहंगा और अलग से कुरता होता था जो केवल सिर और कंधों को ढकता था। ऊपर का जालीदार घूंघट आँखों को ढकता था और उसका उपयोग देखने के लिए किया जाता था। यह दृष्टि को प्रतिबंधित करता था, क्योंकि फिर केवल सामने की तरफ ही देखा जा सकता था। दायीं या बायीं तरफ देखने के लिए, सिर को दोनों तरफ घुमाना पड़ता था। मुझे हमेशा से यह बहुत अजीब और मूर्खतापूर्ण लगता था। जब मैं अपने घर से कुछ दूरी पर ठेले से उतर जाती थी, तो मैं अपने चेहरे से घूंघट हटा लेती थी। मुझे हमेशा इस बात पर आश्चर्य होता था कि इस उपमहाद्वीप में प्रयोग में लाए जानेवाले भारतीय बुर्क़े का आविष्कार किसने किया था क्योंकि अन्य इस्लामी देशों में इस प्रकार के बुर्क़े का इस्तेमाल नहीं होता है। वह शायद बहुत ही उच्च कोटि का उग्र पुरुषसत्तावादी होगा। इसका उल्लेख क़ुरान या हदीस[1] में नहीं किया गया है।

बुर्क़ा पहनने का फ़ायदा भी होता था। उदाहरण के लिए, मेरी बहन सूफ़िया अक्सर स्कूल में पहनने के लिए मेरे कपड़े उधार मांगती थी और मैं तुरंत मना कर देती थी। इसीलिए उसने एक समाधान ढूंढ निकाला-वह चुपके से मेरे कपड़े पहन लेती थी, उन्हें अपने बुर्क़े से ढक लेती थी और स्कूल चली जाती थी। वहां पहुंचने के बाद, वह बुर्क़ा उतार देती थी और मुझे पता चलता था कि उसने मेरे कपड़े पहने हुए हैं। मुझे गुस्सा आ जाता था और मैं बहुत ही ज़्यादा निराश हो जाती थी। लेकिन उस परिस्थिति में मैं कुछ भी नहीं कर सकती थी।

---

[1] पैगंबर मोहम्मद द्वारा किसी भी विषय पर शब्दशः शब्द-कथन का हवाला देनेवाले विवरणों का संग्रह।

स्कूल में, हमें उर्दू में पढ़ाया जाता था। शिक्षण पद्धति बहुत ही पारंपरिक थी। अधिकांश शिक्षिकाएं मध्यम वर्ग के मुस्लिम परिवारों से ताल्लुक रखती थीं जो खुद ही परदा करती थीं, इनमें मेरी बुआ हमीदा भी शामिल थीं, जो पहले आईटी कॉलेज में और बाद में एएमयू में पढ़ी हुई थीं। इन दोनों ही जगहों पर वे बुर्क़ा पहनकर जाती थीं। वे स्कूल में मेरे बर्ताव पर सख्त निगाह रखती थीं, जिससे अक्सर मुझे बहुत परेशानी होती थी। लेकिन मैंने इसे स्वीकार कर लिया था क्योंकि वे गृहकार्य में मेरी मदद करती थीं और मुझे पढ़ाई में अच्छा करने के लिए प्रोत्साहित करती थीं।

मेरी स्मृतिनुसार मेरी गणित की शिक्षिका, श्रीमती युसूफ जाई, स्कूल में मेरी सर्वश्रेष्ठ शिक्षिका हुआ करती थीं। मैं हमेश गणित की कक्षाओं की राह देखा करती थी। यह उनका पढ़ाने का तरीका और उनके प्रति मेरा आदर था कि मैं गणित में हमेशा अच्छा प्रदर्शन करती थी, मैंने अपनी उच्च माध्यमिक स्कूल की प्रमाणपत्र परीक्षा में विशेष योग्यता भी प्राप्त की थी। श्रीमती युसूफ जाई एक ईसाई थीं जिन्होंने एक मुस्लिम से विवाह किया था, जो कि उन दिनों में असामान्य था। यह भी एक वजह थी कि मैं उनकी ज़्यादा इज़्ज़त करती थी, क्योंकि छोटी उम्र से ही मेरा झुकाव धर्मनिरपेक्षता की तरफ था। अन्य शिक्षिकाएं जो मुझे अच्छे से याद हैं, उनमें हमारी उर्दू की शिक्षिका शामिल हैं जिन्हें हम *उस्तानीजी*[2] कहते थे। वे एक छोटे कद की बुज़ुर्ग महिला थीं, जो हर समय पान चबाया करती थीं; दरअसल, वे अपने साथ स्कूल में पानदान लेकर आती थीं। वे पुराने चलन के ग़रारे और भड़कीले रंग के लहरिए दुपट्टे और कुछ गहने भी पहनकर आती थीं। उनकी शिक्षण पद्धति लगभग प्राचीन थी। वे विद्यार्थियों को एक-एक करके खड़ा करवाती थीं और पाठ्यपुस्तक से एक अनुच्छेद पढ़ने को कहती थीं, जबकि वे अपने *पान* के अंदर डाले गए तंबाकू के प्रभाव से ऊंघती रहती थीं। हम अक्सर पढ़ते समय कुछ पंक्तियाँ छोड़ देते थे और चिल्लाते थे, "उस्तानीजी, मैंने पढ़ना खत्म कर लिया है," फिर दूसरी लड़की को खड़ा करके पढ़वाया जाता था। अगले दिन, वे उस पाठ पर श्रुतलेख देती थीं और हमारे वर्तनी कौशल को जांचने के लिए वे शब्द श्रुतलेख में देती थीं जो उन्हें सबसे कठिन लगते थे। उनका प्रिय शब्द था कुस्तुनतुनिया—कॉन्स्टेंटिनोपल का उर्दू शब्द—इस्तांबुल का पहले का नाम। यह शब्द और उनके बोलने का तरीका आज भी कान में गूंजता है। इसकी वजह से मेरे मन में कुस्तुनतुनिया शहर में जाने की इच्छा उत्पन्न हो गई थी। आख़िरकार, 2007 में मेरी क़िस्मत चमकी और मुझे अपनी उत्सुकता का शमन करने का अवसर प्राप्त हुआ, जब मैं अपनी बेटी हुमा के बुलावे पर तुर्की गई, यह एक ऐसा सफर था जिसका मैंने बहुत आनंद उठाया।

क्योंकि हमारा स्कूल मूलरूप से एक आवासीय स्कूल था, पाठ्यक्रम के अतिरिक्त सभी गतिविधियाँ स्कूल के बाद ही होती थीं, इसीलिए हम दिन में जाने वाले छात्र उनमें भाग नहीं ले पाते थे। क्योंकि मैं स्कूल के बहुत पास में ही रहती थी, मैं अक्सर अपने माता-पिता को मनाती थी कि वे मुझे शाम को या फिर स्कूल के बाद वहां जाकर कुछ गतिविधियों में भाग

[2] शिक्षिका महोदया।

लेने की अनुमति दें। खेलों में मैं कभी भी अच्छी नहीं थी लेकिन मजाज़ चाचा की वजह से मैं उर्दू शायरी के अच्छे संपर्क में थी। मैंने अपने महाविद्यालय में एक साहित्यिक समाज बनाने की पहल की और इसके सचिव के रूप में अपनी सेवाएँ दीं। कुछ व्याख्यानों का आयोजन करने और साहित्यिक विषयों पर चर्चा करने के अलावा, *बैतबाज़ी*[3] या *अंताक्षरी* इसकी मुख्य गतिविधि हुआ करती थी। आजकल की *अंताक्षरी* के विपरीत, *बैतबाज़ी* के सत्रों में, फिल्मों के गानों की अनुमति नहीं थी; हम केवल उर्दू शायरी के छंद पढ़ते थे। तब मेरी याददाश्त बहुत अच्छी थी और मैंने मशहूर उर्दू शायर जैसे ग़ालिब, इक़बाल, और फैज़ की; और साथ ही मेरे चाचा मजाज़ की शायरी भी कंठस्थ कर ली थी, जो मैं बड़े गर्व से सुनाया करती थी। मैं आमतौर पर उन *बैतबाज़ी* की प्रतियोगिताओं को जीत जाया करती थी और मेरे प्रतिद्वंदी मुझे डरावना समझते थे। मैं शिक्षिकाओं की भी प्रिय थी क्योंकि मैं अक्सर परीक्षाओं में प्रथम आती थी और मैं अच्छा करने के लिए बहुत ज़्यादा प्रोत्साहित थी क्योंकि मुझे डर था कि कहीं मुझे स्कूल से निकाल न लिया जाए। हालांकि मैं उर्दू में बहुत अच्छी थी, मेरा अंग्रेज़ी का ज्ञान बहुत ही प्राथमिक था। मैं अंग्रेज़ी सीखने के लिए बहुत ही उत्सुक थी। जो अंग्रेज़ी हमें स्कूल में पढ़ाई जाती थी, वह इतनी पर्याप्त नहीं थी कि हम अंग्रेज़ी में बातचीत करने में समर्थ हो सकें। हमारे यहाँ कुछ लड़कियां थीं जो अंग्रेज़ी-माध्यम के कॉन्वेंट स्कूलों से आई थीं और जो अंग्रेज़ी में अच्छे से बातचीत कर सकती थीं। मुझेउनसे जलन होती थी और मेरी भी पर्याप्त अंग्रेज़ी सीखने की इच्छा होती थी ताकि मैं उनकी तरह बात कर सकूँ।

प्रारंभिक किशोरावस्था

अन्य किशोरियों की तरह, मैं भी अपने अंदर होनेवाले शारीरिक बदलावों से बिल्कुल अनभिज्ञ थी। किसी भी महिला या पुरुष के शारीरिक अंगों का या उनके कार्यों का किसी भी प्रकार का उल्लेख, घर और स्कूल दोनों ही जगह निषिद्ध था। अखबार और पत्रिकाएँ भी यौन-संबंधों को इतना खुले तौर पर नहीं दिखाया करते थे, जितने कि आज दिखाते हैं। यौन-संबंधों को तो भूल ही जाएँ, मेरी पहुँच तो मासिक धर्म से संबंधित किसी भी बात तक भी नहीं थी। क्योंकि मैं परिवार में सबसे बड़ी लड़की थी और मेरी माँ को इतनी कम बार आता था और वे इस बारे में इतनी चौकस थीं, कि मुझे कुछ भी पता नहीं था कि मासिक धर्म कब और कैसे होता है। मुझे यह भी पता नहीं था कि एक महिला गर्भधारण कैसे करती है न ही यह कि गर्भवती होने का पता कैसे चलता है। मेरे मन में सैंकड़ों प्रश्न उठते थे लेकिन उनके उत्तर देनेवाला कोई नहीं था। एक बार मैंने अपनी कक्षा की बड़ी लड़कियों से भी पूछने की कोशिश की थी। कुछ लड़कियों ने स्कूल में देर से आना शुरू किया था, इसीलिए मेरी कुछ सहपाठिनें मुझसे बड़ी थीं। मेरे सवालों के जवाब देने की बजाय, वे शर्माती थीं और मुझे चुप रहने को कहती थीं, और कहती थीं कि

[3] एक मौखिक खेल और उर्दू शायरी की एक शैली, जिसे उर्दू शायरियों के छंदों की रचना के द्वारा खेला जाता है।

मेरा दिमाग "गंदा" है। मुझे लगता है कि शायद वे खुद ही नहीं जानती थीं कि मेरे सवालों का क्या जवाब दिया जाए।

स्कूल में, सप्ताह में दो बार, क़ुरान पढ़ने की कक्षाएं ली जाती थीं। मैंने गौर किया कि कई बार, कुछ बड़ी लडकियां शर्माते हुए क़ुरान की शिक्षिका को बताती थीं कि वे उस दिन क़ुरान नहीं पढ़ सकतीं। शिक्षिका फिर उन पर दबाव नहीं डालती थीं। मासिक धर्म के दौरान, महिलाओं को "अशुद्ध" माना जाता है और इसीलिए उन्हें पवित्र ग्रंथ को हाथ भी नहीं लगाना चाहिए। मुझे लगता है, वे लड़कियां मासिक धर्म आने की दृष्टि से बड़ी लगती थीं, इसीलिए शिक्षिका उन कुछ दिनों में क़ुरान नहीं पढ़ने के उनके कारण को समझ जाती थीं। मैं इस बारे में अनभिज्ञ थी और मुझे क़ुरान पढ़ना पसंद नहीं था क्योंकि वह अरबी भाषा में थी, जो मुझे समझ में नहीं आती थी। इसीलिए एक दिन, मैंने भी शिक्षिका को कहा कि मैं क़ुरान नहीं पढ़ना चाहती हूँ। तथापि, उन्होंने मुझे डांटा और कठोरतापूर्वक मुझे क़ुरान लाने और उसे पढ़ने का आदेश दिया। कुछ समय तक, मुझे यह भेदभाव समझ में नहीं आया।

सौभाग्यवश, जब यौन-संबंधों और लैंगिकता के प्रति मेरी उत्सुकता बढ़ती जा रही थी, तब मेरे चचेरे भाई का विवाह एक ऐसी लड़की से हुआ जो उम्र में मुझसे थोड़ी सी ही बड़ी थी। प्रत्यक्ष रूप से, वह भी पुरुषों और महिलाओं के बीच के शारीरिक संबंधों के बारे में अनभिज्ञ थी और अपने पति की यौन-संबंधों की मांगों का विरोध करती थी। इसीलिए मेरा भाई उर्दू में लिखी दो नियमावली लाया जिनके शीर्षक *हिदायत नामा खाविंद* (पति के लिए निर्देश) और *हिदायत नामा ज़ौजा* (पत्नी के लिए निर्देश) थे और अपनी पत्नी को पढ़ने के लिए दिए ताकि वह उसकी इच्छाओं को समझ सके। मज़े की बात यह है कि उस पुस्तक में भी केवल लिंग-संबंधी कर्तव्य जैसे अच्छे से तैयार होना, पति को आकर्षित करने के लिए इत्र लगाना, और सास-ससुर की सेवा करना आदि के बारे में ही बता रखा था। वह केवल इसी बात पर केंद्रित थी कि उसे किस प्रकार पति और सास-ससुर के प्रति आज्ञाकारी रहना चाहिए, और पति को मोहित करने के लिए अच्छे से तैयार होना चाहिए, इत्र लगाना चाहिए, और खुद को फूलों से सजाना चाहिए। लेकिन पति के लिए लिखी हुई पुस्तक में यौन-संबंधों के बारे में सारी जानकारी थी, जिसमें पुरुष और महिला शरीर-विज्ञान और यौन-संबंधों का परिपूर्ण तरीके से आनंद कैसे उठाया जाए आदि बातों का वर्णन किया गया था। मैंने स्वाभाविक रूप से पुरुषों की नियमावली को कब्ज़े में किया और चुपके से उसे पढ़ डाला।

एक मध्यमवर्गीय मुस्लिम लड़की होने के कारण, मुझे अतिमहत्वाकांक्षी और लगभग पागल माना जाता था क्योंकि मेरे सपने बहुत ऊंचे थे जैसे विदेश में जाकर पढ़ना; साथ ही मुझे उन शिक्षकों के प्रति विशेष आकर्षण था जो पुस्तकें भी लिखते थे क्योंकि भारत के मेरे किसी भी शिक्षक ने पुस्तकें नहीं लिखी थीं। उस समय मेरे सपने कुछ इस प्रकार के थे, जबकि हर शैक्षणिक सत्र की समाप्ति के बाद, मेरा स्कूल लौटना भी संदेहास्पद था। मेरे लिए, पुस्तकें लिखना अंतिम शैक्षणिक उपलब्धि थी। मेरी महत्वाकांक्षाएँ यहीं समाप्त नहीं होती थीं; मैं गाड़ी चलाना सीखना चाहती थी। इसे भी पागलपन ही माना जाता था क्योंकि मेरे किसी भी रिश्तेदार के पास मोटरगाड़ी (कार) नहीं थी। मैं तैरना भी चाहती थी। जबकि मैं किसी भी ऐसी महिला को

नहीं जानती थी जो तैरना जानती हो, मैंने सुना था कि लखनऊ के आईटी कॉलेज में तरणताल है। इसी कारणवश, मैंने उच्च माध्यमिक स्कूल उत्तीर्ण करने के बाद वहां दाखिला लेने के लिए आवेदन किया था लेकिन मुझे वहां पढ़ने की अनुमति नहीं मिली। उस महाविद्यालय को हमारे जैसे "इज़्ज़तदार" परिवारों की लड़कियों के लिहाज़ से बहुत ही आधुनिक और पश्चिमीकृत माना जाता था। मेरी छोटी बहनें भाग्यशाली थीं कि उन्हें आईटी कॉलेज में पढ़ने का मौका मिला क्योंकि मेरे बुर्क़ा त्याग देने के बाद, मेरी बहनों को भी उसका बोझ नहीं उठाना पड़ा।

बहुत साल बाद, ऐसा हुआ कि मेरे माता-पिता मेरी बहन सेहबा के साथ रहने के लिए कनाडा गए। ओटावा के उसके घर में तरणताल था और सेहबा ने आईटी कॉलेज में तैरना सीख लिया था। जब मेरे माता-पिता वहां थे, तब मैं भी सेहबा के यहाँ गई। एक दिन, अब्बूजान और मैं तरणताल के किनारे पर बैठकर सेहबा को तैरते हुए देख रहे थे। अब्बूजान ने मुझसे पूछा मैं क्यों नहीं तैरती। मैंने उन्हें याद दिलाया कि मैं तैर नहीं सकती क्योंकि उन्होंने मुझे उस आईटी कॉलेज में दाखिला लेने की अनुमति नहीं दी थी जहाँ सेहबा ने तैरना सीखा। मैं देख सकती थी कि उन्हें इस बात का बुरा लग रहा था कि उन्होंने मेरे लिए उन अवसरों को नकार दिया था जो आगे जाकर उन्होंने मेरी छोटी बहनों को उपलब्ध कराए। उन्होंने सेहबा से मेरे लिए एक तैराकी की पोशाक लाने और मुझे तैराकी सिखाने के लिए कहा। क्योंकि मैं ओटावा में बहुत कम समय के लिए थी, मैं वहां सेहबा से तैराकी नहीं सीख पाई।

हालांकि मेरी बड़ी महत्वाकांक्षाओं की हंसी उड़ाई गई, लेकिन मैंने आख़िरकार उनमें से अधिकांश को हासिल कर लिया, जिनमें बाद में जाकर तैरने में समर्थ होना शामिल था। जब मैं अपनी किशोरावस्था के आखिरी वर्षों में अपने पहले पति के साथ इंग्लैंड गई तब मैंने अंग्रेज़ी बोलना सीख लिया (मैं एक किशोर दुल्हन थी)। मैं गाड़ी चलाना और तैरना भी सीखना चाहती थी, लेकिन मेरे स्तर और परिस्थितियों के चलते यह इच्छाएँ अप्राप्य थीं। मैंने 42 साल की उम्र में गाड़ी चलाना और 51 साल की उम्र में तैरना सीखा। मेरे दूसरे पति, इदराक और मैं दिल्ली के जिस घर (फ्लैट) में रहते थे, उसके सामने ही एक पांचसितारा होटल था जिसमें एक तरणताल भी था। मैं अपने शयनकक्ष की खिड़की से उस तरणताल को देख सकती थी और इसने मेरी तैरने की इच्छा को और भी बढ़ा दिया। इदराक एक प्रवीण तैराक था; उसने देश-विदेश में असंख्य तैराकी प्रतियोगिताएँ जीती थीं। मैंने उससे मुझे और हमारी किशोर बेटियों, किरण और निखत को तैराकी सिखाने की विनती की। थोड़े शुरुआती विरोध के बाद, इदराक हम तीनों को तैराकी सिखाने के लिए तैयार हो गए। तरणताल के प्रबंधक को और अन्य युवा तैराकों को, एक 50 वर्ष की महिला को तैराकी सीखते हुए देखने में बड़ा मज़ा आ रहा था। अगर कभी इदराक मेरे साथ तरणताल पर नहीं आ पाता था, तो उनमें से एक युवा तैराक "आंटी" की मदद की पेशकश रखता था। मेरी तैराकी को जाकिर बाग में बहुत "साहसी" माना जाता था क्योकि यह मुख्य रूप से एक मध्यमवर्गीय मुस्लिम इलाका माना जाता था और जहाँ कोई भी महिला तैरती नहीं थी', और मेरी तरह तैराकी की पोशाक में तो बिल्कुल भी नहीं।

गाड़ी चलाने की मेरी महत्वाकांक्षा तब पूरी हुई जब इदराक और मैंने अपनी पहली गाड़ी (कार) खरीदी। मैंने उनसे गाड़ी चलाना सिखाने की विनती की। उन दिनों बहुत ही कम महिलाएं

गाड़ी चलाया करती थीं। उन्होंने यह कहते हुए मना किया कि गाड़ी चलाने के लिए बहुत सजगता की आवश्यकता पड़ती है और मेरी उम्र सीखने के लिहाज़ से बहुत ज़्यादा है क्योंकि उम्र के साथ-साथ, सजगता कम हो जाती है। और साथ ही वही हमेशा का राग, "मैं अपनी गाड़ी और बीवी एक साथ नहीं खोना चाहता हूँ।" मैं जानती थी कि यह उनकी अल्पतावाद का केवल एक बहाना था। तथापि, जब मेरी सबसे बड़ी बेटी हुमा 18 साल की हुई, तो उसने इदराक से उसे गाड़ी चलाना सिखाने के लिए कहा और उनके अच्छी सजगता के तर्क को अपने समर्थन में इस्तेमाल किया। जैसे-तैसे, उन्होंने हुमा को सिखाने के लिए अपने कार्यालय के चालक की नियुक्ति कर दी। एक युवा लड़की को चालक के साथ अकेले नहीं छोड़ा जा सकता था, इसीलिए मैं उसके साथ बैठा करती थी और इस प्रकार से मैं, अपने पति की जानकारी के बगैर गाड़ी चलाना सीख गई। एक दिन, चालक ने मुझसे कहा, "मैडम, आज आप गाड़ी चलाकर साहब को कार्यालय तक ले जाईए" और मुझे चालक की जगह पर बैठने के लिए कहा। जब इदराक गाड़ी में बैठे और मुझे वहां बैठा हुआ पाया, तो उन्हें बहुत आश्चर्य हुआ। चालक ने उनसे कहा, "साहब, मेमसाहब अब बहुत अच्छी गाड़ी चलाती हैं क्योंकि आपकी इजाज़त के बगैर, हुमा बेबी के साथ-साथ मैंने उन्हें भी गाड़ी चलाना सिखा दिया है। साहब, आपको मुझे इस बात के लिए माफ़ करना ही होगा। मैं उनके साथ आगे बैठता हूँ; आप पीछे बैठ सकते हैं। फिर आपको पता चलेगा कि वे कितनी अच्छी गाड़ी चलाती हैं और यह कि वे गाड़ी चलाने की परीक्षा देने के लिए तैयार हैं।"

इदराक मुश्किल में फंस गए क्योंकि वे अपनी पत्नी की क्षमताओं के विरोध में अपने चालक के साथ बहस नहीं कर सकते थे। जब उन्होंने मुझे भारी यातायात के समय में भी अच्छे से गाड़ी चलाते हुए और उन्हें सुरक्षित रूप से उनके कार्यालय में पहुंचाते हुए देखा, तो उन्होंने बड़े अनुग्रह के साथ मुझे गाड़ी चलाने की परीक्षा देने की अनुमति दे दी। बाद में, मैंने ही अपनी अन्य बेटियों को गाड़ी चलाना सिखाया था।

मेरे लेखन को प्रकाशित करने की मेरी महत्वाकांक्षा को मैंने 27 साल की उम्र में तब हासिल किया जब मेरा पहला लेख, "कास्ट सिस्टम अमंग इंडियन मुस्लिम्स" (भारतीय मुस्लिमों में जाति व्यवस्था), 1962 में *इकोनॉमिक एंड पॉलिटिकल वीकली* में प्रकाशित हुआ। लेकिन मुझे अपनी पुस्तक, *विमेंस कॉन्ट्रिब्यूशन टू हाउसहोल्ड बजट: अ केस स्टडी ऑफ़ वीमेन इन बीड़ी इंडस्ट्री* के प्रकाशन के लिए और 18 साल इंतज़ार करना पड़ा, इस पुस्तक का प्रकाशन 1980 में जिनेवा में अंतर्राष्ट्रीय श्रमिक संगठन द्वारा किया गया था।

5

स्वतंत्रता आंदोलन से जान-पहचान

दर-उस-सिराज

दर-उस-सिराज—लखनऊ स्थित मेरे दादा सिराज का घर—राजनैतिक और साहित्यिक गतिविधियों का घर हुआ करता था क्योंकि मेरे चाचा, अंसार हरवानी, स्वतंत्रता आंदोलन में पूर्णतः लिप्त थे और मेरे चाचा मजाज़ प्रगतिशील लेखकों के आंदोलन (प्रोग्रेसिव राइटर्स आंदोलन) के एक भाग थे। 1930 के उत्तरार्ध और 1940 के पूर्वार्ध में, भारत में राजनैतिक गतिविधियाँ अपने शीर्ष पर थीं। राजनेता हमेशा आते-जाते रहते थे और मैं घर के अन्दर से बांस से परदे के पीछे से, उनको झांककर देखती थी और उनकी बातें सुना करती थी, हालांकि मुझे उस उन्माद का राजनैतिक कारण ठीक से समझ में नहीं आता था। मुझे केवल इतना ही पता था कि इसका संबंध "*गोरों*"[1] से और आज़ादी प्राप्त करने से है।

स्वतंत्रता आंदोलन में अंसार चाचा के शामिल होने से मेरे परिवार में इतनी ज़्यादा राजनैतिक चेतना आ गई थी कि मेरी *बाजी* और *दादी*, अशिक्षित होने के बावजूद, रोज़ाना की राजनैतिक गतिविधियों में शामिल होती थीं। वे एक अलग मुस्लिम राज्य के विचार की सख्त विरोधी थीं और उन्हें जिन्ना और उनकी पश्चिमी जीवनशैली पसंद नहीं थी। मुझे याद है *बाजी* ख़िलाफ़त आंदोलन से जुड़े हुए गाने गाती थीं: "*बोली अम्मा लियाकत अली की, जान बेटा ख़िलाफ़त पे देना*" (लियाक़त अली की माँ ने उससे कहा,"मेरे बेटे, अपनी जान की बलि ख़िलाफ़त आंदोलन पर ही देना")। यह दोनों बुज़ुर्ग महिलाएं नेहरू और गाँधी की प्रशंसा करती थीं और जिन्ना को पसंद नहीं करती थीं जो उनके देश का विभाजन करना चाहते थे। वे अलग मुस्लिम राज्य के विचार के सख्त विरोध में थीं। मुझे याद है कि दादी हमेशा एक घटना दोहराती थी जो शायद उन्होंने किसी और से सुनी थी कि एक बार एक पत्रकार गाँधी और जिन्ना का साक्षात्कार लेने गया। जब वह जिन्ना से मिला, तो जिन्ना अपनी शाम की शराब (व्हिस्की) का आनंद

[1] अंग्रेज़ लोग।

उठा रहे थे। जब वह पत्रकार गाँधी के पास पहुंचा, गाँधी अपने चरखे पर सूत कात रहे थे। वे कहती थीं,"देखो! वह मुस्लिम नेता एक शराबी है और वह हिंदू नेता एक निष्ठावान अमत्त और खादीवाला है।" मेरी एक अशिक्षित बुआ, खदीजा *फूफी* और उनका परिवार, केवल घर में कती हुई खादी ही पहनता था। जब उनके इकलौते बेटे का विवाह हुआ, तो उन्होंने अपनी बहू के विवाह के जोड़े के लिए सूत कातकर खादी तैयार की। कुछ इस प्रकार की राजनैतिक भागीदारी थी रुदौली और उस क्षेत्र की अशिक्षित और निरक्षर मुस्लिम महिलाओं की। इसे भाग्य की विडंबना ही कहा जा सकता है कि खदीजा *फूफी* को आज़ादी के बाद पाकिस्तान जाना पड़ा, क्योंकि उनके इकलौते बेटे ने वहां जाकर बसने का निर्णय लिया। हमें बताया गया कि वह पाकिस्तान में बिल्कुल भी खुश नहीं थी और वहां एक दुखी जीवन बिताने के कुछ सालों बाद ही वे गुज़र गयीं।

आज़ादी से ठीक पहले राजनैतिक गतिविधियों से रूबरू होने के बाद, मुझे स्वतंत्रता आंदोलन के समर्थन में चलाए जा रहे साहित्यिक आंदोलन के बारे में भी पता चला। प्रगतिशील लेखक संघ में जाने-माने कवि और लेखक जैसे सज्जाद ज़हीर, अली सरदार जाफ़री, कृष्ण चंदर, मेरे चाचा मजाज़, और अन्य बहुत से लोग शामिल थे। हालांकि मैं उन सब से बातचीत करने के लिहाज़ से बहुत छोटी थी। संघ *नया अदब*[2] नामक एक पत्रिका चलाता था। मजाज़ चाचा उसके संपादकीय मंडल में थे और *नया अदब* की प्रतियाँ दर-उस-सिराज में भेजी जाती थीं। मैं उनसे चिपक जाती थी और उसमें छपी हुई कवितायें और लेख पढ़ा करती थी। मैं उस समय केवल 10 या 11 साल की थी और उसमें बहुत कुछ ऐसा था जो मुझे समझ में नहीं आता था जैसे कि शब्दों के अर्थ और यहाँ तक कि विचार भी, लेकिन मैं फिर भी उन्हें पढ़ती थी और फिर मेरी बुआओं से उन्हें समझाने के लिए कहती थी। दर-उस-सिराज का राजनैतिक और शैक्षिक रूप से समृद्ध वातावरण मुझे इतना आकर्षित करता था कि स्कूल से लौटने के तुरंत बाद मैं वहां चली जाती थी। मेरी माँ इस बात पर मुझसे नाराज़ हो जाती थी क्योंकि घर पर रहने और घर के कामों में उनकी मदद करने की बजाय, मैं दर-उस-सिराज में भाग जाती थी। क्योंकि मैं दर-उस-सिराज में सबसे छोटी और सीखने के लिए बहुत उत्सुक थी, मेरे चाचा और बुआएं मुझमें बहुत दिलचस्पी लेते थे और मेरी उत्सुकता को प्रोत्साहन देते थे। मेरे माता-पिता को हमेशा यह महसूस होता था कि मेरी महत्वाकांक्षाएँ बहुत बड़ी हैं। उन्हें यह भी डर था कि मैं उनकी पसंद के जीवनसाथी के लिए मना कर दूंगी और वकीलन बुआ की तरह परिवार का नाम ख़राब करूंगी। हालांकि यह तय था कि मुझे उच्च माध्यमिक (हाई स्कूल) स्तर तक पढ़ने दिया जाएगा जो कि लड़कियों की शिक्षा के लिए एक सम्माननीय स्तरमाना जाता था। अच्छी शक्ल-सूरत और उच्च माध्यमिक स्कूल की पदवी के साथ, मेरे लिए एक अच्छा शिक्षित युवक ढूँढा जा सकता था। हालांकि मेरी बुआओं, साफिया और हमीदा, मेरे पिताजी को समझाने में कामयाब हो गयीं कि मुझे अपनी शिक्षा जारी रखने की अनुमति दी जाए।

---

[2] नया साहित्य

उन दिनों हमारे घर में बिजली नहीं थी, जो कि आम बात थी, और मैं लालटेन की रोशनी में पढ़ा करती थी। इसीलिए, मेरी हमीदा बुआ मुझे अपने यहाँ बुलाती थीं और यहाँ तक कि रात में बिजली की रोशनी में पढ़ने के लिए अपना कमरा भी दे देती थीं क्योंकि उनके यहाँ बिजली थी। अपने बुद्धिजीवी विकास के लिए मैं अपनी दोनों बुआओं की बहुत आभारी हूँ। गर्मियों की लंबी छुट्टियों के दौरान, मैं दर-उस-सिराज में रहने चली जाती थी। साफिया बुआ, जो गर्मियों की छुट्टियों के दौरान अलीगढ़ से लखनऊ आयीं हुई होती थी, मुझे अंग्रेज़ी पढ़ाती थीं और हमीदा बुआ मुझे गणित पढ़ाती थीं। सुबह नाश्ते के बाद मुझे अंग्रेज़ी का सबक दिया जाता था और मध्याह्न के विश्राम के बाद दोपहर को गणित का सबक दिया जाता था। मुझे गणित करना बहुत अच्छा लगता था और मैं विश्राम के दौरान सोती नहीं थी, बल्कि सबके जागने की राह देखती रहती थी कि कब सब उठें और मैं अपना सबक शुरू कर सकूँ। ऐसे ही एक दिन, मुझसे ज़्यादा इंतज़ार नहीं हुआ और मैंने एक मज़ाक करने की सोची। मैंने सभी घड़ियाँ आगे कर दीं और सभी को उठा दिया। सबको आश्चर्य हुआ कि वे इतनी देर तक सोते रहे और फिर भी उन्हें नींद आ रही है। उन्होंने यह भी देखा कि सूरज अभी भी चढ़ा हुआ है लेकिन मैंने उन्हें विश्वास दिलाया कि अभी साढ़े चार बजे हैं जो कि रोज़ का उठने का और शरबत पीने का समय है। गर्मियों में, चाय की बजाय, हम शरबत पीते थे। मैंने उन्हें ढिठाई से समय देखने के लिए भी कहा। और सभी घड़ियाँ एक जैसा ही समय बता रही थीं। तो हर कोई उठ गया और नौकर को भी देर तक सोने के लिए डांट पड़ी और उसे शरबत लाने का आदेश दिया गया, जबकि मैं अपने गणित के सबक के लिए तैयार होने लगी। उसी समय, मेरी बुआ ने बैठक के मेंटलपीस के पास एक लकड़ी की चौकी देखी और उस चौकी के वहां होने पर आश्चर्य व्यक्त किया। मेरे भाई, अब्बू भाई को याद आया कि उसने मुझे उसपर चढ़ते हुए और मेंटलपीस पर कुछ करते हुए देखा था। मैं, दरअसल, उसपर चढ़कर घड़ी का समय बदलने का काम कर रही थी क्योंकि मेरा उधर हाथ नहीं पहुंचता था। इस प्रकार से, मेरी शैतानी पकड़ी गई और मुझे अच्छीखासी डांट पड़ी।

मेरी बुआओं द्वारा दिए गए अतिरिक्त सबक का परिणाम यह रहा कि मैंने उच्च माध्यमिक स्कूल की परीक्षा अच्छे अंकों से उत्तीर्ण कर ली। मैंने तीन विषयों में विशेष योग्यता के साथ प्रथम श्रेणी प्राप्त की। उन दिनों की अंक प्रणाली बहुत अलग थी। 60 प्रतिशत यानि प्रथम श्रेणी और 70 प्रतिशत इतने ज़्यादा माने जाते थे कि विशेष योग्यता प्रदान की जाती थी। मुझे आश्चर्य होता है कि इन दिनों किस प्रकार से सामाजिक विज्ञान में भी 98 और 99 प्रतिशत अंक प्रदान किए जाते हैं।

मेरी महत्वाकांक्षाएँ बढीं और मैंने चुपके से इंटरमीडिएट में दाखिले के लिए आईटी महाविद्यालय में आवेदन कर दिया। करामात हुसैन मुस्लिम गर्ल्स कॉलेज की तरह ही आईटी महाविद्यालय भी मेरे घर के बहुत पास था। उन दिनों वह एशिया का महिलाओं का सर्वश्रेष्ठ महाविद्यालय माना जाता था और वहां पढ़ने के लिए न केवल पूरे भारत से बल्कि पड़ोस के देशों जैसे अफगानिस्तान और नेपाल से भी विद्यार्थी आते थे। लेकिन आईटी महाविद्यालय की दीवारें करामात हुसैन महाविद्यालय की तरह ऊँची नहीं थीं और वहां लड़कियां परदा भी नहीं करती थीं। इसीलिए, मेरे पिताजी उसे हमारे जैसे "सम्माननीय" परिवारों की लड़कियों के

लिए उपयुक्त नहीं मानते थे। हालांकि मेरी हमीदा बुआ पहले वहां पढ़ चुकी थीं, लेकिन वे बुर्क़ा पहनकर जाती थी, जिसे पहनने से मैंने मना कर दिया था। इसके अलावा, मेरे माता-पिता को इस बात का भी डर था कि अगर मैं आईटी महाविद्यालय में जाकर ऐसी लड़कियों से बातचीत करने लगूंगी जो परदा नहीं करती थीं और ईसाई अध्यापिकाओं द्वारा पढ़ाई जाने लगूंगी, तो मैं ज़्यादा "आधुनिक" बन जाउंगी। इस प्रकार अंततः, मुझे इंटरमीडिएट के लिए फिर से करामात हुसैन महाविद्यालय में भेज दिया गया जिससे मुझे बहुत ही ज़्यादा निराशा हुई।

स्वतंत्रता दिवस

मैं खुद को भाग्यशाली मानती हूँ कि मैं इतनी बड़ी थी कि राजनैतिक स्वतंत्रता का महत्त्व समझ सकूँ और 15 अगस्त, 1947, भारत की आज़ादी के दिन पर होनेवाली खुशियों में शरीक हो सकूँ। विद्यालयों में मिठाइयाँ बांटी गयीं और पूरे शहर में तिरंगा लहराया गया। लखनऊ में "वंदेमातरम्" समेत देशभक्ति के गाने बज रहे थे, इस गाने के प्रति मुस्लिमों की कोई नकारात्मक भावना नहीं थी, हालांकि इन दिनों कट्टरपंथी मुस्लिम इसके बारे में बहुत बोल रहे हैं। पूरे शहर में रोशनी की गई थी और हम सभी रोशनी देखने बाहर गए थे, केवल आपा को छोड़कर, जो उस समय गर्भवती थीं। लेकिन अफ़सोस, यह सभी खुशियाँ थोड़े ही दिन की थीं। अगले ही दिन, पंजाब के सांप्रदायिक दंगों की ख़बर और उनके पश्चिमी उत्तरप्रदेश के ज़रिए लखनऊ में फैलने की ख़बर से हमें स्कूल से जल्दी बुलवा लिया गया। हालांकि हम भाग्यशाली थे कि दंगे लखनऊ में नहीं हुए। सदियों से चली आ रही हिंदू-मुस्लिम एकता और आपसी विश्वास से शहर में शांति बरक़रार रही।

रुदौली के मुस्लिमों पर विभाजन का प्रभाव

रुदौली के लोग बहुत धर्मनिरपेक्ष थे और अधिकांश ज़मींदार और तालुक़दार विभाजन के विरोध में थे। मेरे पिताजी भी इसके विरोध में थे, क्योंकि मेरे लतीफ़ नाना, स्वतंत्रता आंदोलन में सक्रिय रूप से शामिल थे। वे धर्मनिरपेक्ष मुस्लिम जो खुद को "राष्ट्रवादी मुस्लिम" बोलते थे, उन्हें मुस्लिम और भारतीय होने में कोई अंतर्विरोध नज़र नहीं आता था। लेकिन जैसे ही नरसंहार और क्रूर अत्याचार की ख़बर फैली, ख़ुशी दुःख में बदल गई और असुरक्षितता की एक तीव्र भावना ने उन मुस्लिमों को जकड़ लिया जिन्होंने अपनी जन्मभूमि भारत में रहने का निर्णय लिया था। इन क्रूर हत्याओं के कारण, अनुदारपंथी राष्ट्रवादी मुस्लिमों को भी अपनी सुरक्षा के प्रति डर लगने लगा और वे पाकिस्तान जाने की योजना बनाने लगे। वह भारतीय मुस्लिमों के लिए राजनैतिक अनिश्चितता का समय था और उन्हें अचानक ऐसा लगने लगा कि भारत के स्वतंत्रता संग्राम में पूरी तरह से भाग लेने के बाद भी उनकी ईमानदारी पर संदेह किया जा रहा है। एक आज़ाद, धर्मनिरपेक्ष और समृद्ध भारत की हमारी उम्मीदें किसी गुब्बारे की तरह फूट गयीं।

हमारे रिश्तेदार और मुस्लिम मित्र कराची और ढाका के लिए निकलने लगे। हर दिन हम सुनते थे कि हमारे कोई चाचा या भाई, बूढ़े माता-पिता और महिलाओं को स्थिर नौकरी मिलने के बाद बुलाने का वादा करके, छोड़कर पाकिस्तान चले गए हैं। मुस्लिम युवा भारत में असुरक्षित महसूस करते थे, उन्हें डर था कि उनके साथ नौकरियों में भेदभाव होगा और वे पकिस्तान को "अवसरों की भूमि" के रूप में देखने लगे थे। लेकिन वहां जाने के बाद उन्हें पता चला कि ऐसा कुछ नहीं था। वहां उनका स्वागत नहीं किया गया और पंजाबियों और सिंधियों की शत्रुता का भी सामना करना पड़ा जो उन्हें "बाहरी लोगों" की तरह देखते थे। यह अप्रवासी मुस्लिम अपने मूल देश में अल्पसंख्यक बन गए थे; अब वे अपने द्वारा अपनाए हुए देश में *मुहाजिर*[3] बन गए थे। धर्म—भारत में छंटनी करने का आधार—ने उम्मीदानुसार पाकिस्तान में एकीकरण बल के रूप में कार्य नहीं किया; भाषा और संस्कृति धर्म से ज़्यादा मज़बूत बंधनकारी ताकतें साबित हुईं।

बुज़ुर्ग लोगों ने अपने बच्चों के दबाव के चलते भारी मन से भारत छोड़ा। बहुत से लोग पान की भारतीय किस्मों को याद करते थे और पंजाबियों और सिंधियों द्वारा उर्दू शब्दों का ग़लत उच्चारण उनके कानों में चुभता था। उत्तरप्रदेश के लोगों को अवध संस्कृति के परिष्करण और नज़ाकत की तुलना में पंजाबियों की शोर भरी, उल्लास भरी संस्कृति "अश्लील" लगती थी। प्रवासन के दूसरे सत्र में, पहले प्रवासित हुए अपने रिश्तेदारों के हालातों को देखते हुए, बहुत से भारतीय मुस्लिमों ने भारत में ही रहने का निर्णय लिया, उन्हें डर था कि वे पाकिस्तान में सांस्कृतिक रूप से अनुपयुक्त साबित होंगे। अविभाजित भारत में जन्मे और पले-बढ़े मुस्लिमों के लिए रातोंरात अपनी निष्ठा बदलना और अपने अभिमान के प्रतीकों जैसे मुस्लिम वास्तुकला, ताजमहल, कुतुबमीनार, लालकिला और अपने पूजनीय संतों की समाधियों को भूलना आसान नहीं था। उन्हें मुशायरों[4] के सत्र, और उस्ताद अल्लाउद्दीन ख़ान, पंडित रविशंकर, और विलायत ख़ान, और भारत के अन्य जानेमाने संगीतज्ञों का शास्त्रीय संगीत याद आता था। उन्हें ठेठ उत्तर भारतीय मुगलई खाना जैसे दिल्ली में जामा मस्जिद की *निहारी*[5], लखनऊ में टुंडा के *सीख कबाब*[6], हैदराबादी बिरयानी, आदि की बहुत याद आती थी। उन्हें अपने पूर्वजों की कब्रों पर जाना और भारत में मुस्लिम उपस्थिति को दर्शाती हुई कई सौ साल पहले की पुरानी हवेलियाँ याद आती थीं। उन्हें आमों की विविध किस्में जैसे बनारस का लंगड़ा, लखनऊ का समर बशिष्ट और दशहरी और मलीहाबाद का सफ़ेदा आदि भी बहुत याद आते थे। पंजाबी और सिन्धी उत्तरप्रदेश की संस्कृति की सूक्ष्म बारीकियों से उतने ही अपरिचित थे जितने कि उत्तरप्रदेश के मुस्लिम उनकी संस्कृति से थे। इसीलिए, बहुत से भारतीय मुस्लिमों ने तमाम मुश्किलों के बावजूद यहीं रहने का निर्णय लिया, यह मुश्किलें केवल पाकिस्तान चले गए अपने प्रियजनों से बिछड़ने की ही नहीं थीं, बल्कि वित्तीय मुश्किलें भी थीं क्योंकि पाकिस्तान

[3] बाहरी लोग।

[4] श्रोताओं के सामने उर्दू शायरी पढ़ना।

[5] दक्षिण एशियाई करी जिसमें अस्थि-मज्जा के साथ गोमांस या भेड़ के बच्चे को धीमी आंच पर पकाया जाता था।

[6] भारतीय खाना जिसमें कीमा और मसालों के मिश्रण को सींक पर लपेटकर तंदूर में भूना जाता था।

चले गए लोगों की चल-अचल संपत्ति या तो सरकार ले लेती थी या फिर पकिस्तान से आए हुए अप्रवासियों को दे देती थी।

इस दुर्भाग्यपूर्ण परिस्थिति के युवतियों और लड़कियों पर कुछ अप्रत्याशित परिणाम हुए। युवक अच्छी नौकरी की तलाश में पाकिस्तान चले गए जबकि लड़कियां अपनी पैतृक संपत्ति की देखभाल करती हुई माता-पिता के साथ पीछे रह गयीं। इस वजह से भारत में मुस्लिम लड़कियों के लिए विवाह-योग्य युवकों की कमी पैदा हो गई। कुछ समय के लिए, पाकिस्तान के भारतीय मूल के लड़के, भारत से दुल्हनें ले गए लेकिन जैसे-जैसे दोनों देशों के बीच राजनैतिक तनाव बढ़े और वीज़ा के प्रतिबन्ध कठोर होते गए, दुल्हन की खोज में भारत आने वाले लड़कों का प्रवाह कम हो गया। परिणामस्वरूप, बहुत सी मुस्लिम लड़कियां अविवाहित ही रहीं। भारतीय मुस्लिमों में लड़कियों का अविवाहित रहना मालूम ही नहीं था; चचेरे-ममेरे भाई-बहनों के बीच होनेवाले विवाह की प्रथा के कारण लड़कियां परिवार के भीतर ही जज़्ब हो जाती थीं। मेरे रिश्तेदारों में भी, मेरी उम्र की बहुत सी लड़कियां, अविवाहित रहीं क्योंकि अनुरूपता के स्तर विभाजन से साथ रातोंरात नहीं बदले। जाति और वर्ग के विचार को महत्वपूर्ण माना जाता रहा। एक लड़की के लिए अपनी जाति और वर्ग से नीची जाति और वर्ग में विवाह करने के बजाय अविवाहित रहना ज़्यादा अच्छा समझा जाता था। परिस्थितिवश, कुछ अविवाहित लड़कियों ने व्यक्तिगत स्तर पर उच्च माध्यमिक स्कूल उत्तीर्ण किया और रुदौली या आसपास के गाँवों में अध्यापिका की नौकरी कर ली। यह उनके लिए एक क्रांतिकारी बदलाव था। युवा लड़कियां जिन्हें *डोली* के सिवाय घर से बाहर कदम रखने की अनुमति नहीं थी, वे बुर्क़ा पहनकर पास के गाँवों में जीविकोपार्जन करने जाती थीं। भारत में बढ़ती सांप्रदायिकता के कारण, अन्य बहुत से "सुधारवादी" बदलाव हुए और कुछ माता-पिताओं ने अपनी बेटियों को बुर्क़ा त्यागने के लिए कहा क्योंकि उन्हें डर था कि कहीं कोई उन्हें मुस्लिम के रूप में पहचान न ले।

भूमि सुधार

1951 में ज़मींदारी उन्मूलन अधिनियम पारित हुआ जिसने ज़मींदार वर्ग को और ऐसे लोगों को एक और झटका दिया जो केवल भूमि से होनेवाली आय पर ही निर्भर रहते थे। अनुपस्थित ज़मींदार होने के कारण, उन्होंने भूमि सुधार क़ानून के तहत अपनी भूमि खो दी और इस क़ानून के तहत भूमि का हक़ जोतने वाले को दिया जाता था। मेरे पिताजी ऐसे ही एक अनुपस्थित ज़मींदार थे। हमारे परिवार के संसाधन कम हो गए क्योंकि न केवल किसानों से मिलने वाली *मालगुजारी* बंद हो गई बल्कि पैदावार का हिस्सा भी खो गया। मुझे याद है कि किस प्रकार हमें उनके गाँव से शुद्ध घी, गुड़, आम आदि मिला करते थे; वह सब भी बंद हो गया। अन्य ज़मींदारों और *तालुक़दारों* की तरह *अब्बूजान* को भी सरकार से कुछ नकद मुआवज़ा मिला था लेकिन वह रकम बहुत बड़ी नहीं थी। यहाँ तक कि उसका भुगतान भी किस्तों में किया गया था जिससे कोई ख़ास मदद नहीं मिली। सौभाग्यवश, मेरे पिताजी की वकालत थी, इसीलिए हम

गुज़ारा चलाने में सफल रहे। इस क़ानून ने रुदौली के उन बहुसंख्यक ज़मींदारों और *तालुक़दारों* को बुरी तरह से प्रभावित किया जिनकी आय का कोई दूसरा स्रोत नहीं था। उनमें से कुछ लोग तो दूसरी नौकरी करने के हिसाब से बहुत बुज़ुर्ग थे। यहाँ तक कि जो युवा लोग थे, उन्हें भी ऐशोआराम का जीवन जीने की आदत थी और वेतनधारी नौकरियां करने जितनी योग्यता उनके पास नहीं थी। मेरे *मामू* ऐसे ही एक व्यक्ति थे। उन्होंने कभी काम नहीं किया था और एक बहुत ही ऐशोआराम का जीवन जिया था। इकलौते बेटे होने के कारण, उन्हें *नाना* की सारी ज़मीन मिली थी। भूमिसुधार के बाद मामू ने एक बहुत ही दयनीय जीवन जिया था। *नाना* की मृत्यु के बाद, रुदौली की हमारी आनंदी यात्राएं धीरे-धीरे कम और आख़िरकार बंद हो गयीं।

6

भारत से इंग्लैंड तक

जब मेरे माता-पिता की मेरे लिए एक पति खोजने की चिंता बढ़ रही थी, उसी समय एक दिलचस्प घटना घटी जिसने मेरे जीवन के प्रवाह को लगभग बदल ही दिया। मेरे उच्च माध्यमिक परीक्षा के परिणामों के तुरंत बाद, एक दोपहर, मैं *मर्दाने* में गई तो वहां *अब्बूजान* को संबोधित एक बंद लिफ़ाफा ज़मीन पर पड़ा हुआ था। डाकिए ने शायद उसे कमरे में गिरा दिया था। मुझे उसे खोलने की एक अजीब सी उत्सुकता हुई। और मैंने यही किया। वह मेरे लिए एक *तालुक़दार* परिवार से विवाह का प्रस्ताव था जिनका बेटा स्नातक करके एक सरकारी नौकरी कर रहा था जो उन दिनों बहुत ही सम्माननीय माना जाता था। मुझे आज भी वह वाक्य याद है, "हमने सुना है कि आपकी बेटी ज़रीना सुंदर, सुस्वभावी, घरेलू है और *माशाल्लाह*[1] अभी-अभी उच्च माध्यमिक स्कूल उत्तीर्ण हुई है। मेरा बेटा, जो खुद एक स्नातक है, एक पढ़ी-लिखी पत्नी चाहता है। इसीलिए मैं, अपने बेटे के लिए आपकी बेटी का हाथ मांगता हूँ।" मैं सीधे रसोई में गई और उस पत्र और लिफ़ाफे को आग में झोंक दिया। मुझे आज भी समझ में नहीं आता कि उस वक्त मुझे क्या हो गया था। मेरे माता-पिता को इस बारे में कभी पता नहीं चला जब तक कि बहुत सालों बाद मैंने उन्हें इस बारे में नहीं बताया। तब मुझे पता था कि अगर मेरे माता-पिता को इस प्रस्ताव की हवा भी लग जाती, तो वे इसे झपट लेते और उसी वक्त मेरा विवाह कर देते। मेरे जीवन की दिशा ही बदल जाती।

जैसे ही मैं 18 साल की हुई और इंटरमीडिएट के अंतिम वर्ष में पहुंची, मेरे लिए उपयुक्त पति खोजने की चिंता ने मेरे माता-पिता को जकड़ लिया। मैं जानती थी कि मेरे माता-पिता के उपयुक्तता के मानक मेरे मानकों से मेल नहीं खाएंगे। पहले तो, मेरी महत्वाकांक्षा आगे पढ़ने की थी और मैं विवाह के लिए और हमेशा के लिए घरेलू बनने के लिए तैयार नहीं थी। लेकिन मेरे पास विकल्प ही क्या था? यहाँ तक कि मेरी शिक्षित, आर्थिक रूप से स्वतंत्र बुआएं भी उस समय मेरे माता-पिता का विरोध करने के लिए अनिच्छुक थीं। उस समय, जब मेरे विवाह

[1] किसी भी घटना/व्यक्ति के प्रति प्रशंसा, ख़ुशी, आनंद, शुक्रिया दर्शाने का एक अरबी वाक्यांश।

की चर्चाएँ ज़ोरों पर थीं, मेरे पिताजी का दूर के रिश्ते का एक बहुत छोटा भाई, हयात, जो कि पहले से विवाहित भी था, मुझे पसंद करने लगा। वह अपने विवाह से नाख़ुश था जो कि केवल उसकी सहूलियत के लिए था। उसने अलीगढ़ मुस्लिम विश्वविद्यालय से स्नातक किया था, और फिर मनोविज्ञान में स्नातकोत्तर करने के लिए कलकत्ता विश्वविद्यालय में चला गया। वहां पर, वह अपनी पैतृक मज़ार के एक भक्त के साथ रहते था जो कलकत्ता के सुप्रसिद्ध और उच्चशिक्षित सुहरावर्दी परिवार से ताल्लुक रखता था। हयात उच्च शिक्षण के लिए इंग्लैंड जाने के लिए बहुत उत्सुक था लेकिन उसके पास अपनी इच्छा पूरी करने के लिए आर्थिक साधन नहीं थे। कलकत्ता के उनके मेज़बान, उनकी आगे पढ़ने की इच्छा की बहुत प्रशंसा करते थे, और उन्होंने उसे प्रोत्साहन देने के लिए एक प्राचीन पांडुलिपि दी थी जिसे बेचकर वे इतना पैसा जमाकर कर लें जो लंदन में उनके शुरुआती कुछ महीनों में काम आयें। लखनऊ से ताल्लुक रखनेवाला हयात का एक मित्र, अनवर अंसारी और उसकी पत्नी गज़ाला, पहले ही लंदन जा चुके थे और बीबीसी की नई स्थापित उर्दू और हिंदी की सेवाओं को प्रसारित करके अपना जीविकोपार्जन करते थे। वर्ष 1950 की शुरुआत में लंदन में बहुत कम भारतीय थे और उनमें से भी हिंदी और उर्दू दोनों ही जानने वालों की संख्या बहुत ही कम थी। अंसारी पढ़ाई करने के साथ-साथ प्रसारण से अच्छीखासी आय अर्जित कर लेते थे। उन्होंने हयात को भी ऐसा ही करने के लिए प्रोत्साहित किया। हयात ने ऐसा ही करने का निर्णय लिया, लेकिन उसे यह महसूस नहीं हुआ कि उसकी सामंती, आलसी आदतों की वजह से, वह लंदन में एक कामकाजी विद्यार्थी के कठिन जीवन को नहीं जी पाएगा। वह पीएचडी के लिए लंदन के यूनिवर्सिटी कॉलेज में दाखिला लेने में सफल हो गया।

हयात का मेरे जीवन में प्रवेश

हयात को एक समस्या का सामना करना पड़ रहा था। उसने खुद को यह विश्वास दिला लिया था कि उसे मुझसे प्यार हो गया है और वह मुझसे दूर नहीं जा सकता है। उसे डर था कि उसकी अनुपस्थिति में मेरा विवाह कर दिया जाएगा और वह जानता था कि वह मेरे माता-पिता से मेरा हाथ नहीं मांग सकता क्योंकि वह पहले से विवाहित था। साथ ही वह मुझसे 12 साल बड़ा भी था। इसीलिए उसने मेरा विश्वास जीतने की कोशिश की। अपनी छुट्टियों के दौरान, वह हमारे घर आ जाता था। क्योंकि उसका हमसे बहुत क़रीबी संबंध था, मैं उससे *परदा* नहीं करती थी। वह मेरी छोटी बहनों के साथ मुझे कॉफ़ी पीने या सिनेमा दिखाने ले जाता था; यह मनोरंजन के ऐसे साधन थे जिनके लिए हमें आमतौर पर अनुमति नहीं मिलती थी। क्योंकि हयात काफ़ी बड़ा और विवाहित था, मेरे माता-पिता को उसकी नीयत पर शक नहीं हुआ। मुझे और मेरी बहनों को भी बाहर जाने में मज़ा आता था। छुट्टियों के बाद जब वह कलकत्ता लौटा, तो उसने मुझे प्रेमपत्र लिखने शुरू किए। जब उसके कुछ पत्रों का मैंने जवाब नहीं दिया, तो उसने मुझे एक

आवेशपूर्ण पत्र लिखा जिसमें उसने मुझसे विवाह का प्रस्ताव रखा। तब मैं सच में डर गई और मैंने जवाब में उसे लिखा कि उसे मुझे पत्र नहीं लिखने चाहिए और यह कि मैं उससे प्यार नहीं करती और उससे विवाह करने का मेरा कोई इरादा नहीं है क्योंकि वह पहले से ही विवाहित है। इसके अलावा, मैं आगे और पढ़ना चाहती थी। जैसे ही उसे मेरी अस्वीकृति प्राप्त हुई, वह लखनऊ के लिए चल पड़ा और बिना बताए हमारे घर आ पहुंचा, वह भूखा और अधमरा लग रहा था क्योंकि उसने दो दिनों से कुछ नहीं खाया था। उसने मुझे धमकी दी कि यदि मैं उसके साथ विवाह के लिए राज़ी नहीं होउंगी तो वह खुद को भूखा रखेगा। उसने मुझे विश्वास दिलाया कि मेरा कौमार्य नहीं बचा है (संभोग के मामलों में मेरी अज्ञानता इतनी ज़्यादा थी कि मुझे पता ही नहीं था कि वास्तव में कौमार्य का मतलब क्या होता है)। उसने मेरे साथ शारीरिक रूप से ज़बरदस्ती करने की भी कोशिश की और मुझे धमकाया कि वह सबको बता देगा कि मैं छिप-छिपकर उससे मिला करती थी। तब कोई भी मुझसे विवाह करना नहीं चाहेगा। मैं हयात पर विश्वास कर बैठी और सोचने लगी कि अब मैं किसी और से विवाह के योग्य नहीं रह गई हूँ। इस प्रकार से, उसने मुझे विवाह के लिए मजबूर कर दिया। मैं उस वक्त बहुत ही दर्दनाक समय से गुज़र रही थी और मानसिक रूप से बहुत परेशान थी।

हयात अगले दिन अपने गाँव चला गया और उसके माता-पिता ने विवाह का प्रस्ताव भेजा। मैं बुरी तरह से टूट गई और डर गई। बहुत दिनों तक, मैं खा या सो नहीं पाती थी और पूरे समय रोती रहती थी। मेरे माता-पिता को समझ में ही नहीं आ रहा था कि मुझे क्या हो गया है। मैं अपने दुर्दशा के बारे में किसी को नहीं बता सकती थी और सब कुछ खुद ही सहती थी। जब विवाह का प्रस्ताव आया, मेरे माता-पिता आगबबूला हो गए। उन्हें हयात के साथ रिश्ता बिल्कुल भी स्वीकार नहीं था क्योंकि वह पहले से ही विवाहित था। जब मेरे माता-पिता ने इस प्रस्ताव को ठुकरा दिया तो, उसके माता-पिता ने उत्तर दिया कि मेरे माता-पिता नहीं जानते कि उनकी बेटी एक "अनैतिक" लड़की है और उसका उनके बेटे के साथ प्रेमसंबंध है। उनकी बेटी के जाल में फंसकर, उसने पहले ही अपनी पत्नी को तलाक़ दे दिया है। मेरे माता-पिता ने मुझसे पूछा कि क्या यह सच है कि मैं उससे विवाह करना चाहती हूँ। जब मैंने हां कहा तो वे बुरी तरह से टूट गए। परिवार को और ज़्यादा बेइज्जती से बचाने के लिए उनके पास जल्द-से-जल्द मेरा विवाह करने के अलावा और कोई चारा नहीं था। मैं अपने परिवार में पूरी तरह से अकेली पड़ गई थी और मुझे अपने माता-पिता और दादी की निंदनीय, बल्कि घृणास्पद नज़रों के नीचे रहना पड़ता था। मैंने अपने घर में कितने ही दिन एक निर्वासित की तरह गुज़ारे। अपने माता-पिता और दादी को इतना परेशान देखना बहुत ही हृदयविदारक था क्योंकि वे यह समझ ही नहीं पा रहे थे कि मैं हयात से विवाह करने के लिए इतना आग्रह क्यों कर रही हूँ। लेकिन सामाजिक रूप से बेइज़्ज़त होने के डर से मुझे उससे विवाह करना पड़ा, जबकि मैं उससे प्यार नहीं करती थी। इस दुर्भाग्यपूर्ण परिस्थिति में आशा की केवल एक ही किरण थी और वह यह कि उसने उच्च्च शिक्षा के लिए इंग्लैंड में जाने का निर्णय ले लिया था और मुझे भी साथ ले जाने का वादा किया था।

विवाह

अठारह साल की उम्र में, 25 नवंबर, 1951 को अनिच्छा से मेरा विवाह हयात से कर दिया गया। किसी ने यह कल्पना भी नहीं की होगी कि उस महत्वपूर्ण दिन ने मेरी किस्मत में क्या लिख दिया है। लेकिन मेरे सभी सपनों और उम्मीदों से परे, इस दिन ने मेरे पूरे जीवन का प्रवाह ही बदलकर रख दिया। मेरे माता-पिता ने अपने सभी दायित्वों को पूरा किया और कुछ कपड़ों, जिनमें ज़्यादातर ग़रारे शामिल थे, और कुछ गहनों समेत मामूली दहेज़ दिया। हयात ने विवाह के एक दिन बाद ही इंग्लैंड की हमारी यात्रा का किराया एकत्रित करने के लिए गहने बेच दिए। उस समय, गहने खोने से मेरा दिल पूरी तरह से टूट गया क्योंकि जिस प्रकार से मेरा पालन-पोषण हुआ था, खुद को भारी कपड़ों और गहनों से सजाना, यह एक विवाहित युवती का विशेषाधिकार था। इससे भी बुरा यह था कि मेरे क्षेत्र में, अविवाहित लड़कियों को अच्छे, भारी रेशम के कपड़े और भारी गहने पहनने की अनुमति नहीं थी। मुझे अभाव की भावना महसूस हुई लेकिन इंग्लैंड जाने की और "किताबें लिखने वालों" से पढ़ने की संभावना ने इसकी क्षतिपूर्ति कर दी। मेरे परिवार और मेरे गाँव से विदेश जानेवाली मैं पहली महिला थी, और आख़िरकार, मेरे माता-पिता के लिए भी, उनकी पहली संतान द्वारा किए गए "लज्जाजनक" व्यवहार पर यह एक क्षतिपूर्ति साबित हुई। मेरे माता-पिता मेरे सीमित, घरेलू कौशलों के बारे में विशेष रूप से चिंतित थे और विवाह से पहले मुझे जल्दी-जल्दी में खाना पकाना सिखाया गया।

विवाह के ठीक एक महीने बाद, हयात और मैं रेलगाड़ी द्वारा लखनऊ से बंबई के लिए निकले, जहाँ से हमें बटोरी नामक एक पोलिश विलासी यात्री-जहाज़ पकड़ना था, जो ऑफ़-सीज़न के दौरान बंबई और लंदन के बीच चलता था। पासपोर्ट विभाग में मेरे चाचा, मजाज़ के एक अच्छे मित्र थे जिन्होंने बहुत थोड़े समय में हमें पासपोर्ट प्राप्त करने में और विदेशी मुद्रा की छोटी राशि उपलब्ध कराने में भी मदद की। विदेश जाने के मामले में मैं पूरी तरह से अज्ञानी थी। न तो मैंने कभी पासपोर्ट देखा था और न ही कभी विदेशी मुद्रा के बारे में सुना था क्योंकि मेरे रिश्तेदारों और मित्रों में से कोई भी कभी विदेश नहीं गया था। मेरा पूरा परिवार—*बाजी* के अलावा जो मुझे जाते हुए नहीं देख सकती थीं—मुझे विदा देने के लिए स्टेशन पर आया था। जैसे ही रेलगाड़ी सीटी देकर चलने लगी और मैंने खिड़की से झांककर देखा, मैंने गौर किया कि *अब्बूजान* की आँखों में आंसू थे। पहली बार, मुझे एहसास हुआ कि वे सच में मुझसे प्यार करते थे। वे हमेशा हम बेटियों से दूर रहे और मेरे विवाह के कुछ महीने पहले तो, वे बहुत नाराज़ थे और मुश्किल से ही मुझसे बातचीत करते थे। लेकिन उनकी आँखों में आंसुओं को देखकर यह सुनिश्चित हो गया कि उन्होंने मुझे माफ़ कर दिया है और वे मुझसे प्यार करते हैं, इस सुनिश्चितता ने भावनात्मक रूप से मेरी मदद की और मेरी अपराध की भावना को कम कर दिया। घर छोड़ते हुए मेरी मिली-जुली भावनाएं थीं; यह पहली बार था जब मैं अपने परिवार से अलग रहने वाली थी। विशेष रूप से *बाजी* को छोड़कर जाना बहुत ही हृदयविदारक था क्योंकि मुझे ऐसा महसूस हो रहा था कि मैं उन्हें फिर कभी नहीं देख पाऊँगी। मेरे लंदन में रहने के दौरान ही उनकी मृत्यु हो गई। मैं एक बहुत ही अनिश्चित भविष्य में कदम रख रही थी और वह भी एक ऐसे व्यक्ति के साथ जिससे मुझे कोई भावनात्मक लगाव नहीं था। अगर कुछ था तो, नाराज़गी थी क्योंकि उसने

मुझे धोखा देकर विवाह किया था। हालांकि मैंने अपने भाग्य को स्वीकार कर लिया था क्योंकि उसमें समृद्धि, आधुनिकता और छात्रवृत्ति की भूमि की तरफ़ जाने वाली आशा की किरण थी। इंग्लैंड के बारे में उन दिनों मेरी यही धारणा थी!

बंबई मेरे लिए विदेश की तरह था क्योंकि मैंने ज़्यादा यात्रा नहीं की थी। दरअसल, रुदौली और अमेठी के अलावा, जिस इकलौते शहर की मैंने यात्रा की थी वह था इलाहाबाद, जहाँ मेरी सबसे प्रिय सहेली के विवाह के शामिल होने के लिए, बहुत से रोने-धोने और मिन्नतों के बाद मुझे भेजा गया था। मैं खुद को बंबई की सड़कों पर आँखें फाड़कर घूमती हुई देख रही थी। न तो कभी मैंने इतनी मोटरकारें देखी थीं और न ही इतनी चौड़ी सड़कें। यहाँ तक कि ट्रैफिक लाइट भी बहुत नवीन थी। हमारे पास होटल में रहने के पैसे नहीं थे, इसीलिए तीन दिन तक, हम एक मित्र के चाचा के फर्नीचर के गोदाम में रहे, जो बहुत ही उदार थे और उन्होंने हमें वहां मुफ्त में रहने दिया।

इंग्लैंड के लिए प्रस्थान

आख़िरकार, दिसंबर 25, 1951 को, क्रिसमस के दिन, बटोरी बंबई के किनारे को छोड़कर मेनचेस्टर, इंग्लैंड के लिए चल पड़ी। इस प्रकार से, मेरे जीवन के पहले दौर का अंत हुआ। मेरा जीवन इतना विचित्र रहा है कि एक समय ऐसा था जब मुझे पता भी नहीं था कि 25 दिसंबर को ईसामसीह का जन्मदिन मनाया जाता है, और अब, एक ईसाई से विवाह करने के बाद, मैं पिछले 50 साल से क्रिसमस मना रही हूँ। क्योंकि हमने सबसे सस्ते टिकट ख़रीदे थे, हम सबसे निचले डेक में थे, लेकिन हमारे पास दो बर्थ का केबिन था। क्या यह किस्मत थी या फिर जहाज़ के प्रबंधन द्वारा एक नवविवाहित जोड़े को एकांत प्रदान करने के लिए जानबूझकर लिया गया निर्णय था? तथापि, हम अपना ज़्यादातर समय ऊपरवाले डेक पर बिताते थे और टिकट की कम कीमत के बावजूद, समान खाना परोसा जाता था और हम सभी सुविधाओं का आनंद उठा सकते थे। मेरे लिए तो सब कुछ नया था: समुद्र, जहाज़, हमारे साथ यात्रा करने वाले लोग, भोजन, छुरी-कांटे का इस्तेमाल, और इससे भी ज़्यादा, मद्य पेयों का खुलेआम परोसा जाना। अपनी "मर्दानगी" को साबित करने के लिए, मेरे पति ने भी एक दिन शराब पी ली। मैंने न केवल इस बात का ज़ोरदार विरोध किया, बल्कि मुझे उसके साथ केबिन में जाते हुए भी डर लगने लगा। मुझे लगा कि वह मुझे मारेगा या फिर कुछ बहुत ही असभ्य हरकत करेगा। एक मुस्लिम परिवार में पले-बढ़े होने के कारण, मुझे शराब पीना अनैतिक और पाप लगता था। हमारा मानना था कि "शराब" की एक बूँद भी व्यक्ति को शराबी बना सकती है। अपने खुद के पति को शराब पीते हुए देखना एक चौंकानेवाला अनुभव था। मेरे चाचा अंसार, जो कि एक राजनैतिक कार्यकर्ता थे, ने अपने विवाह पर बहुत से हिंदू और ईसाई मित्रों को आमंत्रित किया था, और शायद उन्हें *शराब* भी परोसी गई थी। एक दिन मैं किताबों की अलमारी देख रही थी और तभी मुझे किताबों के बीच छिपी हुई, पीले द्रव से भरी हुई एक बोतल मिली। मैं समझ नहीं पाई कि

वह क्या था और अपने बड़े भाई अब्बू भाई को बुलाकर उन्हें वह दिखाई। उन्होंने उसकी तरफ देखकर एक बेहतर जानकार तरीके से कहा, "बेवकूफ लड़की! तुम नहीं जानती हो यह क्या है! यह *शराब* है!" वह ब्लैक एंड वाइट व्हिस्की की एक आधी खाली बोतल थी। मैंने कभी *शराब* देखी नहीं थी तो मुझे क्या पता होगा कि वह कैसी है? मेरे भाई ने मुझे उसका स्वाद लेने की चुनौती दी। मैंने उसका स्वाद लेने से मना कर दिया और कहा कि उसे भी ऐसा नहीं करना चाहिए। केवल दिखावा करने के लिए, वह बोतल को अपने होंठों तक ले गया। उसी समय मेरी बुआ ने हमें पुकारा और हम भागकर स्नानघर में गए और कांपते हुए हाथों से *शराब* नाली में गिराकर बोतल खाली कर दी। यह जानकर कि अंसार चाचा एक "शराबी" हैं, उनके प्रति मेरा सम्मान थोड़ा कम हो गया। तो शराब जैसी साधारण वस्तु के प्रति मेरा अज्ञान और रवैया कुछ इस तरह का था। शराब को एक आम प्रथा के रूप में स्वीकारने में मुझे थोड़ा समय लगा और बाद में जाकर जब सब लोग दावतों में पीते रहते थे, मैं भी एक या दो घूँट ले लेती थी।

बंबई से मेनचेस्टर की यात्रा 17 दिनों की थी। मुझे बहुत ही ज़्यादा मतली होने लग गई, विशेष रूप से तब जब जहाज़ ने कुख्यात बे ऑफ़ बिस्के में प्रवेश लिया। हमारी मेज-कुर्सियां ज़मीन पर गिर गयीं। कई बार तो समुद्र इतना अशांत हो जाता था कि ऐसा महसूस होता था मानो आसमान हमारे पैरों के नीचे हो और हम हवा में तैर रहे हों। आधे से ज़्यादा यात्री बीमार थे। हयात खुशनसीब था कि उसे मतली की शिकायत नहीं हुई, लेकिन मेरे पेट में कुछ भी खाना या पेय नहीं रहता था और मैं उल्टी कर देती थी। मेरी हालत बहुत ही ज़्यादा ख़राब थी। मुझे बिना पानी मिलाए थोड़ी ब्रांडी पीने की सलाह दी गई। लेकिन मैं ऐसा कैसे कर सकती थी? मैं खुद को ईश्वर से डरनेवाली एक मुस्लिम लड़की मानती थी। तब मैं *शराब* पीने के स्तर तक नीचे कैसे गिर सकती थी? मेरा स्वास्थ्य बद से बदतर होता चला गया। जहाज़ पर सभी ने मुझे इतनी ज़िद्दी और पुराने ख्यालात की होने के लिए डांटा। आख़िरकार, मुझे कुछ घूँट लेने के लिए राज़ी किया गया और मैंने अनिच्छा से लिए भी, लेकिन तुरंत उल्टी कर दी। मेरा मानसिक विरोध इतना ज़्यादा था कि मेरा पेट भी उसे स्वीकार नहीं कर पाया। हालांकि मैं इस यात्रा के दौरान बच गई, लेकिन यह एक बहुत ही डरावना अनुभव था और इसने इंग्लैंड जाने के मेरे उत्साह को कम कर दिया। आख़िरकार, जनवरी 17, 1952 को, बटोरी मेनचेस्टर बंदरगाह पर पहुंची, और जब हमने आख़िरकार खुले में कदम रखा, तब मेरी पीड़ा का अंत हुआ। अन्य वस्तुओं के साथ, हमारे पास एक "*लोटा*" भी था। इसे सांस्कृतिक रूप से मुस्लिमों की एक विशेषता माना जाता था और आज भी माना जाता है। वे टॉयलेट पेपर की जगह, धोने के लिए *लोटे* का उपयोग करते हैं, जबकि हिंदू एक बिना टोंटीवाले मग्गे का प्रयोग करते हैं। एक मुस्लिम के लिए, *लोटा* अस्तित्व के लिए आवश्यक है। मेरे माता-पिता ने हमें एक अपने साथ ले जाने का सुझाव दिया क्योंकि अंग्रेज़ी शौचालयों में उसके मिलने की कोई संभावना नहीं थी। लेकिन वह एक उपहास की वस्तु बन गई। जब हम मेनचेस्टर में आए, तो हमें उससे छुटकारा पाने का सुझाव दिया गया, जो हमने किया ताकि हमारा और ज़्यादा उपहास न किया जाए। बड़े भारी मन के साथ, मैंने उसे समुद्र में फेंक दिया। टॉयलेट पेपर की आदत पड़ने में हमें थोड़ा समय लगा। लंदन के हमारे भारतीय मेज़बान को हमारी समस्या समझ में आ गई क्योंकि उन्हें भी इसी अनुभव से

गुज़रना पड़ा था, इसीलिए उन्होंने हमें सुझाव दिया कि हम टॉयलेट पेपर को गीला करके पोंछे ताकि पानी से धोने का भ्रम पैदा हो। हमारा एक बांग्लादेश का मुस्लिम मित्र था जिसने टॉयलेट पेपर का इस्तेमाल करने से मना कर दिया था। अगर वह सुबह "जा" नहीं पाता था तो अपनी सुबह की कक्षाएं छोड़ देता था। उसने किसी तरह एक *लोटे* की तस्करी कर ली थी। सभी तरह के उपहास और मज़ाक के बावजूद, उसने इससे अलग होने से मना कर दिया था।

सांस्कृतिक झटके

इंग्लैंड में पहली बार आने वाले अन्य भारतीयों की तरह ही मुझे मिलनेवाले सांस्कृतिक झटकों का भी कोई अंत नहीं था। कुछ लोग रह नहीं पाते थे और घर लौट जाते थे। जो मज़बूत थे, वे रह तो जाते थे लेकिन उन्हें इंग्लैंड नामक "स्वर्ग" के बारे में अपनी धारणाओं को बदलना पड़ता था। पहली बात तो, हयात और मैं, बहुत ही मूर्ख थे जो विश्वविद्यालय के सत्र के बीच में लंदन में पहुंचे और वह भी साल के सबसे ठंडे समय में, और हमें कुछ भी पता नहीं था कि उस समय वहां का मौसम कैसा होता है। साथ ही, हमने अंसारियों को हमारे आने के समय और तारीख के बारे में कुछ भी नहीं बताया और अचानक उनके यहाँ पहुँच गए। हमें किसी तरह से उस रात के लिए उनके एक-शयनकक्ष के घर में रखा गया। मुझे पहला सांस्कृतिक झटका तब मिला जब यह घोषणा की गई कि हयात और मुझे एक ही *रज़ाई* में सोना पड़ेगा, क्योंकि प्रत्येक को देने के लिए उनके पास पर्याप्त *रज़ाइयां* नहीं थी। मुझे लगा कि अनवर मियां द्वारा इस तरह का सुझाव देना निर्लज्जता थी। मैं दूसरों की उपस्थिति में अपने पति के साथ एक ही रज़ाई में कैसे सो सकती हूँ? मैं शर्म के मारे ऐंठ रही थी और सोच रही थी कि कैसे भारतीय अपनी सभ्यता भूल सकते हैं और मैं अपनी सारी लाज-शर्म छोड़कर यहाँ कैसे रहूंगी। हालांकि अगली सुबह, हमें उचित गर्म कोट खरीदने के लिए वहां के मुख्य बाज़ार, ऑक्सफ़ोर्ड स्ट्रीट ले जाया गया। मैं लंदन के लिए विशेष रूप से सिलाए गए दो लंबे कोट लेकर आई थी, लेकिन लंदन की जनवरी महीने की ठंड से मुझे बचाने के लिए वे पर्याप्त नहीं थे। यही मामला हयात के गर्म कपड़ों के साथ भी था। इसीलिए हम दोनों ने मोटे, गर्म ओवरकोट ख़रीदे। इसके बाद हमें एक ऐसी जगह ले जाया गया जहाँ दुकानों की खिड़कियों पर किराए के घरों के इश्तहार चिपके थे। मेरी मुख्य चिंता एक ऐसा घर ढूँढने की थी जिसमें दो अलग-अलग बिस्तर हों। हमें आख़िरकार एक ऐसा मिल ही गया, यह अंसारियों के रहने की जगह (अनवर अंसारी के छोटे भाई अतहर मियां भी उनके साथ ही रहते थे) से अगले रास्ते पर स्थित था। मुझे फिर से आश्चर्य और निराशा हुई जब मुझे यह पता चला कि हमें केवल एक ही कमरे में रहना है, जिसके एक कोने में खाना पकाने का चूल्हा और दूसरे कोने में चिलमची है। तीसरे कोने में एक गोल मेज़ थी, जिसका उपयोग लिखने और खाना खाने दोनों के लिए किया जा सकता था, और राहत की बात यह थी कि मेज़ के साथ ही एक बिस्तर था और दूसरा बिस्तर चौथे कोने में खिड़की के पास था। यह हमारा "घर" बननेवाला था। मुझे बताया गया कि अधिकांश विद्यार्थी ऐसे ही रहते थे, क्योंकि पूरा घर किराए पर लेना हमारे बूते से बाहर था। श्रीमती अंसारी, जिन्हें मैं

गज़ाला आपा कहती थी, मुझे एक बड़ी दुकान में रोज़मर्रा के बर्तन और किराने का सामान ख़रीदने ले गयीं। मैं उस दुकान से बहुत प्रभावित हुई क्योंकि वहां किराना-सामान से लेकर फर्नीचर और घर की चीज़ों तक ज़रूरत की हर एक वस्तु थी। आख़िरकार, वहां कुछ तो ऐसा था जो मेरे उम्मीदों के लंदन से मेल खाता था। उसी समय, मुझे यह जानकर निराशा हुई कि द्वितीय विश्वयुद्ध के परिणामों के चलते, 1952 में भी, खाने का सामान राशन में मिलता था। प्रत्येक व्यक्ति को एक सप्ताह में केवल एक ही अंडे की अनुमति थी—उसी प्रकार चीनी, खाने का तेल, आदि वस्तुएं भी बहुत कम मात्रा में मिलती थीं। अंग्रेज़ लोग ज़्यादातर उबला खाना खाते थे, लेकिन हम भारतीयों को प्याज़ तलना पसंद होता है और इसीलिए हमें अपने खाने में ज़्यादा तेल की ज़रूरत पड़ती है। मैं यह सब कैसे करूंगी; घर पर मुझे दिए गए खाना पकाने के सबक ने मुझे ऐसी मितव्ययिता के लिए तैयार नहीं किया था। तब मुझे इस बात का एहसास हुआ कि ज़िंदगी आसान नहीं होगी। और सबसे बड़ी बात तो यह थी कि हमारे वित्तीय संसाधन सीमित थे। हम लंदन केवल एक प्राचीन पांडुलिपि के साथ आए थे जो 100 पौंड में बिकी थी, जिसमें से 60 पौंड पहले ही ज़रूरी चीज़ें खरीदने और एक हफ्ते का अग्रिम किराया चुकता करने में खर्च हो चुके थे। अब, हमें कोई वेतनधारी नौकरी ढूँढने की सख्त ज़रूरत थी।

यहाँ अंसारी फिर से हमारी मदद के लिए आए, और हमें ब्रिटिश ब्रॉडकास्टिंग कॉर्पोरेशन (बीबीसी) में ऑडिशन के लिए ले गए। हयात ऑडिशन में अनुत्तीर्ण हो गया और उसे अयोग्य घोषित कर दिया गया, जबकि मैं उत्तीर्ण हो गई और मुझे तुरंत ही काम मिलना शुरू हो गया। इस प्रकार से, अपने वैवाहिक जीवन की शुरुआत में ही मैंने परिवार के लिए पैसे कमाना शुरू कर दिया, यह एक ऐसा बोझ था जो मैंने बचे हुए 12 साल तक उठाया, और इस भूमिका का हयात ने कभी कोई विरोध नहीं किया। उस समय वी.के. कृष्ण मेनन लंदन में भारतीय उच्चायुक्त थे और वे भारतीय विद्यार्थियों को वहां जाकर उच्च शिक्षा लेने के साथ-साथ उच्चायुक्त में काम करने के लिए भी प्रेरित करते थे। बीबीसी के ऑडिशन में अनुत्तीर्ण होने के बाद, हयात के पास केवल वहां काम करने का विकल्प ही खुला था। उसे वहां एक लिपिक की नौकरी मिल गई। उसके स्नातकोत्तर के आधार पर, हयात को पहले ही लंदन के यूनिवर्सिटी कॉलेज में मनोविज्ञान में पीएचडी के लिए दाखिला मिल चुका था। लेकिन मेरे उच्च माध्यमिक और इंटरमीडिएट का इंग्लैंड में कोई मूल्य नहीं था। तथापि, मुझे बीए (ऑनोर्स) पाठ्यक्रम में दाखिले के लिए योग्यता प्राप्त करने के लिए लंदन विश्वविद्यालय का शिक्षा का सामान्य प्रमाणपत्र (जनरल सर्टिफिकेट इन एजुकेशन – जीसीई) उत्तीर्ण करने की आवश्यकता थी। उसके लिए मुझे अंग्रेज़ी समेत चार विषयों में उत्तीर्ण होने की ज़रूरत थी। मुझे अंग्रेज़ी बिल्कुल भी नहीं आती थी; जीसीई की तैयारी शुरू करने से पहले मुझे उस भाषा में प्रवीणता प्राप्त करने की ज़रूरत थी। इसीलिए, मैंने एक ऐसी शिक्षण संस्था में दाखिला लिया जो विदेशियों को अंग्रेज़ी पढ़ाया करते थे। सौभाग्यवश, बीबीसी के मेरे काम के लिए लंबे घंटों तक काम करने की आवश्यकता नहीं पड़ती थी, लेकिन फिर भी मुझे घर का सारा काम करना पड़ता था, जो कि मैं एक पत्नी के रूप में अपना कर्तव्य समझकर करती थी, और हयात भी बहुत रौब जमाने वाला था। वह अंग्रेज़ी खाना नहीं खाता था और उसे रोज़ पूर्ण भारतीय भोजन ही चाहिए होता था। छह महीने

तक अंग्रेज़ी सीखने के बाद, मैंने जीसीई की परीक्षा देने का साहस किया। इसमें कोई आश्चर्य की बात नहीं है कि मैं अंग्रेज़ी में अनुत्तीर्ण हो गई, जो कि एक अनिवार्य विषय था। लंदन में मेरे रहने के दौरान, यानि कि 1952 में, विश्वविद्यालय में दाखिला लेने के लिए उच्च स्तर पर सभी चार विषयों में उत्तीर्ण होना ज़रूरी था। हालांकि इससे मैं हतोत्साहित नहीं हुई, और उत्साह से, दूसरे प्रयास की तैयारी में लग गई। सौभाग्यवश, वह परीक्षा साल में दो बार होती थी। तथापि, अगले छह महीने के अंदर, मैंने फिर से परीक्षा दी और सफलतापूर्वक उत्तीर्ण कर ली, जिससे मुझे लंदन स्कूल ऑफ़ इकोनॉमिक्स (एलएसई) में, मानवशास्त्र में बीए (ऑनर्स) के लिए दाखिला मिल गया। मुझे कुछ भी पता नहीं था कि मुझे कौन सा विषय लेना चाहिए; न ही कोई मुझे सलाह देनेवाला था। लेकिन एलएसई से स्नातक करने के विचार से ही मैं मुग्ध हो गई थी। मेरा झुकाव इतिहास की तरफ था, जो जीसीई में मेरा एक विषय भी था। लेकिन एलएसई में इतिहास नहीं पढ़ाया जाता था; इसमें केवल सामाजिक विज्ञान ही पढ़ाया जाता था। आख़िरकार, अंसारियों के साथ थोड़ी चर्चा के बाद, मैंने मानवशास्त्र पढ़ने का ही निर्णय लिया। यह चुनाव करने में दो विचारों ने मेरी मदद की। पहला, इतिहास में मेरी दिलचस्पी ने समाज (आदिवासी समाज) के बारे में पढ़ने में मेरी दिलचस्पी जगाई, जो कि मानवशास्त्र का एक हिस्सा था। दूसरा, यह एक नया विषय था जो मेरे लिए नौकरी के अवसरों का द्वार खोल सकता था। मैंने सहायक विषय के रूप में समाजशास्त्र को चुना।

लंदन स्कूल ऑफ़ इकोनॉमिक्स (एलएसई) 1953–1956

मैंने अक्टूबर 1953 में एलएसई में दाखिला लिया। इस प्रकार से,"किताबें लिखने वाले" अध्यापकों से पढ़ने का मेरा सपना साकार हुआ। एलएसई की प्रणाली के अनुसार, प्रत्येक विद्यार्थी के लिए एक शिक्षक नियुक्त किया जाता था, जो कक्षाएं लेता था। डॉ. मॉरिस फ्रीडमैन, कड़वाहट से भरे उत्प्रवासी यहूदी, को मेरे शिक्षक के रूप में नियुक्त किया गया था। उनके इर्दगिर्द अभिमानी उदासीनता की एक आभा थी। मुझे लगता है कि वह एक प्रकार की सुरक्षात्मक ढाल थी। जो भी हो, मुझे उनसे बहुत डर लगता था। उस समय, मैं ठीक से अंग्रेज़ी नहीं बोल पाती थी और जितना हो सके, उतना उनसे बातचीत करना टालती थी। उनके साथ हुई पहली कक्षा मुझे स्पष्ट रूप से याद है, जब उन्होंने हमें संक्षेप में बताया कि प्रथम वर्ष के विद्यार्थियों के रूप में हमसे क्या उम्मीदें हैं। फिर उन्होंने हमें एक विषय पर निबंध लिखने को दिया और उसे अगली कक्षा में लाने के लिए कहा। उस कक्षा में हम 10 विद्यार्थी थे, और मैं इकलौती भारतीय थी। हमारी कक्षा छूटने के बाद, कक्षा के लड़के डॉ. फ्रीडमैन के अहंकार से बहुत नाराज़ थे और गुस्से से बोलने लगे, "वह घटिया इंसान, हमें अगले तीन साल तक उसके साथ रहना पड़ेगा?" यह मेरे लिए एक दूसरा सांस्कृतिक झटका था। भारत में *गुरु-शिष्य* परंपरा की पवित्रता के साथ बड़े होने के कारण, मुझे यही सिखाया गया था कि शिक्षक चाहे कितने भी बुरे क्यों न हो, विद्यार्थियों को हमेशा उनका सम्मान करना चाहिए।

मेरे समय के दौरान, एलसीई की प्रणाली में केवल एक ही अंतिम परीक्षा हुआ करती थी जिसमें तीन वर्षों के अंत में 10 विषयों की परीक्षाएं हुआ करती थीं। केवल सहायक विषय की परीक्षा को दूसरे वर्ष के अंत में उत्तीर्ण करना पड़ता था। समाजशास्त्र के प्राध्यापक, डॉ. मैकक्रे, एक मज़ाकिया व्यक्ति थे। उनकी एक बुरी आदत यह थी कि वे कक्षा के सामने खड़े रहकर नहीं पढ़ाते थे बल्कि प्राध्यापक के मंच के किनारे पर चलकर पढ़ाते थे। साथ ही, वे हर कुछ मिनट बाद, प्राध्यापक की मेज पर रखे हुए कांच के घड़े में से थोड़ा पानी निकालकर पीते थे। पढ़ाते समय बीच में ही, उनका नाटकीय ढंग से गिलास में थोड़ा पानी लेना, और फिर उसे पीना हमें विचलित और नाराज़ करता था। इसीलिए, एक दिन हमने षड्यंत्र करके कुछ पैसे इकट्ठे किए, थोड़ी जिन खरीदी, और घड़े को उससे भर दिया। क्योंकि जिन पानी की तरह ही दिखती है, उन्हें अंतर समझ में नहीं आया और उन्होंने अपना रोज़ की पानी लेने और पीने की प्रथा जारी रखी। पीते समय उन्हें अंतर पता चल गया, लेकिन उन्हें हम पर शक नहीं हुआ। वे घड़े को लेकर कमरे से बाहर गए और चपरासी पर चिल्लाए, जो घड़े में पानी भरता था। वे गुस्से से लाल चेहरा लेकर अंदर आए और आगे पढ़ाना शुरू किया।

जब अगली कक्षा शुरू हुई तब एक और सांस्कृतिक झटका मेरा इंतज़ार कर रहा था, हमने अपने निबंध कक्षा में प्रस्तुत किए जिनके ऊपर फिर चर्चा होनी थी। डॉ फ्रीडमैन ने विद्यार्थियों से टिप्पणियां देने को कहा और फिर निबंधों के ऊपर अपनी टिप्पणियां दीं। उनमें से एक विद्यार्थी जिसके निबंध पर टिप्पणी की गई थी, रॉबिन फॉक्स, जो आगे जाकर बहुत प्रसिद्ध मानवविज्ञानी बना और जो अमेरिका में रहता और काम करता है, ने बहुत दिलेरी से डॉ फ्रीडमैन से कहा, "मैं आपसे सहमत नहीं हूँ।" मैं अपनी जगह पर ही जमकर रह गई—क्या उसने अपने शिक्षक की बात का खंडन किया? अब उसके साथ क्या होगा? लेकिन गुस्सा होने की बजाय, डॉ फ्रीडमैन मुस्कुराए और अन्य विद्यार्थियों को उसकी टिप्पणियों पर चुनौती देने को कहा। यह मेरी आँखें खोलने वाली घटना थी, और मैंने डॉ फ्रीडमैन की उदारता की प्रशंसा की। उस दिन के बाद से वह "घटिया इंसान" अपने विद्यार्थियों का मित्र बन गया। मुझे भी शिक्षा की इस प्रणाली से प्यार हो गया जो युवा विद्यार्थियों को अपने विचार मुक्त रूप से व्यक्त करने के लिए प्रोत्साहित करती थी, यह प्रणाली भारतीय शिक्षा प्रणाली से बहुत अलग थी। बार-बार सामने आने वाले सांस्कृतिक झटकों के बावजूद, मुझे यह जानकर ख़ुशी हुई कि मैं सही जगह पर आ गई हूँ।

7

उतार-चढ़ाव

हयात के लिए हालात कुछ ठीक काम नहीं कर रहे थे। उसने अंग्रेज़ी संस्कृति में समायोजित होने की कोई क्षमता नहीं दर्शाई थी और वह अपने ही कवच में सिमटता जा रहा था। पहले तो, भारत में एक बहुत आराम की ज़िंदगी जीने का आदी होने के कारण, उसे उच्चायुक्त का काम और वहां का अनुशासन, और साथ ही उसी समय विश्वविद्यालय में पाठ्यक्रम जारी रखना बहुत ही कठिन लग रहा था। उसे यह भी पता चल गया कि मनोविज्ञान का उसका ज्ञान एक पीएचडी के स्तर का अनुसंधान करने के लिए अपर्याप्त था, इसीलिए उसने घोषणा की कि वह मनोविज्ञान की पढ़ाई जारी नहीं रखना चाहता और इसके बजाय वह लंदन स्कूल ऑफ़ इकोनॉमिक्स (एलएसई) में समाजशास्त्र पढ़ेगा। इसीलिए, उसने समाजशास्त्र (ऑनर्स) में दाखिले के लिए आवेदन कर दिया, लेकिन क्योंकि उसने पहले कभी समाजशास्त्र की पढ़ाई नहीं करी थी, उसे उस विषय की दो परीक्षाओं में उत्तीर्ण होकर योग्यता प्राप्त करनी थी। उस समय तक, मैं अपने तीन साल के पाठ्यक्रम के दूसरे साल में पहुँच चुकी थी। उस साल, मुझे भी अपनी समाजशास्त्र की दोनों सहायक परीक्षाओं में उत्तीर्ण होना था। इसीलिए, हुआ कुछ ऐसा कि हयात और मैंने दोनों ने ही एक ही साथ यह परीक्षाएं दीं। लेकिन किस्मत की बात है कि हयात अनुत्तीर्ण हो गया और मैं उत्तीर्ण। इसीलिए उसे एलएसई में दाखिला देने से मना कर दिया गया। अब क्या? उसने उच्चायुक्त की अपनी नौकरी भी छोड़ दी थी क्योंकि उसे यह पता चल गया था कि वह एक ही समय में काम और पढ़ाई दोनों नहीं संभाल सकता। फिर उसने अंग्रेज़ी साहित्य पढ़ने का निर्णय लिया और स्नातकोत्तर के लिए आवेदन किया। वहां भी, उसे योग्यता परीक्षा देनी पड़ी और वह फिर अनुत्तीर्ण हो गया।

तब तक, वह लंदन में रहने का हमारा चौथा साल था और उस समय तक, मैंने शिक्षा का सामान्य प्रमाणपत्र (जनरल सर्टिफिकेट ऑफ़ एजुकेशन – जीसीई) उत्तीर्ण कर लिया था, अंग्रेज़ी में पर्याप्त निपुणता हासिल कर ली थी, और बीए (ऑनर्स) की अंतिम परीक्षा देनेवाली थी। लेकिन हयात के पास दिखाने के लिए कुछ भी नहीं था और न ही कोई आय थी। बीबीसी से मिलनेवाली मेरी आय बहुत ही अनियमित थी और उससे मुश्किल से हमारे घर का खर्चा

चलता था और हमारे विश्वविद्यालय का शुल्क भरा जाता था। उसे अंग्रेज़ी खाना पसंद नहीं था और उन सैंडविचों से नफ़रत थी जिन्हें यहाँ के अधिकांश विद्यार्थी दोपहर के भोजन के रूप में खाते थे। उसे तीनों समय, पूरा भारतीय भोजन चाहिए होता था। इसीलिए मुझे अपनी बीबीसी की आय को सहारा देने का कोई तरीका ढूंढना था। वहां मेरे इंटरमीडिएट प्रमाणपत्र का कोई मूल्य नहीं था इसीलिए मैं केवल कोई शारीरिक मेहनत वाला काम ही कर सकती थी। मैंने एलएसई के भोजनालय में काम करना शुरू कर दिया—मैं वहां दोपहर 2 बजे से लेकर रात के 9 बजे तक बर्तन साफ़ किया करती थी—जिसका मतलब यह था कि मुझे अपनी सुबह की कक्षाएं छोड़नी पड़ती थीं। भोजनालय में, मुझे खाना भी दिया जाता था। यह खाना मेरे पूरे दिनभर का सबसे भारी खाना हुआ करता था जिसका मुझे बेसब्री से इंतज़ार हुआ करता था। इसके अलावा, मैं अपने शिक्षा शुल्क के लिए छुट्टियों में बहुत सी दूसरी जगहों में भी काम किया करती थी। जर्मनी के सर्वनाश के बाद, पोलैंड और अन्य प्रभावित यूरोपियन देशों से बहुत से यहूदी, उस समय इंग्लैंड में आकर बस गए थे। लंदन में ऐसे लोगों की संख्या बहुत ज़्यादा थी। वे सस्ते मजदूर उपलब्ध कराते थे; उनमें से जो उद्यमी थे उन्होंने कपड़े सिलने के कारखाने स्थापित कर लिए थे, जिनमें से ज़्यादातर की व्यवस्था कामचलाऊ थी। मैं ऐसे ही एक कारखाने में काम करती थी और बिजली से चलनेवाली सिलाई मशीनों पर एक दिन में चार से पांच दर्ज़न एप्रन सिलती थी। वहां काम की स्थिति भयावह होती थी; उनपर कोई श्रम क़ानून लागू नहीं होता था और सीमित जगह के कारण मशीनें एक-दूसरे से लगभग जुड़ी हुई होती थीं। छोटी-मोटी दुर्घटनाएँ बहुत आम थीं। हमें किसी भी अन्य सुविधाओं के बिना, एक सप्ताह में 3 पौंड का अल्प पारिश्रमिक दिया जाता था। मुझे यह काम बहुत ही कठिन लगता था और मैं दूसरे विकल्प तलाश रही थी।

उन्नीस सौ पचास का ब्रिटिश समाज

मैं जनवरी 1952 में लंदन पहुंची और जिस पहली राजनैतिक सभा में मैंने भाग लिया, वहां अधिकांश भारतीय एकत्रित थे जिन्हें रजनी पाल्मे दत्त—ब्रिटिश साम्यवादी दल की तत्कालीन उपाध्यक्ष—संबोधित कर रही थीं, और वे सब वहां भारत के नए संविधान के बारे में बात करने के लिए एकत्रित हुए थे। हम भारतीयों को इस बात पर गर्व था कि हम एक स्वतंत्र देश से ताल्लुक रखते हैं और अब हम *गोरों* के अधीन नहीं हैं। हम भारतीय और अफ्रीकन, जो अभी-अभी आज़ाद हुए देशों से आए थे, हमारे प्रति यहाँ का राजनैतिक वातावरण अधिक सौहार्दपूर्ण था। ब्रिटेन में अनुदार दल (कोंन्सेर्वेटिव दल) के लंबे शासन के बाद, श्रमिक पक्ष (लेबर पार्टी) सत्ता में आया था और एक नए वाम आंदोलन का उदय हुआ था जो कि औपनिवेशों के स्वतंत्रता आंदोलनों के समर्थन में था। ब्रिटेन के सामाजिक-राजनैतिक वातावरण में बदलाव आने शुरू हो गए थे, जिसकी शुरुआत औपनिवेशिक काल के पतन से हुई थी। "ब्रिटिश राज्य के सबसे मूल्यवान जवाहरात" के रूप में भारत को खोना ब्रिटेन में बहुत व्यापक रूप में महसूस किया

गया। हमें अंग्रेजों में दोनों तरह की धारणाएँ देखने को मिलती थीं, कुछ लोग जिन्हें भारतीयों के प्रति सहानुभूति थी और कुछ जो अभी भी अपने नस्लीय पूर्वाग्रहों से बाहर आने के लिए संघर्ष कर रहे थे। नस्लीय पूर्वाग्रह की एक प्रकट अभिव्यक्ति थी, भारतीयों को घर देने से मना कर देना। यहाँ तक कि हम भारतीयों और अंग्रेज़ों के बीच सामाजिक संवाद भी बहुत कम होता था। हालांकि मुझे विश्वविद्यालय के परिसर में कोई भेदभाव महसूस नहीं होता था। कुछ अपवादों को छोड़ दिया जाए तो अधिकांश प्राध्यापक और विद्यार्थी, हम भारतीयों के प्रति सौहार्दपूर्ण थे। हम लंदन में अपने निवास के दौरान पश्चिम हैम्पस्टेड के एक घर में रहते थे और हमारा मकान मालिक जो कि एक प्रवासी यहूदी था, हमसे बहुत अच्छा व्यवहार करता था। वह यूरोपियन लोगों की बजाय एशियाई लोगों को प्राथमिकता देता था क्योंकि वह कहता था कि एशियाई अपना किराया समय पर देते थे और परेशानी उत्पन्न नहीं करते थे। मुझे कभी भी ऐसा महसूस नहीं हुआ कि हम "मूल" भारतीयोंके साथ कभी भी धर्म के आधार पर भेदभाव किया गया हो।

उन्नीस सौ पचास के इंग्लैंड में लिंग पूर्वाग्रह

मैंने टंकण (टाइपिंग) सीखने का निर्णय लिया ताकि मैं दफ़्तरी काम-काज कर सकूँ; उस वक्त कंप्यूटर नहीं हुआ करते थे। मैंने टाइपिंग के सबक तो लिए लेकिन मुझे अभ्यास के लिए एक टाइपराइटर की ज़रूरत थी। इसीलिए, मैंने आसान मासिक किश्तों पर एक टाइपराइटर खरीदने का निर्णय लिया। मेरे पास ज़मानत के रूप में दिखाने के लिए कुछ भी नहीं था और इसके अलावा, मुझे बताया गया कि क्योंकि मैं एक विवाहित महिला हूँ, मैं अपने नाम से टाइपराइटर नहीं खरीद सकती क्योंकि ऋण मुझे नहीं दिया जाएगा। वह मेरे पति के नाम से होना चाहिए। मैंने उन्हें बताया कि मेरे पति बेरोज़गार हैं और मैं ही परिवार की कमानेवाली सदस्य हूँ लेकिन फिर भी, यह क़ानून के ख़िलाफ़ था। एक विवाहित महिला की स्वयं की कोई पहचान ही नहीं थी। वर्ष 1954 के उत्तरार्द्ध में इंग्लैंड में भी महिलाओं का यही स्तर था। आख़िरकार, मैं एक मित्र से पैसे उधार लेकर पुराना टाइपराइटर खरीदने में सफल हो गई, जो पैसे मैंने किश्तों में चुका दिए। इस नए हुनर से सुसज्ज होकर, मैंने एक चीनी समाचार एजेंसी में एक टाइपिस्ट की नौकरी के लिए आवेदन कर दिया। एक साम्यवादी मित्र ने मेरी सिफारिश की थी और मुझे नौकरी मिल गई। लेकिन एक सप्ताह के भीतर ही मुझे निकाल दिया गया। मैं अभी भी बहुत छोटी लगती थी और किसी को विश्वास नहीं होता था कि मैं विवाहित हूँ। मैं विवाह की अँगूठी भी नहीं पहनती थी और विवाह का प्रमाणपत्र भी प्रस्तुत नहीं कर पाई थी क्योंकि मेरे पास वह था ही नहीं। मेरा विवाह तो मौखिक *निकाह* के ज़रिए हुआ था जिसके लिए उन दिनों पंजीकरण की आवश्यकता नहीं पड़ती थी। उस समय मैंने गर्भधारण भी कर लिया था और मैं प्रत्यक्ष तौर पर गर्भवती दिखती थी। इसीलिए, मेरे साम्यवादी नियोक्ता को लगा कि मैं एक बिनब्याही माँ बननेवाली हूँ जिसे "अनैतिक" समझा जाता था। इसीलिए, उस समाचार एजेंसी ने नैतिकता के अपने उच्च आदर्शों को बरक़रार रखने के लिए मुझे नौकरी से निकाल दिया। यह एक बड़ा झटका था क्योंकि गर्भवती होने के कारण, मैं सुबह 8 बजे से शाम के 6 बजे तक, कारखाने में लंबे घंटों

तक एक ही स्थिति में बैठकर काम करने की स्थिति में नहीं थी। यह मेरे आदर्शों के लिए भी एक छोटा-मोटा झटका ही था; मैं साम्यवादी विचारधारा को उदार और प्रगतिशील मानती थी। अगर मैं बिनब्याही माँ भी बनने वाली होती, तो भी मैंने उनसे अधिक समर्थन की उम्मीद की थी। हालांकि कुछ अच्छे मित्रों ने यह सुझाव दिया बल्कि जोर दिया कि जबतक मैं बच्चे को जन्म नहीं दे देती, हयात को वित्तीय बोझ को साझा करना चाहिए और पैसे के लिए काम करना चाहिए। इसीलिए, कुछ महीनों के लिए उसने 'बैचलर्स पीज़' नामक कारखाने में काम करना शुरू किया जहाँ बहुत से भारतीय विद्यार्थी अस्थाई रूप से काम करते थे। लेकिन मैंने आठ महीनों की गर्भवती होने तक बर्तन धोने का काम जारी रखा। इसके परिणाम बाद में नज़र आए।

अपनी छुट्टियों में मैंने अन्य जगहों पर विभिन्न प्रकारों के काम किए थे जैसे, बसस्टॉप पर सैंडविच बनाना, खेतों में फल चुनना, और ललित कला संस्थान में मॉडलिंग करना जहाँ मुझे एक बैठक में बिना हिले-डुले आधे घंटे तक खड़ा रहना पड़ता था, और विद्यार्थी मेरा रेखा-चित्र बनाते थे। लेकिन छुट्टियों के इन सभी कामों में से सबसे आकर्षक काम था क्रिसमस के दौरान डाकखाने में काम करना। उन दिनों, कंप्यूटर या इंटरनेट नहीं था, इसीलिए क्रिसमस की शुभकामनाएं डाक से भेजी जाती थीं और डाकखाने का बोझ कई गुना अधिक बढ़ जाता था। इसीलिए, विद्यार्थियों को अस्थाई रूप से नौकरी दी जाती थी और ओवरटाइम की दरों से हमें भुगतान किया जाता था क्योंकि हमें पूरा समय काम करना पड़ता था। क्रिसमस की पूर्व संध्या और क्रिसमस के दिन काम करने पर सामान्य दरों का चौगुना भुगतान करना पड़ता था। गैर-ईसाई विद्यार्थियों के लिए, यह एक वरदान ही था क्योंकि ईसाई विद्यार्थी क्रिसमस की पूर्व संध्या और क्रिसमस के दिन काम नहीं करते थे। क्रिसमस के दिन, केवल एक ही बार सुबह जल्दी वितरण किया जाता था, इसीलिए हमें सुबह 6 बजे काम पर आकर पत्रों और शुभकामना संदेशों की छंटनी करनी पड़ती थी।

एक साल बहुत दिलचस्प बात हुई। हयात और मैंने क्रिसमस की पूर्व संध्या पर देर तक काम किया था, हम थककर घर आए, सुबह 5 बजे का अलार्म लगाया, और सो गए। अलार्म की आवाज़ से हमारी नींद खुली, तो भी हम बहुत थके हुए महसूस कर रहे थे और हमें बहुत नींद आ रही थी। बाहर भी अंधेरा था। उस रात मौसम भी साफ़ था और हमें आसमान में तारे टिमटिमाते हुए दिख रहे थे। हमें कुछ समझ में नहीं आया। पहले तो, हमें लगा जैसे कि हम अभी ही सोने गए थे और हमें समझ में नहीं आ रहा था कि हमें इतनी नींद क्यों आ रही थी। दूसरा, अभी भी आधी रात ही लग रही थी लेकिन हमने खुद को समझाया कि क्योंकि हम कभी भी इतनी जल्दी नहीं उठे हैं, तो हमें पता ही नहीं है कि उस समय कितना अंधेरा होता है। हमने जल्दी से कपड़े पहने, खुद को जितना हो सके गरम कपड़ों में लपेटा और डाकखाने की तरफ चलना शुरू कर दिया क्योंकि क्रिसमस के दिन बसें नहीं चलती थीं। दिसंबर की रात में, लगभग हिमकारी तापमान में, हमें 20 मिनट चलना पड़ा। जब हम डाकखाने पहुंचे, तो वहां का दरवाज़ा बंद था। हम और ज़्यादा उलझन में पड़ गए। तथापि, थोड़ी देर हमने घंटी बजाई और कुछ मिनट बाद, रात के चपरासी ने दरवाज़ा खोला और हमें बहुत आश्चर्य के साथ देखा; दो कंपकंपाते हुए लोग अंदर आना चाहते थे। उसने हमसे पूछा कि हम इस वक्त यहाँ क्या कर रहे हैं। हमने, जितना हो

सके उतनी ख़ुशी से उसे बताया कि हम काम पर आए हैं। "क्या?, काम पर?, आधी रात को?" यह कहते हुए उसने दरवाज़े के ऊपर लगी हुई घड़ी की तरफ़ इशारा किया जो 12:10 का समय दिखा रही थी, यह कहते हुए हमारे मुंह पर दरवाज़ा बंद कर दिया और हमसे कहा कि हमने बहुत ज़्यादा शराब पी ली है तो हमें घर चले जाना चाहिए। हमें समझ में ही नहीं आया कि हुआ क्या और हम ग़लत समय का अलार्म लगाने के लिए एक-दूसरे पर आरोप लगाने लगे। हमें उस ठंडी रात में फिर से वापस लौटना पड़ा और पांच घंटे बाद फिर से डाकखाने में काम पर जाना पड़ा। हमें बाद में पता चला कि जब हमने अलार्म लगाया, तब घड़ी आगे चल रही थी और हमने समय नहीं देखा और इस बात पर गौर नहीं किया।

उस वक्त, थोड़े से पैसों के लिए ऐसे छोटे-मोटे काम करने की वजह से मैं खिन्न हो जाया करती थी लेकिन आज जब मैं पीछे मुड़कर देखती हूँ तो पाती हूँ कि ऐसी जगहों पर काम करने से मुझे बहुत अनुभव प्राप्त हुआ। मैं विभिन्न प्रकार के लोगों से मिली जिनमें उन बस स्टॉपों पर चालक और सफाईकर्मियों—जहाँ पर मैं यात्रियों के लिए डिब्बाबंद भोजन तैयार करती थी—से लेकर लंदन कला स्कूल के उभरते हुए कलाकारों तक शामिल थे। इससे मुझे जीवन और लोगों के बारे में गहरी समझ मिली जिससे मुझे ज़िंदगी की कठिनाईयों से निपटने में और आगे आने वाली विपत्तियोंके बावजूद सकारात्मक रवैया रखने में मदद की।

जब हयात अंग्रेज़ी में स्नातकोत्तर करने की योग्यता परीक्षा में फिर से अनुत्तीर्ण हो गया, तो इससे उसकी कुंठा और भी ज़्यादा बढ़ गई। तथ्य यह था कि वह एक शैक्षणिक कार्य के लिए उपयुक्त नहीं था और एक भिन्न संस्कृति और वातावरण के साथ सामना करने की उसकी क्षमता न के बराबर थी। वह बहुत ही लाड-प्यार में पला-बढ़ा व्यक्ति था, और ऐशोआराम का जीवन जीने का आदी था जहाँ उसकी माँ, पत्नी, और बहन उसके आगे-पीछे घूमती रहती थी। उसने उच्च शिक्षा और जीवन जीने के एक अलग तरीके से निपटने की अपनी क्षमता का कुछ ज़्यादा ही अनुमान लगा लिया था। इस दौरान, मैं पूरी अपरिपक्वता से साथ इंग्लैंड आई थी। मुझे अपनी क्षमताओं का कोई अनुमान नहीं था सिवाय इसके कि मैं एक होनहार विद्यार्थी थी और पढ़ने और सफलता प्राप्त करने के लिए बेहद प्रेरित थी। मैंने लंदन के जीवन को अच्छे से संभाला था और मुझे पढ़ाई के अलावा नई चीज़ें सीखने में भी मज़ा आता था। इसने मेरे पति को परेशान कर दिया और उसे इस बात की चिंता हो गई कि उसने तो कुछ भी हासिल नहीं किया जबकि उसकी पत्नी की इंग्लैंड से पदवी प्राप्त करने की संभावना है। उसने मेरी सफलता में बाधा डालने का निर्णय लिया और ज़बरदस्ती मुझे गर्भवती कर दिया।

गर्भावस्था और बच्चे का जन्म

एलसीई के मेरे आखिरी साल के दौरान मुझपर जबरन गर्भावस्था थोपी गई। मैं माँ बनने के लिए बिल्कुल भी तैयार नहीं थी। और माँ बनने के लिए यह समय बहुत ही ख़राब था क्योंकि मैंने कुछ पैसे बचा लिए थे, और मैं अपनी नौकरी छोड़कर अपनी अंतिम परीक्षा की तैयारी

पर ध्यान केंद्रित करना चाहती थी। मैं बहुत ज़्यादा डर भी गई थी। मुझे बच्चे को जन्म देने या पालने-पोसने के बारे में कुछ भी पता नहीं था, और ऊपर से मैं विदेश में अकेली थी, मेरे पास न तो पैसा था, न ही कोई सलाह देनेवाला, या बच्चे की देखभाल में मेरी मदद करनेवाला था। हयात ने ज़ोर दिया कि मैं बच्चे पर ध्यान केंद्रित करूँ और परीक्षाओं को अगले साल तक के लिए स्थगित कर दूँ। मैं अपने शिक्षक के पास गई और सब कुछ उन्हें बताया। वे मेरे हालात से वाकिफ़ थे और उन्होंने मुझे ऐसा न करने का सुझाव दिया। उन्होंने मुझे अच्छे से आश्वस्त किया कि एक बच्चे और वित्तीय समस्याओं के साथ, मैं अगले साल पढ़ाई नहीं कर पाऊँगी और अब परीक्षाओं के लिए सिर्फ तीन महीने बाकी रहते हुए, मुझे अपनी सारी ऊर्जा पढ़ाई में लगा देनी चाहिए और यह मौका नहीं छोड़ना चाहिए। हयात ने मेरे निर्णय का विरोध किया लेकिन मैं समझ गई थी कि एक बच्चे और बिना किसी मदद के साथ, मैं कभी भी अपनी पढ़ाई को आगे जारी नहीं रख पाऊँगी। मैं आगे बढ़ी और छह महीने की गर्भावस्था में मैंने परीक्षा दी। बढ़ते हुए पेट और सबकी नज़रों का सामना करते हुए, मैंने पांच दिन तक प्रतिदिन छह घंटे बैठकर परीक्षा दी। उन दिनों में यही प्रणाली थी। पांच दिनों—सोमवार से शुक्रवार—में तीन-तीन घंटे की दो बैठकों में दस पर्चे दिए जाते थे। लगातार तीन घंटे तक बैठना और मेज के ऊपर झुककर लिखना मेरे लिए बहुत कठिन था। साथ ही मुझे एक समस्या का समाधान और करना था। अगर मैं दोपहर में पूरा भोजन करती थी, तो मुझे मेज के ऊपर झुकने में तकलीफ़ होती थी जबकि यदि मैं कम खाती थी, तो दूसरे सत्र के दौरान मुझे भूख लगती थी। मेरी एक अध्यापिका बहुत ही सहानुभूतिपूर्ण थीं—मैं अब उनका नाम भूल चुकी हूँ—उन्होंने मुझे भोजन कम खाने का और दूसरे सत्र में चॉकलेट खाने का सुझाव दिया क्योंकि मुझे ऊर्जा की भी आवश्यकता थी। यह तरकीब काम कर गई और मैं परीक्षा की पूरी कालावधि के दौरान बैठ पाई। मेरा उत्तीर्ण होना किसी चमत्कार से कम नहीं था।

मुझे गर्भावस्था के पहले तीन महीने बहुत तकलीफ़ हुई थी और मेरे शरीर में पानी की कमी हो गई थी, इसीलिए मुझे अस्पताल में भर्ती करवाना पड़ा। अस्पताल में, मेरे वार्ड की मैट्रन ने मेरी दुविधा को समझा और मुझे मनोवैज्ञानिक सहायता प्रदान की। उसने मुझे गर्भावस्था को स्वीकार करने में भी मदद की। मेरी रुचियों के बारे में बात करते हुए, उन्हें पता चला कि मुझे बुनाई पसंद है, इसीलिए उन्होंने मुझे बच्चे के लिए कुछ बुनने के लिए थोड़ी ऊन और बुनाई की किताब लाकर दी। मैं बेटी चाहती थी इसीलिए मैंने हल्के पीले रंग की ऊन में एक छोटी सी फ्रॉक बुनी। जब मैंने बुनाई पूरी कर ली, तो मैट्रन ने वह फ्रॉक उठाकर कहा, "मेरी बच्ची, क्या तुम इसमें उस छोटी बच्ची को देख सकती हो जो तुम्हारे अंदर पल रही है?" उस पल के बाद से, मैंने अपनी गर्भावस्था को स्वीकार कर लिया और मेरा पूरा रवैया ही बदल गया। मेरी बीमारी भी समाप्त हो गई। मैं अपनी गर्भावस्था को पूरी तरह से स्वीकार करते हुए घर वापस आई और माँ बनने की राह देखने लगी। लेकिन मेरी वित्तीय चिंताएं कम नहीं हुई क्योंकि हमारे पास प्रसूति के खर्चों और आवश्यक वस्तुओं जैसे बाबागाड़ी, पालना, लंगोट आदि खरीदने के लिए संसाधन ही नहीं थे। लेकिन मेरी कक्षा में मेरे मित्रों का एक बहुत अच्छा समूह था जिन्होंने पैसे एकत्रित किए और हमारी ज़रूरत की सभी वस्तुएं खरीद लीं। वे मेरी गर्भावस्था को लेकर बहुत उत्साहित

थे क्योंकि मैं ही इकलौती विद्यार्थी थी जिसे बच्चा होनेवाला था। मैं यह स्वीकार करती हूँ कि अब तक, पूरे जीवनकाल में, मुझे बहुत अच्छे और सच्चे मित्र मिले हैं। उनके स्नेह और नैतिक समर्थन के बिना, मैं बच नहीं पाती।

मुझे यह भी पता चला कि ब्रिटिश स्वास्थ्य सेवा (जिसे राष्ट्रीय स्वास्थ्य सेवा कहा जाता है) मेरी गर्भावस्था, प्रसव, और प्रसवोत्तर देखभाल से संबंधित चिकित्सा व्यय का वहन करेगी। मैं इसकी हकदार थी क्योंकि हम तकनीकी रूप से "जन्म से अंग्रेज़" थे, क्योंकि मेरा जन्म भारत में अंग्रेज़ी शासन के दौरान हुआ था।

मैंने 24 अक्टूबर 1956 को सामान्य प्रसव से सात पौंड की बच्ची को जन्म दिया। मुझे बहुत ख़ुशी हुई क्योंकि मैं एक बेटी ही चाहती थी जिसे मैं वह सारी सुविधाएँ उपलब्ध करा सकूँ जो मेरी परिस्थितियों के कारण मुझे नहीं मिल पाई थीं। मेरी माँ ने उसका नाम हुमा रखा, यह एक प्रसिद्ध फारसी पक्षी है और ऐसा माना जाता है कि यह समृद्धि लाता है, जिसकी हमें बहुत ज़रूरत थी।

मुझे प्रसव के केवल छह सप्ताह बाद ही काम करना शुरू करना पड़ा क्योंकि अब हयात अपनी पदवी के लिए फिर से विषय बदलने का विचार कर रहा था और इस बार उसने इतिहास को चुना था। वह बिना कोई योग्यता परीक्षा दिए इतिहास (ऑनर्स) में दाखिला ले सकता था।

आपूर्ति शिक्षण

ब्रिटेन में नवज़ात शिशुओं के लिए पालना-घरों की बहुत उत्कृष्ट व्यवस्था है। जब हुमा छह सप्ताह की थी तो मैंने उसे एक सरकारी पालनाघर में रखा और "आपूर्ति शिक्षण" (सप्लाय टीचिंग) की शुरुआत कर दी। ब्रिटिश शिक्षण प्रणाली के अनुसार, लंदन की प्रत्येक काउंटी में एक केंद्रीय शिक्षण कार्यालय था, जिसे अन्य जिम्मेदारियों के साथ-साथ, विद्यालयों को अल्पकालिक शिक्षक भी उपलब्ध कराने पड़ते थे, जिन्हें "आपूर्ति शिक्षक" (सप्लाय टीचर्स) कहा जाता था। लंदन विश्वविद्यालय से स्नातक होने के बाद, मैं पढ़ाने के लिए योग्यता प्राप्त थी। हर सुबह, हम काम ढूँढनेवाले केंद्रीय शिक्षण कार्यालय में जाते थे जहाँ पर उन विद्यालयों से फ़ोन आते थे जहाँ शिक्षक अनुपस्थित होते थे। इंतज़ार करने वाले हम लोगों में से ही किसी को उस दिन की आवश्यकतानुसार इन विद्यालयों में भेजा जाता था। यह कार्य एक दिन या कई दिन चल सकता था और इस बात पर निर्भर करता था कि नियमित शिक्षक कितने दिन के लिए अनुपस्थित है। कार्य समाप्त होने के बाद, हम उसी कार्यालय में वापस आ जाते थे। मांग के अनुसार, हमें उसी दिन दूसरे स्कूल में कार्य मिल सकता था, या फिर इंतज़ार करना पड़ सकता था। हमारा भुगतान दैनिक आधार पर किया जाता था। भुगतान बहुत ही अच्छा मिलता था और अगर मुझे सप्ताह में चार दिन भी काम मिल जाता था, तो हमारा काम चल जाता था। मैंने अपना पंजीकरण पूर्व लंदन की एक काउंटी में करवाया था जहाँ शिक्षक अक्सर अनुपस्थित होते रहते थे, इसीलिए वहां मुझे काम मिलने की संभावना ज़्यादा थी।

हर बार एक अलग स्कूल में जाना और अलग मुख्याध्यापक और भिन्न-भिन्न कक्षाओं के भिन्न-भिन्न विद्यार्थियों से निपटना कठिन होता था। जहाँ मैंने पंजीकरण कराया था, वहां की शिक्षण अधिकारी एक महिला थी, और वह किसी प्रकार से मुझे पसंद करने लगी थी। वह मुझे अच्छे स्कूल देने की कोशिश करती थी। मैं खुशनसीब थी कि कई बार मुझे ऐसे विद्यालयों में भेजा गया जहाँ मुझे कुछ महीनों के लिए रख लिया गया। मुझे ऐसा ही एक स्कूल याद है, जो बहुत ही ग़रीब इलाके में था। वहां की मुख्याध्यापिका, सुश्री हेंडरसन, बहुत ही दयालु महिला थी, उनके विचार उदार थे, और वे मुझे इतना पसंद करने लगीं कि उन्होंने रिक्ति न होते हुए भी मेरे लिए कार्य उत्पन्न किया। एक बार तो उन्होंने कुछ महीनों के लिए मुझे पढ़ने में तकलीफ़ वाले बच्चों की छोटी कक्षा दी थी। उस कक्षा के बहुत से बच्चों को पढ़ने में तकलीफ़ थी। वे ऐसे घरों से आए थे जहाँ माता-पिता दोनों ही कम वेतनवाली नौकरियां करते थे और उनके पास बच्चों के लिए समय ही नहीं था। मुझे एक प्यारी सी लड़की याद है, जिसने एक दिन बहुत उत्साहित होकर मुझे बताया कि उसका परिवार एक घर में रहने चला गया है और कहा कि "सचमुच का घर मैडम, उसमें तो एक स्नानघर भी है।" ज़ाहिर सी बात है कि तब तक वह और उसका परिवार सार्वजनिक स्नानघरों का इस्तेमाल करते थे। अजीब बात यह है कि इंग्लैंड में व्यक्तिगत स्नानघर एक दुर्लभ वस्तु थी; अन्य परिवारों के साथ स्नानघर साझा करना एक आम बात थी। मध्यमवर्गीय इलाकों में, आम वास्तुकला में, एक तहखाने और तिमंज़िले घरों की कतार होती थी। प्रत्येक मंजिल पर दो कमरे और एक रसोई होती थी लेकिन स्नानघर नहीं होता था। तीन घरों के निवासी एक आम शौचालय और एक आम स्नानघर साझा करते थे। ऐसे घर आज भी लंदन में अस्तित्व में हैं। मुझे एक बार एक बहुत ही दिलचस्प अनुभव आया। मैं ब्रिटिश संसद के सदस्य, श्री सिडनी सिल्वरमैन के घर गई। वे श्रमिक पक्ष के संसद सदस्य थे और दौरे पर आए चीनी प्रतिनिधिमंडल के लिए एक दावत की मेजवानी कर रहे थे। वह एक सुरुचिपूर्ण, बहुत ही विशाल बंगला था। मुझे शौचालय जाने की ज़रूरत पड़ने पर एक नौकरानी ने मुझे वहां तक ले जाते हुए, बहुत ही गर्व से बताया, "यहाँ आइये मैडम, यह इस घर के अनेक शौचालयों में से एक है।" कोई आश्चर्य नहीं कि भारत में अंग्रेजों ने ही प्रत्येक शयनकक्ष के साथ जुड़े हुए शौचालयों का चलन शुरू किया।

हालांकि मैं हर बार खुशकिस्मत साबित नहीं हुई। एक बार मुझे एक स्कूल द्वारा तुरंत वापस भेज दिया गया क्योंकि मुख्याध्यापक को भारतीय शिक्षक नहीं चाहिए थे। उस वक्त लोगों में नस्लीय भावनाएं बहुत प्रचलित थीं। मुझे एक डरावना अनुभव भी आया जब मुझे एक ऐसे स्कूल में भेजा गया जो कि "टेडी" लड़कों(असंतुष्ट युवक जिन्हें स्कूल की शिक्षा में कोई रूचि नहीं थी) से भरा हुआ था। वे लंबे, जंगली युवक थे, जो अपने पैर मेज पर रखकर बैठे थे; उनमें से कुछ तो धूम्रपान भी कर रहे थे जिन्होंने मेरे चेहरे पर धुंआ छोड़ दिया। जैसे ही मैंने कक्षा में प्रवेश किया, उन्होंने मुझपर कठोर प्रश्नों की बौछार कर दी लेकिन किस्मत से उनमें से एक ने मुझसे पूछा कि मैं कहाँ की हूँ। यह तो स्पष्ट ही था कि मैं भारतीय हूँ क्योंकि मैंने साड़ी पहन रखी थी लेकिन वह जानना चाहता था कि मैं भारत में कौनसी जगह से हूँ। अजीब बात है कि वे भारत के बारे में कुछ चीज़ें जानते थे। इसीलिए, मैंने उन्हें बताया कि मेरा गृहनगर लखनऊ

है। जिस पल मैंने यह बात बोली, कक्षा में हंगामा मच गया। “मैडम, हमें लखनऊ के बारे में और बताइए। हमें वहां के दिलकुशा गार्डन्स[1] के बारे में बताइए।” मुझे उनकी जानकारी सुनकर झटका ही लगा और उसी समय, राहत भी महसूस हुई, क्योंकि अचानक ही वे बहुत दोस्ताना हो गए थे। जब मैंने उनसे पूछा कि वे लखनऊ के बारे में इतना सब कैसे जानते हैं, तो वे चिल्लाने लगे, “ओह मैडम, क्या आपको नहीं पता कि क्लिफ़ी (क्लिफ रिचर्ड—एक गायक—जिसके पीछे उन दिनों लोग पागल थे) का जन्म दिलकुशा गार्डन्स में हुआ था? हमें उस जगह के बारे में और बताइए।” इसीलिए, मैंने बचे हुए समय में उनसे लखनऊ के बारे में बातें करीं और फिर कभी लौटकर उस स्कूल में नहीं गई।

जैसा कि मैंने पहले बताया, मुझे प्रसव के केवल छह सप्ताह बाद ही काम पर वापस लौटना पड़ा। इसी कारण से, मेरा स्वास्थ्य ख़राब रहने लगा। मुझे सुबह 6 बजे उठना पड़ता था, कई बार तो मेरी नींद पूरी भी नहीं होती थी। हुमा को अभी भी आधी रात में दूध की आवश्यकता पड़ती थी और मुझे उठकर उसका दूध तैयार करना पड़ता था। उसकी दूध पीने की गति भी बहुत कम थी। मैं ठंडे कमरे में बैठकर ऊंघती रहती थी जबकि वह 30 से 40 मिनट में केवल तीन औंस दूध पीती थी। सुबह, मैं तैयार होती थी, उसे पालनाघर के लिए तैयार करती थी, और उसे वहां ले जाती थी। पैदल जाने में 15 मिनट लगते थे। मैं उसे पालनाघर में छोडती थी, फिर और 20 मिनट चलकर ट्यूब स्टेशन पर पहुंचती थी और वहां से काम पर जाती थी। वापस भी उसी रास्ते से आती थी और साथ में सब्जी और अन्य रोज़मर्रा के खाने का सामान खरीदने का अतिरिक्त काम भी करती थी (उस समय हमारे पास फ्रिज नहीं था)। जिस पल मैं थक-हारकर घर में कदम रखती थी, हयात घोषणा करता था कि उसे भूख लगी है और मुझे जल्दी से उसके लिए पूरा भारतीय भोजन पकाना चाहिए। उन दिनों, नारीवाद के संपर्क में आने से पहले, मुझे लगता था कि खाना पकाना केवल एक पत्नी का काम है।

तपेदिक (क्षय रोग)

उन्नीस सौ पचास के दशक तक, तपेदिक को सबसे ख़तरनाक बीमारी माना जाता था। जब मैं शिक्षण प्राप्त कर रही थी, तब ब्रिटेन ने इस बीमारी का उन्मूलन करने का निर्णय लिया और जनसंख्या में तपेदिक के प्रारंभिक लक्षणों का पता लगाने के लिए एक राष्ट्रव्यापी अभियान की शुरुआत की। पड़ोस के सभी कारखानों और शैक्षणिक संस्थानों में लघु एक्स-रे लिया गया था। ऐसा ही एक एक्स-रे का दल एलएसई में भी आया था, और अन्य विद्यार्थियों के साथ-साथ मेरा भी एक्स-रे लिया गया था। उन लघु एक्स-रे में से कुछ यादृच्छिक (रेंडम) नमूनों को बड़ा किया गया था और उनमें से एक मेरा था। मेरे दाहिने फेफड़े पर एक धब्बा दिखाई दिया था जो इस बात का संकेत था कि मैं तपेदिक से संक्रमित हूँ। मेरा और परीक्षण किया गया और सौभाग्यवश, यह

[1] लखनऊ का एक सैन्य उपनगर।

पता चला कि हालांकि मैं इस बीमारी से संक्रमित हूँ, लेकिन यह अब तक सुप्त रही है और मैं संक्रामक नहीं हूँ। मुझे अगले पांच साल तक बच्चा न पैदा करने और भारी शारीरिक काम से दूर रहने की सलाह दी गई थी। लेकिन मेरे पति को लगता था कि इन सब सावधानियों की कोई आवश्यकता नहीं है क्योंकि उसके अनुसार, मैं "बहुत अच्छी दिखती थी," और मुझे धोखा देकर गर्भवती कर देने के तुरंत बाद ही, वह सुप्त तपेदिक फिर उभरकर आ गया। मुझे सुबह दांत साफ़ करते समय रक्त के कुछ धब्बे नज़र आने लगे। जब यह कुछ दिन तक निरंतर होता रहा, तो मैंने हयात को कहा कि मुझे डर है कि यह शायद तपेदिक की वजह से हो सकता है। उसने यह कहा कि मेरे दांत से रक्त निकल रहा होगा और बात रफा-दफा कर दी। लेकिन जब ऐसा निरंतर होने लगा, तो मैंने इसे डॉक्टर को दिखाने का निर्णय लिया। यह साफ था कि जो बीमारी सुप्त थी, वह सक्रिय हो गई थी। मुझे तुरंत अस्पताल में भर्ती होने का सुझाव दिया गया।

हयात को इस बात पर विश्वास ही नहीं हुआ, और वह यही कहता रहा कि अगर मुझे तपेदिक है तो मैं इतनी अच्छी कैसे दिख सकती हूँ? किसी कारणवश मैं कभी भी बीमार नहीं दिखती थी, चाहे मैं कितनी भी बीमार क्यों न हूँ। तथापि, मैं यह जोखिम नहीं उठा सकती थी क्योंकि तपेदिक को एक बहुत ही खतरनाक और संक्रामक बीमारी माना जाता था। मैंने कुछ सालों पहले अपनी एक बुआ को इसी बीमारी के कारण खो दिया था। मुझे अस्पताल में भर्ती कराना पड़ा और एक सैनीटोरियम (आरोग्य निवास) में भेजना पड़ा। यह एक बड़ा झटका था। हम वित्तीय रूप से थोड़े से ठीकठाक हो रहे थे; आपूर्ति शिक्षण से घर में अच्छी आमदनी आ रही थी, हयात आख़िरकार अपनी डिग्री कोर्स के दूसरे वर्ष में आ गया था, हमारी एक छोटी सी प्यारी बेटी थी, और मैंने प्राच्य और अफ्रीकन अध्ययन स्कूल (स्कूल ऑफ़ ओरिएंटल एंड अफ्रीकन स्टडीज – एसओएएस) में एमए में दाखिला ले लिया था। मुझे मालूम था कि स्नातकोत्तर पदवी के बिना, मुझे विश्वविद्यालय में व्याख्याता पद नहीं मिलेगा। और अचानक यह सब हो गया। हुमा का क्या होगा; मेरा चिकित्सा व्यय कौन वहन करेगा? हयात को पूर्णकालिक रूप से काम करना पड़ेगा और वह शायद अपनी पढ़ाई पूरी नहीं कर पाएगा। मुझे तो इस बात का भी विश्वास हो गया था कि मैं मर जाउंगी।

ब्रिटिश स्वास्थ्य सेवा एक बार फिर से हमारे बचाव के लिए आगे आई। हमें पता चला कि विद्यार्थियों का एक तपेदिक उन्मूलन संगठन है। उसने हयात को इस दलील पर आगे पढ़ाई करने के लिए अनुदान दिया कि उसकी पत्नी परिवार की कमाऊ सदस्य है और वह सैनीटोरियम में भर्ती है। इसीलिए, जब तक उसे वित्तीय सहायता नहीं मिली, उसे अपनी पढ़ाई बीच में ही छोड़नी पड़ी। यह अनुदान बहुत आकर्षक नहीं था। इसीलिए, उसने भारतीय उच्चायुक्त को आवेदन करके एक दीर्घकालीन ऋण लिया, जो उसे भारत वापस लौटने के बाद चुकाना था और इस प्रकार से वह आर्थिक रूप से सुखी हो गया। उस संगठन ने हुमा को मुफ्त में एक आवासीय शिशु सदन (नर्सरी) में भेजने की व्यवस्था करी। उस समय, ब्रिटिश स्वास्थ्य सेवा विश्व में सर्वश्रेष्ठ थी। दुर्भाग्यवश, मुझे लंदन के बाहर के एक सैनीटोरियम में भर्ती कराया गया था और हुमा को विपरीत दिशा के एक आवासीय शिशु सदन में भेजा गया था। हमारे पास इसे अपनाने के सिवाय कोई दूसरा विकल्प नहीं था। हुमा को एक अनजानी

जगह में अनजाने लोगों के बीच छोड़ने से मेरा दिल ही टूट गया। हम उसके पहले जन्मदिन के बाद उसे उस शिशु सदन में ले गए जहाँ उसे अगले छह महीने गुज़ारने थे। वह चल नहीं पाती थी लेकिन किसी वस्तु को पकड़कर खड़ी हो सकती थी और कुछ अस्पष्ट उच्चारण करके बोलती थी। उसे वहां छोड़ने के बाद, मुझे सैनीटोरियम में ले जाया गया। हयात को उसके हाल पर छोड़ दिया गया। वह मेरे जीवन का सबसे दुःखद दिन था जब मुझे मेरे बच्चे से अलग किया गया। मैं कार में पूरे समय विलाप करती रही; मुझे विश्वास हो गया था कि मैं अपने बच्चे को फिर कभी नहीं देख पाऊँगी।

मुझे अगले छह महीने तक सैनीटोरियम में रखा गया था। मैं खुशनसीब थी कि मैंने उपचार को अच्छा और शीघ्र प्रतिसाद दिया। हयात को सप्ताह में एक बार मुझसे मिलने की अनुमति थी। लेकिन मैं अपनी बच्ची को देखने के लिए तड़पती थी और अक्सर उसके लिए रोती थी। सैनीटोरियम की मुख्य डॉक्टर इस बात का बहुत ध्यान रखती थी कि उसके मरीज़ झल्लाए नहीं और खुश रहें। इसीलिए तीन महीने बाद, जब मेरे उपचार के बाद अच्छे परिणाम दिखने शुरू हो गए, तो उसने मुझे एक दिन के लिए बाहर जाने और मेरी बच्ची से मिलने की अनुमति दे दी। जब मैं शिशु सदन पहुंची, तो एक परिचारिका (नर्स) हुमा को लेकर आई। वह चलकर हमारी तरफ आई, हमपर एक सरसरी निगाह डाली और चली गई। यह पहली बार था जब मैंने उसे चलते हुए देखा था। क्योंकि उसने हमें पहचाना नहीं, तो मेरी तरफ उसकी उदासीनता ने मेरा दिल तोड़ दिया और मैं आंसुओं में डूब गई। परिचारिका ने मुझे सांत्वना दी और समझाया कि इस उम्र में, छोटे बच्चों की स्मृति की अवधि बहुत ही छोटी होती है और मुझे धैर्य रखना चाहिए। वह फिर से हुमा को कमरे में लेकर आई और हमने उससे खेलने की कोशिश की और उसके लिए लाए हुए खिलौने और चॉकलेट उसे दिए। थोड़ी ही देर में, वह हमसे परिचित हो गई और हम उसे घुमाने के लिए बाहर ले गए। हम उसके साथ घूमते हुए बहुत रोमांचित थे। घूमने के दौरान, उसने एक बिल्ली की तरफ इशारा करते हुए कहा, "देखो, पूसी।" यह महसूस करना भी बहुत हृदयविदारक था कि जब उसने अपना पहला कदम उठाया और अपने पहले शब्द बोले तब मैं उसके साथ नहीं थी। लेकिन मुझे छोटी-छोटी दयाओं के लिए शुक्रगुजार होना था, कि उसकी देखभाल अच्छे से हो रही है, और वह सामान्य तरीके से बड़ी हो रही है। हमें कुछ घंटों बाद उसे छोड़कर वापस सैनीटोरियम जाना पड़ा।

हयात को सप्ताह में एक बार आकर मुझसे मिलने की अनुमति थी। उसे यह बहुत ही बोझिल लगता था और वह अक्सर उन दिनों पर नहीं आता था। स्पष्ट रूप से, वह अपनी नई प्राप्त की हुई आज़ादी में बहुत व्यस्त था और यहाँ तक कि उसने महिला मित्र भी बना लीं थीं।

मैंने उपचार में अच्छी प्रगति की और छह महीने बाद मुझे स्वस्थ घोषित कर दिया गया। मेरे लिए वह दिन बहुत ही ख़ुशी का था जब मुझे बताया गया कि मैं घर जा सकती हूँ। मैं विशेष तौर पर ख़ुश थी क्योंकि मैं मेरी बच्ची को घर ला सकती थी। मैंने देखा था कि जब दूसरे मरीज़ों को छुट्टी दी जाती थी, तो उनके परिवारवाले फूल लेकर आते थे और यहाँ तक कि संगीत भी बजाया जाता था। इसीलिए, ख़ुशी-ख़ुशी मैंने हयात को यह खुशखबरी सुनाने के लिए फ़ोन किया। उसे सुनकर ज़्यादा ख़ुशी नहीं हुई और उसने मुझे ट्यूब से घर आने का सुझाव दिया। जब

मैं घर पहुंची तो वह घर पर भी नहीं था। अगले दिन हम हुमा को घर ले आए। अपनी बच्ची को वापस लेकर आने से मुझे बहुत ख़ुशी हुई।

लंदन में राजनैतिक भागीदारी

उन्नीस सौ पचास के दशक में, एलएसई हेरॉल्ड जोसेफ़ की विरासत की वजह से राजनैतिक रूप से बहुत सक्रिय था, क्योंकि उसकी शिक्षा वामपंथी थी। आम लोग एलएसई को एक साम्यवादी संस्थान मानते थे। उस वक्त ब्रिटेन के अधिकांश भारतीय विद्यार्थी भारतीय स्वतंत्रता संग्राम के दौरान बड़े हुए थे और राजनैतिक रूप से जागरूक थे। उन्होंने लंदन मजलिस नामक एक संघ की स्थापना की थी जो राजनैतिक स्वतंत्रता के लिए भारत की महत्वाकांक्षाओं को व्यक्त करने में बहुत सक्रिय था। भारतीय विद्यार्थियों की राजनैतिक गतिविधियों को लंदन के पहले भारतीय उच्चायुक्त, वी.के. कृष्ण मेनन द्वारा प्रोत्साहित और समर्थित किया जाता था, उन्होंने खुद भी इंडिया लीग नामक एक संघ की स्थापना की थी, जिसने स्वतंत्रता-पूर्व के दिनों में भारत की आज़ादी के लिए प्रयत्न किया था। जैसा कि पहले बताया गया है, मैं भी राजनैतिक रूप से सक्रिय वातावरण में ही पली-बढ़ी थी।

एक घटना ऐसी हुई जो मुझे लंदन में भारतीय विद्यार्थियों के आंदोलन में खींच ले गई। 1950 के दशक में, इंग्लैंड में भारतीय विद्यार्थियों की आबादी में एक बड़ा हिस्सा बंगालियों का था, जिनमें से अधिकांश धनी पृष्ठभूमि से आते थे और साम्यवाद का साथ देते थे। हालांकि कुछ अपवादों को छोड़कर, ज़्यादातर सभी घर लौटने के बाद अपने कुलीन परिवारों में जाकर बस गए। बड़ी संख्या में बंगाली विद्यार्थी ब्रिटेन के साम्यवादी पक्ष में शामिल हो गए थे। भारतीय साम्यवादी पक्ष के विपरीत, ब्रिटेन के साम्यवादी पक्ष का सदस्य बनना बहुत आसान था। आपको केवल एक फॉर्म और थोड़ा सा शुल्क भरना पड़ता था। लंदन में मेरे रहने के दौरान, जो प्रसिद्ध साम्यवादी थे, वे थे तरुणा और दिलीप बोस, जो लंदन पढ़ने के लिए आए थे और बहुत सालों तक यहाँ रहे, और शैक्षिक से ज़्यादा राजनैतिक रूप से सक्रिय रहे। वे उसी गली में रहते थे जिसमें कि हम। लंदन मजलिस ने नवनिर्मित भारतीय संविधान पर चर्चा करने के लिए एक बैठक बुलाई थी और उस बैठक की अध्यक्षता करने के लिए रजनी पाल्मे दत्त को बुलाया था, जो ब्रिटिश साम्यवादी पक्ष की तत्कालीन उपाध्यक्ष थीं। मैं तरुणा और दिलीप से फ़िंचली रोड के ट्यूब स्टेशन पर मिला करती थी जहाँ से हम शहर के लिए ट्रेन पकड़ते थे। दरअसल, उन्होंने ही हमसे परिचय किया था और पूछा था कि हम कहाँ रहते हैं आदि। उन्होंने हमें इस बैठक के बारे में बताया और हमें वहां जाने के लिए कहा, और हम गए भी। वहां तरुणा दी मेरे पास आयीं और मुझसे विनती की कि मैं पाल्मे दत्त को पुष्पगुच्छ भेंट करूँ। मुझे लगता है कि उन्होंने मुझे शायद इसीलिए चुना क्योंकि मैं उस भीड़ में सबसे छोटी थी। उसके बाद से, वे हमें विद्यार्थियों की विभिन्न गतिविधियों के बारे में सूचित करती थीं और जल्दी ही हम वामपंथी भारतीय विद्यार्थियों के समूह में शामिल हो गए। उन्होंने यह भी सुझाव दिया कि मैं मार्क्सवाद

के कुछ सबक ले लूँ जिन्हें नए लोगों के लिए आयोजित किया जाता है। मैंने ऐसा ही किया और मैं मार्क्सवाद में शामिल हो गई। हयात और मुझे, हम दोनों को ही उस समूह का हिस्सा बनकर मज़ा आता था लेकिन जल्दी ही वह इससे बाहर निकल गया, जबकि मेरी दिलचस्पी इसमें बरक़रार रही और मैंने यह भी महसूस किया कि मेरे अंदर नेतृत्व क्षमता है। वह इंग्लैंड का एक बहुत ही रोमांचक समय था। बहुत सालों के बाद, श्रमिक पक्ष सत्ता में आया था और एक नए वामपंथी आंदोलन का उदय हो रहा था, जो नए-नए स्वतंत्र हुए देशों के विद्यार्थियों का स्वागत करता था। हम भारतीयों को गर्व था कि हम एक स्वतंत्र देश से आए हैं। लेकिन तथ्य यह था कि अंग्रेज़ नागरिकों को प्रदान की जानेवाली सुविधाओं को प्राप्त करने के लिए, हमने हमारा पंजीकरण "अंग्रेज़ नागरिक" के तौर पर कराया था। सभी आधिकारिक प्रपत्रों में, एक खंड "उत्पत्ति" का भी हुआ करता था, जिसमें हम "अंग्रेज़" लिखा करते थे। उसमें एक खंड "नस्ल" का भी हुआ करता था, जिसमें हम "मानव जाति" लिखा करते थे।

मेरे दूसरे वर्ष में, मुझे एलएसई के छात्रसंघ का महासचिव चुना गया। तब तक मैं लंदन मजलिस में भी शामिल हो गई थी और उसकी गतिविधियों में भी भाग लेने लग गई थी। हयात इन गतिविधियों को "बचकाना" मानता था और ज़्यादातर इनसे दूर ही रहता था। लेकिन मैं यह स्वीकार करती हूँ कि उसने मुझे कभी इनमें भाग लेने से नहीं रोका। उसने ऐसे मित्र बनाए थे जो सभी उसके जैसी ही पृष्ठभूमि से थे, यानि उत्तरप्रदेश के मुस्लिम और उर्दू बोलनेवाले, इनमें अपवाद केवल एक ही विचित्र अंग्रेज़ था जिसका नाम डेनिस ग्रीनस्ट्रीट था और जो ज़्यादातर समय भारतीयों के साथ घूमना-फिरना पसंद करता था। डेनिस तो एक भारतीय लड़की से ही विवाह करना चाहता था लेकिन ऐसा कुछ हुआ नहीं। उसने अंततः घाना की एक बहुत आकर्षक काली लड़की से विवाह किया और उनका विवाह बहुत अच्छा चला।

लंदन के प्रतिष्ठित भारतीय

छात्रसंघ की एक गतिविधि थी, प्रतिष्ठित भारतीयों के साथ संपर्क में रहना और उन्हें हमारे साथ संवाद और व्याख्यानों के लिए आमंत्रित करना। इससे हमें भारत की घटनाओं के साथ संपर्क में रहने में मदद मिलती थी। मुझे इन व्यक्तियों से मिलने में बहुत आनंद आता था। लंदन में मेरे लंबे निवास के दौरान, मैं वहां रहने या आने वाले कुछ दिलचस्प और प्रतिष्ठित भारतीयों से मिली। उनमें से ही एक दिलचस्प व्यक्ति जिनको जानने और जिनके साथ काम करने का सुअवसर मुझे मिला, वे थीं लेखिका और प्रसारक, अत्तिया हुसैन। अत्तिया आपा (जैसा कि हम उन्हें पुकारते थे) एक उल्लेखनीय महिला थीं जो उसी *क़स्बाती* पृष्ठभूमि से ताल्लुक रखती थीं जिससे कि मैं। वे उत्तरप्रदेश के बाराबंकी जिले के एक *कस्बे* में जन्मीं और पली-बढ़ी थीं। जब उनके पति ने विभाजन के बाद पाकिस्तान में जाने का निर्णय लिया, तो उन्होंने लंदन में रहने का निर्णय ले लिया। अपने बुद्धिजीवी और कलात्मक गुणों के अलावा, वे अपने समय की सबसे खूबसूरत भारतीय महिला मानी जाती थीं। ऐसा कहा जाता था कि भारत में देखने

वाली दो सबसे खूबसूरत वस्तुएं हैं, ताजमहल और अत्तिया हुसैन। उनका व्यक्तित्व बहुत ही आकर्षक था और उनमें सुंदरता और बुद्धिमत्ता का उचित मिश्रण था। अत्तिया आपा एक उत्कृष्ट प्रसारक थीं और मुझे कई बार बीबीसी में उनके साथ प्रसारण करने का सौभाग्य प्राप्त हुआ था। वे न केवल अच्छे से पहनती-ओढती थीं, जो कि एक युवती होने के कारण मुझे बहुत प्रभावित करता था, बल्कि अपना घर भी बहुत अच्छे से सजाकर रखती थीं। दरअसल, ब्रिटेन की महिलाओं की एक पत्रिका, *विमेंस वर्ल्ड*, ने लंदन के उनके घर को आदर्श घर के रूप में अपनी पत्रिका में स्थान दिया था।

प्रख्यात उर्दू उपन्यासकार, कुर्तुलऐन हैदर भी 1950 के दशक में लंदन में थी। मैं अक्सर उनसे संवाद स्थापित करती थी। दरअसल, उनका ज्ञानपीठ पुरस्कार प्राप्त उपन्यास *आग़ का दरिया* आंशिक रूप से उनके लंदन के अनुभवों पर आधारित है। बाद में, भारत लौटने पर, मुझे दिल्ली में उनके ही सहस्वामित्व में रहने का सौभाग्य प्राप्त हुआ। उनसे बात करने में इतनी प्रसन्नता मिलती थी क्योंकि वे एक बहुत ही अच्छी कहानीकार थी। तरस इस बात पर आता है कि उनके अंतिम वर्षों में, उन्हें कुछ सनक चढ़ गई थी, जिसमें से एक थी एक मुस्लिम *पीर*[2] के प्रति उनकी भक्ति। उनका मानना था कि उस युवा *पीर* के पास आध्यात्मिक शक्तियां थीं और वे उनका जीवन नियंत्रित करती थीं।

ज़िया मोहएद्दीन—जो अब पाकिस्तान के एक मशहूर नाटककर्मी हैं—एक युवा संघर्षरत अभिनेता के रूप में लंदन आए थे। मुझे याद है कि वह एक प्रतिभावान, दिलचस्प व्यक्तित्व का स्वामी था और किसी भी युवा इच्छुक अभिनेता की तरह खुद को स्थापित करना चाहता था और अपने अभिनय कौशल के ज़रिए भारतीयों और पाकिस्तानियों पर प्रभाव डालना चाहता था।

डॉ रोमिला थापर, जो अब एक अंतर्राष्ट्रीय ख्याति की इतिहासकार हैं, भी लंदन में मेरी समकालीन थीं। हम अच्छे मित्र बन गए और हमारी मित्रता आधी सदी से भी ज़्यादा समय से टिकी हुई है। वे अब दिल्ली में रहती हैं, इसीलिए हमारे पास अक्सर मिलते रहने का मौका है।

मैं इसे अपना बहुत बड़ा सौभाग्य मानती हूँ कि मैंने पंडित जवाहरलाल नेहरू को बहुत पास से देखा है। जब भी पंडितजी लंदन की यात्रा पर आते थे, वे वहां के भारतीयों को संबोधित करते थे। मुझे एक घटना अच्छे से याद है जब पंडितजी भारतीय उच्चायुक्त में हमें संबोधित कर रहे थे। उच्चायुक्त में एक मध्यम आकार का हॉल था जिसमें एक छोटा मंच था। मंच पर एक कुर्सी रखी गई थी जबकि श्रोता नीचे ज़मीन पर बैठे थे। जब पंडितजी आए, तो उन्होंने हाथ जोड़े और चारों तरफ देखा, मंच पर अपने लिए रखी हुई कुर्सी की तरफ देखा और बोले, "मुझे यहाँ ऊपर क्यों बैठाया गया है, नीचे आपकी तरफ देखने के लिए? मैं आपके साथ बैठूँगा।" उन्होंने खुद ही कुर्सी उठाई, उसे नीचे लेकर आए, और हमारे बीच बैठ गए। उन्होंने हमारे साथ बिल्कुल किसी पास-पड़ोस के व्यक्ति की तरह ही बातचीत की। जब उन्होंने बात करना समाप्त कर दिया,

[2] सूफी संत या आध्यात्मिक मार्गदर्शक।

तो एक महिला अपना हाथ उठाकर चिल्लाई, "*पंडित नेहरू की जय!*" पंडितजी नाराज़ हो गए और कहा, "*पंडितजी की जय* क्यों, आपको *भारत माता की जय* बोलना चाहिए।"

एक अन्य मौके पर, पंडितजी को ओस्टरली, लंदन के भारतीय क्लब में भाषण देना था। भारतीयों और गैर-भारतीयों की बहुत बड़ी भीड़ वहां एकत्रित हुई थी। उन्होंने बोलना शुरू किया और फिर उन्हें पूर्व की घटना याद आ गई जब उस भारतीय महिला ने "*पंडितजी की जय*" बोला था और उस घटना को याद किया। फिर वे नीचे झुके, ज़मीन से थोड़ी मिट्टी उठाई, और आंसू-भरी आँखों और भर्राई हुई आवाज़ में कहा, "आप सबको *भारत माता की जय* कहना चाहिए, भारत *महान* है, उसकी *मिट्टी महान* है, मैं नहीं।" फिर उन्होंने अपने आंसू पोंछे और अपना भाषण जारी रखा। कल्पना कीजिये एक महान नेता—एक देश का प्रधानमंत्री—बिना किसी पछतावे के भीड़ के सामने आंसू बहा रहा है। यह एक पुरुष था-भावुक, बहुत मानवीय, आत्म-प्रभावकारी, और अपने देश और देशवासियों के प्रति प्रेम से भरा हुआ। उनका व्यक्तित्व कितना ऊंचा था, मानवता और आकर्षण से भरा हुआ; और उनको देखना और सुनना मेरे लिए कितने सौभाग्य की बात थी।

कई साल बाद, 1964 में, मैंने उनकी अंतिम यात्रा में भी भाग लिया था। भारतीय इतिहास में किसी भी पुरुष या महिला की अंतिम यात्रा में इतनी बड़ी संख्या में सिसकती हुई, हिलोरें मारती हुई भीड़ एकत्रित नहीं हुई थी। उनके जाने की ख़बर जंगल में आग की तरह फैल गई थी। वह मई का महीना था। पास-पड़ोस के इलाकों से गांववाले अपनी बैलगाड़ी पर सवार होकर आए थे। बच्चे-बूढ़े, पुरुष और महिलाऐं, अमीर-ग़रीब, सभी धर्मों और समुदायों के लोग अपने प्रिय नेता को श्रद्धांजलि अर्पित करने आए थे। और इसके बावजूद भी, गंगा नदी में उनके अस्थि-विसर्जन के समय कोई हिंसा नहीं हुई।

पंडितजी की सबसे उल्लेखनीय विशेषता यह थी कि उन तक कोई भी आसानी से पहुँच सकता था। इंग्लैंड से लौटने के बाद, जब मैं नौकरी के लिए हर दरवाज़ा खटखटा रही थी और मुझे सफलता नहीं मिल रही थी, तब एक मित्र ने सुझाव दिया कि पंडितजी को पत्र लिखूं ताकि वे हमारे लिए एक नौकरी पक्की कर दें। मैंने इस बात को हंसी में उड़ा दिया; आखिर, वे देश के प्रधानमंत्री थे और उनके पास करने के लिए हजारों काम थे। लेकिन अपने मित्र के जोर देने पर और नौकरी के लिए मेरी चाहत के चलते, मैंने अपना बायोडाटा उनके सचिवालय में भिजवा दिया और उसपर "व्यक्तिगत" लिख दिया। आपको शायद विश्वास न हो, लेकिन मुझे तुरंत ही एक अभिस्वीकृति मिली जिसमें मुझे सूचित किया गया कि प्रधानमंत्री के निर्देशानुसार, सचिवालय ने मेरा बायोडाटा एक उपयुक्त संस्थान के पास भिजवा दिया है। कुछ समय के बाद, मुझे भारतीय पुरातत्व सर्वेक्षण से एक नौकरी का प्रस्ताव भी मिला था। देश के प्रत्येक नागरिक के लिए पंडितजी की चिंता ऐसी ही थी। पंडितजी में स्थाई संबंध बनाने की उल्लेखनीय विशेषता भी थी। डॉ जेड.ए. अहमद—भारत के एक सम्माननीय साम्यवादी नेता—पंडितजी के साथ भारतीय राष्ट्रीय कांग्रेस के गठन के शुरुआती दिनों में राजनीति में शामिल हुए थे। पंडितजी और डॉ अहमद अच्छे मित्र बन गए थे लेकिन बाद में जाकर, राजनैतिक विचारधाराओं की

वजह से उनमें मतभेद आ गए और डॉ अहमद कांग्रेस छोड़कर भारतीय साम्यवादी पक्ष में शामिल हो गए। लेकिन, व्यक्तिगत स्तर पर, वे मित्र बने रहे। जब डॉ अहमद की बेटी सलीमा का विवाह हुआ, तो पंडितजी को विवाह का निमंत्रण दिया गया था लेकिन अपने व्यस्त कार्यक्रम के कारण वे विवाह में सम्मिलित नहीं हो पाए। लेकिन जैसे ही उन्हें थोड़ा समय मिला, उन्होंने नवविवाहितों को अपने घर पर बुलाया, चाय-नाश्ते से उनका स्वागत किया, और उनके साथ कुछ समय बिताया।

इंदिरा गाँधी

इंदिरा गाँधी—पंडित नेहरू की बेटी—को भी मित्रता को बरक़रार रखने का गुण विरासत में मिला था। जैसा कि पहले बताया गया है, मेरे चाचा अंसार हरवानी एक स्वत्रंतता सेनानी थे और उन्हें पहली दो सांसदों के लिए चुना गया था। बाद में, श्रीमती गाँधी के नेतृत्व में, उनके राजनीति के कारण मतभेद उभर आए और उन्होंने सक्रिय राजनीति से संन्यास ले लिया। उनके राजनैतिक संन्यास के बाद भी, जब उनकी तीनों बेटियों का विवाह हुआ, चाचा अंसार ने श्रीमती गाँधी को हर विवाह में आमंत्रित किया और वे भी सबमें शामिल हुईं। मुझे याद है कि वे पीछे वाले दरवाज़े से एक अप्रत्यक्ष सुरक्षाकर्मी के साथ दाखिल होती थीं, दूल्हा-दुल्हन से बात करती थीं, एक कप चाय पीती थीं, जोड़े के साथ तस्वीर खिंचवाती थीं, और चुपचाप चली जाती थीं। मुझे भी कई मौको पर उन्हें देखने का सौभाग्य प्राप्त हुआ था और जिस सुगमता से वे अपने पद को बरक़रार रखती थीं उससे मैं आश्चर्य में पड़ जाती थी। एक बार, जब मेरे दूसरे पति इदराक एक प्रतिष्ठित आर्थिक अनुसंधान संस्थान के प्रमुख थे, हमें राष्ट्रपति भवन में खाड़ी देशों में से एक के आर्थिक मामलो के मंत्री के सम्मान में दिए गए भोज में श्रीमती गाँधी द्वारा आमंत्रित किया गया। वहां पर कुछ विख्यात अर्थशास्त्रियों के साथ ही पूरा मंत्रिमंडल हाजिर था। हम प्रधानमंत्री के आने से पहले ही वहां पहुँच गए थे। मैं स्वाभाविक रूप से बहुत घबराई हुई थी लेकिन मैंने इस बात पर भी गौर किया कि वहां उनका इंतजार करने वाले मेहमानों में से अधिकांश घबराए हुए और एक प्रकार के तनाव में नज़र आ रहे थे। जब वे आयीं, तो वे इतनी सुगमता से दाखिल हुईं कि वहां विद्यमान सारा तनाव गायब हो गया। हम सभी को उनकी उपस्थिति ने तनावमुक्त कर दिया। वह एक "बैठक" (सिट-इन) भोज था और वे बातें कर रही थीं, खुद भोजन का स्वाद उठाते हुए सम्माननीय मेहमानों को और उनके पास बैठे हुए अन्य मेहमानों को भी खाने की पेशकश कर रही थीं। वह एक अद्भुत अनुभव था।

8

साम्यवादी शासन का अनुभव

उन्नीस सौ चालीस और 1950 के दशक के दिन "लौह आवरण" (आयरन कर्टन) कहे जाते थे जब व्यक्तिगत रूप से सोवियत संघ की यात्रा करने पर प्रतिबंध था और केवल आधिकारिक रूप से आमंत्रित लोग या समूह उस देश की यात्रा कर सकते थे। लेकिन सोवियत संघ अपनी उपलब्धियों को बाकी के विश्व को दिखाने के लिए बहुत आतुर भी था। इसीलिए हर दो साल में, एक साम्यवादी देश में युवा महोत्सव का आयोजन किया जाता था जिसमें युवा महिलाओं और पुरुषों को आमंत्रित किया जाता था। उनके रहने-खाने का इंतज़ाम मुफ्त में किया जाता था और यात्रा में भी काफ़ी रियायत प्रदान की जाती थी। इसके पीछे विचार यह था कि विश्व के युवा, साम्यवादी युवाओं, जिनके खुद के पास विदेश यात्रा करने का कोई मौका नहीं था, के साथ संवाद स्थापित करने में समर्थ हों, और साथ ही साम्यवादी देशों की सामाजिक-आर्थिक उन्नति से विश्व को प्रभावित करना भी एक कारण था। इस महोत्सव का आयोजन सबसे पहले बुखारेस्ट, रोमानिया में 1953 की गर्मियों में किया गया। उस वक्त तक, मैं ब्रिटेन में भारतीय विद्यार्थियों के आंदोलन में अच्छी तरह से एकीकृत हो गई थी। भारतीय विद्यार्थियों के एक प्रतिनिधिमंडल का चुनाव किया गया, जिनके द्वारा यात्रा शुल्क भरा जाना था। मैं जाने के लिए बहुत उत्सुक थी, तथापि मेरे पास पैसे नहीं थे। भारत से एक प्रतिनिधिमंडल सीधे ही जा रहा था, और लंदन का प्रतिनिधिमंडल उसका हिस्सा बनने जा रहा था। क्योंकि भारतीय साम्यवादी दल को कुछ पैसे मिले थे, दल ने उन पैसों को इंग्लैंड में रहनेवाले भारतीय विद्यार्थियों के साथ साझा करने का निर्णय लिया; इसीलिए, आख़िरी मौके पर, विद्यार्थियों के आंदोलन में मेरी सक्रिय भागीदारी को मान्यता प्रदान करते हुए, मुझे बुखारेस्ट के एक मुफ्त टिकट की पेशकश की गई। मेरी ख़ुशी की कोई सीमा नहीं रही। यह पूरे विश्व के युवक-युवतियों से मिलने का और हमारे भारतीय हमवतनों के साथ जुड़ने का एक अद्भुत अवसर था। साथ ही मैं इंग्लैंड के अलावा किसी और देश में भी पहली बार ही जा रही थी। इसीलिए मैंने जल्दी से और पूरे उत्साह के साथ अपना सामान बाँध लिया। लेकिन प्रस्थान के दिन, मैंने अचानक अपना सारा उत्साह खो दिया और बहुत उदास महसूस करने लगी, यहाँ तक कि मैं अपनी यात्रा

रद्द करना चाहने लगी। मुझे ऐसे व्यवहार के लिए कोई कारण समझ में नहीं आ रहा था। तथापि, यात्रा रद्द करने के लिए बहुत देर हो चुकी थी; साथ ही, ऐसा करना महोत्सव आयोजन समिति के लिए एक अपमान होता जिन्होंने इतनी दयालुता से मेरी यात्रा के लिए धन उपलब्ध कराया। इसीलिए मैं गई और जर्मनी के एक छोटे बंदरगाह तक जानेवाली रेलगाड़ी में बैठ गई, जहाँ से आगे हमें जहाज़ से जाना था। उस रेलगाड़ी में ज़्यादातर इंग्लैंड, आयरलैंड, और स्कॉटलैंड के विभिन्न हिस्सों से आए प्रतिनिधि शामिल थे। हर कोई प्रफुल्ल था, मज़ाक कर रहा था और गाने गा रहा था और इस सारी चहलपहल के बीच, मैं खिड़की से बाहर देखती हुई अपने आंसू छुपाने की कोशिश कर रही थी। अगले दिन तक, मुझे थोड़ा अच्छा लगने लगा और मैं आख़िरकार उत्सव की भावना में शामिल हो गई। मैंने ऐसे लोगों के बारे में सुना था जिन्हें वर्तमान या भविष्य की घटनाओं के बारे में "पूर्वाभास" होते हैं, और यहाँ मुझे खुद उसका अनुभव हो रहा था। प्रकट रूप से, मेरी *बाजी*, जिनसे मुझे बहुत लगाव था, जिन्होंने व्यावहारिक रूप से मुझे पाल-पोसकर बड़ा किया था, की उस दिन भारत में मृत्यु हो गई थी। मुझे इस बारे में तभी बताया गया जब मैं महोत्सव के बाद लंदन लौटी।

उस महोत्सव का अनुभव वास्तव में अद्भुत था। यह पहली बार था कि मैं इंग्लैंड के बाहर यात्रा कर रही थी, और सीधे भारत से आने वाले लोगों के साथ एकजुट होने के लिए मैं बहुत रोमांचित थी। हमेशा की तरह, प्रतिनिधिमंडल में बहुत ही कम महिलाएं शामिल थीं, लेकिन भारत के प्रतिनिधिमंडल में भारत सुंदरी (मिस इंडिया) इंद्राणी रहमान शामिल थीं। हम लंदन वाले उनसे मिलने के लिए विशेष रूप से उत्सुक थे और हमें यह देखकर ख़ुशी हुई कि वे बहुत ही मिलनसार थीं, और उनमें लेशमात्र भी अहंकार नहीं था। वे एक कुशल नृत्यांगना भी थीं और भारतीय प्रतिनिधिमंडल के लिए एक परिसंपत्ति साबित हुईं क्योंकि उन्होंने बहुत सी प्रस्तुतियां दीं जिसके कारण अंतर्राष्ट्रीय प्रतिभागियों को बहुत आनंद आया। तब तक, उच्च शिक्षा के लिए विदेश गई हुई कुछ विशेषाधिकार-प्राप्त महिलाओं के सिवाय, ज़्यादा भारतीय महिलाओं ने विश्व के उस भाग की यात्रा नहीं की थी। हर देश में एक परिपूर्ण भारतीय उच्चायुक्त या दूतावास भी नहीं था, क्योंकि भारत को लोकतंत्र बने हुए केवल छह साल ही हुए थे। रूमानियावासियों समेत, छोटे देशों के प्रतिनिधियों ने तो रंगबिरंगी साड़ियाँ पहनी हुई महिलाओं या सजीली पगड़ियोंवाले *सरदारजी* को देखा ही नहीं था। इसीलिए हम भारतीय महिलाओं और हमारे सिख प्रतिनिधियों की अत्यधिक प्रशंसा की जाती थी, और सिख पुरुषों को तो विवाह के प्रस्ताव भी मिले थे।

बुखारेस्ट की यात्रा ने प्रचलित साम्यवादी शासन के बारे में मेरी आँखें खोल दीं। मैं तब तक साम्यवादी दल में शामिल नहीं हुई थी, और इस शासन के बारे में मेरा दृष्टिकोण बहुत आदर्शवादी था। इसका पहला अनावरण निराशाजनक था। हमने गौर किया कि एक बहुत ही कठोर और श्रेणीबद्ध प्रणाली के माध्यम से लोगों के जीवन पर कठोर नियंत्रण था। जिस पल से हमने बुखारेस्ट में कदम रखा, हमारी गतिविधियों को भी नियंत्रित किया गया। उदाहरण के लिए, हमारे आगमन पर हमें एक कार्यालय जैसी इमारत के एक कमरे में ले जाया गया, और हमें बताया गया कि बाद में हमें एक होटल में स्थानांतरित कर दिया जाएगा जहाँ पर

बाकी के भारतीय प्रतिनिधिमंडल को पहले से ही ठहराया हुआ था। स्वाभाविक रूप से, हम अपने भारतीय हमवतनों में शामिल होने के लिए उत्सुक थे और हमने अपने मार्गदर्शक से अनुरोध किया कि वे हमें उनसे मिलवाने के लिए वहां ले चले। लेकिन वह बड़ी दृढ़ता और कुछ अरुचिकर ढंग से बार-बार दोहराते रहे, "नहीं, तब तक नहीं जब तक कि मुझे अपने नेता की अनुमति नहीं मिल जाए।" हमारे पास वहां करने के लिए कुछ भी नहीं था और हम ऊब रहे थे, लेकिन उसने हमें इमारत के बाहर टहलने की भी अनुमति नहीं दी। हम एक तरह से उस इमारत में कैद थे, और नेता के निर्देश देने का इंतज़ार कर रहे थे। हालांकि अंत में हम अन्य भारतीयों से मिल गए और हमें आराम से ठहराया और खिलाया-पिलाया गया। हर सुबह हमें हमारे पूरे दिन का कार्यक्रम दिया जाता था। हमारे मनोरंजन के लिए सांस्कृतिक कार्यक्रमों की एक विशाल विविधता का और दिलचस्प स्थलों के दौरों का आयोजन किया जाता था, और प्रत्येक व्यक्ति को ऐसी एक यात्रा या कार्यक्रम सौंपा गया था। हमें नियोजित जगह से अपनी यात्रा बदलने की अनुमति नहीं थी। ऐसा कई बार हुआ कि हमें जो सौंपा गया था, हमारी दिलचस्पी उससे अलग थी और हम आपस में कार्यक्रम बदलना चाहते थे, लेकिन इसकी अनुमति नहीं थी; हमें उसी कार्यक्रम में जाना पड़ता था जो "नेता" ने हमसे पूछे बगैर हमें आवंटित किया था। हमें यह थोपा हुआ अनुशासन पसंद नहीं आया लेकिन हमें इसे स्वीकार करना ही पड़ा।

उस समय के साम्यवादी देश बाकी के विश्व से पूर्णतः अलग-थलग थे और वहां उपभोक्ता वस्तुओं की भारी कमी थी। लोग विदेशी वस्तुओं के लिए तरसते थे। पुरुष हमसे विदेशी सिगरेट मांगते थे और महिलाएं मोज़े और लिपस्टिक। मेरे साथ कुछ दुर्भाग्यपूर्ण घटनाएं हुईं, जिनकी वजह से हमारे रोमानियाई मेजबानों को शर्मिंदगी उठानी पड़ी। होटल में से मेरे और दो अन्य भारतीय प्रतिनिधियों के डॉलर खो गए। अमरीकी मुद्रा की वहां बहुत मांग थी। अभिनेता बलराज साहनी, जो खुद एक बहुत अच्छे इंसान और साम्यवादी थे, भारतीय प्रतिनिधिमंडल के प्रमुख थे। वे भी बहुत शर्मिंदा थे, क्योंकि यह स्पष्ट था कि किसी रोमानियाई ने ही हमारे डॉलर चोरी किए हैं। हमने हंगामा खड़ा नहीं किया और इस घटना को यथासंभव शांति से गुज़र जाने दिया।

एक अन्य मौके पर, हम एक खुले मैदान (ओपन-एयर स्टेडियम) में हो रहे सांस्कृतिक कार्यक्रम को देख रहे थे। एक सात-आठ साल की छोटी-सी लड़की, जो शायद एक बंजारन थी, मेरे पास आकर बैठ गई। वह मुझे गले लगाने लगी, मेरे कपड़े छूने लगी और मेरे द्वारा पहनी हुई कलाईघड़ी की तारीफ़ करने लगी। जैसे ही कार्यक्रम समाप्त हुआ, वह छोटी लड़की अचानक भाग खड़ी हुई और भीड़ में खो गई, और मैंने गौर किया कि मेरी कलाईघड़ी गायब है। वह एक स्विस घड़ी थी जो मेरे पति ने मुझे विवाह के तोहफे के रूप में दी थी। इसीलिए मैंने थोड़ा शोर मचाया और इधर-उधर ढूँढने लगी, कि शायद वह गिर गई हो। यह कहीं भी हो सकता था लेकिन फिर से रोमानियाई मार्गदर्शक ने इसे बहुत गंभीरता से लिया। उसे लगा जैसे देश की छवि मिट्टी में मिल रही है; वे लोग एक आदर्श समाज की छवि प्रस्तुत करने के लिए बहुत मेहनत कर रहे थे। जो भी हो, मैं इस बारे में भूल गई और इसकी वजह से अपनी यात्रा को ख़राब

नहीं होने दिया। काफ़ी अजीब है कि जब हम महोत्सव समाप्त होने पर बुखारेस्ट छोड़कर जा रहे थे और स्टेशन जाने के लिए बस में बैठ गए थे, तो रोमानियाई प्रतिनिधिमंडल का मुखिया मेरे पास आया और मुझे पुरुषों की एक स्विस घड़ी प्रदान की (वह घड़ी शायद उस व्यक्ति की थी, क्योंकि वह नई नहीं थी)। मैंने नम्रता से उसे स्वीकार करने से मना कर दिया लेकिन वह उसे कलाई पर बाँधने के लिए जोर देने लगा, और मुझसे विनती करने लगा कि मैं उसे स्वीकार कर लूँ, नहीं तो उसका राष्ट्रीय गौरव आहत होगा।

बाद में, मुझे वॉरसॉ, पोलैंड में 1955 में और मास्को, रूस में 1957 में हुए आगामी युवा महोत्सवों में भाग लेने का अवसर प्राप्त हुआ। उनका आयोजन स्टालिन के भंडाफोड़ के बाद हुआ। तब तक भी, परिस्थिति ज़्यादा नहीं बदली थी और स्तर की परवाह किए बगैर, समृद्धि और सब लोगों की भलाई के कृत्रिम दिखावे का आक्रमण हमारे ऊपर किया जा रहा था, हालांकि हमें पता लग रहा था कि वह एक मुखौटा है। हमने बेलारूस के ज़रिये मास्को की रेल यात्रा के दौरान बहुत ग़रीबी देखी, जिसके कारण हमारे अनुदारपंथी साम्यवादी सहकर्मी बहुत शर्मिंदा हुए। हमने "उपग्रह" साम्यवादी देशों जैसे रूमानिया और पोलैंड के लोगों का सोवियत वर्चस्व के प्रति असंतोष पर भी गौर किया। जब हमारी रेलगाड़ी पोलैंड के एक छोटे स्टेशन पर रुकी, तो हममें से कुछ लोग रेल से नीचे उतरे और एक जिज्ञासु भीड़ एकत्रित हो गई। हमारे एक साथी भारतीय ने भीड़ में से एक व्यक्ति को सिगरेट पेश की और गर्व से घोषणा की, "ले लो, यह एक रूसी सिगरेट है" लेकिन हमारे मित्र की उम्मीदानुसार, खुश होने की बजाय, उस युवा पोलिश ने सिगरेट ज़मीन पर फेंक दी और उसे अपने पैर से कुचलते हुए कहा कि उसे कोई भी रूसी वस्तु नहीं चाहिए। "हम इससे बेहतर वस्तु का निर्माण कर सकते हैं।"

पचास का दशक

बीसवीं सदी में, राष्ट्रीय और अंतर्राष्ट्रीय दोनों ही स्तरों पर, 1950 का दशक सबसे दिलचस्प और महत्वपूर्ण दशक था। एक राष्ट्र के रूप में अंग्रेज़ लोग राजसी गौरव के प्रति पागल थे; उनके लिए शाही घटनाओं की प्राथमिकता बाकी सभी से ऊपर थीं। हमारे आगमन के एक साल के भीतर ही, राजा जॉर्ज पंचम की मृत्यु हो गई और उसकी अंत्येष्टि का जुलूस मध्य लंदन में निकाला गया। लंदनवासी बहुत बड़ी संख्या में उसे देखने के लिए बाहर निकले। फिर महारानी एलिज़ाबेथ का राज्याभिषेक हुआ। यह एक बहुत बड़ी घटना थी; पूरा देश लगभग उन्मत हो गया। लोगों ने राज्याभिषेक की परेड के रास्ते में कतार लगा ली, और एक दिन पहले की रात फुटपाथ पर बिताई, ताकि ऐसी महत्वपूर्ण जगह सुरक्षित की जा सके जहाँ सेनई महारानी की एक झलक देखने को मिले। लगभग एक साल तक, टॉयलेट पेपर समेत जो भी खरीददारी कोई करता था, उस पर राज्याभिषेक की मुहर होती थी। मेरे अंग्रेज़ मित्रों का मानना था कि हम बहुत सौभाग्यशाली हैं जो ऐसे शुभ समय पर इंग्लैंड में हैं। कई दिनों तक अखबारों में राज्याभिषेक

के विवरण के अलावा और कुछ था ही नहीं। राज्याभिषेक के उन्माद के शांत होने के बाद, नई सिंहासनारूढ़ महारानी की रंगीली बहन मार्गरेट के प्रेम-प्रसंग, और अंत में एक सामान्य तलाक़शुदा व्यक्ति के साथ उसके विवाह की ख़बरों ने अख़बारों में प्रमुख स्थान पर कब्ज़ा जमा रखा था। यहाँ तक कि सबसे गंभीर अखबार जैसे *लंदन टाइम्स* और *मेनचेस्टर गार्डियन* को भी राज-परिवारवालों की व्यक्तिगत ज़िंदगी के यह विवरण छापने से कोई परहेज़ नहीं था। ब्रिटिश प्रेस के इस ओछे पहलू ने हमें आश्चर्यचकित कर दिया।

वैज्ञानिक खोजें

वैश्विक महत्व की अन्य घटनाएं भी 1950 के दशक को एक महत्वपूर्ण दशक के रूप में चिन्हित करती हैं। 1952 में पहली व्यावसायिक जेट एयरलाइन की शुरुआत हुई। इसे दे हैवील्लैंड कॉमेट कहा गया था। इसके बारे में बहुत उत्साह था क्योंकि यह यात्रा के समय को आधे से भी कम कर देती थी। बीबीसी के भारतीय और पाकिस्तानी कर्मचारियों को हर दो साल में एक बार भारत की हवाई यात्रा उपलब्ध कराई जाती थी। कर्मचारी इस विशेषाधिकार के बारे में शेखी बघारते थे और हम ग़रीब संघर्षरत विद्यार्थी उनसे जलते थे, क्योंकि हम केवल जहाज़ से यात्रा कर सकते थे, जिसे लंदन और बॉम्बे के बीच की दूरी तय करने में 17–20 दिन लग जाते थे। मुझे याद है कि किस प्रकार बीबीसी के कर्मचारियों में से एक ने सबसे पहले कॉमेट विमान में भारत की यात्रा की और हम लोग उसकी सुविधा और लंदन और नई दिल्ली के बीच के घटे हुए उड़ान समय के वर्णन को सुनते हुए कितने हैरान थे। लेकिन एक साल के बाद कॉमेट में तकनीकी दोष विकसित हो गए और उसे ज़मीन पर उतारना पड़ा। लेकिन उस समय तक, तकनीक में और भी ज़्यादा सुधार हो गया था और अन्य अंतर्राष्ट्रीय कंपनियों ने भी जेट विमानों को अधिग्रहित कर लिया था।

1950 के पूर्वार्ध में, चिकित्सा के क्षेत्र में महान और बहुत महत्वपूर्ण प्रगति की गई थी। 1950 के पूर्वार्ध में पेनिसिलिन दवा की खोज की गई, जिसे उस समय तक "घातक" बीमारी समझे जानेवाले तपेदिक के इलाज के लिए चमत्कारी दवा माना गया। 1957 में जब मुझपर तपेदिक का उपचार हो रहा था, तब मुझे भी चूर्ण (पाउडर) रूप में पेनिसिलिन ही दी जाती थी, जिसका स्वाद बहुत ही भयानक था। लेकिन ऐसा पता चला कि मुझे उससे एलर्जी हो जाती है, और इसीलिए एक अन्य विकल्प के रूप में, मुझे पास & इना नामक एक जीवाणुनाशक (एंटीबायोटिक) चूर्ण पानी में मिलाकर पीना पड़ता था, जो कि उससे भी ज्यादा अरुचिकर था जितना एक पेनिसिलिन का इंजेक्शन होता। एक अन्य महत्वपूर्ण चिकित्सकीय घटना थी 1957 में स्यामी (संयुक्त)जुडवांओं को अलग करना। आपस में दिमाग़ से जुड़े हुए जुडवांओं को अंग्रेज़ चिकित्सकों ने सफलतापूर्वक अलग कर दिया था। 1950 के दशक में ही ट्रिपल का इंजेक्शन जिसमें डिफ्थीरिया, काली खांसी और टिटनेस के टीके शामिल थे, सफलतापूर्वक शिशुओं को

दिया गया। मेरी बेटी हुमा (जो अब 55 साल की है) शिशुओं की उस पहली पीढ़ी से ताल्लुक रखती है जो इस आविष्कार से लाभान्वित हुए थे।

जब सोवियत संघ ने 4 अक्टूबर, 1957 को अंतरिक्ष में "स्पुतनिक" नामक उपग्रह भेजा तो यह सबसे बड़े रोमांचों में से एक था। इसने विश्व को हिलाकर रख दिया। यूरोप और अमेरिका जैसे वैज्ञानिक रूप से उन्नत देशों को पीछे छोड़ते हुए, यूएसएसआर (सोवियत रूस) अंतरिक्ष में उपग्रह भेजने वाला पहला देश कैसे बन गया? यह देश अपनी जलन छिपा नहीं सके और यह निष्कर्ष निकाला कि ऐसी वैज्ञानिक उपलब्धि हासिल करने के पीछे सोवियत बुद्धि नहीं हो सकती। वे सोवियत संघ के आश्रय में रहनेवाले जर्मन यहूदी होंगे जिन्होंने इसमें अपना योगदान दिया। मुझे स्पष्ट रूप से याद है कि किस प्रकार बाकी की सारी दुनिया आश्चर्यचकित हो गई थी। यह वास्तव में एक कमाल की घटना थी।

सोवियत संघ के स्टालिन शासन का भंडाफोड़

राजनैतिक मोर्चे पर, स्टालिन और उसके तानाशाही शासन का भंडाफोड़ पूरी दुनिया के सामने तब हुआ जब स्टालिन की मृत्यु के बाद निकिता ख़ुश्चेव ने 1956 में सोवियत पोलित ब्यूरो के महासचिव के रूप में पदभार संभाला। फरवरी 1956 में अपने उद्घाटन भाषण में, ख़ुश्चेव ने स्टालिन का भंडाफोड़ किया और स्टालिन के नेतृत्व में सोवियत संघ के निरंकुश, अत्याचारी शासन के विवरण का पर्दाफाश कर दिया। उन्होंने विस्तार से बताया कि किस प्रकार से स्टालिन, जिसने मार्क्सवाद-लेनिनवाद के बुनियादी सिद्धांतों को बुरी तरह से विकृत कर दिया, को लगभग ईश्वर के पद तक ऊपर उठा दिया गया था। यह ऐसा था जैसे कोई बड़ा गुब्बारा फूट गया हो। लौह आवरण उठ चुका था। साम्यवादी और गैर-साम्यवादी दोनों ही समान रूप से अवाक् रह गए थे। ख़ुश्चेव का पूरा भाषण रविवार की एक निर्णायक सुबह अंग्रेज़ी अखबार *मेनचेस्टर गार्डियन* में प्रकाशित हुआ था। हमारे अनुदारपंथी साम्यवादी मित्रों ने इस पर विश्वास करने से इंकार कर दिया और इसे महान साम्यवादी विश्व के ख़िलाफ़ एक और पूंजीवादी साजिश माना। साम्यवादी शासन के आलोचक उल्लसित थे। हफ़्तों तक, एलएसई में चर्चा का एकमात्र विषय था ख़ुश्चेव का भाषण और सोवियत संघ का संभावित "पतन"। क्योंकि एलएसई की उस शासन के साथ विशिष्ट आत्मीयता थी, इसीलिए वह उस भंडाफोड़ से विशेष रूप से प्रभावित हुआ था। इसका अंतिम परिणाम यह हुआ कि कई दशकों के बाद, एक रूढ़िवादी विद्यार्थी एलएसई के छात्रसंघ का अध्यक्ष चुना गया। लस्कीस के गढ़ में यह इतनी महत्वपूर्ण घटना मानी गई थी कि *लंदन टाइम्स* ने उस घटना के लिए संपादकीय स्थान दिया था। इसने एलएसई के पूरे राजनैतिक पार्श्वचित्र को ही बदल डाला, जिससे हमारे हमवतन भारतीय साम्यवादी बहुत आहत हुए और उलझन में पड़ गए। मैंने, ब्रिटिश साम्यवादी दल के औपचारिक संघ की "अनिच्छुक प्रथम प्रदर्शनकारिणी" होने के नाते, अप्रकट रूप से राहत महसूस की। मेरे साथी साम्यवादी विद्यार्थियों से प्रभावित होकर बल्कि उनके दबाव में आकर, दल में शामिल होने के बाद, मैं दल

के निरंकुश कामकाज और धनी छात्रों के पाखंड से बहुत निराश हुई, जो "दलित", "शोषित", आदि शब्दों का इस्तेमाल उनका मतलब समझे बगैर करते थे। मुझसे अपेक्षित था कि मैं बिना कोई प्रश्न पूछे दल का हुकुम बजाती रहूँ; नहीं तो मैं एक "गद्दार" कहलाती। मुझे यह कठोरता दम घोटनेवाली और अधिकांश सदस्यों की कट्टरता धार्मिक कट्टरपंथियों के समान ही लगी। जहाँ मैं समानता और सामाजिक न्याय के मार्क्सवादी सिद्धांत और इसके द्वारा पूँजीवाद की शोषक प्रकृति की जुगुप्सा की प्रशंसा करती थी, वहीं मैं यह अनुभव करके निराश थी कि दल के सिद्धांत और कार्यक्रम सही मायने में मार्क्सवादी होने से बहुत दूर थे।

स्टालिन के भंडाफोड़ के बाद अक्टूबर 1956 में ही, हंगरी, जो कि पूर्वी यूरोप के पहले "उपग्रह" देशों में से एक था, ने मौजूदा साम्यवादी शासन और सोवियत संघ के प्रभुत्व के ख़िलाफ़ खुलेआम विद्रोह कर दिया। उसी हफ्ते, मिस्र के प्रधानमंत्री नासिर ने सुएज नहर (सुएज कैनाल), जो कि ब्रिटिश नियंत्रण में था, का राष्ट्रीयकरण कर दिया। ब्रिटिश सरकार इतनी महत्वपूर्ण संपत्ति को खो नहीं सकती थी और नहर को पुनः प्राप्त करने के लिए उसने मिस्र पर आक्रमण कर दिया। इस आक्रामक कार्यवाही की व्यापक रूप से निंदा की गई। ब्रिटिश औपनिवेशिक शासन के ख़िलाफ़ पहले से ही एक मज़बूत आंदोलन हो रहा था और अंग्रेज़ पहले ही आठ वर्ष पूर्व भारत को खो चुके थे। आख़िरकार दबाव में आकर ब्रिटिश सरकार ने अपनी सेना वापस बुला ली और नहर को उसके वास्तविक मालिक, मिस्र सरकार को लौटा दिया। इन घटनाओं के कारण ब्रिटेन में बहुत उत्तेजना पैदा हुई। अपनी आज़ादी प्राप्त कर लेने के कारण, हम उन्हें मनोरंजन की दृष्टि से देखा करते थे। मुझे याद है कि सुएज नहर को कुछ समय के लिए बंद कर दिया गया था, और उस समय हमारे कुछ मित्र जो शिक्षा पूरी करके भारत लौट रहे थे, उन्हें दक्षिण अफ्रीका के ज़रिए जाना पड़ा था, जो एशिया को यूरोप से जोडने वाला एक बहुत लंबा मार्ग था।

1957 की गर्मियों में मास्को में एक युवा महोत्सव का आयोजन हुआ। लंदन *मजलिस* ने मुझे एक प्रतिनिधि के रूप में प्रायोजित करने का निर्णय लिया। लेकिन मुझे 9 महीने की हुमा की देखभाल करनी थी, जिसे मैं पीछे नहीं छोड़ सकती थी। सौभाग्यवश, कुमारी डिसूज़ा नाम की मेरी एक सिंहली सहेली, जिसने बाद में श्रीलंका के प्रख्यात अर्थशास्त्री लाल जयवर्धने से विवाह किया, ने मेरे घर में आकर रहने और हुमा की देखभाल करने की पेशकश की। कुमारी को बच्चों का बहुत शौक था और वह अक्सर हुमा के साथ समय बिताने के लिए हमारे यहाँ आती थी। मैंने उसकी पेशकश स्वीकार कर ली और मास्को महोत्सव में चली गई। यह एक और आँखें खोलनेवाला अनुभव था। देश की आर्थिक प्रगति के द्वारा हमें प्रभावित करने के हमारे रूसी मेजबानों के प्रयासों के बावजूद, हम यह देखकर बेहद निराश हुए कि आम नागरिकों का जीवन उतना आनंदी नहीं था जितना कि प्रचारित किया जा रहा था। उदाहरण के लिए, वहां बहुत सी आधुनिक इमारतें थीं लेकिन उनमें जल निकासी व्यवस्था काम नहीं करती थी। अन्य क्षेत्रों में भी विकास की असमानता स्पष्ट थी।

दस साल बाद, 1967 में, मैंने फिर से मास्को की यात्रा की और उस समय भी मैंने देखा कि उपभोक्ता वस्तुओं की उपलब्धता बेहतर नहीं थी, और न ही जल निकासी प्रणाली में कोई

ख़ास सुधार आया था। इस बार मैं एक शांति सम्मेलन के प्रतिनिधि के रूप में भारत से गई थी और मुझे बहुत सुविधापूर्वक एक अच्छे होटल में ठहराया गया था। मुझे लगता है कि थोड़ी सी पुनरावृत्ति से कोई नुकसान नहीं होता क्योंकि यह मुद्दे पर जोर देती है। मुझे बताया गया था कि यह होटल ज़ार (रूस के सम्राट) शासन के दौरान विशेष रूप से युवा ज़ारों के लिए बनाया गया था; बाद में इसे सरकार द्वारा चलाए जाने वाले होटल में बदल दिया गया और इसका उपयोग मुख्य रूप से विदेशी प्रतिनिधियों के लिए किया जाता था। लेकिन विलासिता के बावजूद भी, हम बहुत ही एकान्तमय महसूस करते थे, क्योंकि हमारी गतिविधियों का इतनी सख्ती से निरीक्षण किया जाता था, और किसी को कभी भी प्रश्न पूछने की अनुमति नहीं थी। हमारे लिए आवश्यक था कि हम हर बात को बिना पूछताछ के स्वीकार कर लें। उदाहरण के लिए, हमें एक सुबह मास्को से प्राग के लिए उड़ान भरनी थी। तो एक शाम पहले रात्रि भोजन के समय हमें बताया गया कि हम हवाईअड्डे पर जाने के लिए अपने सामान के साथ दूसरे नंबर के फाटक पर इकत्रित हो जाएँ। मैंने पूछा कि प्राग के लिए हमारी उड़ान कितने बजे की है। हमारे मार्गदर्शक ने बहुत रूखेपन से उत्तर दिया, "मुझे नहीं पता।" वह समझ नहीं सका कि मैंने वह प्रश्न क्यों पूछा। मुझे केवल उसके निर्देशों का उत्तरोत्तर पालन करना चाहिए था। मुझे संदेह था कि उसे खुद भी केवल हमें एक निश्चित समय पर हवाईअड्डे की बस में बैठाने के निर्देश मिले थे; इससे ज्यादा उसे कुछ बताया नहीं गया था। हवाईअड्डे पर, एक दूसरे मार्गदर्शक ने हमारा ज़िम्मा संभाला। ऐसा प्रतीत हुआ कि कड़े राज्य नियंत्रण की व्यवस्था इसीलिए काम करती थी क्योंकि प्रत्येक व्यक्ति को उसके द्वारा किए जानेवाले काम के बारे में सीमित जानकारी दी जाती थी; इसके अलावा उस व्यक्ति को कुछ भी नहीं जानना था, और सामान्य नागरिकों में प्रश्न पूछने और अधिक जानने की इच्छा को पूर्णतः मार डाला गया था।

मैंने फिर से मास्को की यात्रा की, मुझे लगता है वह 1973 का साल था। उस बार मेरा अनुभव बहुत ही दिलचस्प रहा था। मैं उस समय दिल्ली विश्वविद्यालय में पढ़ा रही थी, और मास्को जाने के लिए मैंने छुट्टी ली। विश्वविद्यालय का सत्र अभी चल रहा था, और मेरे लौटने के समय तक, गर्मी की छुट्टियाँ शुरू हो चुकी होती। विश्वविद्यालय के नियमों के अनुसार, मुझे छुट्टियों के बाद पहले ही दिन काम पर वापस लौटना था, अन्यथा मेरे पूरे दो महीने का वेतन काट लिया जाता। कुछ ऐसा हुआ कि मुझे समय पर दिल्ली की उड़ान में जगह नहीं मिली। मेरे रूसी मेज़बान ने मुझसे कहा कि जब तक वे मुझे विमान में जगह नहीं दिलवा देते, मैं उनके अतिथि-सत्कार का आनंद उठाना जारी रखूं। उन्होंने मेरी समस्या को समझने से इंकार कर दिया। सौभाग्यवश, मास्को के भारतीय दूतावास में मेरे देवर की जान-पहचान का एक भारतीय ब्रिगेडियर नियुक्त था। मेरे देवर ने उस ब्रिगेडियर को सूचित कर दिया था कि मैं मास्को में हूँ और वह मुझसे संपर्क कर सकता है, जो उसने किया भी। मैं समय पर महाविद्यालय में जाने के लिए मास्को से निकलने के लिए बहुत व्याकुल थी और मैंने उससे विनती की कि वह मुझे जितनी जल्दी हो सके एक जगह दिलवाने के लिए अपने राजनयिक विशेषाधिकार का उपयोग करे। उसने मुझे बताया कि वह एक ऐसे भारतीय व्यापारी को जानता था जो मास्को में इतना प्रभावशाली था कि वह मुझे अपेक्षित तारीख़ पर जगह दिलवा सकता था, भले ही विमान पूरा

भरा हुआ हो और खुद पायलट को ही नीचे उतरना पड़े। मैं हंस दी, मुझे नहीं पता था कि यह लगभग सत्य था। इस व्यापारी की तकनीक थी कि वह सबसे ऊपर से लेकर सबसे निचले विभाग को विदेशी उपभोक्ता वस्तुओं की रिश्वत देकर काम करवाता था। दैनिक उपयोग की सामान्य वस्तुएं जैसे प्लास्टिक की थैलियाँ भी वहां अनूठी थीं और उनकी सबसे ज़्यादा मांग थी, और यह भद्र पुरुष जब भी किसी काम के लिए किसी अधिकारी से मिलने जाता था तो हमेशा अपने साथ यह वस्तुएं लेकर जाता था। मेरा उनसे परिचय कराया गया और मैंने दिल्ली वापस जाने की अपनी तात्कालिकता को उनपर मुद्रित कर दिया। उन्होंने मुझे आश्वासन दिया कि वे अपनी तरफ से पूरी कोशिश करेंगे। दो दिन के भीतर, उन्होंने मुझे सूचित किया कि मुझे उनसे एक निश्चित स्थान पर मिलना है और वे खुद मुझे हवाईअड्डे पर लेकर जाएंगे। इस बात का 90 प्रतिशत मौका था कि मुझे एक जगह मिल जाएगी। जब हम रास्ते में थे, मैंने देखा कि उनके पास एक मामूली आकार का सूटकेस था। मैंने पूछा कि क्या वे भी यात्रा करेंगे। उन्होंने कहा, "नहीं, लेकिन यह जादू का पिटारा है, जिससे मुझे उम्मीद है कि काम बन जाएगा।" हम हवाईअड्डे पर थोड़ी देर से पहुंचे इसीलिए मैंने विभिन्न प्रक्रियाओं को जल्दी-जल्दी निपटाया, और मैंने गौर किया कि पूरे समय वे सूटकेस में से प्लास्टिक की थैलियाँ निकालकर संबंधित अधिकारियों को बाँट रहे थे। मुझे आख़िरकार हवाईजहाज़ में धकेल दिया गया और मुझे यह जानकर बेहद आश्चर्य हुआ कि हवाईजहाज़ को वास्तव में देरी इसीलिए हुई थी क्योंकि यह मेरे आने की प्रतीक्षा कर रहा था। हवाईजहाज़ में बैठे लोगों ने यह सोचा था कि उन्हें किसी अति महत्वपूर्ण व्यक्ति के कारण देरी की गई थी। पता चला कि वह अति महत्वपूर्ण व्यक्ति मैं स्वयं थी।

प्राच्य और अफ्रीकन अध्ययन स्कूल (स्कूल ऑफ़ ओरिएण्टल एंड अफ्रीकन स्टडीज – एसओएएस)

मैं अपने स्नातकोत्तर के लिए 1957 में एसओएएस में दाखिल हुई। विश्वविद्यालय स्तर तक पढ़ाने में समर्थ होने के लिए मैं स्नाकोत्तर की पदवी प्राप्त करने के लिए दृढ़संकल्पी थी। मैं लंदन विश्वविद्यालय से पीएचडी नहीं कर पाई क्योंकि इसके लिए क्षेत्र में काम करना अनिवार्य आवश्यकता थी। मैंने भारतीय मुस्लिमों पर काम करना चुना था, जिसका मतलब यह था कि मुझे भारत वापस आना पड़ता, क्षेत्र के आंकड़ें एकत्रित करने पड़ते, और फिर थीसिस लिखने के लिए लंदन लौटना पड़ता। मेरे पास ऐसा करने के लिए आर्थिक साधन नहीं थे, इसीलिए मैंने एमए करने का निर्णय लिया। सौभाग्यवश मैं ऐसे बहुत से लोगों से मिली थी जिन्होंने मेरे लंदन में रहने के दौरान मेरी मदद की थी और मेरा समर्थन किया था। मेरे पर्यवेक्षक, डॉ. एफ.जी. बेली, जो एक विख्यात सामाजिक मानवविज्ञानी और भारत के विशेषज्ञ थे, बहुत ही मददगार थे, जैसे कि एसओएएस के विभागाध्यक्ष, प्राध्यापक वॉन फ्यूरर हैमेंडोर्फ थे। उनके समर्थन के कारण मुझे एक घर, एक बच्चा, और एक नौकरी का प्रबंधन करना संभव हो पाया। अपना स्नाकोत्तर

पूरा करने में मुझे उम्मीद से दोगुना समय लगा, लेकिन आख़िरकार मैंने यह कर लिया। हयात अभी भी बिर्क्बेक महाविद्यालय से इतिहास में अपना बीए (ऑनर्स) पूरा करने का संघर्ष कर रहा था। मैं भारत लौटने के लिए बहुत उत्सुक थी लेकिन हमें हयात का पाठ्यक्रम पूरा होने तक का इंतज़ार करना था; वह बिना पदवी प्राप्त किए वापस नहीं जा सकता था। हमें काम भी करना था और भारत में पहले कुछ महीनों के लिए कुछ पैसे भी बचाने थे, जब तक कि हम नौकरियां नहीं ढूंढ लेते।

जब हयात ने आख़िरकार बीए (ऑनर्स) की परीक्षा उत्तीर्ण कर ली, तो वह भी आपूर्ति शिक्षण के योग्य हो गया और हमने खुद को पैसे बचाने के लिए कम-से-कम छह महीने देने और फिर भारत लौटने का निर्णय लिया। उसी समय के आसपास, हमें यह बुरी ख़बर मिली कि हयात की माँ कैंसर से पीड़ित हैं। 1960 की शुरुआत में, कैंसर का कोई इलाज नहीं था और मैं जानती थी कि वे मरने से पहले अपने बेटे को देखना चाहेंगी। हमें वापस लौट आने के लिए प्रवृत्त करनेवाले पत्र भी हमें मिलने शुरू हो गए। मैंने हयात को टिकट मिलते ही वापस लौटने के लिए समझाया-बुझाया। इसीलिए हमारे द्वारा एकत्रित की गई अल्प जमापूंजी से, नौ साल से ज्यादा तक बाहर रहने के बाद, हम मार्च 1961 में घर लौट आए। वे नौ साल मेरे जीवन के महत्वपूर्ण साल थे क्योंकि व्यावहारिक रूप से मैं इंग्लैंड में ही बड़ी हुई थी।

9

भारत वापसी

हमारे "इंग्लैंड रिटर्न्ड" (इंग्लैंड से लौटे हुए) होने के बारे में हमारे परिवार की धारणा उस समय बहुत अलग थी। ज़्यादा भारतीय इंग्लैंड नहीं जाते थे और जो जाते थे वे भारतीय समाज के उच्च वर्ग से ताल्लुक रखते थे। उच्च शिक्षा के लिए एक मध्यम वर्गीय व्यक्ति का इंग्लैंड जाना और वह भी एक स्त्री का, बहुत ही दुर्लभ था। मेरे माता-पिता ने कल्पना की थी कि मैं छोटे बालोंवाली, सिगरेट पीती और केवल अंग्रेज़ी में बात करनेवाली "मेमसाहब" बन गई होउंगी। उन्होंने सोचा था कि खान-पान का मेरा स्वाद भी बदल गया होगा। उन्होंने यह भी उम्मीद की थी कि हम समृद्ध हो गए होंगे। उन्हें बिल्कुल भी अंदाज़ा नहीं था कि हम वास्तव में आर्थिक रूप से कितने कमज़ोर थे। मेरे भाई ख़ालिद और बहन सेहबा को हमें लाने के लिए बंबई भेजा गया। मेरे फूफा जाँ निसार अख़्तर (कवि-गीतकार जावेद अख़्तर के पिता) ने बंबई में हमारी मेज़बानी की। बंबई बंदरगाह पर मैंने अपने भाई-बहनों को पहचाना ही नहीं। भारत से मेरी 10 वर्षों की अनुपस्थिति में सेहबा और ख़ालिद दोनों बड़े हो गए थे, और मैं उनके पास से निकल गई, तभी ख़ालिद ने हमें पहचान लिया। उसने मुझे पुकारा, "बजिया, मैं ख़ालिद हूँ" (बड़ी बहन के नाते मुझे बजिया कहा जाता था)। यह एक अद्भुत आश्चर्य था। मैं वापस आकर बहुत रोमांचित थी और इस बात ने मुझे छू लिया कि मेरे भाई-बहन इतनी दूर लखनऊ से हमें लेने आए थे। हम कुछ दिन बंबई में रहे और फिर लखनऊ के लिए निकल पड़े, जहाँ प्लेटफ़ॉर्म पर न केवल मेरा पूरा परिवार बल्कि क़रीबी रिश्तेदार भी मालाएँ लेकर हमें लेने आए थे। यह एक ज़ोरदार घर वापसी थी। हमने एक-दूसरे को गले लगाया और ख़ुशी के आंसू बहाए। हुमा को फूलों का स्वागत बहुत पसंद आया। उसके गले में इतनी सारी मालाएँ थीं कि हम बड़ी मुश्किल से उसका चेहरा देख पा रहे थे; उसे वे बहुत अच्छी लग रही थीं और वह उन्हें उतारना नहीं चाह रही थी। मेरे माता-पिता अपनी पहली नातिन (हुमा पांच साल की थी) को देखकर और अपनी बेटी को एक पक्की भारतीय नारी के रूप में, *जूड़ा बनाए हुए*, साड़ी पहने हुए, ऊंची एड़ी की चप्पल न पहने हुए और आँखों में काजल के अलावा और कोई मेकअप न लगाए हुए देखकर बहुत खुश थे। हमारी रेलगाड़ी सुबह जल्दी पहुँच गई थी इसीलिए हम नाश्ते के समय घर पर थे। नाश्ता खुद बनाने की बजाय परोसा जाना बहुत अच्छा लग रहा था। लेकिन मुझे यह

देखकर आश्चर्य हुआ कि हमारे लिए; छुरी और कांटों के साथ, विशेष डबलरोटी और मक्खन लाया गया था, ताकि हमारी कल्पित पश्चिमी आदतों को स्थापित रखा जा सके। मैं गरम परांठों या रोगनी रोटियों[1] के साथ *आलू की सब्ज़ी* या ऑमलेट की उम्मीद कर रही थी, जो उन दिनों हमारे घर में आम नाश्ता हुआ करता था। लेकिन इसके बजाय वहां डबलरोटी थी जिसे गरम तवे पर रखकर सेंका गया था। इसीलिए मैंने बिजली का टोस्टर निकाला जो मैं लंदन से लेकर आई थी, जो उन दिनों एक नई चीज़ थी। मेरे माता-पिता यह देखकर चकित लेकिन ख़ुश थे कि एक छोटी सी बक्से जैसी चीज़ डबलरोटी के टुकड़े को इतनी अच्छी तरह से सेंक सकती थी। जब टोस्ट (सिंकी हुई डबलरोटी) स्वचालित रूप से निकलकर बाहर आए तो हर कोई बहुत रोमांचित हो गया।

हमें हयात के पिता ने निर्देश दिया था कि हम उनके गाँव कार में आएँ। परिवहन का सामान्य तरीका बस से जाने का था, लेकिन इंग्लैंड से लौटे हुए बेटे को अपने मूल गाँव में विशिष्ट अंदाज़ में जाना चाहिए। क्योंकि मेरे माता-पिता के पास कार नहीं थी, हमने एक टैक्सी किराये पर ली। *दादी*, मैं अपनी सास को यही कहकर पुकारती थी, कैंसर की अग्रवर्ती अवस्था में बहुत बीमार थीं, और अपने बेटे और पोती को देखकर बहुत खुश हो गई थीं।

हमने जल्दी ही नौकरी ढूंढना शुरू कर दिया। हम दोनों ही विश्वविद्यालय में नौकरी चाहते थे, विशेषतः लखनऊ या दिल्ली में। लेकिन हमें यह जानकर बहुत निराशा हुई कि या तो कोई रिक्तियां ही नहीं थीं या जब भी कोई रिक्ति उत्पन्न होती थी, विश्वविद्यालय अपने ही छात्रों को नियुक्त कर लेता था। विदेशी पदवी की चमक तब तक फीकी पड़ गई थी और नौकरी पाने के लिए किसी धर्मपिता की आवश्यकता थी। हमारे पास कोई नहीं था। मैंने भारतीय विश्वविद्यालय में पढ़ाई नहीं की थी, और न जाने कहाँ से शैक्षणिक परिदृश्य में टपक पड़ी थी।

हम कुंठाग्रस्त थे, जो थोड़े-बहुत पैसे हम कमाकर लाए थे, वे समाप्त हो रहे थे। हयात की माँ की स्थिति बदतर हो रही थी और आख़िरकार इस भयानक बीमारी से उनका निधन हो गया।

उन्नीस सौ साठ के दशक की दिल्ली

हयात और मुझे आख़िरकार यूजीसी की छात्रवृत्तियां मिल गयीं; मुझे एक दिल्ली स्कूल ऑफ़ इकोनॉमिक्स (डी-स्कूल) में मिली और मैंने खुद को प्राध्यापक एम.एन. श्रीनिवास के पर्यवेक्षण में पीएचडी कार्यक्रम के तहत पंजीकृत कर लिया। हयात ने फिर से अपना विषय बदलने का निर्णय लिया और चीनी भाषा पर मोहित हो गया। उसने सप्रू हाउस में स्कूल ऑफ़ इंटरनेशनल स्टडीज में दाखिला लिया, जो प्राध्यापक वी.पी. दत्त की अध्यक्षता में नया-नया स्थापित हुआ था। तो आख़िरकार हमारे बीच हम इतनी आमदनी करने में समर्थ हो गए जो केवल औसत

[1] एक तरह की नम रोटी।

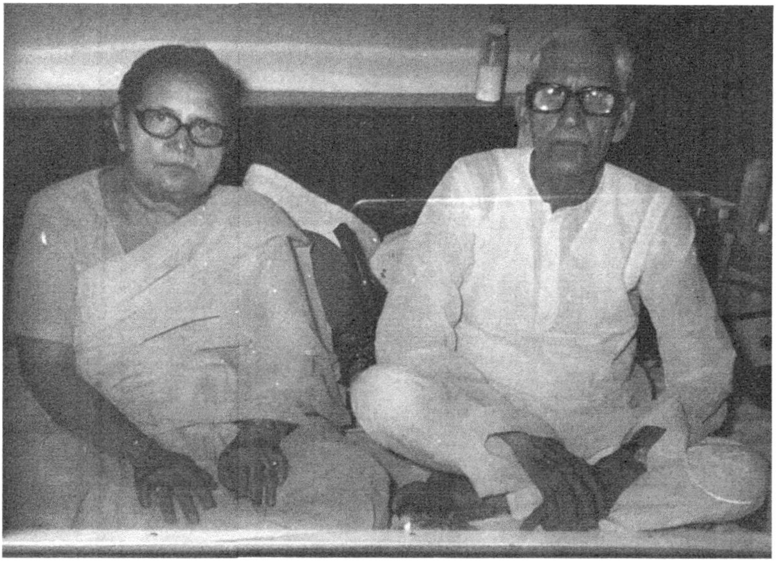

1. मेरे माता-पिता

[सभी तस्वीरें और पत्र लेखक के व्यक्तिगत संग्रह में से हैं, जब तक कि निर्दिष्ट न हो।]

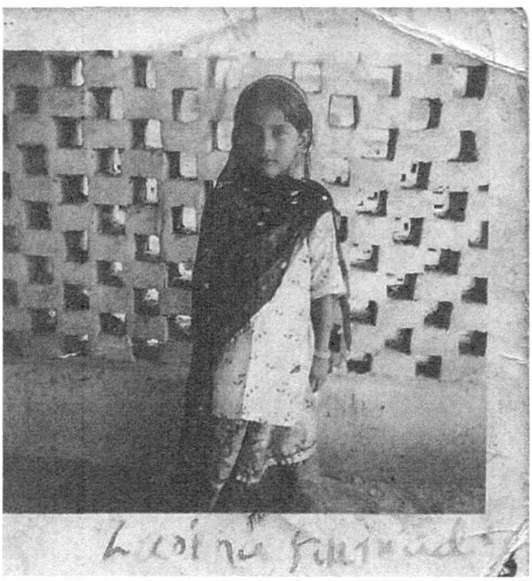

2. मैं, 10 साल की उम्र में।

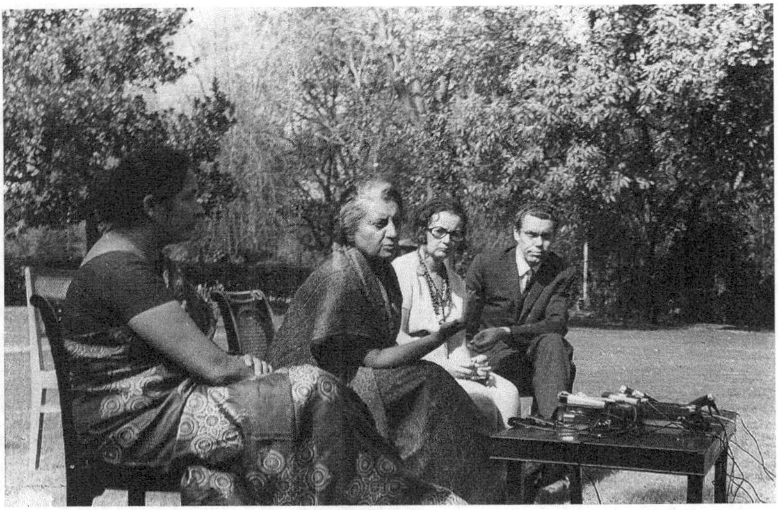

3. प्रधानमंत्री श्रीमती इंदिरा गाँधी के साथ।

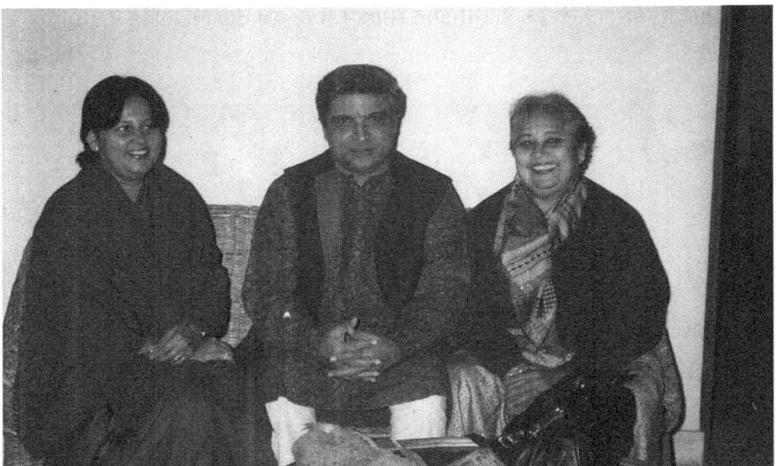

4. मैं अपने फुफेरे भाई, कवि-गीतकार जावेद अख़्तर, और अपनी बहन सीमिन के साथ।

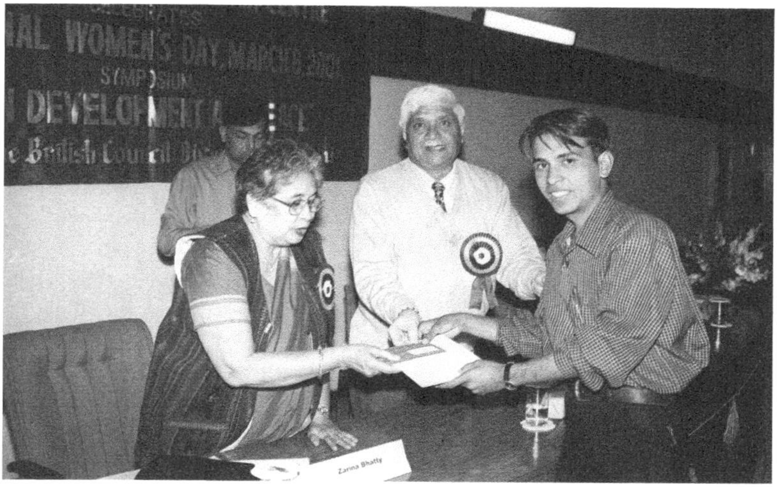

5. कुरुक्षेत्र विश्वविद्यालय में एक विद्यार्थी को पुरस्कार प्रदान करती हुई मैं।

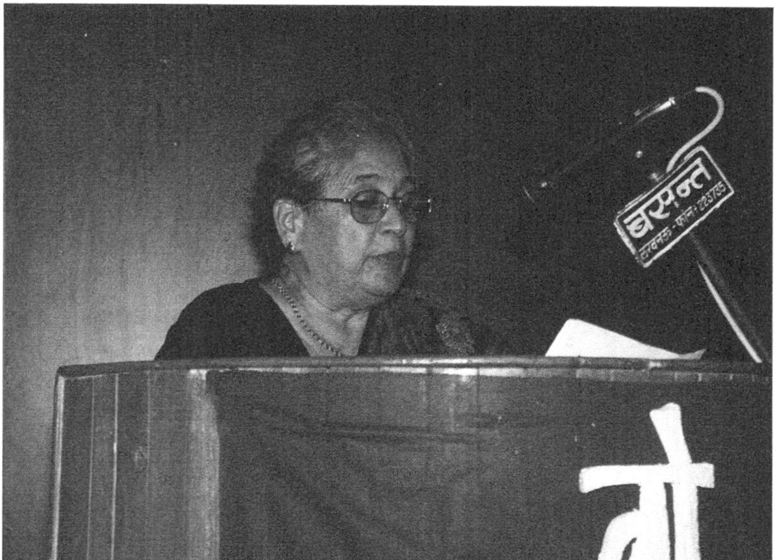

6. लखनऊ में महिलाओं के एक अध्ययन सम्मेलन में मुख्य भाषण देते हुए मैं।

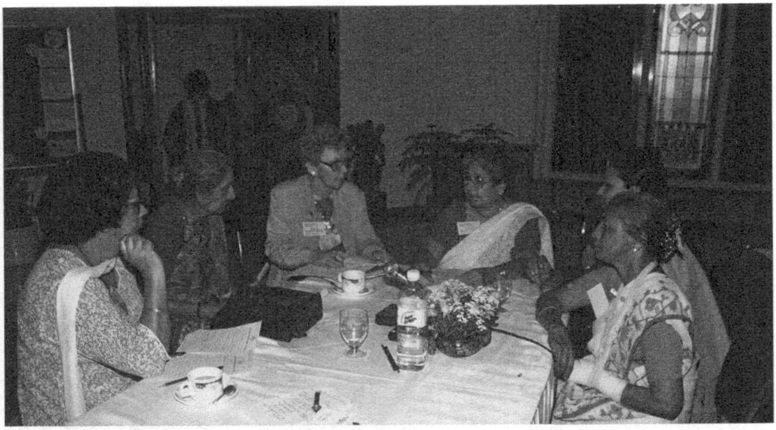

7. नई दिल्ली में एक संगोष्ठी में महिलाओं के मुद्दों पर चर्चा करते हुए मैं।

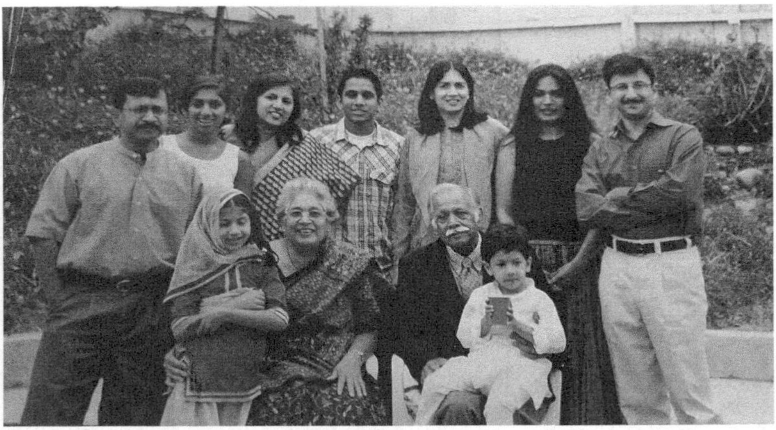

8. सैन डिएगो में मैं और मेरा परिवार।

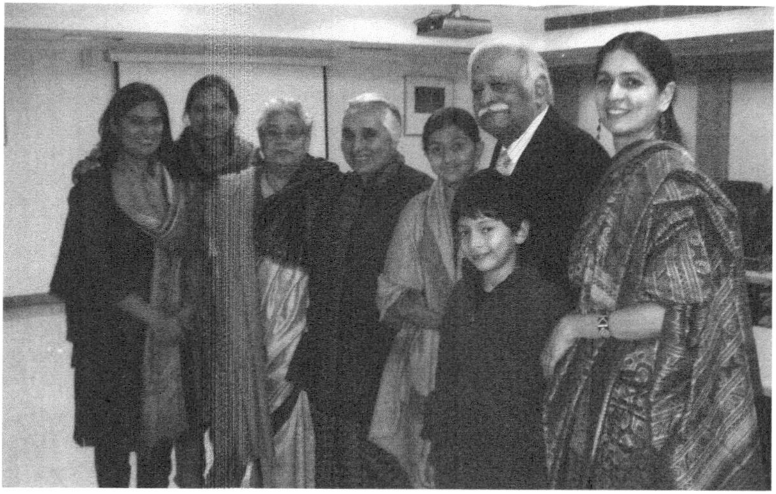

9. नई दिल्ली में मेरे पति की कविताओं की पुस्तक के प्रमोचन में मैं, डॉ. रोमिला थापर और अपने परिवार के साथ।

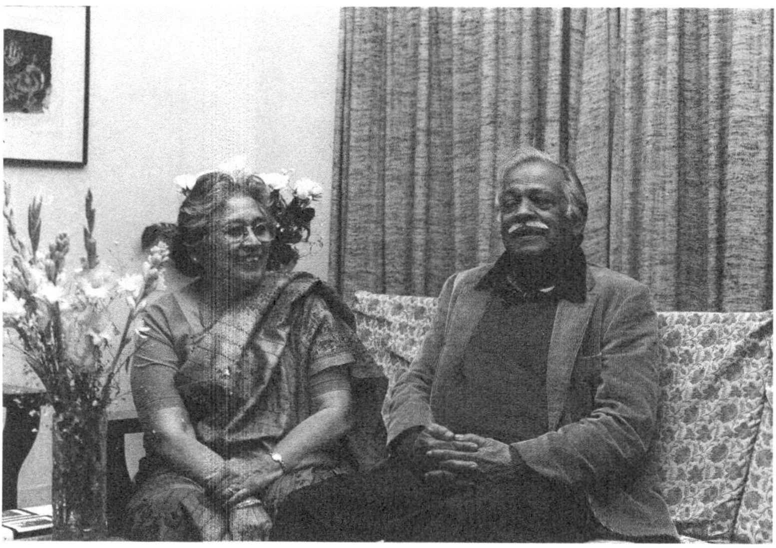

10. नई दिल्ली के हमारे घर में मैं और मेरे पति।

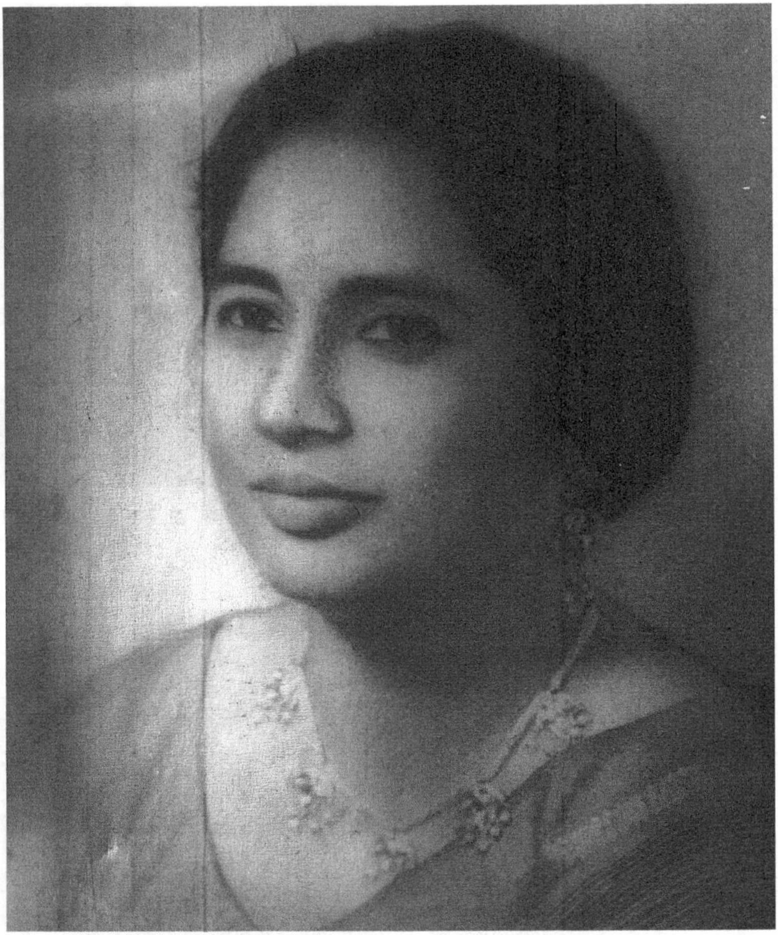

11. मैं 30 साल की उम्र में।

रूप से जीवनयापन करने के लिए पर्याप्त थी। हम दिल्ली में काम पाकर ख़ुश थे क्योंकि हमें वह शहर पसंद था, जो 1960 के दशक में ख़ूबसूरत था। दिल्ली स्कूल ऑफ़ इकोनॉमिक्स गुलाबों से खिला हुआ था। शहर में इतनी भीड़भाड़ नहीं थी; वह स्वच्छ था और उसकी सड़कें चौड़ी थीं। अपनी ऐतिहासिक इमारतों और नवनिर्मित लुटयेंस की दिल्ली के साथ, दिल्ली का अपना एक विशिष्ट चरित्र था। 1960 के दशक में, शहर ने अभी-अभी विस्तारित होना शुरू किया था—दक्षिण दिल्ली में डिफेंस कॉलोनी और लाजपत नगर में कुछ घर बन रहे थे। आश्रम पर शहर समाप्त हो जाता था। जामिया मिलिया इस्लामिया को शहर की सीमाओं से बाहर माना जाता था; कोई भी रात में आश्रम से आगे नहीं जाता था; जो लोग दिल्ली के बाहर से आते थे, वे मुख्य शहर में रात गुज़ारते थे और रात में जामिया जाना टालते थे। आश्रम के आगे इतना ज़्यादा असुरक्षित माना जाता था। जब ज़ाकिर हुसैन सहकारी गृह-निर्माण संस्था को जामिया के पास ज़मीन आवंटित की गई, तो हम बहुत ख़ुश थे कि यह एक शांतिपूर्ण स्थान पर है। लेकिन कुछ ही सालों में जब कॉलोनी बनना शुरू हुई, तो उस क्षेत्र में भीड़ बढ़ती गई, और आज यह दक्षिण दिल्ली के सबसे व्यस्त क्षेत्रों में से एक है। 1970 के दशक में न्यू फ्रेंड्स कॉलोनी बनी और बाद में, 1980 के दशक में ईश्वर नगर। उस वक्त, आज की विशाल डीडीए कॉलोनी सरिता विहार, अस्तित्व में ही नहीं थी। पिछले लगभग 40 वर्षों में, दिल्ली बहुत ही भीड़ भरी हो गई है और उसका आकर्षण खो गया है। मुझे याद है कि कैसे दक्षिण दिल्ली में, निजामुद्दीन पश्चिम के बिल्कुल विपरीत, मथुरा रोड पर एक तीर हुआ करता था जो शहर की तरफ इशारा करते हुए कहता था, "दिल्ली शहर की ओर" और वह सड़क बहुत ही कम यातायात के साथ इतनी ख़ाली हुआ करती थी। हमारी बेटी हुमा समेत, स्कूली बच्चे बस से उतरने के बाद, बिना किसी के साथ के सड़क पार कर लेते थे। 1970 के दशक की शुरुआत में किसी ने सपने में भी नहीं सोचा होगा कि दिल्ली ऐसी हो जाएगी।

दिल्ली विश्वविद्यालय उत्तरी दिल्ली में स्थित था, इसीलिए हमने विश्वविद्यालय के निकट रहने की जगह ढूँढने का निर्णय लिया। मॉडल टाउन नामक एक नया रिहायशी इलाका पास में बना था। हयात रहने की जगह की तलाश में दिल्ली आया जबकि मैं हुमा के साथ लखनऊ में ही रही।

हमें हैरत तब हुई, जब हमें मुस्लिम होने के कारण घर किराए पर मिलना मुश्किल हो गया। हमने लंदन में भी ऐसी ही परिस्थिति का सामना किया था, जहाँ हमें भारतीय होने के कारण अस्वीकृत कर दिया जाता था। हम बहुत ही निराश हुए क्योंकि हमने आज़ाद भारत में ऐसे पूर्वाग्रह मौजूद होने की उम्मीद नहीं की थी। आख़िरकार, मुस्लिमों ने स्वतंत्रता आंदोलन में बहुत योगदान दिया था, जिसमें मेरे खुद के चाचा अंसार भी शामिल थे। मेरा पालन-पोषण लखनऊ में हुआ था जहाँ हमें कभी भी मुस्लिम के रूप में भेदभाव महसूस नहीं हुआ। यहाँ तक कि 1947 के हिंदू-मुस्लिम दंगों के अशांत दिनों के दौरान भी, लखनऊ अप्रभावित रहा था और दोनों समुदाय पहले की ही तरह शांति से रहे थे। तथापि, कई अस्वीकृतियों के बाद, हमें आख़िरकार मॉडल टाउन में एक दो कमरों का छोटा घर मिल गया, और हुमा और मैं दिल्ली

आ गए। हमें पता चला कि हालाँकि मकानमालिक, जो कि दिल्ली विश्वविद्यालय में व्याख्याता थे, ने हमें जगह किराए पर दी थी, लेकिन वह इस शर्त पर थी कि हम परिसर में मांस पकाएंगे या खायेंगे नहीं। यह हमारे लिए एक मुश्किल शर्त थी लेकिन हम इतने बेक़रार थे कि हमने इसे स्वीकार कर लिया, और जल्दी ही दूसरी जगह देखने की आशा की, जहाँ हमें अपनी पसंद के अनुसार जीने की और ज्यादा आज़ादी मिल सके। लेकिन हम जल्दी ही इस लादे गए शाकाहार से थक गए और पुरानी दिल्ली से पका हुआ मांस लाकर अपने मकानमालिक को धोखा देने लगे। हमने हुमा के दिमाग में यह बात डाली कि वह मकानमालिक या उसके परिवार को यह न बताए कि हम मांस खा रहे थे। एक दिन हमारे मकानमालिक हमारे साथ थे और हुमा ने उनको सुनाते हुए मुझसे फुसफुसाकर कहा, "मम्मी, मैं उन्हें नहीं बताउंगी कि हमने दोपहर के भोजन में कबाब खाए थे।" उन्होंने यह बात सुन ली लेकिन मुस्कुराते हुए कहा कि जब तक हम घर में मांस नहीं पकाकर बाहर से लेकर आते हैं तब तक उन्हें कोई समस्या नहीं है। यह कितना राहत भरा था! दरअसल, तब तक हमारे मकानमालिक और उनका परिवार हमें बहुत पसंद करने लगा था और उन्होंने यह स्वीकार कर लिया था कि हम मुस्लिम होने के बावजूद भी सभ्य लोग हैं। बहुत से पूर्वाग्रहों का विकास विभिन्न समुदायों के बीच संपर्क की कमी के कारण होता है—ज़ाहिर है कि उन्होंने मुस्लिमों के साथ बातचीत नहीं की थी और इस समुदाय के बारे में उनके कुछ रूढ़िबद्ध विचार थे। जब उन्हें हमारे साथ करीब से बातचीत करने का मौका मिला तो उन्होंने हमें सामान्य भारतीयों की तरह ही पाया और मित्रवत बन गए।

घर में रहने आने के दिन ही हम पंचकुइआ बाज़ार में गए, जो कि दिल्ली का एक फर्नीचर का बाज़ार है, और एक घर शुरू करने के लिए कुछ प्रारंभिक फर्नीचर और अन्य आवश्यक वस्तुओं को आदेशित किया। हालाँकि यह छोटी थी, लेकिन मैं अपनी खुद की जगह पाकर बहुत खुश थी।

हम वहां तब तक रहे जब तक कि हमें उसी इलाके में एक बड़ी और बेहतर जगह नहीं मिल गई। उस घर का मासिक किराया केवल 125 रुपए था; दिल्ली में 1960 के दशक के उत्तरार्ध में किराए कुछ इस प्रकार के थे। जीवन यापन लागत इतनी थी कि हम 800 रुपए प्रति महीने की अपनी संयुक्त आय में आराम से गुज़ारा चला रहे थे, और इसमें घर का किराया, हुमा के अंग्रेज़ी माध्यम के स्कूल का शुल्क और साथ ही बावर्ची (एक महिला जिसे हम लखनऊ से लेकर आए थे) का वेतन भी शामिल था।

दिल्ली स्कूल ऑफ़ इकोनॉमिक्स (डी-स्कूल)

मैंने डी-स्कूल में दाखिला लिया जिसे दिल्ली विश्वविद्यालय के प्रतिष्ठित महाविद्यालयों में से एक माना जाता था। वहां समाजशास्त्र को एक नए विषय के रूप में प्रस्तुत किया गया था और प्राध्यापक एम.एन. श्रीनिवास की अध्यक्षता में समाजशास्त्र विभाग उसी परिसर में एक अलग इमारत में था। डी-स्कूल का शैक्षणिक वातावरण बहुत ही समृद्ध था—उस समय प्राध्यापक

वी.के.आर.वी. राव प्रमुख के तौर पर सेवानिवृत्त हुए थे, और प्राध्यापक गांगुली उनकी जगह पर आए थे। 1962 और 1963 में क्रमशः, प्राध्यापक जगदीश भगवती और प्राध्यापक अमर्त्य सेन को नियुक्त किया गया था। यह दोनों युवा अर्थशास्त्री 30 वर्ष की आयु के आसपास थे और उन्हें पूर्ण प्राध्यापकों का पद दिया गया था, इस तथ्य ने मुख्य ख़बर बनाई थी, क्योंकि तब तक प्राध्यापक का स्तर आमतौर पर वर्षों के अध्यापन अनुभव और व्याख्याता और रीडर के पद की सीढ़ी चढ़ने के बाद वरिष्ठों को दिया जाता था। प्राध्यापक भगवती और प्राध्यापक सेन को सीधे ही प्राध्यापक के पद पर नियुक्त कर दिया गया था, जो एक अर्थशास्त्री के रूप में उनकी योग्यता और शिक्षाविदों और प्रशासकों दोनों की मानसिकता में बदलाव को दर्शाता था। डी-स्कूल में बहुत ही समृद्ध शैक्षणिक वातावरण था और विद्यार्थियों और शिक्षकों के बीच आपस में बहुत खुलापन था, जिसकी युवाओं द्वारा अत्यधिक सराहना की जाती थी और जिसपर व्यापक रूप से टिप्पणी भी की जाती थी। मुझे याद है अमर्त्य सेन एक बेंच पर बैठकर विद्यार्थियों से लगभग बराबरी में, मुक्त रूप से गप्पे लगाया करते थे, जो उन दिनों महाविद्यालयों के परिसरों में असामान्य था।

ऐसा मुक्त वातावरण समाजशास्त्र विभाग में अस्तित्व में नहीं था। डॉ. एम.एस.ए. राव, डॉ. आंद्रे बेटिल्ले ए. और डॉ अरविंद शाह शिक्षक वर्ग में थे। आंद्रे हम विद्यार्थियों के साथ मैत्रीपूर्ण थे और हम उनके साथ अधिक सुविधाजनक महसूस करते थे। उस समय, समाजशास्त्र दिल्ली विश्वविद्यालय के किसी भी महाविद्यालय में स्नातक स्तर पर नहीं पढ़ाया जाता था। यह विषय अपने आप में प्राथमिक चरण में था, यह मोटे तौर पर गाँव के अध्ययन तक ही सीमित था और जाति के अध्ययन से भरा पड़ा था। भारतीय समाजशास्त्रीय सिद्धांत अपनी प्रारंभिक अवस्था में था और अवलोकन-सहभागिता पद्धति पर गर्मजोशी से बहस की जाती थी। मानव विज्ञान विभाग विश्वविद्यालय के मुख्य भवन में स्थित एक अलग विभाग था जहाँ शारीरिक मानवशास्त्र पर पाठ्यक्रम पढाए जाते थे। यह व्यवस्था उस व्यवस्था से अलग थी जो मुझे लंदन विश्वविद्यालय में मालूम थी जहाँ एलएसई में समाजशास्त्र और सामाजिक मानवविज्ञान के शीर्षक के तहत पृथक पाठ्यक्रम होते थे और पृथक पदवियां प्रदान की जाती थीं। नियमानुसार, मैंने एलएसई में अपने मुख्य विषय के तौर पर सामाजिक मानवविज्ञान को और दूसरे विषय के रूप में समाजशास्त्र को चुना था।

मेरे और करुणा चानना के अलावा, मुझे और कोई छात्रा याद नहीं है। मैं और इम्तियाज़ अहमद ही दो मुस्लिम थे और हम दोनों को छोटी-छोटी घटनाओं पर भी इसकी याद दिलाई जाती थी। प्राध्यापक श्रीनिवास ने पर्यवेक्षक के रूप में हम दोनों को अपने आश्रय में लिया था और हमें मुस्लिम समुदाय से संबंधित विषय चुनने का सुझाव दिया गया था। हमने इस सुझाव का पालन किया, इसीलिए भी क्योंकि विदेश में रहने वाले घौस अंसारी द्वारा मुस्लिम जाति पर किए गए सामाजिक अध्ययन के अतिरिक्त शायद ही कोई अध्ययन मुस्लिमों पर किया गया था। मुस्लिमों को उनकी एक पूर्णतः अलग संस्कृति के साथ एक समरूप समुदाय माना जाता था और केवल अन्य मुस्लिम ही उनपर अध्ययन करने के लिए उपयुक्त माने जाते थे। मैंने "मुस्लिम सामाजिक संस्थाओं" पर काम करने का निर्णय लिया और अपने

क्षेत्र कार्य के लिए लखनऊ के निकट के एक गाँव को चुना। प्राध्यापक श्रीनिवास ने कभी भी हमारे कार्य में कोई दिलचस्पी नहीं दिखाई और शायद ही कभी हमारा पर्यवेक्षण किया। इम्तियाज़ और मैं दोनों ही पीएचडी की पदवी प्राप्त नहीं कर पाए। मेरे मामले में मुझे व्यक्तिगत समस्याओं के कारण कुछ रुकावटें आयीं जिनमें एक तलाक़ और एक ईसाई से पुनर्विवाह शामिल था। मेरे इन दोनों "अपवित्रीकरण" के कृत्यों को मेरे प्राध्यापकों द्वारा तुच्छ समझा गया। प्राध्यापक श्रीनिवास ने विस्तार के लिए मेरी सिफ़ारिश करने से इंकार कर दिया और चिढ़कर मैंने हार मान ली।

हमारे पाठ्यक्रमों में शामिल होने के बाद, हमारा अगला क़दम था हुमा को एक अच्छे अंग्रेज़ी माध्यम के स्कूल में भर्ती कराना। हमें सलाह दी गई थी कि मॉडल टाउन के सबसे पास प्रेजेंटेशन कॉन्वेंट पड़ेगा, जो लाल किले के ठीक सामने स्थित है, और जिसकी स्कूल बस भी है जो मॉडल टाउन तक आती है। हमने पहले कुछ अन्य स्थानों पर कोशिश की थी लेकिन असफल रहे थे, क्योंकि उनकी प्रतीक्षा-सूची लंबी-चौड़ी थी और अक्सर एक उम्मीदवार को प्रवेश प्राप्त करने के लिए दो सालों का इंतज़ार करना पड़ता था। हम, देश में न होने के कारण, किसी भी प्रतीक्षा सूची में नहीं थे। शुरू में प्रेजेंटेशन कॉन्वेंट में भी हमारे साथ ऐसा ही होने वाला था, लेकिन क़िस्मत से, मैं अपने साथ हुमा का जन्म प्रमाणपत्र ले गई थी। यह उस समय एक नई चीज़ थी, क्योंकि जन्म को नियमित रूप से पंजीकृत नहीं किया जाता था और अधिकांश अभिभावक अपने बच्चों की वास्तविक उम्र को छुपाते थे। पता नहीं क्यों, जैसे ही प्रेजेंटेशन कॉन्वेंट की सिस्टर ने लंदन की मैरीलेबोन काउंटी का उचित जन्म प्रमाणपत्र देखा, वे इतनी उत्तेजित हो गयीं कि उन्होंने उसे उठाकर कमरे में सबको यह कहते हुए दिखाया, "देखो, मेरे देश इंग्लैंड में एक उचित जन्म प्रमाणपत्र ऐसा दिखता है।" मुझे लगता है कि वे अतीत की यादों में चली गयीं थी, और हुमा ने भी गोरी नन के सानिध्य में अपना संकोच त्याग दिया था—उसने तब तक ज़्यादातर गोरों के साथ ही बातचीत की थी—और प्रधानाध्यापिका के साथ अच्छे तरीक़े से बात की। यह जादू चल गया और हुमा को तुरंत ही प्रेजेंटेशन कॉन्वेंट में अपर केजी में दाखिला मिल गया, क्योंकि वह केवल पांच साल की थी। यह हमारे लिए बहुत बड़ी राहत थी। वह जल्दी ही स्कूल में रच-बस गई। सौभाग्यवश, उसमें बहुत कुतूहल था। भारत में, उसके लिए हर चीज़ नई थी; उसे मेरे माता-पिता से बहुत लाड-प्यार मिलता था और वह अपने अंग्रेज़ी उच्चारण से सबका मनोरंजन करती थी। लंदन में रहते समय हमने उससे उर्दू में बात करी थी, इसीलिए वह भाषा समझती थी लेकिन वह वहां उसमें बात नहीं करती थी। लेकिन भारत आने के बाद जल्दी ही उसने अंग्रेज़ी बोलना बंद कर दिया और ज़्यादातर टूटी-फूटी उर्दू में बात करती थी। हर कोई आश्चर्यचकित था और इस बारे में टिप्पणी करता था। लेकिन मैंने उसे उर्दू बोलने के लिए प्रोत्साहित किया क्योंकि मैं जानती थी कि वह जब अंग्रेज़ी माध्यम के स्कूल में जाएगी तो वैसे भी अंग्रेज़ी बोलना सीख ही जाएगी। उसे एक बहुत ही बुद्धिमान और ग्रहणक्षम बच्चे के रूप में बढ़ते हुए और जल्दी से एक अलग वातावरण में समायोजित होते हुए देखना हमारे लिए बहुत ख़ुशी की बात थी।

मेरे पिताजी ने कभी विदेश की यात्रा नहीं की थी और वे इंग्लैंड के जीवन के बारे में जानने के लिए बहुत जिज्ञासु थे। वे मुझसे वहां की जीवनशैली, खाने, आदि के बारे में बहुत से प्रश्न पूछा करते थे। मज़े की बात यह है, उन्होंने कभी मुझसे यह नहीं पूछा कि क्या मैंने सूअर के मांस से बने उत्पादों को चखा है। मुझे लगता है कि उन्हें यह डर था कि मैं सकारात्मक जवाब दे सकती हूँ, और यह उन्हें स्वीकार्य नहीं होगा। सूअर खाना मुस्लिमों के लिए घृणास्पद है। लेकिन एक दिन हुमा ने बहुत बड़ी गलती कर दी। मेरे पिताजी और वह उसके मित्रों को एक दावत देने के बारे में बात कर रहे थे, और मेरे पिताजी ने पूछा कि वह अपने मित्रों को क्या खिलाना चाहेगी। वह बोल पड़ी "हैम (सूअर का मांस) सैंडविच और बियर (शराब)।" मैं सकते में आ गई और इससे पहले कि *अब्बूजान* समझें कि वह क्या कह रही थी मैंने विषय बदल दिया।

मुझे याद है कि दिल्ली में शुरुआती दिनों के दौरान मैं खुश थी। हमारे पास एक छोटा घर था, जिसमें बहुत कम फर्नीचर था, लेकिन वह घर था और पहली बार हमारे पास एक ऐसी जगह थी जिसमें पृथक शयनकक्ष था। हमारे पहले मॉडल टाउन के घर में एक छोटा शयनकक्ष था, जिसमें केवल दो पलंगों की जगह थी और एक छोटा नीचा पलंग हुमा के लिए थे, जिसे हम दिन में हमारे एक पलंग के नीचे धकेल देते थे ताकि चलने-फिरने की जगह हो सके। मुझे डी-स्कूल में रहना अच्छा लगता था, जो हाल ही में स्थापित हुआ था और जिसने पहले ही अच्छी प्रतिष्ठा बना ली थी। दिल्ली शहर में बहुत भीड़भाड़ नहीं थी और उसमें पर्वतश्रेणी और बहुत से बगीचे थे; वहां आसपास बहुत सी हरियाली थी। डी-स्कूल का खुद का एक खूबसूरत बगीचा था जहाँ गुलाब खिले रहते थे। मुझे वहां का वातावरण बहुत पसंद आया और मैंने असंख्य मित्र बनाए।

मेरे चाचा, अंसार हरवानी, एक बार मुझे तत्कालीन केंद्रीय शिक्षण मंत्री हुमायूँ कबीर से मिलाने लेकर गए; हमारे साथ प्रदर्शन की वस्तु की तरह व्यवहार किया गया। हमारे रिश्तेदारों को बहुत गर्व था कि उनके रिश्तेदार "इंग्लैंड रिटर्न्ड" हैं और यहाँ तक कि हमारे मकानमालिक भी अपने मित्रों को बताते थे कि उनके किरायेदार "इंग्लैंड रिटर्न्ड" हैं। यह बहुत आश्चर्यजनक है कि भारत में ग़रीबी के बावजूद भी, पिछली आधी सदी में कम-से-कम मध्यम वर्ग के लिए, जीवन-स्तर और उपभोक्ता वस्तुओं की उपलब्धता में कितना सुधार आया है। मेरे समय में आयात बहुत सीमित था, इसीलिए आयातित वस्तुओं की बहुत लालसा थी। हमने कुछ घरेलू वस्तुएं जैसे फ्रिज, और रोज़मर्रा के इस्तेमाल की छोटी-मोटी वस्तुएं जैसे स्वचालित टोस्टर और एक प्रेशर कुकर खरीदा था। यहाँ तक कि यह वस्तुएं भी मध्यमवर्गीय परिवारों की पहुँच से बाहर थीं। मुझे याद है कि एक दिन हमारे प्रेशर कुकर ने आवाज़ की और मैंने हमारे मकानमालिक की बहन की टिप्पणी सुनी, "ओह, तो तुम्हारे किरायेदारों के यहाँ भी प्रेशर कुकर है।" जिसपर मकानमालिक ने उत्तर दिया, "उनके पास एक रेफ्रीजरेटर भी है, और यह सभी वस्तुएं आयातित भी हैं।"

लेकिन इन उम्मीद की किरणों के बावजूद, हमारा व्यक्तिगत और पेशेवर जीवन संतोषजनक नहीं था। हयात को चीनी भाषा के साथ निबाह करने में बहुत मुश्किल आ रही

थी और मुझे प्राध्यापक श्रीनिवास का रवैया मेरे प्रति बहुत ही सांप्रदायिक नज़र आ रहा था, और वे एक पर्यवेक्षक के रूप में बिल्कुल भी मददगार नहीं थे। मुझे याद है जब भी मैं उनसे मिलने जाती थी, वे मेरे मुस्लिम होने, एक महिला होने और *भैय्याओ*[2] के राज्य उत्तर प्रदेश से ताल्लुक रखने के बारे में अपनी टिप्पणियों से मुझे बेचैन कर देते थे। इन सभी गुण-धर्मों का अर्थ उनके लिए नकारात्मक था। तथापि, प्राध्यापक श्रीनिवास के नकारात्मक रवैये के बावजूद, मुझे मेरे क्षेत्र कार्य के लिए एक गाँव मिल गया जो लखनऊ से ज्यादा दूर नहीं था, वह संख्यात्मक और आर्थिक दोनों ही रूपों में मुस्लिम-बहुल राज्य था। मेरे पिताजी उस गाँव के प्रमुख ज़मींदार परिवार को जानते थे, जिनका उस गाँव में काफ़ी दबदबा था। इसीलिए मैं हुमा के साथ वहां बस गई और उसे एक छद्म नाम कसौली दिया। मैंने छह महीने उस गाँव में अपनी थीसिस के लिए आंकड़ें एकत्रित करते हुए बिताए। प्रमुख ज़मींदार परिवार के साथ मेरी निकटता के चलते ग्रामीणों के साथ तालमेल बिठाना आसान था; मेरे मेज़बान ने मेरे वहां रहने को सुखद बनाया।

क्षेत्र कार्य के अनुभव

मैंने आधी सदी पहले, 1962 में कसौली में अपना क्षेत्र कार्य (फ़ील्ड वर्क) आरंभ किया। मानव विज्ञान क्षेत्र कार्य की तकनीक को अवलोकन-सहभागिता पद्धति कहा जाता है, जिसमें अध्ययन के विषयों के साथ रहना और जहाँ तक हो सके उनकी रोज़मर्रा की गतिविधियों का निरीक्षण करना और उनमें भाग लेना अपरिहार्य होता है। यह पद्धति केवल विश्लेषणात्मक प्रयोजनों के लिए सांख्यिकीय गणना पर निर्भर नहीं होती है। अवलोकन-सहभागिता की अपनी सीमाएं होती हैं, जिसमें मुख्य हैं अनुभव करनेवाली स्थितियों में व्यक्तिपरकता का खतरा। उससे भी ज़्यादा, इसमें आवश्यकता होती है कि जिनपर अध्ययन किया जा रहा है उनका विश्वास जीतना और उनके साथ तालमेल बनाए रखना। गांववालों के लिए जैकेट पहनी हुई (वे ठंड के दिन थे) एक युवा महिला को बिना परदे के गाँव में घूमना और बेहिचक पुरुषों से बात करते हुए देखना एक अनूठा अनुभव था। गाँववाले मेरी पहचान और उद्देश्य के बारे में बहुत उत्सुक और संदेह से भरे हुए थे। राजनैतिक रूप से, किसी भी बाहरी व्यक्ति के लिए स्थिति इतनी अनुकूल नहीं थी कि गाँववालों का विश्वास हासिल किया जा सके। भारत-चीन युद्ध अभी-अभी समाप्त हुआ था और जब यह चल रहा था, तब सामान्य नागरिकों से यह आह्वान किया गया था कि वे पैसे और पारिवारिक सोना दान करके वित्तीय रूप से समर्थन करें। इसीलिए पहली अफवाह यह उड़ी कि मैं महिला के वेश में एक पुरुष थी ताकि मुझे उनके घरों के अंदर जाने को मिल सके। लेकिन मेरे ज़मींदार के घर में रहने के तथ्य से वे उलझन में थे। अगर मैं सही में एक पुरुष

---

[2] उत्तर प्रदेश राज्य के निवासियों का वर्णन करने के लिए उपयोग किया जानेवाला अपमानजनक शब्द।

होती, तो मैं "सरकार" के घर में उनकी पत्नी और युवा बेटियों के साथ कैसे रह सकती थी? जब ज़मींदार ने इन अफवाहों को सुना, तो उन्होंने पंचायत के सदस्यों को बुलाया और मेरी लैंगिक पहचान के बारे में उनके संदेहों को दूर किया। उन्होंने उन लोगों को बताया कि मैं उनके मित्र की बेटी हूँ और गाँव में जो अच्छा काम हो रहा है उसके बारे में एक पुस्तक लिख रही हूँ। इसने पहली बाधा को हटा दिया और मुझे उनके घरों में आने की और उनकी महिलाओं से बात करने की अनुमति मिल गई।

मुझे गाँववालों के वार्तालापों और विचारों को दर्ज करना पड़ता था और अक्सर उनकी उपस्थिति में ही, उन्हें लिखना पड़ता था। उनमें से एक जांच-पड़ताल उनकी वित्तीय स्थिति के बारे में थी। इससे और भी ज़्यादा संदेह और मेरे प्रति शत्रुता और भी ज्यादा बढ़ जाती थी। उन्होंने निर्णय लिया कि मैं एक सरकारी गुप्तचर थी, जिसे उनके सोने और वित्तीय संपत्ति को लूटने के लिए भेजा गया था। मेरे मेज़बान फिर से मेरे बचाव के लिए आगे आए और उनके डर को शांत किया, लेकिन जब तक मैं वहां रही थोड़ा-बहुत संदेह तो वहां बना ही रहा। इसके कारण कुछ हास्यास्पद परिस्थितियां भी निर्माण हुईं। पहले तो मैंने इस बात पर गौर किया कि ग्रामीण लोग इतने मासूम, सरल और मूर्ख नहीं थे जितने वे एक शिक्षित शहरी व्यक्ति को नज़र आते थे। शिक्षा का अभाव और यहाँ तक कि अशिक्षा भी मूर्खता की ज़मानत नहीं देती है। मुझे ऐसे पुरुष और महिलाएं मिलीं जो परिस्थितियों का आकलन करने में और विशेष रूप से मुझे आंकने में बहुत ही ग्रहणक्षम और तेज़ थे। हालाँकि मेरी पहचान और उद्देश्य के संबंध मेंउनकी तरफ से बहुत सी ग़लतफ़हमियों के बावजूद, मेरे विवाहित और एक बच्चे की माँ होने के तथ्य उनके संदेहों को दूर करने में काफ़ी हद तक मददगार साबित हुए।

एक प्रश्न जो मैं पूछा करती थी वह था कि किसी परिवार के पास कितने मवेशी हैं, यह उनकी आर्थिक परिस्थिति को दर्शाता था। जिस पल मैं अपने घर से बाहर निकलती थी, बहुत से निठल्ले युवा पुरुष केवल जिज्ञासा के चलते मेरे पीछे आने लगते थे और पूरे गाँव को पता लग जाता था कि मैं घरों के दौरे के लिए बाहर निकल पड़ी हूँ। एक चतुर महिला के पास एक गाय थी जिसे उसने जल्दी से अपने इकलौते कमरे में बंद कर दिया। जब मैंने उससे कोई मवेशी होने के बारे में पूछा, तो उसने साफ़-साफ़ कहा, "कोई नहीं है।" उसने अपने परिवार का वर्णन बहुत ग़रीब के रूप में किया—यह एक सामान्य धारणा थी कि यदि मैं एक सरकारी नौकर हूँ तो मैं गरीबों के लिए कुछ सरकारी लाभ भी प्राप्त कर सकती हूँ। जब वह कोई मवेशी होने के बारे में मना कर रही थी, तो उस बेचारी गाय ने कमरे के अंदर से रंभाना और दरवाज़ा पीटना शुरू कर दिया!

मैंने यह भी गौर किया कि मेरे किसी घर में जाने से पहले कुछ संपत्तियां, जैसे सिलाई मशीनें या कृषि के छोटे उपकरणों को छुपा दिया जाता था—यह सब कुछ मुझे उनकी ग़रीबी के स्तर से प्रभावित करने के लिए किया जाता था, उन्हें उम्मीद थी कि मेरी सिफ़ारिश पर उन्हें सरकार से कुछ आर्थिक सहायता मिल जाएगी। मुझे अपने क्षेत्रीय कार्य का यह पहलू बहुत हृदयविदारक लगता था, क्योंकि मेरे पास उनके दुर्दैव को कम करने की कोई शक्ति नहीं

थी; मैं केवल उन्हें निराश ही कर सकती थी। मैं उनसे लाभान्वित हो रही थी लेकिन बदले में उन्हें कुछ दे नहीं पा रही थी।

एक अन्य मौके पर, मेरे कारण एक घर की देवरानी-जेठानी में लड़ाई भी हुई और कुछ बहुएं बहुत आहत भी हुईं। संयुक्त परिवार चलन में थे इसीलिए भाइयों की पत्नियाँ और बच्चे एक ही घर में एक साथ रहते थे। किसी परिवार की आर्थिक स्थिति का आकलन करने और दिए गए दहेज़ की सीमा का अनुमान लगाने के लिए, मैं हर बहू से पूछती थी कि उसने दहेज़ में क्या लाया है। इससे देवरानी-जेठानी के बीच बहुत ईर्ष्या और प्रतिस्पर्धा उत्पन्न होती थी। जिसने ज्यादा दहेज़ लाया होता था वह कम दहेज़ लानेवाली को कम आंकती थी और कम दहेज़ लानेवाली आहत होती थी और खुद को न्यून समझती थी। मैंने ऐसी प्रतिक्रिया की उम्मीद नहीं की थी और ऐसे मनमुटाव का कारण बनने पर मुझे बहुत बुरा लगा।

एक बार, परिवार नियोजन के प्रभाव का आकलन करने के लिए, मैंने एक बूढ़े व्यक्ति से पूछा कि उसके कितने बच्चे हैं। उसने कहा "दो" जिसपर मेरा पीछा करनेवाले निठल्ले लोग हँसने लगे और कहा कि वह वह बूढा व्यक्ति झूठ बोल रहा है। उसके पांच बच्चे थे, तीन बेटियां और दो बेटे। बूढ़े व्यक्ति ने खुद को बचाते हुए मुझे सूचित किया कि उसने तीन विवाहित बेटियों की गणना अपने में नहीं की, क्योंकि अब उनका संबंध उनके पति के घर से है। उसकी समझ से यह बिल्कुल सही था लेकिन अगर भीड़ मुझे सुधारती नहीं तो मैंने ग़लत जानकारी दर्ज कर ली होती।

क्षेत्र कार्य समाप्त करने के बाद, मैंने आंकड़ों का आंकलन करना शुरू किया। मैंने देखा कि प्राध्यापक श्रीनिवास मेरे कार्य में कोई दिलचस्पी नहीं लेते थे; दरअसल, उनके पास तो कभी मेरी थीसिस की तरफ़ देखने का भी समय नहीं था। पीएचडी की थीसिस के लिए आवश्यक अधिकतम पांच साल गुज़र गए और मुझे कभी भी दिल्ली विश्वविद्यालय से पीएचडी नहीं मिली। प्राध्यापक श्रीनिवास ने मेरे लिए विस्तार की सिफ़ारिश नहीं करी। इम्तियाज़ अहमद के साथ भी यही हुआ। सौभाग्यवश, हम दोनों को ही अन्य जगहों से हमारे अनुसंधान कार्य के लिए मान्यता प्राप्त हुई। आईसीएसएसआर ने तो मेरे शोध की गुणवत्ता को पहचानते हुए मुझे "गृहिणी की फ़ेलोशिप" नामक एक पोस्ट-डॉक्टोरल फ़ेलोशिप भी प्रदान की। श्री जे.पी. नाइक ने ऐसी योग्य व्यावसायिक महिलाओं के लिए आईसीएसएसआर में इस फ़ेलोशिप की स्थापना की थी जो एक अंतर के बाद वापस काम पर लौटना चाहती थीं। उस वक्त भारत में विश्वविद्यालय स्तर पर इस प्रकार के सांप्रदायिक पूर्वाग्रह संचालित होते थे।

दिल्ली विश्वविद्यालय के महाविद्यालयों में एक पूर्ण विषय के रूप में समाजशास्त्र को बहुत देर से, 1960 के दशक में, शुरू किया गया। यह वह समय था जब मैं नौकरी ढूंढ रही थी। विश्वविद्यालय के पांच महाविद्यालयों ने ऑनर्स स्तर पर समाजशास्त्र की शुरुआत की, इसीलिए समाजशास्त्र के पांच पदों को निर्माण किया गया। मैंने उन सभी के लिए आवेदन किया और मुझे विभागाध्यक्ष प्राध्यापक श्रीनिवास के वीटो (निषेधाधिकार) द्वारा अस्वीकृत कर दिया गया, प्राध्यापक श्रीनिवास के पास उस वक्त चयन समिति के

निर्णय का निषेधाधिकार था। मेरे पास एलसीई की ऑनर्स पदवी थी, जो उस समय विश्व के शीर्ष सामाजिक विज्ञान संस्थानों में से एक था और एसओएएस, लंदन विश्वविद्यालय की स्नाकोत्तर पदवी थी, जिसके लिए मैंने प्राध्यापक एफ.जी.बेली, जो एक बहुत ही प्रख्यात सामाजिक मानवविज्ञानी थे और जिनका भारत पर किया गया कार्य बहुत ही मूल्यवान है, के पर्यवेक्षण में एक पूरी थीसिस लिखी थी; मेरी पीएचडी की थीसिस लगभग पूरी हो गई थी और भारत की प्रतिष्ठित शैक्षणिक पत्रिका, *इकॉनोमिक एंड पॉलिटिकल वीकली* में प्रकाशित कार्य के बावजूद भी, मुझे दिल्ली विश्वविद्यालय के समाजशास्त्र विभाग के द्वितीय श्रेणी में एमए किए हुए लोगों के पक्ष में ख़ारिज कर दिया गया था, केवल इसीलिए क्योंकि वे प्राध्यापक श्रीनिवास के विद्यार्थी थे। तब मुझे यह महसूस हुआ कि विश्वविद्यालय में पद पाने के लिए, आपको एक रहनुमा (धर्मपिता/गॉडफादर) की आवश्यकता होती है। समाजशास्त्र विभाग के अध्यक्ष के रूप में, नियुक्तियों में प्राध्यापक श्रीनिवास का निर्णय हमेशा अंतिम होता था और वे केवल अपने ही विद्यार्थियों को नियुक्त करते थे।

मेरे नौकरी ढूँढने के काल के दौरान कुछ ऐसा हुआ कि जीसस एंड मैरी कॉलेज (जेएमसी) में तीन रिक्तियां थीं। मैंने हर बार साक्षात्कार दिया और हर बार प्राध्यापक श्रीनिवास के विद्यार्थियों के पक्ष में मुझे अस्वीकार कर दिया गया। जेएमसी की प्रधानाध्यापिका को महसूस हुआ कि यह समाजशास्त्र विभाग के प्रमुख द्वारा प्रयोग में लाया जा रहा पूर्वाग्रह का मामला था और आख़िरकार कुलपति के पास शिकायत दर्ज करा दी। कुलपति मुझसे परिचित थे क्योंकि एआईआर से प्रसारण करते समय कई बार हम एक ही दल में थे। उन्होंने जेएमसी की प्रधानाध्यापिका को मुझे तदर्थ आधार पर लेने की सलाह दी। मुझे पांच तदर्थ नियुक्तियां दी गयीं क्योंकि प्राध्यापक श्रीनिवास और फिर उनके बाद आनेवाले अध्यक्ष प्राध्यापक शाह ने मेरी स्थाई नियुक्ति के लिए हामी नहीं भरी। सौभाग्यवश, बाद में कुलपति के एक नामांकित व्यक्ति को नियुक्ति समिति में शामिल किया गया, और आख़िरकार मुझे जेएमसी में स्थाई पद दिया गया। मैं अपने पेशेवर अस्तित्व के लिए उस दृढ़-निश्चयी प्रधानाध्यापिका सिस्टर अक्वेनेस की आभारी हूँ, जो अन्याय के विरुद्ध खड़ी हुई और आख़िरकार जंग जीत ली।

डी-स्कूल में हार मान लेने के बाद, मेरा तलाक़ हुआ और पुनर्विवाह हुआ और इससे भी बदतर यह हुआ कि मैंने अपने समुदाय के बाहर विवाह किया। इन कारकों ने मुझे अवांछित और व्याख्याता जैसे "सम्माननीय" पद के लिए अयोग्य ठहराने में मदद की, और मेरी आगामी अस्वीकृतियों में योगदान दिया।

इसी बीच, मेरा निजी जीवन बहुत तनाव में था। लंदन में, हयात और मैं दोनों ही विद्यार्थी थे और पति के कमाऊ होने और पत्नी के गृहिणी और माँ होने जैसी पारंपरिक भूमिका की कोई अपेक्षा नहीं थी। मैं अधिक मिलनसार थी और मेरे मित्रों की एक बड़ी मंडली थी, जिनमें पुरुष और महिलाएं दोनों ही शामिल थे। हयात ने मेरे पुरुष सहकर्मियों के साथ मेरी मित्रता पर कभी आपत्ति नहीं जताई, वे लोग भी मेरी इज़्ज़त करते थे और वहां हमारे 10 साल के निवास के दौरान, हमारे किसी भी पुरुष मित्र ने कभी भी शारीरिक रूप से मेरा फायदा उठाने की कोशिश

नहीं की। बल्कि, वे मेरी प्रशंसा करते थे और मेरे संघर्ष में मुझे सहारा देते थे। हयात स्वयं भी एक सभ्य व्यक्ति था; वह बुरा नहीं था और एक पति के रूप में बहुत अधिकारात्मक नहीं था। हमारे समान मित्र थे, जो अक्सर भारतीय भोजन खाने के लिए आते थे, और हुमा के जन्म के बाद, सप्ताहांत में हुमा के साथ खेलने के लिए आते थे। इसीलिए लंदन में जीवन किसी प्रकार से चल रहा था। मेरा लक्ष्य मेरी शैक्षणिक योग्यताएं बढ़ाने की ओर था। मैं पढ़ाई में, पैसा कमाने के लिए काम करने में और हुमा के पालन-पोषण में इतनी अधिक व्यस्त थी कि मैंने अपने और अपने पति के बीच की असंगति को अपने ऊपर हावी नहीं होने दिया। हम झगड़ा करते थे, क्योंकि मैं सीखने और अनुभवों में आगे बढ़ रही थी जबकि हयात लगभग स्थिर ही था। मैं उससे और ज़्यादा निराश होती जा रही थी, जबकि वह वहां के जीवन से तालमेल न बैठा पाने की अपनी असमर्थता और अपनी शैक्षणिक आकांक्षाओं को पूरा करने की अपनी विफलता के कारण निराश था। उसे हुमा से लगाव था और वह उसे सँभालने में मदद करता था। लेकिन मैं यह गौर कर रही थी कि अपने जिस गुस्से के लिए वह जाना जाता था, वह बद से बदतर होता जा रहा था। एक बार हमारी बहस के दौरान, उसने मुझे थप्पड़ मार दिया। मैं इस अपमान को सह नहीं सकी और हुमा, जो केवल कुछ महीने की थी, को लेकर बाहर निकल गई। मैं अपनी एक सहेली के यहाँ गई, जिसने हालाँकि मेरे प्रति सहानुभूति दर्शाई और मुझे आश्रय प्रदान किया, लेकिन मुझे अपने इस कदम पर फिर से सोचने के लिए कहा। हयात वहां आया और मुझे और मेरी मित्र को यह कहकर प्रभावित कर लिया कि वह मुझसे प्यार करता है और मेरे और हुमा के बगैर नहीं रह सकता। क्योंकि मेरे पास कोई बेहतर विकल्प नहीं था, मैं मान गई लेकिन एक शर्त पर, कि अगर उसने फिर कभी मुझपर हाथ उठाया तो मैं उसे हमेशा के लिए छोड़ दूंगी।

मैंने पहले ज़िक्र किया है कि किस प्रकार हमारे भारत लौटने पर, हमारे व्यक्तित्वों के बीच का विरोधाभास अधिक उल्लेखनीय था और लोग खुलेआम इस पर टिप्पणी करते थे। हयात को एक प्रभुत्वशाली पति की पारंपरिक भूमिका निभाने की असमर्थता पर ज़्यादा से ज़्यादा जागरूक बनाया जा रहा था। हमें एक "बेमेल जोड़ा" कहा जाता था और उसे एक "जोरू का गुलाम" पति। तब तक हमारे विवाह को 12 साल हो गए थे, एक पांच साल की बेटी थी, और हम अभी भी निर्वाह मात्र ही कर रहे थे। हमारे पास कोई बचत, कोई निवेश नहीं था और हमारी स्थिति में सुधार की कोई संभावना भी नहीं दिख रही थी। भारत में, लोगों को दूसरों के निजी जीवन में हस्तक्षेप करना अच्छा लगता है, इसीलिए हमारी परिस्थिति पर मित्रों और रिश्तेदारों की निरंतर टिप्पणियों ने हमारे पहले से ही तनावपूर्ण रिश्ते को और बिगाड़ दिया। इसका दुर्भाग्यपूर्ण परिणाम यह हुआ कि हयात मुझसे ईर्ष्या करने लगा और मेरे संपर्क में आनेवाले किसी भी पुरुष के साथ मेरी बातचीत पर मुझसे सवाल-जवाब करने लगा। यह एक नयी घटना थी और यह बहुत ही तकलीफ़देह थी। उसने इससे पहले मुझपर कभी भी अविश्वास नहीं दर्शाया था, और उसके व्यवहार में आए इस अचानक बदलाव को संभालना मेरे लिए मुश्किल हो गया। उसका संदेह बढ़ता गया और एक दिन, एक बहस के दौरान जब उसने मुझपर आरोप लगाया कि मेरा हमारे एक मित्र के साथ प्रेम संबंध है तो, वह आक्रामक हो गया और उसने मुझे मारा

और शयनकक्ष में बंद कर दिया। हमारी एक नौकरानी थी जो हुमा की देखभाल करती थी; उसने बच्ची को रात का खाना खिलाया और उसे बैठक में सुला दिया। मेरे शयनकक्ष में बंद होने के दौरान वह भी बैठक में सोया। सुबह होने पर, मैंने दरवाज़ा पीटना शुरू कर दिया और उसे बताया कि यदि उसने मुझे बाहर नहीं निकाला तो मैं मदद के लिए चिल्लाउंगी। यह नाटक शुरू होने से पहले, नौकरानी ने हुमा को स्कूल भेज दिया था। आजतक, मैं नहीं जानती कि हुमा को यह घटना याद है या नहीं लेकिन जब मैं यह सोचती हूँ कि इससे उस मासूम बच्ची पर क्या नकारात्मक प्रभाव पड़ता तो मैं बहुत ही व्यथित हो जाती हूँ। तथापि, हयात ने आख़िरकार दरवाज़ा खोला और मुझपर चिल्लाकर मुझे बाहर निकल जाने को कहा, और मैं अपने रक्त से सने दुपट्टे को पकड़कर बाहर निकल गई। मैं एक पुराने क़रीबी मित्र के यहाँ गई जो पश्चिम निजामुद्दीन के एक घर में रहता था। जब मेरे मित्र ने मुझे उस परेशान स्थिति में देखा, तो उसकी टिप्पणी थी, "ज़रीना, यह सब होने के लिए तुमने इतना लंबा इंतज़ार क्यों किया?" ज़ाहिर है, मेरे मित्रों की यही राय थी कि मुझे बहुत पहले ही हयात से अलग हो जाना चाहिए था। लेकिन मेरी मध्यमवर्गीय पृष्ठभूमि तलाक़ को बहुत अप्रिय मानती थी, और दुखी होने के बावजूद, मैं उस विवाह में टिकी रही। इसीलिए उन्होंने मुझे शांत किया और मैं हुमा के स्कूल उसे अपने साथ वापस लाने के लिए गई। मुझे आज भी याद है कि हुमा को प्रधानाध्यापिका के कमरे में बहुत ही चिंतित मुखाकृति के साथ आते हुए देखना मेरे लिए कितना हृदयविदारक था। उसे पता था कि मुझे मारा गया है। लेकिन मैंने जख्मों को छिपाने के लिए काला चश्मा पहन रखा था। जिस पल हुमा ने देखा कि मेरे चेहरे पर मारपीट का कोई निशान नहीं था, राहत की एक मुस्कान उसके चेहरे पर फैल गई। वह मुस्कान आज भी मेरे मन में दर्ज है।

हुमा के साथ अकेले रहना

मैंने तुरंत ही हुमा और अपने लिए निजामुद्दीन में जगह ढूंढनी शुरू की और मुझे अस्थाई गुसलखाने के साथ एक छोटा कमरा और रसोईघर मिल गया। मेरे बस में केवल इतना ही था, और मैं उसमें रहने चली गई क्योंकि एक घर में दो पुरुषों (मेरे मित्रों) के साथ उनकी पत्नियों की गैरहाजिरी में रहना उचित नहीं था। हयात उसी दिन मेरे माता-पिता को यह सूचित करने के लिए लखनऊ रवाना हो गया कि मैंने "उसे छोड़ दिया है" क्योंकि मुझे इश्कबाज़ी करने के लिए आज़ादी चाहिए। सौभाग्यवश, मेरे माता-पिता ने उसपर विश्वास नहीं किया और उसे बताया कि अगर उनकी बेटी ने विवाह के 12 साल बाद उसे छोड़ा है, तो इसके पीछे कोई ठोस कारण होगा। फिर मेरे पिताजी मुझसे मिलने दिल्ली आए और मुझे जिस नैतिक समर्थन की बहुत ज़रूरत थी वह प्रदान किया। मेरे माता-पिता के मामले में यह समझ असामान्य थी। आमतौर पर, भारतीय माता-पिता बेटियों पर विवाह में बने रहने के लिए दबाव डालते हैं चाहे यह उनके लिए कितना ही मुश्किल क्यों न हो गया हो। मेरे अंदर अपराधबोध की भावना विकसित न

होने के लिए मेरे माता-पिता का समर्थन बहुत महत्वपूर्ण था। हमारे पूरे विस्तारित परिवार में मेरा अलगाव पहला था और मैं इंग्लैंड में रहनेवाले एक मित्र के अतिरिक्त और किसी को नहीं जानती थी जिसका कि तलाक़ हुआ हो। 1960 के दशक की शुरुआत में, भारत में तलाक़ आम बात नहीं थी और इसे इसे अच्छा नहीं माना जाता था। इसके अलावा, हमेशा महिला को ही विवाह टूटने के लिए दोषी ठहराया जाता था। यहाँ तक कि निजामुद्दीन में कुछ समय रहने और मुझे पसंद करने वाले पड़ोसियों के साथ मित्रता करने के बाद भी, मुझे उनकी टिप्पणियां सुननी पड़ती थीं जैसे, "आप हमारी पड़ोसी श्रीमती भट्टी को जानते हैं, वह बहुत ही अच्छी महिला हैं, लेकिन वे तलाक़शुदा हैं।" तलाक़शुदा होने का कलंक हमेशा के लिए मुझपर लग गया है। भगवान् का शुक्र है कि तलाक़ के प्रति रवैया बदल रहा है और अब इसे अस्वीकृति की निगाह से नहीं देखा जाता है।

10

भाग्य का खेल

मैं प्रकट रूप से धार्मिक नहीं हूँ लेकिन मैं अपने जीवन में भाग्य की भूमिका से इंकार नहीं कर सकती। इसने निश्चित ही कुछ महत्वपूर्ण घटनाओं के निर्धारण में महत्वपूर्ण भूमिका निभाई थी। हयात से अलग होने के बाद जल्दी ही जो पहली अच्छी बात हुई वह यह थी कि प्राध्यापक श्रीनिवास आख़िरकार झुक गए और उन्होंने मुझे दिल्ली कॉलेज (जिसे अब ज़ाकिर हुसैन दिल्ली कॉलेज के नाम से जाना जाता है) में व्याख्याता के पद पर नियुक्त कर लिया। इससे मुझे फ़ेलो के रूप में मिलनेवाले पैसों से थोड़े ज़्यादा पैसे मिलने लगे। साथ ही यह वह नौकरी भी थी जिसकी मैं आकांक्षी थी। मैं खुश थी क्योंकि मुझे पढ़ाना अच्छा लगता था, लेकिन मुझे पता नहीं था कि यह ख़ुशी थोड़े ही समय की होगी। मैंने अपने शिक्षण कार्यक्रम को कुछ इस प्रकार से व्यवस्थित कर लिया था कि मैं सुबह के सत्र में पढ़ाती थी और हुमा के स्कूल से लौटने के ठीक पहले घर लौट आती थी। मुस्लिम तलाक़शुदा महिलाओं के पुनर्विवाह की अनुमति देते हैं। दरअसल, क़ुरान में निर्देश हैं कि एक युवा विधवा या तलाक़शुदा महिला का इद्दत के तुरंत बाद पुनर्विवाह करा दिया जाना चाहिए। इसीलिए खुदा से डरनेवाले मुस्लिम होने के कारण, मेरे पिताजी को लगा कि यह उनका कर्तव्य है कि कोई उपयुक्त व्यक्ति मिलने पर पुनर्विवाह करने के लिए मुझे प्रोत्साहित करें। लेकिन पुनर्विवाह के बारे में सोचने की भी मेरी मनःस्थिति नहीं थी। हालाँकि जब मैंने अकेले रहना शुरू किया, मैंने पाया कि पुरुष, जिनमें मेरे विश्वविद्यालय के मित्र भी शामिल थे, मुझे अपने लंपट इरादों के लिए आसान शिकार समझते थे। मैंने पाया कि अचानक मेरी मांग बढ़ गई थी। उसी समय, मुझे यह भी अहसास हुआ कि "असंबद्ध" रहकर जीना आसान नहीं होगा। मैं अभी 30 साल की भी नहीं थी और मेरी एक बेटी थी, जो समय के साथ बड़ी होकर एक खूबसूरत महिला में तब्दील होगी। इसीलिए, मुझे पुरुषों के उन लंपट इरादों से न केवल खुद की बल्कि हुमा की भी रक्षा करनी थी। पुनर्विवाह के बारे में गंभीरता से सोचने के लिए मुझे मनाते समय, मेरे पिताजी यही सब बातें मेरे मन पर अंकित करने का प्रयास करते थे।

हयात के साथ रहने के दौरान ही, हमारे रिश्ते बिगड़ गए थे। एक शाम, हम दोनों हुमा को लेकर कनॉट प्लेस में टहल रहे थे। हमने एक पुराने मित्र को देखा जो मेरे साथ एलएसई में

था। उसका विवाह हो चुका था और उसे उसकी कंपनी के द्वारा एक साल के कार्मिक प्रबंधन पाठ्यक्रम के लिए एलएसई में भेजा गया था। वह लंदन में अक्सर हमारे घर आता था। बाद में, हमारा उससे संपर्क टूट गया और फिर बहुत सालों के बाद हम अचानक एक-दूसरे के सामने आ गए। हम उससे मिलकर बहुत खुश हुए क्योंकि हमें बहुत सी बातें करनी थीं जैसे हमारी जिंदगियों में और इंग्लैंड के हमारे अन्य भारतीय मित्रों की जिंदगियों में क्या-क्या घटित हुआ। वह अपनी घड़ी देख रहा था और कह रहा था कि उसे रांची, जहाँ वह नियुक्त था, के लिए सुबह जल्दी विमान पकड़ना है और उस शाम उसे रात्रि-भोजन के लिए भी आमंत्रित किया गया था। लेकिन हम कुछ समय साथ में बिताना चाहते थे। इसीलिए, उसने जोर दिया कि हम उसके साथ रात्रि-भोजन के लिए उसके मित्र के घर चलें। उसने समझाया कि उसका मित्र—एक अनौपचारिक दोस्ताना व्यक्ति—अविवाहित और बेहतरीन बावर्ची था; उसके मित्र को ज़्यादा लोगों के आने से समस्या नहीं होगी। वह हमें मनाने में सफल हो गया और हम उसके साथ उसके मित्र के घर चले गए। इस व्यक्ति का एक बहुत ही असामान्य अरबी नाम था, इदरकुल ज़मान। वह एक अर्थशास्त्री था और दिल्ली के एक अनुसंधान संस्थान में काम करता था। हमारा मित्र और वह एक साथ इलाहाबाद विश्वविद्यालय में पढ़े हुए थे। इदराक जंगपुरा में रहते थे जो निजामुद्दीन के पास ही था जहाँ मेरे मित्र ज़िया रहते थे। हम बिना किसी सूचना के उनके छोटे लेकिन कार्यात्मक घर में आ पहुंचे, लेकिन हमने देखा कि इदराक हम तीनों के इस प्रकार घर आने के बारे में बहुत ही शांत और स्वागत के लिए आतुर थे। मुझे याद है कि वह शाम कुछ हद तक सुखद थी। उन्होंने हुमा में विशेष दिलचस्पी दिखाई और मैंने यह गौर किया कि उन्हें बच्चों से बहुत लगाव था। उन्होंने हमें बताया कि वे अपने छोटे भाई के बच्चों में बहुत दिलचस्पी लेते हैं। हालाँकि वे तीन भाइयों में सबसे बड़े थे, लेकिन वे अविवाहित ही थे। मुझे याद है मैंने टिप्पणी की थी, "तो आप एक स्थाई कुँवारे हैं," जिसका प्रत्युत्तर उन्होंने केवल एक मोहक मुस्कान के साथ दिया था। इदराक ने ठेठ मुस्लिम पहनावा, लखनवी *कुरता पायजामा* पहन रखा था। उनके मुस्लिम नौकर, अनवर ने बहुत अच्छा मुगलई भोजन पेश किया। विदा लेते समय और उनके अतिथि-सत्कार के लिए उनका धन्यवाद करते समय, उन्होंने सुझाव दिया कि एक-दूसरे के टेलीफोन नंबर ले लें क्योंकि हमारी समान शैक्षणिक दिलचस्पियों के कारण हम शायद संपर्क में रहना चाहें। हमारे पास उस समय टेलीफोन नहीं था लेकिन मैंने झिझकते हुए उनका नंबर लिख लिया।

उस मुलाकात के तुरंत बाद, मैं कई जगहों पर उनसे टकराई। चूंकि अब हम एक-दूसरे को जानते थे और हमारी दिलचस्पियाँ भी समान थीं, विशेष रूप से संगीत और शायरी में, हम अक्सर एक-दूसरे से संगीत कार्यक्रमों और मुशायरों में मिल जाते थे। हयात को इन कार्यक्रमों में कुछ ख़ास दिलचस्पी नहीं थी तो मैं अकेली या दोस्तों के साथ जाया करती थी।

मेरी एक सहेली थी, ज़ाहिदा, जो दिल्ली के एक महिला महाविद्यालय, मिरांडा हाउस में पढ़ाती थी और किसी उपयुक्त युवक से मिलने के लिए इच्छुक थी। मैंने सोचा कि शायद इदराक और ज़ाहिदा एकत्र आ सकें और इसीलिए मैंने उन्हें एक साथ लाने के लिए मेरे घर पर रात्रि-भोजन का इंतज़ाम किया और कुछ अन्य मित्रों को भी बुला लिया। यह एक बहुत अच्छी दावत साबित हुई। ज़ाहिदा एक शायर थी और उसने अपनी कुछ शायरियां पढ़कर सुनाई। इदराक को

शायरी का सत्र तो अच्छा लगा लेकिन उन्होंने ज़ाहिदा में कोई दिलचस्पी नहीं दिखाई, जबकि ज़ाहिदा काफी ख़ूबसूरत और परिष्कृत लग रही थी। मैंने यह निष्कर्ष निकाला कि इदराक आख़िरकार स्थाई कुँवारे ही हैं। उसके बाद जल्दी ही, हयात और मैं अलग हो गए और मैं पश्चिम निजामुद्दीन में रहने के लिए आ गई। एक शाम, मैं पश्चिम निजामुद्दीन के बाज़ार में खरीददारी के लिए गई थी और मैंने वहां इदराक को अपने कुत्ते को लेकर घूमते हुए देखा। मुझे बिल्कुल पता नहीं था कि उनका घर पश्चिम निजामुद्दीन के पास है और वे भी इसी बाज़ार में आते हैं। इससे पहले, जब मैं उनके जंगपुरा के घर में गई थी, मैं एक मित्र के साथ मोटरकार में बैठकर गई थी। वह रात का समय था और मैंने जंगपुरा से पश्चिम निजामुद्दीन की निकटता की तरफ ध्यान नहीं दिया था। उन्होंने समझाया कि वे पास ही मैं रहते हैं और पूछा कि मैं वहां क्या कर रही हूँ और हयात साहब और हुमा कैसे हैं? मुझे उन्हें बताना पड़ा कि मैं अपने पति से अलग हो गई हूँ और पश्चिम निजामुद्दीन में रह रही हूँ। उन्होंने तुरंत ही थोड़ी चिंता के साथ पूछा, "हुमा का क्या?" मैंने उन्हें बताया कि वह मेरे साथ है। वे बहुत ही सुरक्षात्मक प्रतीत हो रहे थे और उन्होंने मुझसे कहा कि उनके नौकर अनवर के पास करने को कुछ ज्यादा काम नहीं है तो अगर कभी भी मुझे किसी भी मदद की ज़रूरत पड़े तो मैं बिना किसी हिचकिचाहट के उनकी मदद मांग सकती हूँ। वे मेरे साथ मेरे घर तक आए। मैंने उनके शिष्टाचार की सराहना की लेकिन मुझे लगता है कि वे मेरे रहने की जगह भी देखना चाहते थे। उस आकस्मिक मुलाकात के बाद जल्दी ही, एक मौका ऐसा आया जब मुझे उनकी मदद की आवश्यकता पड़ी। एक दिन, मेरे महाविद्यालय के प्रधानाचार्य ने शाम को सभी कर्मचारियों की बैठक बुलाई। मैं आमतौर पर दोपहर के 2 बजे तक हुमा को स्कूल बस से उतारने के लिए घर लौट आती थी। मैंने प्रधानाचार्य को कारण बताते हुए मुझे बैठक से बक्श देने का अनुरोध किया। वे बहुत ही असहयोगी थे और उन्होंने इस बात पर जोर दिया कि मुझे बैठक में भाग लेना ही है। मैं असमंजस में पड़ गई। मैंने अभी-अभी वहां नौकरी शुरू की थी और मैं प्रधानाचार्य को नाराज़ नहीं करना चाहती थी। इसीलिए मैंने इदराक के बारे में सोचा और उन्हें फ़ोन किया और उनसे विनती की कि वे हुमा को स्कूल बस से उतारने के लिए अपने नौकर अनवर को भेज दें और मेरे लौटने तक उसे अपने पास रखें। उन्होंने मुझे सुनिश्चित किया कि मैं चिंता न करूँ और वे उसका ध्यान रखेंगे। वे खुद अपने कार्यालय से आएँ और हुमा को एक अच्छे रेस्तरां में खाना खिलाने ले गए। उन्होंने मेरे लौटने तक उसका मन बहलाए रखा। जब मैं उनके घर हुमा को लेने गई तो मैंने देखा कि वह बहुत खुश और उत्साहित लग रही थी। उसने मुझे बताया कि उसने भट्टी चाचा के साथ बहुत अच्छा खाना खाया, और उन्होंने उसे आइसक्रीम भी दिलाई और लूडो भी खरीदकर दिया। उनकी इस दयालु चेष्टा ने मेरे दिल को छू लिया और मैंने उनका बहुत-बहुत शुक्रिया अदा किया। उन्होंने कृपालुता से मेरे धन्यवाद को स्वीकार किया और साथ ही यह भी कहा कि उन्हें हुमा के साथ बहुत अच्छा लगा और शायद हमें संपर्क में रहना चाहिए। यह एक गहरी दोस्ती की शुरुआत थी जिसकी परिणति आख़िरकार लगभग एक साल बाद हमारे विवाह में हुई।

कुछ अन्य घटनाओं के कारण मुझे महसूस हुआ कि मुझसे भी ज़्यादा, हुमा को, घर में एक पुरुष की आवश्यकता है। क्योंकि इदराक अकेले ही रहते थे, वे अक्सर कार्यालय से घर

लौटते समय आते थे और हम साथ में चाय पीते थे। हुमा को हमेशा ही उनके साथ अच्छा लगता था। एक दिन, मैंने हमारा तौलिया मुंडेर पर गिरा दिया और मुझे समझ नहीं आया कि उसे कैसे उठाऊँ। उसी दिन इदराक शाम को घर पर आए। हुमा ने उन्हें बताया कि हमारा तौलिया मुंडेर पर गिर गया है और हम उसे उठाने के लिए नीचे कूद नहीं सकते। एक युवा पुरुष होने के कारण, इदराक तुरंत ही नीचे कूदकर तौलिया उठा लाए जिससे हुमा बड़ी खुश हुई। कुछ दिन बाद, मैंने गौर किया कि उसने जानबूझकर फिर से तौलिया गिरा दिया और घोषणा की कि इससे कोई फर्क नहीं पड़ता क्योंकि जब भट्टी चाचा आएंगे तो वे फिर से इसे हमारे लिए उठाकर ले आएंगे।

हुमा एक निश्चित दिन और समय पर, पास ही में रहने वाले हमारे एक मित्र के घर पर अपने पिता से मिलने जाती थी। एक दिन, हयात ने अचानक उसे बुलवा भेजा। हुमा उस समय घर पर नहीं थी क्योंकि वह बाहर खेलने गई थी। मैंने उसे ढूंढा लेकिन वह मुझे नहीं मिली। मुझे गुस्सा आ गया क्योंकि उसके पिता ने हंगामा मचाया होता। मैं डर गई कि वह मुझपर लापरवाही का आरोप लगाएगा क्योंकि मुझे पता नहीं था कि मेरी बेटी कहाँ पर है। हालाँकि कुछ समय बाद, वह मुझे हमारी गली में मिली। मैंने उसे अंदर लाने के लिए उसका हाथ पकड़ा लेकिन वह मुझे अपना हाथ पकड़ने नहीं दे रही थी जो कि एक मुट्ठी में बंधा था। इसीलिए, मैंने उससे गुस्से से पूछा कि वह क्या छिपा रही है। उसने मुट्ठी खोलकर कागज़ के छोटे टुकड़े दिखाए। वह हमारे पड़ोसियों को हमारे घर दावत पर आने का निमंत्रण था। मैंने उससे पूछा कि वह मुझे बिना बताये लोगों को घर क्यों बुला रही थी। आँखों में आंसू भरकर, उसने कहा कि क्योंकि कोई भी हमारे घर नहीं आता था, उसने सोचा कि इस तरीक़े से दोस्त और पड़ोसी हमारे घर पर आएंगे। मुझे बहुत ही ख़राब लगा! हमारा घर संपूर्ण नहीं था, इसीलिए पड़ोसी भी हमें टालते थे और हमें संदेह की दृष्टि से देखते थे। एक युवा महिला का एक छोटी बच्ची के साथ रहना बहुत ही असामान्य था। तब मुझे यह पता चला कि हुमा को तीव्रता से एक पिता की आवश्यकता महसूस होती थी। हुमा को एक भाई या बहन भी चाहिए था। वह मुझसे अक्सर पूछती थी कि उसे एक छोटी बहन कब होगी और उसे बहलाने के लिए मैं कहती थी, "तुम्हारे अगले जन्मदिन के बाद।" उसके पिता से अलग होने के बाद, उसने अपने अगले जन्मदिन पर फिर से वही सवाल पूछा। इस बार, मैंने उसे समझाया कि क्योंकि मेरा कोई पति नहीं है, इसीलिए मैं उसे छोटी बहन नहीं दे सकती। और वह बोल पड़ी, "सबको बता देते हैं कि भट्टी चाचा तुम्हारे पति हैं और फिर तुम मुझे एक छोटी बहन दे सकती हो।"

दूसरी तरफ, मेरे पिताजी मुझपर दबाव डाल रहे थे कि मैं विवाह के लिए कोई उपयुक्त व्यक्ति खोज लूँ क्योंकि मैं एक बेटी के साथ रहनेवाली अकेली युवा महिला के रूप में असुरक्षित महसूस करने लगी थी। यह उन दिनों में बहुत ही असामान्य परिस्थिति थी। जैसा कि मैंने पहले ज़िक्र किया, मेरे पुरुष सहकर्मी मुझे परेशान करने लगे थे। विश्वविद्यालय का मेरा एक परिचित अक्सर देर रात को घर पर आने लगा, वह यह बहाना बनाता था कि वह पड़ोस में ही था तो उसने मेरा हाल-चाल पूछने का निर्णय लिया। एक अन्य व्यक्ति मुझे फ़ोन करके बाहर खाने के लिए पूछता था, एक और अन्य कक्षाओं के बाद मुझे यह बताने चला आता था कि उसने मेरा हाल-चाल

पूछने और मेरे साथ एक कप चाय पीने का निर्णय लिया क्योंकि मैं अकेली थी और शायद मुझे किसी के साथ की ज़रूरत थी। मैं उन्हें भगा देती थी और उन्हें बताती थी कि मैं एकदम ठीक हूँ और मुझे उनकी सहानुभूति या सहारे की कोई आवश्यकता नहीं है। लेकिन उनका इस प्रकार से आना एक परेशानी बनता जा रहा था। यह महसूस करना भी बेहद निराशाजनक था कि यह वही पुरुष थे जिनके साथ मैं विश्वविद्यालय परिसर में सहकर्मियों की तरह बातचीत करती थी और जैसे ही मैं अपने पति से अलग हुई, उन्होंने मेरी तरफ एक "चरित्रहीन" महिला की तरह देखना शुरू कर दिया था। उन दिनों, पुरुष सोचते थे कि एक अकेली युवा तलाक़शुदा आसानी से उनके अनैतिक व्यवहार का शिकार बन सकती है। दरअसल, एक प्राध्यापक जिन्हें मैं बहुत अच्छे से जानती थी, उन्होंने भी मेरे अलगाव के दिनों में मुझसे मित्रता करने की कोशिश की थी। इदराक से विवाह होने के कुछ सालों के बाद, मैं फिर उसी व्यक्ति से मिली और उसने एक बहुत ही चौंकानेवाला बयान दिया। उसने कहा, "ज़रीना, मैं कुछ दिन पहले तुम्हारे पति से मिला था। वह युवा और काफी अच्छा दिख रहा था, और उसने संगोष्ठी में बहुत अच्छे से बात की। सच में, एक बहुत ही विद्वान्, लुभावना युवक, और क्या तुमने कहा था कि तुमसे विवाह के समय वह अविवाहित था?" यह सब इतने आश्चर्य के साथ कहा गया था जैसे उसे यह अविश्वसनीय लग रहा था कि इदराक जैसा व्यक्ति एक तलाक़शुदा महिला से विवाह कर सकता था जिसके पूर्व विवाह से एक बच्चा भी था। जैसे कि मेरे पास एक पुरुष को देने के लिए कुछ भी नहीं था, न रूप-रंग, न शिक्षा, मैं केवल तलाक़ से "दागदार" थी! मैं इस प्राध्यापक के साथ इश्कबाज़ी करने के लिए तो बहुत अच्छी थी लेकिन निश्चित रूप से इतनी अच्छी नहीं थी कि मेरा विवाह एक शिक्षित, सुंदर व्यक्ति से हो सके, जो अविवाहित भी था। उन दिनों मेरा सामना कुछ इस तरह के रवैयों से होता था।

कुछ ऐसा हुआ कि इदराक पर भी विवाह करने और घर बसाने का दबाव था। उनके दो छोटे भाई शादीशुदा, बाल-बच्चेदार थे। उनके माता-पिता बूढ़े हो रहे थे। उनका महाराष्ट्र में नागपुर के निकट एक खेत था और वे वहीं रहते थे। उनके पिता खेत को संभालने के लिहाज़ से बहुत बूढ़े थे और माता-पिता को वहां से निकलकर अपने एक बेटे के साथ रहने की आवश्यकता थी। दोनों विवाहित बेटे बूढ़े माता-पिता को अपने साथ रखने की पेशकश नहीं रख सकते थे क्योंकि उनकी पत्नियों की अपनी सास के साथ पटती नहीं थी। सबसे बड़े बेटे होने के कारण, इदराक को अपने माता-पिता को एक घर उपलब्ध कराने की ज़िम्मेदारी महसूस हुई। उन्होंने तब सोचना शुरू किया कि उन्हें विवाह कर लेना चाहिए। वे 39 वर्ष के थे, सुंदर, बुद्धिमान थे, व्यावसायिक रूप से स्थापित थे, और ईसाई समुदाय में उन्हें बहुत ही योग्य युवक माना जाता था। उन्होंने "ऐय्याशी करना" बहुत पहले छोड़ दिया था; उन्हें बच्चों से लगाव था और वे अपना खुद का परिवार चाहते थे। यही वह समय था जब मैं उनसे मिली, एक 29 वर्षीय शिक्षित, परिपक्व महिला, जिसने अपनी बच्चे पैदा करने की क्षमता साबित कर दी थी। इदराक उर्दू में कविता लिखते थे और मेरी शुद्ध लखनवी उर्दू और उर्दू शायरी में मेरी दिलचस्पी से प्रभावित थे। मेरे चाचा मजाज़ और फूफाजी जाँ निसार अख़्तर मशहूर उर्दू शायर थे। मैं उर्दू शायरी लिखने की उनकी क्षमता के कारण इदराक की सराहना करती थी। दरअसल, उनकी शायरी की प्रशंसा

करने की मेरी यह क्षमता ही हमें जोड़ने वाले कारकों में से एक थी। मैं एलएसई की स्नातक थी जिससे न केवल इदराक बल्कि उनके अर्थशास्त्री पिता भी प्रभावित हुए। लगभग एक साल तक, हम एक-दूसरे को जान गए थे और पसंद करने लगे थे। उस समय तक, इदराक को ईसीएएफई (यह संयुक्त राष्ट्र की एक संस्था है जिसका क्षेत्रीय कार्यालय बैंकाक में है)—जिसे अब ईएससीएपी (एस्केप) के नाम से जाना जाता है—को परामर्श प्रदान करने का प्रस्ताव मिला था। वे न केवल हमें पसंद करने लगे थे बल्कि हुमा और मेरे प्रति बहुत सुरक्षात्मक भी हो गए थे। उस स्तर तक, मुझे यह पता नहीं था कि वे धर्म से ईसाई हैं।

मैं खुद को मुस्लिम से ज़्यादा एक भारतीय मानती थी। मैं इस्लाम का अभ्यास नहीं करती थी और महिलाओं की इस्लामी स्थिति के प्रति आलोचनात्मक थी। दरअसल, धर्म पर मेरे कोई निश्चित विचार नहीं थे। मैं एक भारतीय मुस्लिम परिवार में पली-बढ़ी थी जो कि विशुद्ध रूप से धार्मिक होने की तुलना में सामाजिक निर्माण में ज़्यादा था। धर्म मेरे जीवन का अधिगामी बल नहीं था और आदर्शवादी होने के कारण, मैं सभी लोगों को या तो अच्छा या बुरा मानती थी और प्रकट रूप से धार्मिक होने को कोई विशेष गुण नहीं मानती थी। बल्कि, मेरे मन में अति धार्मिक लोगों के प्रति एक प्रकार का संदेह ही था। मैंने मुल्लाओं और दाढ़ीवाले मुस्लिम पुरुषों का नीची जाति की महिलाओं और यहाँ तक कि युवा लड़कियों के प्रति भी कामुक व्यवहार को देखा था।

मुझे यह स्वीकार करना होगा कि भारतीय ईसाईयों के प्रति मेरी धारणा किसी औसत भारतीय के समान ही थी। भारतीय ईसाईयों का एक रूढ़ प्रारूप यह है कि वे बेहद पाश्चात्य होते हैं, ज़्यादातर अंग्रेजी में बात करते हैं, उनके नाम पश्चिमी होते हैं, वे पश्चिमी कपड़े पहनते हैं, बहुत ज्यादा परिवार-उन्मुख नहीं होते, शराब और सिगरेट पीते हैं, आदि आदि। एक बुज़ुर्ग स्त्री के अलावा भारत में मेरी किसी भी भारतीय ईसाई से कोई बातचीत नहीं हुई थी। वह एक विधवा थी जो मेरे माता-पिता के घर के पासवाली गली में अपने विवाहित बेटे के साथ रहती थी। वह अक्सर सिराज चाचा के पास आती थी और घर की स्त्रियों से बातचीत करने की बजाय ज़्यादातर सिराज चाचा से ही बातचीत करती थी। वह ज़्यादातर अंग्रेज़ी में या टूटी-फूटी हिंदी में बात करती थी और पश्चिमी कपड़े भी पहनती थी। वह अपनी बहू के प्रति बहुत निर्दयी थी और चाहती थी कि उसकी इकलौती औलाद—उसका बेटा—उसका घर छोड़ दे। जब उसके बेटे ने, जिसे वह हैरी पुकारती थी लेकिन वह लोगों को अपना परिचय हरि के नाम से देता था, घर छोड़ने से मना कर दिया, तो वह अपना घर ख़ाली करवाने के लिए उसे अदालत तक ले गई। भारत जैसे देश में जहाँ "बेटों" की पूजा की जाती है, वहां अपने बेटे के साथ इस प्रकार शत्रुतापूर्ण ढंग से व्यवहार करना पारंपरिक भारतीय संस्कृति के ख़िलाफ़ था। तो इस प्रकार के सीमित प्रदर्शन से मेरी ईसाईयों के प्रति जो छवि निर्माण हुई थी वह सकारात्मक नहीं थी। मुझे अब महसूस होता है कि वह एक बहुत ही असामान्य ईसाई स्त्री थी, और उसने और कुछ नहीं तो, समुदाय को नुकसान ही पहुँचाया था। वह निश्चित रूप से भारतीय ईसाईयों की प्रतिनिधि नहीं थी। लेकिन धार्मिक रूढ़िवाद की ओर बढ़नेवाले चरम मामलों में, इसी प्रकार से रूढ़िवादी छवियाँ निर्माण की जाती हैं।

भारतीय ईसाईयों के बारे में बहुत सकारात्मक छवि नहीं होने के बावजूद भी, मैं फिर भी यह मानती थी कि एक समुदाय को कुछ व्यक्तियों के कार्यों द्वारा कलंकित नहीं किया जाना चाहिए। हर समुदाय में अच्छे और बुरे लोग होते हैं। इदराक के साथ मेरा अनुभव बहुत सकारात्मक था। वे सज्जन थे, उन्हें बच्चों से लगाव था—जो कि मेरे लिए बहुत महत्वपूर्ण था—उनके अंदर विद्वता थी, और वे शैक्षणिक रूप से उन्मुख थे, यह एक ऐसा कारक था जिसकी मैं बहुत प्रशंसा करती थी। और सबसे बड़ी बात, मेरे तलाक़शुदा होने और पहले पति से एक बच्चा होने से उन्हें कोई फर्क नहीं पड़ता था। इसके विपरीत, ऐसे समय जब तलाक़ को सामाजिक रूप से मान्यता-प्राप्त नहीं थी, तब वे मेरे द्वारा लिए गए तलाक़ को और एक बुरे विवाह से ठीक समय पर बाहर निकलने को एक साहसिक कदम मानते थे।

इसीलिए हमारे विवाह के लिए परिस्थितियाँ निर्माण हो गई थीं। इसे किस्मत कहिए या ईश्वर की इच्छा, इदराक और मैं हम दोनों ही हमारे रिश्ते को औपचारिक रूप देने के बारे में सोचने लगे। सौभाग्यवश, तलाक़ के बाद मुझमें कड़वाहट नहीं आई थी और मैं अभी भी यही मानती थी कि अगर मुझे उपयुक्त जीवनसाथी मिल जाए, तो मेरा विवाह सफल हो सकता है। मुझे कोई जल्दी नहीं थी लेकिन परिस्थितियों के कारण मुझे यह निर्णय मेरी कल्पना से कहीं पहले लेना पड़ा।

हालाँकि इदराक ने पारंपरिक ढंग से मेरे सामने औपचारिक प्रस्ताव नहीं रखा था, लेकिन हमने यह मान लिया था कि हम अंततः एक-दूसरे से ही विवाह करेंगे। मेरा तब तक औपचारिक रूप से तलाक़ नहीं हुआ था। एक मुस्लिम महिला होने के कारण, मेरे लिए तलाक़ लेना बहुत मुश्किल था, मुस्लिम पुरुष की तरह नहीं जो बिना किसी सबूत के केवल तीन बार "तलाक़, तलाक़, तलाक़" कहकर अपनी मर्ज़ी से तलाक़ दे सकते हैं। एक मुस्लिम महिला के लिए, पति की मर्जी के बगैर तलाक़ मांगना बहुत मुश्किल था (यह अभी भी मुश्किल है क्योंकि बेहद प्राचीन, लिंग-भेदभाव से परिपूर्ण, मुस्लिम पर्सनल लॉ अभी भी भारत में सक्रिय है)। हयात मुझपर गुस्सा था और तलाक़ के लिए मेरे अनुरोध को उसने व्यक्तिगत रूप से अपमानजनक माना। उसने मुझे बदनाम करने के लिए एक अभियान शुरू कर दिया था। तो जब उसने यह मान लिया कि उसने मुझे नैतिक रूप से तबाह कर दिया है और कोई भी मुझसे विवाह करने की ज़ुर्रत नहीं करेगा, तब एक दिन उसने हमारे एक मित्र को बुलाकर उसे एक कागज़ का टुकड़ा दिया जिसपर उसने मुस्लिम पर्सनल लॉ की आवश्यकतानुसार तीन बार लिखा था, "मैं अपनी पत्नी ज़रीना को खुला के द्वारा तलाक़ देता हूँ।" उसने कहा कि वह अच्छे से जानते हुए मुझे तलाक़ दे रहा है कि अब कोई भी मुझसे विवाह नहीं करेगा। लेकिन अविश्वसनीय घट चुका था; मुझे दरअसल तलाक़ प्राप्त हो चुका था। जो लोग मुस्लिम पर्सनल लॉ से परिचित नहीं हैं, उनकी जानकारी के लिए, खुला द्वारा तलाक़ का मतलब होता है कि तलाक़ को दुखी पत्नी की विनती पर दिया गया है और इस मामले में, पति क़ानूनी तौर पर *मेहर*[1] या भरण-पोषण की राशि देने

[1] नक़द या वस्तु में तय की गई एक राशि, जो कि विवाह की परिणति से पहले पति पत्नी को अदा करने का वचन देता है (यह एक दैवी वचन माना जाता है)। व्यावहारिक तौर पर, यह केवल एक औपचारिकता है और अधिकांश मामलों में इसका भुगतान कभी नहीं किया जाता।

के लिए बाध्य नहीं होता है। जब पति तलाक़ की पहल करता है केवल तभी वह तयशुदा *मेहर* देने के लिए बाध्य होता है। *मेहर* की राशि पति के परिवार के आर्थिक स्तर के अनुसार बदलती है। कुछ चतुर परिवार *मेहर* की राशि पैगंबर मोहम्मद के *मेहर* जितनी ही तय करने पर जोर देते हैं जो केवल कुछ रुपए होती थी। मुझे बताया गया था कि गरीबों में और यहाँ तक कि ज्यादा चतुर उच्च या मध्यम वर्ग के परिवारों में भी, पति पत्नी को विवाह की रात को ही *मेहर* की राशि माफ़ करने की विनती करता है। उस बेचारी दुल्हन के पास ऐसा करने के अलावा और कोई चारा नहीं होता है।

तब तक, मैं इदराक को मुस्लिम ही मानती थी। इस बात का कोई संकेत नहीं था कि वे मुस्लिम नहीं हैं। उनका नाम अरबी था—इदराक उल ज़मान—उनकी माँ का नाम फीरोज़ा था, उनके भाई फ़िरोज़ और फ़रहत थे। यह सभी उर्दू/मुस्लिम नाम हैं। कुछ रिश्तेदार जिनसे उसने मेरा परिचय कराया, उनके नाम भी इसी प्रकार के थे जैसे भाई मुनीर, नजुम्मन्निसा, तलत और सरफाज़। इदराक आमतौर पर लखनवी *चिकन के कुरते* पहनते थे, मुस्लिम रसोइये द्वारा पकाया हुआ मुगलई खाना खाते थे, उर्दू में शायरी लिखते थे, और उनके छोटे भाई उन्हें *क़िबला* कहकर पुकारते थे, जो कि उम्र में बड़े व्यक्तियों के लिए एक बहुत सम्माननीय उर्दू शब्द है। मैंने कभी भी उनके घर में कोई ईसाई साहित्य नहीं देखा था; और मेरी जानकारी के हिसाब से वे कभी गिरजाघर नहीं गए थे। भला मुझे कैसे पता चलता कि वे मुस्लिम नहीं हैं? जब उन्होंने अपनी ईसाई पृष्ठभूमि का ख़ुलासा एक लापरवाह ढंग से किया, तो मैंने इस बारे में ज़्यादा नहीं सोचा और यह माना कि वे उसी तरह से ईसाई थे जिस तरह से मैं मुस्लिम थी, अपरंपरागत और गैर-अभ्यासक। उनके दोनों भाइयों की भी अंतर्धार्मिक और अपरंपरागत विवाह हुए थे। फ़रहत का विवाह एक राजस्थानी हिंदू लड़की से और फ़िरोज़ का विवाह मार्गरेट नामक एक आंग्ल-भारतीय (एंग्लो इंडियन) लड़की से हुआ था (उनके बीच में दो पीढ़ियों का अंतर था), जो नास्तिक होने का दावा करती थी और एक सक्रिय तर्कवादी थी।

तो, जब मेरे पुनर्विवाह करने के मार्ग की तकनीकी बाधाएं समाप्त हो गयीं और हमने आख़िरकार अपने रिश्ते को औपचारिकता प्रदान करने के बारे में बात की, हमने स्वाभाविक रूप से विवाह के तरीक़े के बारे में भी बात की। बिना किसी हिचकिचाहट के, मैंने कहा कि हमारा क़ानूनी विवाह होना चाहिए क्योंकि हम भिन्न-भिन्न धार्मिक समुदायों से ताल्लुक रखते थे। मुझे आश्चर्य हुआ जब इदराक मुझसे असहमत हुए। उन्होंने तर्क दिया कि उनके लिए, विवाह एक पवित्र कार्य है और इसे दैवी शक्ति से आशीर्वाद मिलना चाहिए। इसीलिए, वे क़ानूनी विवाह नहीं कर सकते और वे गिरजाघर में विवाह करना चाहेंगे। उन्होंने समझाया कि हालाँकि वे नियमित रूप से गिरजाघर में नहीं जाते और ईसाई धर्म का खुला प्रदर्शन नहीं करते, लेकिन दिल से, वे एक आस्तिक हैं और उनका अपने धर्म पर मज़बूत विश्वास है। उन्होंने आगे सविस्तार बताया कि जाति, वर्ग और पंथ की परवाह किए बगैर, लोगों के प्रति उनका उदार और निष्पक्ष रवैया, ईसाई धर्म पर उनके विश्वास से जन्मा है। उनके लिए, ईसाई धर्म, सबसे मानवीय धर्म था जो बिना शर्त सभी लोगों के लिए प्रेम का प्रचार करता था। मैं इस प्रकार के

दर्शन से असहमत नहीं हो सकी लेकिन अभी भी कई प्रश्न मुझे परेशान कर रहे थे। मैं एक संदेह के काल से गुज़री थी और खुद को समझने के लिए मुझे समय चाहिए था।

मेरे पिताजी दिल्ली में मेरे घर पर इदराक से मिले थे और उन्होंने भी इदराक को पसंद कर लिया था। क्योंकि वे मुझपर पुनर्विवाह के बारे में गंभीरतापूर्वक विचार करने के लिए दबाव डाल रहे थे, तो मैंने इदराक से विवाह करने के बारे में अपनी चिंताओं को उनके साथ साझा करने का निर्णय लिया। उन्होंने इदराक को मेरे लिए एक योग्य जीवनसाथी माना लेकिन मेरी तरह, उन्हें भी यह जानकर आश्चर्य हुआ कि इदराक मुस्लिम नहीं हैं। उनकी पहली प्रतिक्रिया यह थी कि इससे तब तक कोई फर्क नहीं पड़ता जब तक कि वे *निकाह* करने के लिए राज़ी हैं, लेकिन अगर मैं क़ानूनी विवाह करने के बारे में सोच रही हूँ तो उस मामले में, यह उन्हें स्वीकृत नहीं होगा क्योंकि उनका मानना था कि विवाह में दैवी स्वीकृति होनी चाहिए और उनके हिसाब से क़ानूनी विवाह यानि पाप करने जैसा हुआ। मैंने उन्हें समझाया कि इदराक का दृष्टिकोण भी ऐसा ही है और वे चाहते हैं कि हमारा विवाह ईसाई धर्म के अनुसार संपन्न हो। उन्हें इसमें कोई समस्या नज़र नहीं आई क्योंकि इस्लाम की ही तरह ईसाई धर्म भी पुस्तक का धर्म था। मैं इस बारे में भी चिंतित थी कि मेरे एक ईसाई से विवाह करने पर हयात की प्रतिक्रिया क्या होगी। वह शायद अपनी बेटी के एक ईसाई घर में पलने-बढ़ने पर आपत्ति जताए। *अब्बूजान* ऐसा नहीं सोचते थे क्योंकि हयात वैसे भी एक नास्तिक होने का दावा करता था और उन्हें यह जानकारी थी कि हयात एक हिंदू लड़की से विवाह करने की योजना बना रहा था। दरअसल, मैं जानती थी कि उसकी एक महिला मित्र थी और वह हमारे साथ होने के समय से ही उसके साथ संबंध में था। इसीलिए, *अब्बूजान* को ऐसा नहीं लगा कि हयात को कोई समस्या होगी और उन्होंने मुझे आगे बढ़ने और ईसाई धर्म के अनुसार इदराक से विवाह करने की सलाह दी।

मैंने अपने पिताजी को अपनी दुविधा से बाहर निकालने के लिए धन्यवाद दिया और हम एक ईसाई विवाह पर राज़ी हो गए। लेकिन इदराक दिल्ली में या कहीं और भी किसी गिरजाघर के सदस्य नहीं थे। इसीलिए, जब तक वे औपचारिक रूप से सदस्य नहीं बन जाते, कोई गिरजाघर हमारा विवाह नहीं करा सकता था। इदराक के चाचा एक पादरी थे और उनके पास जोड़ों का विवाह कराने का प्रमाणपत्र था, इसीलिए इदराक ने उनसे हमारा विवाह कराने की विनती की। हम नागपुर के निकट येरला नामक गाँव में गए, जहाँ उनके पिताजी की खेती थी और खेत में एक पेड़ के नीचे हमारा सादा-सा विवाह हुआ। इदराक के भाई अपने परिवारों के साथ आए थे और बंबई से इदराक का एक बहुत क़रीबी मित्र शंकर आया था। मेरे पिताजी का प्रतिनिधित्व करते हुए मेरा भाई ख़ालिद आया था। मैंने हुमा को अपने माता-पिता के पास लखनऊ भेज दिया था। उसकी तब सर्दियों की छुट्टियाँ थीं और मैं इस बारे में सुनिश्चित नहीं थी कि अपनी माँ के विवाह के प्रति उसकी प्रतिक्रिया क्या होगी क्योंकि पुनर्विवाह उस समय इतने आम नहीं थे। हमारे अलावा, हमारे दोनों परिवार भी बहुत खुश थे, विशेष रूप से इदराक का परिवार, जो उनपर कुछ समय से विवाह करने और खुद का घर बसाने का दबाव डाल रहे थे।

इदराक के पिताजी ने नागपुर से अपने कुछ मित्रों को आमंत्रित किया था, तो कुल मिलाकर हम लगभग 30 लोग थे। उनके रसोइए, बाबा ने भी गाँव से अपने मित्रों को आमंत्रित किया था, तो वे भी "प्रतिष्ठित" मेहमानों का एक हिस्सा बन गए। बंगले के परिसर में एक विशाल पेड़ था और पेड़ के नीचे एक मंच जैसा निर्माण किया गया था। एक सफ़ेद चादर पर फूलों का क्रॉस बनाया गया था जिसने एक व्यासपीठ की तरह काम किया और इदराक के चाचा ने समारोह का कामकाज संभाला। गाँववालों ने अपने साथ लाए गए विभिन्न बर्तनों और तवों से कुछ संगीत निकालकर एक सुखद आश्चर्य दिया। वह हमारे विवाह समारोह का सबसे सुखद हिस्सा था जिसे मैंने अभी तक संजोकर रखा है।

हम दिल्ली लौट आए और पश्चिम निजामुद्दीन में एक दो शयनकक्षों का घर ढूंढा। हमने एक तथाकथित घर की स्थापना की क्योंकि हममें से किसी के पास भी उचित फर्नीचर खरीदने के लिए कोई बचत नहीं थी। घर की उचित तरीक़े से स्थापना को स्थगित कर दिया गया था क्योंकि इदराक संयुक्त राष्ट्र के एक काम के लिए बैंकाक जा रहे थे जहाँ उन्हें उच्च वेतन मिलना था जिसका उपयोग हम अपनी ज़रूरत की वस्तुएं खरीदने में कर सकते थे। दरअसल, उनके पास तो मेरे लिए विवाह की अंगूठी खरीदने के भी पैसे नहीं थे, जबकि उनका वेतन उस समय चार अंकों में था, जो कि उच्च स्तर का माना जाता था क्योंकि वे एक बहुत ही उदार व्यक्ति थे और उन्होंने बचत करने की कभी फ़िक्र ही नहीं की। तो, उन्हें मेरे लिए अंगूठी खरीदने के लिए अपने कार्यालय से कुछ अग्रिम देने का अनुरोध करना पड़ा। लेकिन किस्मत की बात है, उनकी जेब कट गई और उन्होंने अपना पूरा वेतन खो दिया। आख़िरकार, उनके माता-पिता ने मेरे लिए विवाह की अंगूठी और विवाह की साड़ी खरीदी। उनकी उदारता उनके व्यक्तित्व की पहचान थी; उनकी यह मज़बूत प्रवृत्ति थी कि वे दूसरे व्यक्ति को संदेह का लाभ देते थे, यह विशेषता सराहनीय थी लेकिन व्यावहारिक रूप से इस विशेषता के साथ रहना कठिन था।

मैं उनके बड़े दिल की एक दिलचस्प कहानी यहाँ सुनाना चाहूंगी। एक बार एक जूते पॉलिश करनेवाला लड़का, जिसकी उम्र 10 या 12 साल की होगी, रोते हुए उनके कार्यालय में आया कि उसके जूते पॉलिश करने की सामग्री को पुलिसवालों ने जब्त कर लिया है और उसने अपनी आजीविका का स्रोत खो दिया है। उसने जूते की पॉलिश और ब्रश खरीदने के लिए कुछ पैसे देने का अनुरोध किया। उसे इदराक के पास ले जाया गया जो अपनी उदारता के लिए प्रतिष्ठित थे। इदराक ने अपनी प्रतिष्ठा को कायम रखते हुए उसे आवश्यकतानुसार पैसे दे दिए। तब से, उस लड़के ने किसी न किसी बहाने से आकर पैसे मांगने की आदत बना ली। एक दिन, वह रोते हुए आया और कहा कि उसने अपनी माँ को खो दिया है और उसे उनके अंतिम संस्कार के लिए पैसों की ज़रूरत है; निश्चित रूप से, इदराक ने उसे कुछ पैसे दे दिए। लेकिन फिर, वह माँ कई बार और मरी! हर बार वह लड़का इदराक को विश्वास दिला देता था कि पिछली बार उसने झूठ बोला था लेकिन इस बार यह सच है। मेरे पति हर बार उसपर विश्वास कर लेते थे। आख़िरकार, उनके सहकर्मियों को भी वह लड़का एक परेशानी लगने लगा क्योंकि वह जब

देखो तब कार्यालय में आ जाता था। इसीलिए इदराक के पीए[2] ने मुझे फ़ोन किया और कहा, "मैडम, साहब से बात करके उस लड़के को उन्हें परेशान करने और उनसे झूठ बोलने से रोकिए। कोई भी व्यक्ति एक से ज्यादा बार कैसे मर सकता है?" मैंने इदराक से बात की और उन्होंने स्वीकार किया कि वह लड़का झूठ बोल रहा था, लेकिन अगर अगली बार यह सच हो और उसकी माँ सच में मर गई हो, तो उसे पैसों की आवश्यकता पड़ेगी।

जैसा कि मैंने पहले ज़िक्र किया, प्राध्यापक एम.एन. श्रीनिवास आख़िरकार झुक गए और मुझे दिल्ली कॉलेज में बतौर व्याख्याता नियुक्त कर लिया गया। यह महाविद्यालय मूल रूप से मुस्लिम युवाओं के लिए स्थापित किया गया था और आज भी यह मुख्य रूप से मुस्लिम ही है। वही एकमात्र जगह थी जिसे प्राध्यापक श्रीनिवास एक मुस्लिम उम्मीदवार के लिए उपयुक्त मानते थे। मुझसे पहले, उनके एक अन्य मुस्लिम विद्यार्थी और मेरे सहपाठी, इम्तियाज़ अहमद को वह पद दिया गया था। इम्तियाज़ के छोड़ने के बाद मुझे एक मुस्लिम-प्रधान महाविद्यालय में पढ़ाने के लिए उपयुक्त माना गया। भारत के प्रतिष्ठित विद्वानों की सांप्रदायिकता का स्तर कुछ इस प्रकार का था। विडंबना यह थी कि आगे जाकर प्राध्यापक एम.एन. श्रीनिवास को अल्पसंख्यकों की सुरक्षा के लिए स्थापन किए गए अल्पसंख्यक आयोग में नियुक्त किया गया। तथापि, मैं व्याख्याता होने का आनंद उठा रही थी। विश्वविद्यालय में पढ़ाने की मेरी आकांक्षा पूरी हो गई थी और व्यक्तिगत स्तर पर, मैंने अपनी पसंद के व्यक्ति से विवाह किया था जिसकी मैं सराहना करती थी और जिससे मैं प्रेम करती थी। मेरा मानना था कि मेरी मुसीबतें और संघर्ष समाप्त हो गए हैं। लेकिन भविष्य किसने देखा है?

ख़तरे की घंटी तब बजी जब इदराक से विवाह करने के बाद, मैं महाविद्यालय लौटी और प्रधानाचार्य श्री बेग से मिली—जिन्हें एक प्रबुद्ध मुस्लिम माना जाता था—और उन्हें बताया कि मैंने पुनर्विवाह कर लिया है और मेरा उपनाम अहमद से बदलकर भट्टी हो गया है, जिसे आधिकारिक रिकॉर्ड में दर्ज करने की आवश्यकता है (मैं उन दिनों नारीवादी नहीं थी और पति के उपनाम को स्वीकारना प्रथागत था)। मैंने गौर किया कि श्री बेग का रवैया सौहार्दपूर्ण नहीं था। उन्होंने मुझे बधाई नहीं दी। उसके बजाय, उन्होंने कहा कि एक गैर-मुस्लिम से विवाह करने के कारण मेरी ज़िंदगी अब बदल गई होगी, तो शायद यहाँ अध्यापन जारी रखना मुझे पसंद नहीं आएगा। मुझे उनकी इस टिप्पणी और मेरे द्वारा एक ईसाई से विवाह करने के ज्ञान के बारे में जानकर झटका लगा। मैंने उन्हें सुनिश्चित करने का प्रयत्न किया कि इसका मेरे पेशेवर जीवन से कोई लेना-देना नहीं है और नौकरी छोड़ने का मेरा कोई इरादा नहीं है, क्योंकि मुझे इस नौकरी में आनंद आ रहा है। साथ ही, मेरे पति—जो खुद एक उच्च श्रेणी के शिक्षक हैं—को मेरे महाविद्यालय में पढ़ाना जारी रखने से कोई आपत्ति नहीं है। श्री बेग ने संक्षिप्त उत्तर दिया, "ठीक है, हम देखेंगे" और बात खत्म कर दी। मुझे बर्खास्तगी का कोई आदेश नहीं मिला। हमारे विवाह

---

[2] निजी सहायक।

के दो महीने बाद इदराक बैंकाक चले गए और मैंने पढ़ाना जारी रखा। हमने निर्णय लिया था कि मैं गर्मी की छुट्टियों में उनके पास जाउंगी और छुट्टियाँ समाप्त होने के बाद दिल्ली लौट आउंगी। बैंकाक में इदराक की नियुक्ति केवल एक वर्ष के लिए थी, इसीलिए मुझे नौकरी छोड़ने की कोई आवश्यकता नहीं थी। उस समय बैंकाक में अंग्रेज़ी माध्यम के कोई अच्छे स्कूल नहीं थे, इसीलिए हमने हुमा का दाखिला नैनीताल के ऑल सेंटस स्कूल में कराने का निर्णय लिया जहाँ फ़िरोज़ की पत्नी पढ़ाती थी। मैं पूरी तरह व्यवस्थित थी। मैं उस घर में रहने चली गई जो इदराक ने बैंकाक जाने से पहले हमारे लिए पश्चिम निज़ामुद्दीन में लिया था। मेरा भाई ख़ालिद और मेरा देवर फ़िरोज़, दोनों ही दिल्ली में कार्यरत थे और उस घर में रहने आ गए। मैं बड़ी आतुरता से गर्मी की छुट्टियाँ शुरू होने का इंतज़ार कर रही थी जब मैं बैंकाक जाकर इदराक से मिल सकती थी। उन दिनों, दिल्ली विश्वविद्यालय के महाविद्यालय लंबी छुट्टियों के लिए 1 मई को बंद हो जाते थे, इसीलिए इदराक ने मेरे बैंकाक आने के लिए 1 मई को ही सुबह जल्दी की उड़ान आरक्षित करा दी। 30 अप्रैल को, शाम को 6 बजे, मेरे पास श्री बेग का एक पत्र आया जिसमें मुझे सूचित किया गया था कि मेरी सेवाओं को समाप्त कर दिया गया है। उन्हें सेवा-समाप्ति का कोई कारण देने की आवश्यकता नहीं थी क्योंकि हालाँकि मुझे स्थाई पद पर नियुक्त किया गया था, लेकिन पहले वर्ष को परिवीक्षाधीन वर्ष माना जाता था। यह मेरे लिए एक झटका था क्योंकि मैं एक लोकप्रिय शिक्षिका थी, मेरे विद्यार्थी मुझे पसंद करते थे, और अन्य कर्मचारियों के साथ मेरे संबंध सौहार्दपूर्ण थे। स्पष्ट रूप से, मेरा गुनाह यह था कि मैंने एक गैर-मुस्लिम से विवाह किया था। सेवा-समाप्ति की सूचना के बाद कुछ ही घंटों में मैं बैंकाक जानेवाली थी; तब न तो ईमेल की सुविधा थी, न ही टेलीफोन आम थे। न तो मेरे पास टेलीफोन था और न ही इदराक के बैंकाक के घर पर। बैंकाक में उस समय रात थी, तो मैं उनके कार्यालय में भी फ़ोन नहीं कर सकती थी। उनसे परामर्श लेने का कोई तरीका नहीं था। मैं क्रोधित और निराश थी लेकिन मैं क्या कर सकती थी? तब कोई नारीवादी आंदोलन भी नहीं था जहाँ मैं अपील कर पाती, तो मैंने अपने भाग्य को स्वीकारा और अपने पति की तरफ उड़ान भरी। आज भी, जब मैं उस अमूल्य क्षण के बारे में सोचती हूँ जब मैं बैंकाक हवाईअड्डे पर पहुंची और इदराक को बेसब्री से अपना इंतज़ार करते हुए पाया—वे युवा और सुंदर लग रहे थे, उन्होंने नया सूट और अच्छे जूते पहन रखे थे—तो मुझे हमारे पुनर्मिलन में देरी नहीं करने का कोई अफ़सोस नहीं होता। उन्होंने मेरे इस स्वीकार करने और भूल जाने के इस निर्णय को सम्मति दी। लेकिन फिर भी, यह मेरे लिए एक नाकामयाबी थी।

मैंने बैंकाक में अपने निवास का बेहद आनंद उठाया। जीवन में पहली बार, मेरे पास खर्च करने के लिए पैसे थे; इदराक मुझे एक बड़ी सी थाई दुकान में ले गए और मुझसे कहा कि मुझे जो भी अच्छा लगे, मैं कीमत देखे बगैर उसे खरीद लूँ। उनकी उदारता और मुझे खुश रखने की इच्छा ने मेरे दिल को छू लिया। मुझे सबसे घुलना-मिलना पसंद था और वहां पर समृद्ध, मंथर संयुक्त राष्ट्र की पत्नियों के साथ ऐसा करने के ढेरों अवसर थे, जिन्होंने खुद को एक संघ में संगठित कर लिया था जो नियमित रूप से पार्टियों और कार्यक्रमों को आयोजित करता था।

मुझे अपने लंदन के दिनों की एक पुरानी सहेली कृष्णा मिली, जिसके पति भी बैंकाक में नियुक्त थे और हमने बहुत सारी चीज़ें साथ में करीं। कुल मिलाकर, वहां बिताया हुआ समय एक सपने की तरह था। यह एक विस्तारित मधुमास था! मेरी दूसरी बेटी किरण भी वहीं मेरे गर्भ में आई, जिससे इदराक की ख़ुशी की कोई सीमा नहीं रही और हम एक खुश, उम्मीदवाले जोड़े के रूप में, मित्रों, रिश्तेदारों और, बेशक, हुमा के लिए उपहारों से लदे-फदे दिल्ली लौटे।

सास-ससुर के साथ घर बसाना

इदराक ने मुझसे बात की थी कि वे अपने माता-पिता को हमारे साथ रहने के लिए लाएंगे क्योंकि वे खेती करने के लिहाज़ से बहुत बूढ़े थे। मैंने उनकी योजना पर कोई आपत्ति नहीं की क्योंकि मेरी विधवा दादी भी हमारे साथ रहा करती थीं और वे घर चलाने के लिए मेरी माँ की बहुत मदद करती थीं। इदराक ने भी मुझे सुनिश्चित किया था कि चूंकि उनकी माँ उनसे बेहद प्यार करती थीं, वे उस प्यार को मुझे भी देंगी। यह निर्णय लिया गया कि उनके माता-पिता खेत को बेच देंगे और दिल्ली रहने आएंगे। इदराक के माता-पिता, अपने तरीक़े से, धर्मनिष्ठ ईसाई थे। उनके पिताजी भारत के राष्ट्रीय ईसाई परिषद के महासचिव के रूप में सेवानिवृत्त हुए थे और उन्होंने भारत की संविधान सभा में भारतीय ईसाइयों का प्रतिनिधित्व भी किया था। उन्होंने क्रिश्चियन एसोसिएशन फॉर सोशल एक्शन (सीएएसए) नामक एक कल्याण संगठन की स्थापना की थी और इदराक के साथ मिलकर आज़ादी के बाद हुए भयावह हिंदू-मुस्लिम दंगों के बाद शरणार्थियों के पुनर्वास में सक्रिय रूप से शामिल हुए थे। पापा को भारतीय ईसाई समुदाय के एक व्यापक विचार वाले, प्रतिष्ठित सदस्य के रूप में जाना जाता था। भारत के विभिन्न क्षेत्रीय गिरजाघरों को एकजुट करके उत्तर भारत के गिरजाघर और दक्षिण भारत के गिरजाघर के नाम से जाने जानेवाले एकीकृत गिरजाघरों के लिए भी वे ही ज़िम्मेदार थे। उन्होंने भारतीय ईसाई समुदाय की विशिष्टता को स्वीकार नहीं किया और ईसाइयों के लिए आरक्षण के ख़िलाफ़ मतदान किया। इस सब ने मुझे बहुत प्रभावित किया और मैं आश्वस्त हो गई कि मैंने एक उदार, व्यापक विचारधारा वाले परिवार में विवाह किया है।

इदराक ने मुझे यह नहीं बताया था कि उनकी माँ ने पेन्टेकॉस्टलिज़्म को अपनाया था, यह चरमपंथी विचारोंवाला एक ईसाई पंथ था जो बहुत ही विशिष्ट था। हालाँकि पापा अक्सर अपनी पत्नी के चरम धार्मिक व्यवहार से शर्मिंदा होते थे, लेकिन उन्होंने हस्तक्षेप नहीं किया। जब वे अपने खेत के लिए एक खरीददार ढूंढ रहे थे, तब मम्मा के पेंटाकोस्टल भाइयों में से एक ने इसे खरीदकर उसपर परित्यक्त बच्चों के लिए आश्रम चलाने की पेशकश रखी। यह विचार परिवार को पसंद आ गया और उसे कम कीमत पर उसे बेचकर माता-पिता दोनों हमारे साथ रहने के लिए आ गए। एक विशाल 80-एकड़ के खेत में रहने के बाद एक छोटे-से घर में रहना उनके लिए बहुत दमघोंटू था। वे अपने पुराने और बहुत विश्वस्त नौकर, युसूफ को अपने साथ लेकर

आए थे। सब लोग उसे बाबा कहकर पुकारते थे। एक अच्छा रसोइया होने के अलावा, मेरी जानकारी के लोगों में वह सबसे अच्छा इंसान था। वह मेरी बहुत बड़ी मदद और सहारा था।

मेरी सास एक बहुत ही मज़बूत और कटु व्यक्ति थीं। वे अपने पति को पसंद नहीं करती थीं और काफी हद तक इदराक पर निर्भर थीं, जो 39 साल की उम्र तक अविवाहित थे और उनकी आँखों का तारा थे। हालाँकि शुरू में उन्होंने इदराक और मेरे विवाह पर आपत्ति नहीं दर्शाई, शायद उन्हें उम्मीद थी कि मैं उनकी तरह एक कट्टर ईसाई बन जाउंगी, लेकिन जब उन्होंने देखा कि मैं अपने परिवार और मित्रों के साथ पहले की तरह ही संबंधित हूँ, तो उन्होंने इसका विरोध किया और अपने विरोध को बहुत से तरीकों से दर्शाया। दरअसल, वे मुझसे लगभग नफ़रत करती थीं और मैं उन्हें फूटी आँख नहीं सुहाती थी। वे मेरे और हुमा के प्रति इदराक के स्नेह से बेहद ईर्ष्या करने लगीं। मेरे और मेरी बच्ची के प्रति उनके रवैये को देखते हुए, मैंने हुमा को नैनीताल के आवासीय स्कूल में ही जारी रखने का निर्णय लिया। हम नहीं चाहते थे कि हुमा को मेरी सास के शत्रुतापूर्ण व्यवहार के बारे में पता चले। क्योंकि मेरी नौकरी चली गई थी, तो हम केवल इदराक के वेतन पर ही जी रहे थे और उसे एक महंगे छात्रावास में रखना हमारे लिए बहुत मुश्किल था लेकिन इदराक ने परिस्थिति का आकलन करने के बाद और हुमा की सुरक्षा के प्रति अपनी प्रतिबद्धता के कारण, स्वेच्छा से मेरे निर्णय पर स्वीकृति दी।

हालाँकि अपने और अपनी बच्ची के प्रति मेरी सास के व्यवहार पर जितना मैं हैरान थी उतना ही इदराक भी थे। हमें समझ में नहीं आ रहा था कि उन्हें कैसे संभाला जाए। यहाँ तो मैं एक खुश, अनुकूल विवाह की तरफ कदम बढ़ा रही थी जो अचानक से एक दुःस्वप्न में बदलता जा रहा था। इदराक अपनी माँ से बहुत प्यार करते थे और उनकी और अपने पिताजी की देखभाल करने के लिए प्रतिबद्ध थे। उनका स्वास्थ्य अच्छा नहीं था और तभी यह पता चला कि पापा कैंसर से पीड़ित थे। तो, मेरे पास देखभाल के लिए बीमार और बैरी सास-ससुर थे। पापा का व्यवहार उदासीनता का था; उन्होंने निष्क्रिय रूप से मुझे स्वीकार करलिया था लेकिन वे हुमा के प्रति दयालु थे जो एक राहत की बात थी। मैंने खुद को अपने ही घर में एक शत्रुतापूर्ण और अप्रत्याशित वातावरण से घिरा हुआ पाया। मेरे पहले विवाह के 12 सालों में मुझे अपने घर को अपनी पसंद के हिसाब से चलाने की आदत थी लेकिन अब हर कदम पर मुझे मेरी सास की सनक और मर्जी ने विवश किया हुआ था। मैं यह समझती थी कि हमारी जीवनशैलियों में कुछ वास्तविक सांस्कृतिक अंतर थे, लेकिन इसके बावजूद भी, उनकी नापसंदगी के निरंतर विस्फोटों को और उनके विश्वास की निरंतर ज़ोरदार भावुक भावनाओं को स्वीकार करना मेरे लिए बहुत परेशानी भरा था। उनकी प्रार्थनाओं में जोर जोर से बोली गई अजीब सी बडबडाहट होती थी जिसे वे "ईश्वर से बात करना" कहती थीं जब उनके अनुसार उनपर ईसा मसीह की आत्मा कब्ज़ा कर लेती थी। उनके धर्म भाई हमेशा उनसे मिलने आते रहते थे, जो उनके साथ इसी तरीक़े से प्रार्थना करते थे और उनसे पैसे ऐंठते थे। इदराक इस सारे अजीब व्यवहार से बचे रहते थे क्योंकि वे अधिकांश समय दफ़्तर में होते थे लेकिन मैं अपनी नौकरी खोने और निक्की के गर्भ में होने के कारण पूरे समय घर पर ही रहती थी। वे मेरे मुस्लिम मित्रों और रिश्तेदारों

को नापसंद करती थी और उनका स्वागत नहीं करती थीं। मैंने यह भी देखा कि इदराक उनको अस्वीकार नहीं करते थे और उनकी पसंद के धर्म के इस अजीब रूप का अभ्यास करने को उनका व्यक्तिगत अधिकार मानते थे।

तब तक, मैं विभिन्न ईसाई पंथों और उनके बीच के अंतर से अनभिज्ञ थी। मैं ईसाई धर्म से प्रभावित थी और उसके प्रेम, क्षमा, और मनुष्यों के प्रति करुणा की अवधारणाओं ने मुझे बहुत आकर्षित किया था। मैं विशेष रूप से ईसा मसीह से प्रभावित थी क्योंकि वे सबसे प्रेम करने वाले और क्षमाशील आध्यात्मिक अवतार हैं, जो कि हमारे अल्लाह के बिल्कुल विपरीत हैं, जिन्हें हमारे बचपन से ही कठोर और माफ़ न करने वाले और पापी मनुष्यों को दंडित करने वाले के रूप में पेश किया गया था। जब हम बच्चे थे, हमें जहन्नुम से डरना सिखाया गया था जो जलती आग और राक्षसों से भरा हुआ था और अगर हम गलती करेंगे तो अल्लाह हमें जहन्नुम में भेज देंगे। इसीलिए, मैंने खुद को इस्लाम के इस सिखाए हुए संस्करण से दूर कर लिया और जिस तरीक़े से मसीह को मेरे सामने पेश किया गया, उससे मैंने खुद को सुख पहुँचाया। मैं ईसाई शिक्षाओं को अधिक मानवीय और शांतिप्रिय मानती हूँ। इदराक ने भी ईसाई धर्म के इन बुनियादी सिद्धांतों पर हमेशा जोर दिया था और स्वयं अपने व्यवहार में इन ईसाई गुणों को दर्शाया था। वह सबके प्रति बहुत प्रेममय, बहुत उदार, दयालु, आत्मरहित थे और हमेशा दूसरों को संदेह का लाभ देते थे। वे मेरे माता-पिता और भाई-बहनों और मेरे मित्रों के प्रति भी बहुत अच्छे थे, और उन्हें कभी यह महसूस नहीं होने देते थे कि वे उनसे अलग हैं या किसी भी तरह उनसे कम है। लेकिन मुझे यह सभी गुण मम्मा के व्यवहार में शायद ही कभी दिखाई दिए, वे केवल दिन में कई बार "ईश्वर की स्तुति करो" चिल्लाती थी और बाइबिल को अपने पास रखकर अपने धर्म के प्रति आस्था दिखलाती थीं। कुछ हद तक, मुझे उनकी मेरे प्रति नाराज़गी समझ में आती थी क्योंकि मुझमें एक बहू के रूप में वे सारी असुविधाएं थीं जिनके बारे में वे सोच सकती थीं। मैं तलाक़शुदा थी (जैसा कि उनकी एक बहू के सामने उन्होंने स्वीकार किया, वे खुद एक ऐसे पति के साथ रहती थीं जिसे वे उस पहली रात से ही नापसंद करती थीं जब वे पहली बार मिले थे, और उन्होंने उसे कभी तलाक़ नहीं दिया), मेरा पहले पति से एक बच्चा था और सबसे बड़ी बात, मैं एक मुस्लिम परिवार में पली-बढ़ी थी जो कि उनके अनुसार, आध्यात्मिक रूप से निम्न होते हैं। मैं उनके विरोधाभासों पर गौर करने से खुद को रोक नहीं पाई। मैंने इदराक के अन्य रिश्तेदारों में भी ऐसे ही विरोधाभासों का अनुभव करना शुरू किया, जिनमें से अधिकांश (सब नहीं) बहुत ही एकाकी जीवन जी रहे थे, और जिन्होंने अपनी बातचीत केवल समुदाय के भीतर ही सीमित कर रखी थी। यह दुनिया भर में देखा गया है कि एक सांस्कृतिक और सामाजिक रूप से विभिन्न प्रमुख समाज में रहनेवाला समुदाय जितना छोटा होता है, उतनी ही उसमें एक दूसरे के साथ रहने की प्रवृत्ति विकसित होती है। मेरे मन में ईसाईयों के प्रति एक आदर्शवादी दृष्टिकोण था, मैं उन्हें अधिक प्रेममय, दयालु, और उदार मन का समझती थी, लेकिन मुझे यह जानकर निराशा हुई कि मेरी अनुभूतियाँ वास्तविकता से अधिक आदर्शवाद से लिपी-पुती थीं। इसके अलावा, मैंने हमारी रोज़मर्रा की ज़िंदगी में और सांस्कृतिक रूप से भिन्न परिस्थितियों की

अनुभूतियों में प्रदर्शित होनेवाले सांस्कृतिक मतभेदों के बारे में कोई विचार ही नहीं किया था। आख़िरकार, मैं न केवल एक दूसरे धार्मिक समुदाय में बल्कि अपने क्षेत्र से बाहर भी विवाह कर रही थी। इदराक से मिलने से पहले मेरा पंजाबियों के साथ कोई संपर्क नहीं था, जिनकी आदतें और जीवनशैली, उनके द्वारा बोली जानेवाली भाषा, पंजाबी की बजाय लखनवी मुस्लिम की तरह ज्यादा थीं। उनकी खाने-पीने की आदतें भी पंजाबियों से बहुत अलग थीं। वे दही नहीं खाते थे और उन्हें *राजमा* या *छोले* जैसे व्यंजन पसंद नहीं थे। इदराक की माँ और उनके कुछ रिश्तेदारों की पसंद ज्यादा पंजाबियों की तरह थी। मुझे अभी भी एक घटना याद है जब इदराक के एक पंजाबी जीजाजी हमारे घर आए। वह चाय का समय था इसीलिए मैंने उन्हें चाय और कुछ बिस्कुट पेश किये। बिस्कुट आकर्षक दिखें इसके लिए मैंने उन्हें सौंदर्यबोध से क्रम में लगाने की तकलीफ उठाई थी। जीजाजी ने बिस्कुटों को हाथ भी नहीं लगाया तो मैंने उन्हें थोड़े बिस्कुट लेने का आग्रह किया। उन्होंने गुस्से से जवाब दिया, "मुझे थोड़े बिस्कुट लेने का आग्रह करना बंद करो, तुम इतने कम बिस्कुट लेकर आई हो और मुझसे कुछ लेने के लिए कह रही हो।" उन्होंने इस बात की ओर बिल्कुल अनदेखा कर दिया कि बिस्कुटों को किस प्रकार सजाया गया था; उन्हें उम्मीद थी कि तश्तरी उनसे पूरी भरी हुई होगी। एक और बार, हमारे विवाह के बाद जल्दी ही, मेरी सास ने अपनी बहन को दोपहर के भोजन के लिए आमंत्रित किया। वे मम्मा की तरह ही बुज़ुर्ग थीं, इसीलिए इस बात को ध्यान में रखते हुए, मैंने भारी चिकनाईयुक्त भोजन नहीं परोसने का निर्णय लिया। हमारा *खानसामा*[3] *शीरमाल*[4] नामक एक बहुत विशिष्ट रोटी बनाता था, तो मैंने उसे चिकन करी, *शामी कबाब*[5] और मिक्स्ड वेजिटेबल (कई सब्जियों को एक साथ मिलाकर बनाई गई सब्जी) के साथ परोसने का निर्णय लिया। चूंकि शीरमाल तली हुई थी, मैंने सोचा कि *बिरयानी* और *शीरमाल* दोनों बुज़ुर्ग महिलाओं के लिहाज़ से बहुत भारी हो जाएगा, मैंने सादा चावल परोसने का निर्णय लिया। लेकिन मेरी सास ने इसे ग़लत तरीक़े से लिया। उन्होंने इदराक से शिकायत की कि मैंने "सादा" चावल परोसकर उनकी बहन को अपमानित किया था। तब मुझे पता नहीं था कि पंजाबियों सादे चावल को पसंद नहीं करते। इस प्रकार की घटनाएँ होती रहती थीं लेकिन मैं उन्हें सँभालने में समर्थ थी क्योंकि मुझे समझ में आ गया था कि कुछ सांस्कृतिक अंतर अपरिहार्य होते हैं। मुझे थोडा दुःख इस बात से होता था कि समायोजन की अपेक्षाएं केवल मुझसे ही थीं, मेरी पृष्ठभूमि का कोई विचार नहीं किया गया था। यह उस मज़बूत पितृसत्तात्मक विचार को दर्शाता था जिसके वश में भारतीय ईसाई भी थे। दो भारतीय समुदायों—मुस्लिम और ईसाई—को अंदर से जानने के बाद, जो मेरे हिसाब से एक असामान्य सौभाग्य है, मैं इस निष्कर्ष पर पहुंची हूँ कि अंदर से सभी भारतीय एक जैसे ही हैं। धर्म केवल एक आवरण है। अपवाद तो हैं क्योंकि सच्चे आध्यात्मिक व्यक्ति हर जगह

---

[3] पुरुष रसोइया।

[4] केसर के स्वादवाली परंपरागत रोटी।

[5] कबाब की कई किस्मों में से एक।

होते हैं लेकिन औसतन, मानव, धार्मिक ग्रंथों को जाने और समझे बिना, उनका उपयोग अपनी कमज़ोरियों की एक ढाल के रूप में करता है।

मेरे घरेलू जीवन पर मेरी सास की सनक और मर्जी, मेरे लिए उनकी निरंतर अस्वीकृति, उनके भावनात्मक विस्फोट, और उनके अंदर की कड़वाहट का प्रभुत्व था। मुझे अक्सर आश्चर्य होता था कि उनकी कड़वाहट का कारण क्या था। मैंने गौर किया था कि कभी कभार, मुझे उनमें एक मजाकिया और स्नेही व्यक्ति की झलकियाँ दिखाई देती थीं, विशेष रूप से जब वे अपने बेटों के साथ होती थीं। एक माँ के रूप में मैं उनकी सराहना करती थी। उन्होंने तीन अद्भुत बेटों का पालन-पोषण किया था जिनमें प्रतिबद्धता की गहरी भावना थी और जो बहुत ही प्रामाणिक पुरुष थे। वे उनसे अतिशय स्नेह करते थे और उनके पति को भी उनसे बहुत प्यार था। मुझे समझ में नहीं आता था कि वे ज़िंदगी से इतनी असंतुष्ट क्यों थीं। मुझे इस तथ्य पर भी कुतूहल होता था कि मम्मा की अन्य दो बहनें, उनसे छोटी और उनसे बड़ी, दोनों ही डॉक्टर थीं लेकिन मम्मा का विवाह इंटरमीडिएट के बाद ही कर दिया गया था। कुछ साल पहले ही, मेरी लाहौर की यात्रा के दौरान, मैं इदराक के भाई तलत के साथ रही, और तब मुझे उनके लगभग बिखरे हुए व्यक्तित्व के कारण का पता चला। इदराक के लाहौर के भाई, तलत ने मुझे बताया कि मेरी सास का तलत के चाचा के साथ प्रेम संबंध था। वे एक-दूसरे के प्यार में पागल थे; वह एक अच्छा युवक था लेकिन उसकी नियमित नौकरी नहीं थी और इसीलिए मेरी सास के माता-पिता ने उसे स्वीकार नहीं किया। और उनके प्रेम संबंध को समाप्त करने के लिए उन्होंने जल्दी में उनका विवाह एक ऐसे व्यक्ति के साथ कर दिया जिसे वे जानती भी नहीं थीं और पहले ही दिन से उन्हें नापसंद करने लगीं। अपने प्रेमी के प्रति मम्मा की भावनाएं बहुत ही मज़बूत थीं और उन भावनाओं का प्रतिदान उस प्रेमी ने इस हद तक किया कि उसने कभी विवाह ही नहीं किया। मम्मा खुद भी अपने विवाह के साथ सामंजस्य नहीं बैठा पायीं, लेकिन जैसी कि उन दिनों में प्रथा थी, उन्होंने अपना वैवाहिक जीवन पापा के साथ ही गुज़ारा। अगर इदराक ने मुझे यह दुखद कहानी सुनाई होती, तो शायद उन्हें सहन करना मेरे लिए आसान हो जाता। लेकिन शायद इदराक भी यह नहीं जानते थे या फिर उन्होंने मुझे न बताने का निर्णय लिया था।

तथापि, मैंने अपने व्यक्तिगत जीवन के इन अप्रत्याशित रूप से दुखी पहलुओं को भी स्वीकार करना शुरू कर दिया और जब तक मेरे पास मेरे पति का समर्थन था, मैं उनकी माँ द्वारा निर्माण की गई अप्रियता का सामना करने में समर्थ थी। मैंने महसूस किया कि यह इदराक के लिए और भी कठिन था क्योंकि वे हम दोनों को खुश रखने की पूरी कोशिश करते थे। फिर, किरण के आगमन ने परिवार में बहुत सी खुशियाँ लायीं। किरण एक बहुत प्यारे चेहरेवाली एक सुंदर बच्ची थी। वह एक बेहद खूबसूरत बच्ची थी। हालाँकि मेरी सास और यहाँ तक कि इदराक को भी बेटे की चाह थी, लेकिन मेरे लिए किरण हमारे प्रेम के पुष्पित होने का संकेत थी। किरण के जन्म के बाद, उन्होंने उसे खुले दिल से स्वीकार किया। वास्तव में, वे उसके प्यार में डूब गए। यहाँ तक कि पुराना नौकर युसूफ भी बहुत खुश हुआ और बड़े प्यार से उसकी देखभाल की। तो, किरण को परिवार से बहुत प्यार प्राप्त हुआ।

भारत में "बेटे की पूजा"

मुझे यह जानकर आश्चर्य हुआ कि अन्य भारतीयों, विशेष रूप से भारतीय मुस्लिमों की तरह, भारतीय ईसाई भी गोरे रंग को महत्वपूर्ण मानते थे। मुझे यह जानकर भी आश्चर्य हुआ कि भारतीय ईसाईयों में "बेटे की पूजा" अन्य भारतीय समुदायों जितनी ही तीव्र थी। मुझे यह अपेक्षित था कि चूंकि ईसाई अधिक शिक्षित होते हैं और उन्हें महिलाओं के घर से बाहर जाकर काम करने के बारे में कोई पूर्वाग्रह नहीं होते, तो वे अधिक उदार होंगे लेकिन भारतीय होने की विशेषता ने ईसाई समुदाय को भी नहीं छोड़ा है।

जब मैं अपने तीसरे बच्चे के समय गर्भवती थी, मेरी पहले से दो बेटियां थीं, मेरे दोनों पतियों से एक-एक। एक दिन, मेरी सास ने दो साल की मासूम किरण से कहा, "अपनी माँ से कहना कि अगर उसने एक और बेटी को जन्म दिया, तो उसे वहीं अस्पताल में ही छोड़ आए, घर लेकर न आए।" मैं उनकी इस टिप्पणी से बहुत हैरान हुई क्योंकि मैं सोचती थी कि बेटों को प्राथमिकता देना केवल हिंदुओं और मुस्लिमों की ही ख़ासियत है। किस्मत की बात है कि मेरी तीसरी बेटी, निक्की के जन्म के दो हफ्ते पहले ही मेरी सास की मृत्यु हो गई। निक्की किरण की तरह गोरी तो नहीं थी लेकिन अब वह एक असाधारण रूप से ख़ूबसूरत महिला के रूप में तब्दील हो गई है। सौभाग्यवश, मेरे पति और उनके क़रीबी रिश्तेदारों ने उसका स्वागत उसी तरह से किया जिस प्रकार उन्होंने बेटे का स्वागत किया होता। दरअसल, इदराक के छोटे भाई के तीन बेटे थे और वे एक बेटी के लिए तड़प रहे थे। उन्होंने चौथी बार कोशिश की और किस्मत से उनकी बेटी हुई जिसे उन्होंने बहुत लाड-प्यार किया।

यह देखना बहुत आश्चर्यजनक है कि हमारे समाज में पुरुष को महिला की तुलना में कितना मूल्य दिया जाता है और महिला शिक्षा और महिलाओं के मुक्ति आंदोलनों में वृद्धि के बावजूद भी, बहुत अधिक बदलाव नहीं आया है। स्त्री भ्रूणहत्या की बढती हुई घटनाएँ इस लिंग भेदभाव के चरम रूप की गवाह है। 1968 में, जब दिल्ली के एक अस्पताल में मेरी तीसरी बेटी का जन्म हुआ, मैंने इस भेदभाव का सामना किया। उस समय अल्ट्रासाउंड उपकरण उपलब्ध नहीं थे, इसीलिए गर्भस्थ शिशु के लिंग का पता पहले से नहीं चलता था। जिस पल मेरे बच्चे का जन्म हुआ, मैंने उसके लिंग के बारे में पूछा। मैंने देखा कि प्रसूतिगृह में चुप्पी छा गई और मेरे बार-बार पूछे जाने पर भी कोई उत्तर नहीं दिया गया। आखिरकार, जब मुझे दूसरे कमरे में ले जाया गया, तब महिला डॉक्टर मेरे पास आई, प्यार से मेरा हाथ दबाया और धीमी आवाज़ में बताया (जैसे कि वह मौत की सज़ा सुनाने वाली हो) कि मैंने एक बेटी को जन्म दिया है। मुझे उसके इस रवैये पर बहुत गुस्सा आया। मैंने उसका हाथ झटक दिया और कहा, "मैंने इंसान के बच्चे को ही जन्म दिया है न, आप तो ऐसा व्यवहार कर रही हैं जैसे मैंने किसी राक्षस को जन्म दिया है।" वह शर्मिंदा हो गई और बोली कि आमतौर पर माताएं बेटी के जन्म पर टूट जाती हैं और कुछ तो उसे घर ले जाने से भी इंकार कर देती हैं, इसीलिए उन्हें सावधान रहना पड़ता है। मुझे उसे यकीन दिलाना पड़ा कि हमारे लिए मेरी बेटी भी बेटे जितनी ही महत्वपूर्ण है और उसी समय

मैंने ईश्वर को अपनी सास के जीवित न होने के लिए धन्यवाद दिया। अस्पताल से घर लौटने पर, मेरे पड़ोसियों ने मुझे बधाई नहीं दी। कुछ लोग तो रास्ते में मिल जाने पर मुझसे बचने की कोशिश भी करते थे। जब मेरा उनसे सामना होता था और मैं उन्हें बताती थी कि मेरी बेटी हुई है, तो वे कहते थे, "यह सुनकर अफ़सोस हुआ श्रीमती भट्टी, कि आपकी एक और बेटी हुई है।"

हालाँकि मुझे महसूस हुआ कि मुझे अपने पति की उनकी माता-पिता के प्रति की भावनाओं को स्वीकार करना होगा। वे बूढ़े और कमज़ोर थे, और उन्हें देखभाल की ज़रूरत थी, तो मैंने परिस्थिति को स्वीकार किया और अपनी तरफ से पूरी कोशिश की। उस परिस्थिति में भी उम्मीद की किरणें थीं। इदराक, एक उच्च श्रेणी के शिक्षक होने के नाते, अक्सर अपने कार्यालय की अनुसंधान परियोजनाओं की चर्चा मुझसे करते थे और मेरी दिलचस्पी की संगोष्ठियों के बारे में मुझे सूचित करते थे, जिनमें मैं कभी-कभार भाग भी लेती थी। इससे मुझे अपना दिमाग सतर्क रखने में मदद मिलती थी। मेरे लिए पूर्णकालिक नौकरी पर जाना तो संभव नहीं था लेकिन मैं प्रसारण में वापस जाने में कामयाब रही। लंदन में बीबीसी के अनुभव के आधार पर मुझे आकाशवाणी (एआईआर) में आसानी से नौकरी मिल गई। प्रसारित वार्ता और सामाजिक मुद्दों पर पैनल चर्चाओं में भाग लेने के साथ-साथ, मैं संकल्पना और पांडुलिपि (स्क्रिप्ट) की बनावट भी करती थी, वर्तमान मुद्दों पर, विशेष रूप से महिलाओं की समस्याओं से निपटनेवाले मुद्दों पर छोटे कार्यक्रम भी लिखती और बनाती थी। घर से बाहर निकलने के और समान विचारधारा वाले लोगों के साथ बातचीत करने के ऐसे कभी-कभार के अवसर मुझे घर के कामकाज से राहत प्रदान करते थे।

किरण एक खुशमिजाज बच्चे के रूप में बड़ी हो रही थी, जिसे सभी प्यार करते थे। हुमा एक छोटी बहन की मांग कर रही थी तो किरण के आगमन पर वह बेहद खुश हुई। हुमा, नैनीताल के छात्रावास में रहने के कारण, गर्मियों में केवल एक हफ्ते की और सर्दियों में 10 हफ़्तों की छुट्टियों में घर आती थी। तथापि, सर्दी की छुट्टियों के दौरान, हुमा के पिता—हयात—उसे अपने साथ एक महीने के लिए गाँव लेकर जाते थे। इदराक और मैंने निर्णय लिया था कि उसे अपने पिता के साथ संपर्क में रहना चाहिए, हालाँकि वह उसकी शिक्षा और देखरेख के लिए आर्थिक रूप से कोई योगदान नहीं देता था। इदराक ख़ुशी-ख़ुशी उसका हर तरह से ख्याल रखते थे। चूंकि उन परिस्थितियों में हुमा को किरण के साथ रहने का समय बहुत कम मिलता था, तो हमने उसे लखनऊ के लामार्टिनियर में स्थानांतरित करने का निर्णय लिया। मेरे माता-पिता और भाई-बहन लखनऊ में रहते थे, तो हुमा उनके प्रेम और स्नेह का आनंद उठाने में समर्थ थी। वे हर हफ्ते स्थानीय अभिभावक के रूप में उससे मिलने जाते थे। मैं भी साल में कम से कम दो या उससे ज्यादा बार लखनऊ जाती थी, तो हुमा को नैनीताल की तुलना में यहाँ किरण से मिलना अधिक बार संभव हो पाता था। इससे उन दोनों के बीच मज़बूत संबंध बनने में मदद हुई।

मेरी सास का मुझे नापसंद करना जारी था और जब हुमा छात्रावास से लौटकर घर आती थी तो वे उसकी उपस्थिति बर्दाश्त नहीं कर पाती थीं। ऐसी ही एक यात्रा के दौरान, मम्मा ने हमारे बारे में बहुत सी द्वेषपूर्ण बातें कहीं और घर छोड़कर एक ईसाई पड़ोसी के साथ जाकर

रहने की धमकी दी। हालाँकि इदराक इस बात से बहुत नाखुश हुए, लेकिन उन्होंने अपनी माँ को रोका नहीं, और कहा कि वे हुमा के प्रति प्रतिबद्ध हैं और खुद को उससे अलग नहीं करेंगे। मेरा सबसे छोटा देवर, फ़िरोज़ अपने परिवार के साथ, हमारे घर में ऊपर *बरसाती*[6] में रहता था, तो आख़िरकार यह निर्णय लिया गया कि वे लोग पास ही में एक घर लेंगे और मेरे सास-ससुर उनके साथ रहने जाएंगे। फ़िरोज़ की पत्नी, मार्गरेट, एक ईसाई परिवार से ताल्लुक रखती थी। वह मम्मा की चहेती थी, हालाँकि मार्गरेट एक प्रत्यक्षवादी बन गई थी और वह न तो ईसाई धर्म का अभ्यास करती थी और न ही अपने बच्चों को ईसाईयों के रूप में पालती थी। पापा का स्वास्थ्य गिरता जा रहा था और वहां रहने जाने के कुछ महीनों बाद ही, कैंसर के कारण उनकी मृत्यु हो गई।

हर शाम दफ़्तर से लौटने के बाद, चाहे आंधी हो या तूफ़ान, इदराक मुझे और किरण को लेकर मम्मा से मिलने जाते थे। वहां, मम्मा किरण के साथ खेलती थीं और अपने बेटे से बात करती थीं, और मुझे पूरी तरह से अनदेखा कर देती थीं। वहां जो भी खाना होता था वह मैं उन्हें परोसती थी और निजामुद्दीन के हमारे घर में लौट आते थे। हर रविवार, वे हमारे यहाँ आती थीं। मैं रविवार को आतंकित रहती थी। तब तक, हमारे विवाह को तीन साल हो चुके थे। पापा की मृत्यु के बाद, इदराक अपनी माँ के प्रति अधिक सुरक्षात्मक हो गए थे जो कि स्वाभाविक था। वे फिर से हमारे साथ रहने के लिए आ गयीं। वे बूढ़ी हो रही थीं और उनका स्वास्थ्य भी ठीक नहीं रहता था, और हमारे यहाँ वापस आने के बाद वे गुज़र गयीं। इससे मेरे व्यक्तिगत जीवन के एक मुश्किल दौर का अंत हुआ। पीछे मुड़कर देखते हुए, आज मुझे महसूस होता है कि मम्मा खुद भी हमारी लिंग-भेदभाव की संस्कृति की शिकार थीं जहाँ एक महिला अपना जीवनसाथी भी नहीं चुन सकती है।

तथापि, माता-पिता दोनों की मृत्यु के बाद, इदराक ने परिवार में सबसे बड़े होने की जिम्मेदारी संभाली, जिसमें अन्य बातों के अलावा, अपने धर्म की हिफाज़त करना भी शामिल था। वे नियमित रूप से गिरजाघर में जाने लगे। मम्मा के जीवनकाल में ही किरण का बप्तिस्मा हो गया था और यहाँ तक कि निक्की का भी, जिसका जन्म मम्मा के गुज़र जाने के बाद हुआ था, बप्तिस्मा मेथोडिस्ट गिरजाघर में किया गया था। मैंने देखा कि इदराक अब प्रत्यक्ष रूप से यह स्थापित करने के लिए इच्छुक थे कि हमारा, या यूँ कहे कि उनका (वे घर के प्रधान के रूप में व्यवहार करने लग गए थे) घर एक ईसाई का घर था। वे एक अधिक जागरूक ईसाई में बदल गए और चाहते थे कि मैं उनके साथ गिरजाघर में जाऊं। हमारी दो छोटी बेटियों को सन्डे स्कूल में भेजा जाने लगा। उन्होंने यह भी संकेत दिया कि मैं शायद हुमा का बप्तिस्मा करना चाहूँ लेकिन मैं दो कारणों की वजह से ऐसा नहीं करना चाहती थी। पहला, उसे खोने का डर क्योंकि उसके पिता ने निश्चित रूप से इस पर आपत्ति जताई होती और उसकी अभिरक्षा की मांग की होती। दूसरा, मैं आश्वस्त नहीं थी कि यह सभी औपचारिकताएं उतनी महत्वपूर्ण हैं। सौभाग्यवश, इदराक ने न

---

[6] घर की छत पर बना एक छोटा कमरा जिसमें बाहर एक बरामदा होता है।

तो हुमा के प्रति अपना रवैया बदला और न ही मुझे पारंपरिक ईसाई बनने के लिए विवश किया। लेकिन उनमें यह बदलाव मेरे लिए एक आश्चर्य था और हमारे बीच अक्सर मनमुटाव का एक स्रोत भी। लेकिन हम सब उत्साह के साथ क्रिसमस का जश्न मनाने का आनंद उठाते थे और पड़ोस के बच्चों को भी हमारे उत्सवों में शामिल करते थे।

मसूरी

हमारे वैवाहिक जीवन के पहले तीन वर्षों में, जब मेरे सास-ससुर हमारे साथ रहते थे, हम कहीं भी छुट्टियों पर नहीं गए। मेरे प्रति उनका अमित्रवत रवैया, उनकी बीमारी और फिर उनके गुज़र जाने से हम बहुत तनाव में थे। मम्मा के गुजरने के बाद—पापा की मृत्यु के दो साल के बाद—हमारे एक अच्छे मित्र, राम सिंह ने सुझाव दिया कि हमें छुट्टी लेनी चाहिए और कहीं घूमने के लिए जाना चाहिए। दो छोटे बच्चों के साथ यात्रा करने की तरफ मेरा ज्यादा झुकाव नहीं था क्योंकि किरण केवल 3 साल की थी और निक्की केवल छह महीने की। साथ ही, बोतलों और लंगोटों के साथ उन्हें लेकर घूमने में कुछ मज़ा नहीं आता। लेकिन राम सिंह ने गर्मियों के लिए हमें मसूरी जाने का और वहां हमारे लिए एक कुटीर (कॉटेज) किराए पर लेने का सुझाव दिया। राम सिंह की पत्नी एक अमेरिकन थी और मसूरी में रहती थी जहाँ उनके तीनों बेटे अमेरिकन वुडस्टॉक स्कूल में पढ़ते थे। वुडस्टॉक मसूरी के पास लंढौर नामक क्षेत्र में स्थापित है। यह एक खूबसूरत जंगल है और मुख्य शहर से अलग है। लंढौर में एक छावनी है जिसने व्यवसायीकरण को पूरी तरह से प्रतिबंधित किया हुआ है। परिणामस्वरूप, पर्यटकों की तेजी से बढ़ती आबादी से अप्रभावित, यह क्षेत्र जंगली और हरा-भरा है। तो 1969 की गर्मियों में, हमने "अंकल टॉम'स केबिन" नामक एक छोटी सी कुटिया किराए पर ली। हम अपने कुत्ते पप्पू, और हमारे रसोइए बाबा को भी अपने साथ ले गए थे। हमने अपने मित्र वैद्यनाथन, और उनकी पत्नी और हुमा की आयु की दो बेटियों को भी हमारे साथ चलने के लिए आमंत्रित किया। इदराक मसूरी से परिचित थे क्योंकि वे बचपन में अपने माता-पिता के साथ वहां जाया करते थे। उन दिनों, कोई वहां कार या मोटरसाइकिल नहीं ले जाता था क्योंकि हर कोई चलता था। मुझे 6 महीने की निक्की को गोद में उठाकर बस स्टॉप से हमारे कुटीर तक चलकर जाना याद है। आजकल, कोई चलना नहीं चाहता। अधिकांश मसूरी के निवासियों के पास कोई न कोई गाड़ी है। पर्यटक भी अपनी बड़ी गाड़ियों में ऊपर तक जाते हैं। लेकिन छावनी की व्यावसायिकता पर और यहाँ तक कि घर बनाने पर भी प्रतिबंध लगाने की नीति के धन्यवादस्वरूप लंढौर आज भी उतना ही शांतिपूर्ण है, जितना 1967 में था जब मैं पहली बार मसूरी गई थी।

उन गर्मियों में, हमने बहुत अच्छा समय बिताया और मुझे मसूरी इतना अच्छा लगा कि हम अगले कुछ सालों तक हर गर्मी में वहां जगह किराए पर लेते रहे। पूरे लंढौर में अमरीकन और अंग्रेज़ी मिशनरी बहुत बड़ी संख्या में रहते थे। बहुत से मिशनों की वहां जायदाद भी थी। वुडस्टॉक स्कूल—जो अब लगभग एक सौ पचास वर्ष पुराना है—विदेशी मिशनरियों के बच्चों

के लिए स्थापित किया गया था। यह स्कूल, शिक्षा के लिए अमेरिकी और ब्रिटिश प्रणाली का पालन करता है ताकि महाविद्यालय की शिक्षा के लिए अपने देश में जाना बच्चों के लिए सुविधाजनक हो। उन दिनों, उस स्कूल में बहुत कम भारतीय विद्यार्थियों को दाखिला दिया जाता था, जिनमें से अधिकांश राजघरानों के होते थे। हर गर्मी में, कुछ कुटीर किराए पर देने के लिए उपलब्ध कराए जाते थे क्योंकि विदेशी मिशनरी परिवार छुट्टी पर अपने-अपने देश में जाते थे। हम उस स्थिति का लाभ उठाते थे और राम सिंह की मदद से, जो कि हमारे लिए किराए के लिए उपलब्ध कुटीर खोजकर देता था, एक को अग्रिम आरक्षित करा लेते थे। तो, मसूरी में अपना कुटीर खरीदने से पहले हम लगभग आधा दर्ज़न विभिन्न कुटीरों में रह चुके थे। भारत की आज़ादी के बाद, मिशनरी गतिविधियाँ बहुत कम हो गयीं, इसीलिए लंढौर में मिशन की जायदाद निरर्थक हो गयीं और बहुत से घरों को बिक्री के लिए रखा गया।

हमने एक घर को खरीदने के लिए अधिग्रहण किया। आज की तरह जायदादों की कीमतें इतनी अधिक नहीं थी, इसीलिए हमने यह गणना की कि हम एक छोटा कुटीर खरीद सकते हैं। हमारे पास कोई विकल्प नहीं था कि हम कौनसा कुटीर चाहते हैं, क्योंकि स्पष्ट रूप से, ईसाई संगठनों के लिए काम करनेवाले भारतीयों को प्राथमिकता दी जाती थी। तथापि, प्रेस्बिटेरियन मिशन ने अपना "वुडसाइड" नामक एक कुटीर हमें बेचने का निर्णय लिया, यह एक बड़ी सी जायदाद थी जिससे नीचे की संपूर्ण घाटी का शानदार दृश्य देखने को मिलता था। हमने उस जगह को झपट लिया। किस्मत से, "वुडसाइड" के आवंटन से ठीक पहले, मेरे पति को संयुक्त राष्ट्र का एक काम मिला जिससे हमें उस घर को खरीदने और उसका जीर्णोद्धार करने के लिए पैसे प्राप्त हुए। यह एक मजबूती से बना हुआ, 200 वर्ष पुराना घर है। इसका निर्माण एक रेवरेंड वुडसाइड द्वारा किया गया था। "वुडसाइड" वुडस्टॉक स्कूल के ठीक ऊपर स्थित है, और बलूत और देवदार के वृक्षों से घिरा हुआ है, जो दोनों तरफ से आज की भीड़-भरी सड़कों से दूर है। सड़क से इसकी दूरी ने हमें आकर्षित किया क्योंकि यह गोपनीयता और शोर-मुक्त वातावरण प्रदान करता था। हमारी दिल्ली में या और कहीं भी खुद की कोई जगह नहीं थी, क्योंकि इदराक के पिताजी ने नागपुर के निकट का अपना 80 एकड़ का खेत अनाथ आश्रम चलाने वाली एक मिशनरी को बेच दिया था। मेरे सास-ससुर दोनों ही धार्मिक ईसाई थे और उनका विश्वास था कि ईश्वर ही उनके बेटों की व्यवस्था करेगा।

आज से लगभग 40 साल पहले, जब हमने "वुडसाइड" खरीदा तब हम युवा थे, लेकिन अब हमारे बुढ़ापे में, हमें रास्ता तय करने में कठिनाई होती है। हमें इसका उत्तर मिल गया है और हम सड़क से दोनों तरफ उतरते हैं जो कि ऊपर चढ़ने से कम श्रमसाध्य है। हमारी बेटियां और नाती-नातिनें भी इसे पसंद करते हैं और ऊपर चढ़ने को एक अच्छा व्यायाम मानते हैं। हम वहीं सेवानिवृत्त हुए। हमने इसका लगभग पूरा नवीनीकरण करा लिया है और आज यह लंढौर के सबसे खूबसूरत आठ शयनकक्षों वाले घरों में से एक है। हम इसे पाकर बहुत विशेष महसूस करते हैं और यहाँ अपने बुढ़ापे का आनंद उठाते हैं। मैं अभी भी अपने दम पर यहाँ रहती हूँ। नाती-नातिनें "वुडसाइड" में छुट्टियाँ बिताना पसंद करते हैं। हमने इसे एक "खुला" घर रखा है

और हमारे मित्र और रिश्तेदार हमसे मिलने आते रहते हैं। हमारी बेटी हुमा और साथ ही हमारे भतीजे और एक मित्र के बेटे ने भी अपना मधुमास "वुडसाइड" में मनाया था, क्योंकि यह बहुत ही निजी है और इससे देहरादून की संपूर्ण घाटी का सबसे शानदार दृश्य दिखता है।

वायडब्ल्यूसीए के साथ मेरा संबंध

मेरे सास-ससुर की मृत्यु के बाद, मेरे पास बिताने के लिए थोडा ज्यादा समय था। तो, मैं भारत की युवा महिला ईसाई संस्था (वायडब्ल्यूसीए –Young Women's Christian Association) में शामिल हो गई। असल में, मैं संयोग से इसमें शामिल हुई। उस वक्त, सुश्री इवी ख़ान राष्ट्रीय वायडब्ल्यूसीए की महासचिव थीं। वे एक बहुत ही बुद्धिमान और सक्षम महिला थीं, जो पूरी तरह से "वाय" के प्रति समर्पित थीं। मुझे आज भी उन्हें पहली बार देखना याद है। इदराक और मैं वायडब्ल्यूसीए के अतिथि गृह में गए थे जो उसी परिसर में था जहाँ उनका कार्यालय भी था। मैं उस वक्त किरण के साथ गर्भवती थी। इवी अपने कार्यालय से बाहर आयीं, उन्होंने एक लाल साड़ी पहनी हुई थी और वे बहुत ही चतुर और कुशल नज़र आ रही थीं, उन्होंने हमें देखा और अपनी टूटी-फूटी हिंदी में कहा (वे एक बंगाली थीं), "इदराक, तुम्हें देखकर अच्छा लगा, मैंने सुना है तुमने विवाह कर लिया है (वे इतने लंबे समय तक अविवाहित रहे थे कि उनके विवाह के वशीभूत होने की ख़बर फैल गई थी) और *बाप* रे तुम्हें कितनी सुंदर पत्नी मिली है।" फिर वे मुझसे मुखातिब हुई और कहा, "जब इससे (मेरे फूले हुए पेट की तरफ इशारा करते हुए) मुक्त हो जाओ, आकर मुझसे मिलो।" मैंने वैसा ही किया जैसा उन्होंने कहा था और जब किरण कुछ महीनों की हुई तो मैंने, हफ्ते में दो या तीन दिन, कुछ घंटों के लिए "वाय" में जाना शुरू कर दिया। इवी के पास हमेशा मेरे लिए कुछ काम होता था। मुझे "वाय" के साथ अपना संबंध अच्छा लगता था और विशेष रूप से इवी के साथ बातचीत करना बहुत पसंद आता था। मैं उनकी बहुत अहसानमंद हूँ। उन्होंने मुझे केवल भारत के ही नहीं बल्कि अंतर्राष्ट्रीय महिला आंदोलनों और स्वयंसेवा के बारे में बहुत कुछ सिखाया। कपड़ों की उनकी रूचि बहुत अच्छी थी और वे "वाय" को बहुत ही सुघड़ता और परिष्कार से चलाती थीं। एक स्वयंसेवी संगठन के साथ यह मेरा पहला अनुभव था और इस संगठन के कारण मैंने बहुत कुछ सीखा। इसने मुझे घर से बाहर निकलने का और मेरी शिक्षा का उपयोग किसी उत्पादक जगह करने का अवसर दिया।

एक बार जब वायडब्ल्यूसीए का राष्ट्रीय सम्मेलन होने वाला था, इवी ने मुझे सम्मेलन के लिए कार्यपुस्तिका तैयार करने का कार्य सौंपा। इससे मुझे "वाय" आंदोलन और पूरे विश्व में और विशेष रूप से भारत में जिन मुद्दों पर यह संगठन काम कर रहा था, उसके बारे में सब कुछ सीखने का अवसर मिला। मुझे अपने काम में बहुत आनंद आता था। यह अवैतनिक लेकिन चुनौतीपूर्ण था। इवी, जिनके पास हुनर को पहचानने की शक्ति थी, ने मुझे राष्ट्रीय कार्यकारिणी के लिए नामांकित कर दिया और जब नागपुर में हुए राष्ट्रीय सम्मेलन के दौरान चुनाव हुए—मुझे

लगता है 1967 में—मैं राष्ट्रीय कार्यकारिणी के लिए चुन ली गई। "वाय" के साथ 35 सालों के दीर्घ संपर्क के दौरान, मैंने विभिन्न पदों पर काम किया, जिसमें दिल्ली वायडब्ल्यूसीए का अध्यक्ष पद शामिल था। इवी एक अच्छी प्रशासक, व्यापक विचारधारा की, और धर्मनिरपेक्ष थी। उन्होंने अपने कार्यकाल के दौरान बहुत से बदलाव किए, जो लगभग पाव सदी तक चले। उन्होंने "वाय" को गैर-ईसाईयों के लिए भी खोल दिया और इसे अपने बंद, लगभग संवृतिभीत अस्तित्व से बाहर लाने की कोशिश की। उन्होंने यह महसूस किया कि सामाजिक बदलाव का एक बल बनने के लिए, "वाय" को व्यापक भारतीय समाज का हिस्सा बनना होगा, लेकिन निश्चित रूप से, ईसाई धर्म का अपना आधार खोए बिना। उनका मानना था कि ईसाई विचारधारा की सीमाओं के बीच भी, भारतीय महिलाओं के मुद्दों को संबोधित करना महत्वपूर्ण और संभव था। तथापि, इसे केवल ईसाई महिलाओं तक ही सीमित नहीं रखना चाहिए। उन्हें बहुत से विरोध का सामना भी करना पड़ा, विशेष रूप से ईसाई समुदाय के अधिक रूढ़िवादी वर्गों से जिन्हें डर था कि गैर-ईसाईयों के लिए "वाय" के दरवाज़े खोलने से यह अपना ईसाई चरित्र खो देगा। इवी ने ऐसे भय का मुकाबला करने की कोशिश की। पहले, व्यक्ति को ईसाई के रूप में बप्तिस्मा कराने के बाद ईसा मसीह को आंदोलन का अग्रणी प्रकाश स्वीकारते हुए एक घोषणापत्र पर हस्ताक्षर करने पड़ते थे और अपनी ईसाई पहचान को सिद्ध करने के लिए बप्तिस्मे का प्रमाणपत्र दिखाना पड़ता था। इवी ने इस शर्त को हटा दिया और यह स्थापित किया कि बप्तिस्मा न किए हुए व्यक्ति को भी नामित किया जा सकता है अगर वह इस आंदोलन के आधार को ईसाईयत में स्वीकार कर ले। इस प्रकार, कुछ बप्तिस्मा न किए हुए सदस्यों को भी राष्ट्रीय कार्यकारिणी समिति में स्वीकार कर लिया गया जिसने "वाय" को विशेषज्ञताऔर अनुभवों में समृद्ध बनाया। इनमें से कुछ नामित सदस्यों ने आंदोलन में बहुत महत्वपूर्ण योगदान दिए। इवी ने यह अधिकार रूढ़िवादी ईसाई वर्ग के साथ एक लंबी लड़ाई के बाद हासिल किया था। वायडब्ल्यूसीए पर पहले और काफी हद तक अभी भी, केरल के ईसाईयों का प्रभुत्व है जो न केवल संख्या में अधिक हैं बल्कि अधिक समृद्ध और सांस्कृतिक रूप से अधिक रूढ़िवादी हैं। हालाँकि वे गैर-ईसाई नामित सदस्यों को "वाय" की किसी भी निर्णयन समिति में सदस्य होने का मताधिकार दिलाने में समर्थ नहीं हो पाई।

वायडब्ल्यूसीए से मेरे संबंध के दौरान, मुझे भारत के विभिन्न भागों की महिलाओं से मिलने का अवसर प्राप्त हुआ। "वाय" के भारत में 85 स्थानीय संघ हैं। हर कोई स्वतंत्र है और स्थानीय मुद्दों को सुलझाता है। मैंने अक्सर स्थानीय संघों की यात्रा की और उनकी बैठकों में सम्मिलित हुई। इन अवसरों ने मेरे अनुभवों को बहुत अधिक समृद्ध किया और धार्मिक मान्यताओं में मानवीय व्यवहार के बारे में अधिक समझने के लिए प्रेरित किया। मैं भारतीय संस्कृति की दृढ़ता से प्रभावित हुई, जिसने विभिन्न क्षेत्रों और धर्मों में सभी भारतीय समुदायों को प्रभावित किया था। मुझे यह जानकर आश्चर्य हुआ कि केरल के ईसाईयों में दहेज़ की दर सबसे अधिक है और यहाँ तक कि गिरजाघर भी, इस जघन्य प्रथा को हतोत्साहित करने की बजाय, दहेज़ का 1 प्रतिशत स्वीकार करते थे। ईसाई महिलाएं शिक्षित होने के बावजूद भी, परिवार में अधीन की भूमिका निभाती थीं। भारतीय ईसाई पर्सनल लॉ आज भी लिंग-भेदभावपूर्ण है। हालाँकि

भारतीय ईसाई हिंदुओं की तरह, जाति प्रथा का पालन नहीं करते, लेकिन वे भी उन अछूतों से शारीरिक संपर्क को टालते हैं जो ईसाई धर्म में परिवर्तित नहीं हुए हैं। उनके बीच जाति की चेतना और हैसियत की जागरूकता बहुत मजबूत है। नीची जाति के ईसाई, जिनके बारे में माना जाता है कि वे नीची हिंदू जातियों से परिवर्तित हुए हैं, उन्हें ठेठ देशी ईसाई (टीएनसी) कहकर अपमानित किया जाता था।

मुझे एक बार प्रधानमंत्री इंदिरा गाँधी के साथ बातचीत करने का विशेषाधिकार प्राप्त हुआ था, जब मैं दिल्ली वायडब्ल्यूसीए के अध्यक्ष के रूप में, उन्हें वायडब्ल्यूसीए के वार्षिक पुष्प प्रदर्शन में लेकर गई थी। वे हर साल उस पुष्प प्रदर्शन को भेंट देती थी जो कि शहर में सर्वश्रेष्ठ था। लेकिन जिस साल मैं अध्यक्ष थी, मुझे सूचित किया गया कि प्रधानमंत्री ने अफ़सोस जताया है कि उस दिन व्यस्त कार्यक्रम के चलते, वे प्रदर्शन में शिरकत नहीं कर पाएंगी। मैं स्वाभाविक रूप से बेहद निराश हुई। फिर, दोपहर के भोजन के समय, मैंने अचानक एक घोषणा सुनी, "श्रीमती भट्टी, कृपया तुरंत मुख्य द्वार पर आइए क्योंकि प्रधानमंत्री आ चुकी हैं।" मैं जल्दी से फाटक तक गई और आनंदमग्न इंदिरा गाँधी को वहां देखा, वे कह रही थीं कि उन्हें फूलों से इतना प्यार है कि वे खुद को रोक नहीं पायीं, इसीलिए उन्होंने खाने की छुट्टी में आने का निर्णय लिया। उत्तेजना में, उनके इस अनुग्रह की प्रतिक्रिया के रूप में, मुझे जो सूझा वह मैं बुदबुदाने लगी। लेकिन, उन्होंने तुरंत अपनी चिरपरिचित शैली से मुझे निश्चिन्त कर दिया। इंदिरा गाँधी में भूमिकाओं को तुरंत बदलने की यह अद्भुत क्षमता थी। यहाँ हमारे विशाल और जटिल देश की प्रधानमंत्री एक विनम्र स्वयंसेवक के साथ चल रही थीं, और इस प्रकार आराम से बातचीत कर रही थीं जैसे पड़ोस में रहनेवाली कोई चाची। उन्होंने मुझे बताया कि फूल बच्चों की तरह होते हैं, उनका पालन-पोषण प्यार से करना पड़ता है और वे प्रकृति के प्रति यह प्रेम अपने पोते-पोतियों में पैदा करने का भी प्रयत्न कर रही थीं। इस पर मैंने दबी ज़बान से कहा, "मैडम..." उन्होंने मुझे बीच में टोका और कहा, "मुझे मैडम कहकर संबोधित मत कीजिये; श्रीमती गाँधी ही ठीक है।" मैंने आगे कहा, "शायद प्रियंका और राहुल को भी आपके साथ आना पसंद आता।" उन्होंने कहा, "ओह हाँ, वे आना चाहते थे, लेकिन मुझे उन्हें अनुशासित करना पड़ता है। देखो, वे पिछले तीन दिन से कोई न कोई बहाना बनाकर अपनी ट्यूशन पर नहीं जा रहे हैं, इसीलिए मुझे कठोर होना पड़ा और उन्हें बताया कि आज उन्हें पढ़ना ही होगा। शिक्षक को फिर से वापस नहीं भेजा जाएगा।"

उन्होंने प्रत्येक स्टॉल का दौरा किया और प्रत्येक स्टॉल धारक से थोड़ी बातचीत की। एक सुरक्षाकर्मी उनका पीछा कर रहा होगा लेकिन इतनी सहज रूप से कि मैंने उसपर गौर ही नहीं किया। अगली सुबह, मैंने अख़बारों में पढ़ा कि श्रीमती गाँधी पुष्प प्रदर्शन से सीधे मंत्रीमंडल की एक बैठक में गयीं, जहाँ उन्होंने महत्वपूर्ण निर्णय लिए, हालाँकि वे ज्यादा लोकप्रिय नहीं थे।

श्रीमती गाँधी के सरल व्यक्तित्व का एक और उदाहरण है कि उन्हें अच्छे से तैयार होना पसंद था और उनके पास साड़ियों का एक अद्भुत संग्रह था। कुछ ऐसा हुआ कि उन दिनों, एक विशिष्ट बुनाई की बांग्लादेशी साड़ियाँ जिन्हें जामदानी कहा जाता था, उनकी भारत में बड़ी मांग थी। जामदानी साड़ियाँ भारत में आसानी से उपलब्ध नहीं थीं और भारी आयात शुल्क के कारण बहुत कीमती थीं। इदराक को संयुक्त राष्ट्र के काम के लिए छह महीने के लिए ढाका

जाने का अवसर मिला। मैं उनके साथ नहीं गई क्योंकि हमारे बच्चे अभी भी स्कूल में थे और उनकी पढ़ाई का नुकसान होता। लेकिन यह मेरे और मेरे क़रीबी रिश्तेदारों और मित्रों के लिए, जामदानी साड़ियों को प्राप्त करने का एक सुनहरा अवसर था। तो जब भी वे भारत आते थे—जो वे हर दूसरे महीने आते थे—वे यह साड़ियाँ खरीदकर लाते थे। सौभाग्यवश, उनका चुनाव भी अच्छा था। लगभग उसी समय, जेएमसी की मेरी सहकर्मी, वत्सला का विवाह होनेवाला था। हुमा और किरण ने अभी-अभी ही महत्वपूर्ण मौकों पर साड़ियाँ पहनना शुरू किया था, तो वत्सला के विवाह में जामदानी पहनकर गयीं। वत्सला का श्रीमती गाँधी से क़रीबी संबंध था और श्रीमती गाँधी अपनी दोनों बहुओं के साथ उस विवाह में आई थीं। उन्होंने विवाह में और सभी रीति-रिवाज़ों में उत्साहपूर्वक भाग लिया, जिसमें अन्य रिश्तेदारों के साथ कश्मीरी लोक गीत गाना भी शामिल था। हुमा और मैं दोनों ही अपनी जामदानियों में इतरा रहे थे। हुआ ऐसा कि सोनिया गाँधी ने भी बिल्कुल हुमा जैसी ही जामदानी पहनी थी लेकिन हुमा की साड़ी का रंग संयोजन ज्यादा अच्छा था। हमें यह देखकर बहुत मज़ा आया कि श्रीमती गाँधी हमारी तरफ घूर रही थीं, जैसे आश्चर्य कर रही हों कि "कोई हमसे बेहतर जामदानी प्राप्त करने में कैसे कामयाब हो गया?" उनके चरित्र का वह पहलू मुझे बहुत आकर्षक लगा।

जामदानी साड़ी की बात निकली है तो, मुझे एक और दिलचस्प पहलू को संबोधित करना होगा कि किस प्रकार सरकार के सर्वोच्च स्तर परमहत्वपूर्ण निर्णयकभी-कभी पूर्णतः मानवता के आधार पर लिए जाते हैं। मेरे पति की ढाका में नियुक्ति के कुछ वर्षों के बाद, उन्हें वहां एक अंतर्राष्ट्रीय सम्मेलन के लिए आमंत्रित किया गया। सम्मेलन की विषय-निर्वाचन समिति के सदस्य होने के नाते, वे सम्मेलन शुरू होने के कुछ दिन पहले ढाका चले गए। इस बार, मैं उनके साथ गई और सम्मेलन शुरू होने से पहले, खरीददारी—विशेष रूप से जामदानियों की—करने का निर्णय लिया। लगभग सभी भारतीय प्रतिनिधियों को अपनी-अपनी पत्नियों से जामदानी लाने के निर्देश मिले थे। इसलिए मुझे साड़ी चुनने में मार्गदर्शन करने का काम सौंपा गया था। यह निर्णय लिया गया कि अगली सुबह, हम एक सत्र छोड़ देंगे और चुपके से निकल जाएंगे। नाश्ते के बाद, मेरे मित्रों ने अपने डॉलरों को टके[7] में बदल लिया और हम निकलने ही वाले थे कि अचानक, हमने गोलियों की आवाज़ और शोरगुल सुना। ढाका में तख्तापलट हुआथा और राष्ट्रपति इरशाद को पद से हटा दिया गया था। शहर में बहुत अराजकता फैली थी और हमें होटल से बाहर न निकलने की सलाह दी गई थी। अगले दिन, सम्मेलन रद्द कर दिया गया और कुछ घंटों के लिए कर्फ्यू हटा लिया गया। जिस होटल में हम ठहरे थे वह बहुत महंगा था, तो हर किसी ने ढाका छोड़ने की कोशिश की और हवाईअड्डे पर जल्दी से पहुंचने की तैयारी की। लेकिन दिल्ली जानेवाली सभी विदेशी हवाई कंपनियों ने—बिमान बांग्ला के अलावा—अपनी उड़ानें रद्द कर दी थीं। किस्मत से, हमारा आरक्षण उसमें था इसीलिए हमने एक टैक्सी की और हवाईअड्डे की तरफ निकल पड़े। हवाईअड्डे की तरफ जाते हुए आधे रास्ते में, टैक्सी रुक गई क्योंकि गलियों में ज़ोरदार पत्थरफेंक हो रही थी, इसीलिए टैक्सी चालक ने और आगे जाने से

[7] बंगलादेश की मुद्रा।

मना करते हुए हमें सड़क पर ही उतार दिया। हम वहां सड़क पर कांपते हुए खड़े थे, और गुस्सैल भीड़ द्वारा हमारे आसपास फेंके जा रहे पत्थरों से बचने की कोशिश कर रहे थे। तभी, एक ऑटो रिक्शा हमारे पास आया और हमें अंदर की गलियों से हवाईअड्डे तक ले जाने का प्रस्ताव दिया, उसने हमें सुनिश्चित किया कि वह गलियां सुरक्षित थीं। हमने उसका प्रस्ताव स्वीकार करने का निर्णय लिया। सौभाग्यवश, हम हवाईअड्डे पर सुरक्षित पहुँच गए और सही-सलामत दिल्ली के लिए उड़ान भरी। तथापि, इसका सारांश यह है कि वे भारतीय प्रतिनिधि जो किसी तरह ढाका से निकलने में कामयाब हो गए, साड़ियाँ खरीदे बिना ही घर वापस पहुंचे। उन्होंने अवश्य ही गुस्सैल, निराश पत्नियों का सामना किया होगा, विशेष रूप से उसने जिसकी पत्नी एक बंगाली थी। इन घावों पर और नमक छिड़कने के लिए, हमारे एक मित्र ने बांग्लादेश के तख्तापलट पर एक लेख छापा और उसमें यह भी जोड़ दिया कि तख्तापलट के बावजूद, एक प्रतिनिधि की पत्नी जामदानी साड़ियाँ खरीदने में कामयाब हो गई!

अगले साल कुछ ऐसा हुआ कि वह प्रतिनिधि जिसकी पत्नी बंगाली थी, उसे भारत सरकार का आर्थिक सलाहकार नियुक्त किया गया, और उस क्षमतानुसार, उसने उस साल का राष्ट्रीय बजट तैयार करने में महत्वपूर्ण भूमिका निभाई। यह जानकर हमारा मनोरंजन हुआ कि उस साल के बजट में, जामदानी साड़ियों पर लगाया गया आयात शुल्क हटा लिया गया था और वे प्रतिष्ठित साड़ियाँ भारत में भी उचित मूल्य पर उपलब्ध होने लगीं।

लड़कियां अच्छे से बड़ी हो रही थीं। इदराक सबसे प्रेममय और दयालु पिता थे जबकि मैं अधिक अनुशासनवादी थी। मेरे मन में इस विचार ने घर कर लिया था कि मुझे अपनी बेटियों को जीवन की किसी भी समस्या का सामना करने और एक मज़बूत महिला बनाने के लिए तैयार करना चाहिए। हमने उन्हें अच्छी शिक्षा और मजबूत मानव मूल्यदेने का निर्णय लिया, जिन्हें इदराक ने ईसाई मूल्यों का नाम दिया था। हम उन्हें बहुत सी विलास-वस्तुएं उपलब्ध नहीं कर सकते थे क्योंकि मैं नौकरी नहीं कर रही थी और इदराक को, शिक्षण पेशे में होने के कारण, बहुत उच्च वेतन नहीं मिलता था। लेकिन तब भी जब वे अपने पेशे में ऊपर उठे, और राष्ट्रीय अनुप्रयुक्त आर्थिक अनुसंधान परिषद् (National Council of Applied Economic Research – एनसीएईआर) के महानिदेशक बने और हम उच्च जीवनशैली के साथ रहने में समर्थ थे, तब भी हमने उन्हें बिगाड़ा नहीं और अपनी साधारण जीवनशैली ही जारी रखी। हुमा ने सीनियर कैंब्रिज (उन दिनों अंग्रेज़ी माध्यम के विद्यालयों में स्कूल छोड़ने के प्रमाणपत्र के तौर पर सीनियर कैंब्रिज हुआ करता था) उत्तीर्ण करने के बाद जेएमसी में दाखिला लिया। सीनियर कैंब्रिज की परीक्षा दिसंबर में हुआ करती थी जबकि महाविद्यालय के सत्र जुलाई से शुरू होते थे, तो उसे महाविद्यालय में जाने के लिए छह महीने का इंतज़ार करना था। क्योंकि वह अब तक दिल्ली से बाहर—नैनीताल के एक छात्रावास में—रहती थी, तो उसे व्यस्त रखने और दिल्ली के जीवन का आदी करवाने के लिए, मैंने उसे फ्रांसीसी की कक्षाओं में और साथ ही एक सिलाई-कटाई की कक्षा में भर्ती कराने का निर्णय लिया। मेरी माँ ने हमें थोड़ी प्रारंभिक सिलाई सिखाई थी जो मुझे कपड़े सुधारने में उपयोगी पड़ती थी और इससे दर्जियों पर मेरी निर्भरता कम हो गई थी। तो, हुमा ने उन छह महीनों का उपयोग लाभकारी ढंग से किया और

बस से आना-जाना सीख लिया। हमने अपनी बेटियों को चालक द्वारा चलाई जानेवाली कार का इस्तेमाल करने से हतोत्साहित किया, वह एक विशेषाधिकार था जो अपने संगठन के प्रमुख होने के कारण उस समय मेरे पति के पास था। हमारे तरीकों से, हमने अपनी बेटियों को भारत के जीवन की वास्तविकताओं के बारे में अवगत कराने का प्रयत्न किया ताकि वे उच्च-वर्ग की दंभी न बन जाएँ।

किरण और निक्की निजामुद्दीन के एक शिशु स्कूल में गयीं और बाद में मातेर देई स्कूल में जो हमारे घर के सबसे पास था। इदराक इस बात के इच्छुक थे कि लड़कियां एक ईसाई स्कूल में जाएँ और उन दिनों, ईसाई स्कूल संपूर्ण शिक्षा भी प्रदान करते थे। हालाँकि बाद में, मातेर देई में एक अजीब, अनुचित अनुभव के बाद हमने किरण को सरदार पटेल स्कूल में दाखिल करा दिया। हम अक्सर अपने बच्चों से दूसरों की मदद करने के महत्व के बारे में बात करते थे। हमने उन्हें यह भी बताया था कि पाप दो तरह के होते हैं: कृत्य के पाप (जब कोई जानबूझकर ग़लत करता है) और अकृत के पाप (जब कोई मदद मांगने वाले से मुंह फिर लेता है)। एक दिन, जब निक्की स्कूल में बस से उतरी, तो उसने पाया कि उसकी पक्की सहेली अंदर नहीं गई क्योंकि वह बीमार महसूस कर रही थी। उसके माता-पिता दोनों ही नौकरी करते थे और सुबह जल्दी घर से निकल जाते थे। तो, वह वापस घर भी नहीं जा सकती थी क्योंकि उसके माता-पिता वहां नहीं होंगे। निक्की ने उसे हमारे घर लाने का निर्णय लिया जहाँ मेरे पति उसे चिकित्सक के पास ले जा सकते थे। लेकिन उसने स्कूल की प्रधानाध्यापिका से अनुमति नहीं ली। यह एक गलती थी। किसी लड़की ने निक्की और उसकी सहेली को एक ऑटो रिक्शा में बैठते हुए और स्कूल से जाते हुए देखा। प्रधानाध्यापिका को यह संदेह हुआ कि वे शायद मज़ा करने के लिए स्कूल से भाग गई हैं। अगली सुबह, उन्होंने निक्की को बुलाया और उसे निलंबित करके उसे गंभीर रूप से दंडित किया। निक्की बहुत परेशान हालत में घर आई, इसीलिए मेरे पति ने प्रधानाध्यापिका को एक पत्र भेजा, और उसमें उन परिस्थितियों का ज़िक्र किया जिनके तहत निक्की अपनी सहेली को हमारे घर लेकर आई थी और निक्की की तरफ से उनसे माफ़ी भी मांगी। लेकिन उस प्रधानाध्यापिका ने मेरे पति की माफ़ी स्वीकार करने से मना कर दिया और कहा कि वह उसके पिता पर विश्वास नहीं करती क्योंकि वे एक बुरे व्यक्ति हैं क्योंकि उन्होंने एक तलाक़शुदा महिला से विवाह किया है और वह निक्की का निलंबन आदेश वापस नहीं लेंगी। हम उस नन के व्यवहार से एकदम चौंक गए और इदराक ने बिशप (धर्माध्यक्ष) से शिकायत करने का निर्णय लिया लेकिन पता चला कि बिशप इसमें हस्तक्षेप करने के लिए तैयार नहीं हैं।

उन दिनों, बच्चे का दाखिला एक अच्छे स्कूल में कराना बहुत ही मुश्किल था। फिर हम अपनी एक मित्र के पास गए जो सेंट थॉमस स्कूल की प्रधानाध्यापिका थी। हमें यह देखकर बहुत निराशा हुई कि वह भी निक्की को दाखिला देने के लिए इच्छुक नहीं थी। हम किसी भी हालत में, अपनी किसी भी बेटी को एक ऐसे स्कूल में आगे पढ़ाना नहीं चाहते थे जिसका सामाजिक आचरण इतना पिछड़ा हुआ हो। आख़िरकार, मैंने जेएमसी की अपनी प्रधानाध्यापिका से बात की—वे उसी क्रम की एक वरिष्ठ नन थीं जो व्यापक विचारधारा की थीं और मुझे पसंद करती थीं—और उन्हें हस्तक्षेप करने के लिए कहा। वे मातेर देई की प्रधानाध्यापिका की कार्यवाही

से बहुत खफ़ा थीं और वे निलंबन आदेश को हटवाने और निक्की को वहीं पढ़ने की अनुमति दिलवाने में कामयाब हो गयीं। 1970 के दशक में, ऐसे सामाजिक रूप से पिछड़े हुए व्यवहार भारत की शिक्षण संस्थाओं में भी प्रचलित थे। तथापि, हमने किरण को मातेर देई से निकालकर उसका दाखिला सरदार पटेल स्कूल में करवा दिया। हमने निक्की को भी मातेर देई से निकाल लिया होता लेकिन उसे सरदार पटेल में दाखिला देने से मना कर दिया, क्योंकि दुर्भाग्यवश वह हिंदी की परीक्षा में अनुत्तीर्ण हो गई। जब मैंने इस घटना का ज़िक्र वायडब्ल्यूसीए की महासचिव इवी ख़ान से किया, तो उन्होंने मुझे बताया कि 1970 के उत्तरार्ध तक, तलाक़शुदा महिलाओं के प्रति "वाय" का रवैया भी ऐसा ही था और उन्हें किसी आधिकारिक पद पर नियुक्त करने की अनुमति नहीं थी। कोई यह विचार नहीं करता था कि तलाक़ दो व्यक्तियों के बीच होता है, एक पुरुष और एक महिला। तलाक़शुदा पुरुष को इस प्रकार के कलंक का सामना नहीं करना पड़ता था। कोई आश्चर्य नहीं है कि मैं, एक नारीवादी में तब्दील हो गई। सौभाग्यवश, तलाक़शुदा महिलाओं के प्रति इस प्रकार का रवैया अब अस्तित्व में नहीं है, कम से कम उस हद तक तो नहीं।

11

नारीवाद की जागृति

जब मैं अतीत के बारे में सोचती हूँ, तो पाती हूँ कि नारीवाद के बीज मेरे मानस में तभी बोए जा चुके थे, जब मैंने 20 वर्ष की उम्र में फ्रांसीसी लेखक, सिमन द बोवा की पुस्तक *द सेकंड सेक्स* पढ़ी थी। मुझे याद है कि मैं इससे बहुत ज़्यादा प्रभावित हुई थी, तथापि उस समय, मुझे अपनी भावनाओं को स्पष्ट करने के लिए रास्ते नहीं मिले। उसी समय, मुझे यह भी महसूस हुआ कि मेरे शायर चाचा मजाज़ भी एक नारीवादी हैं, हालाँकि उस समय "नारीवादी" शब्द भारत में अधिक प्रचलित नहीं था। उनकी कुछ कविताएँ जैसे "परदा और इस्मत" (तन्हाई और महिलाओं का सदाचार), "नौजवान खातून से" (एक युवा महिला के लिए), और "किससे मोहब्बत है" (मुझे किससे प्रेम है) ने मुझे बहुत प्रभावित किया था। 1930 के दशक में लिखी गई इन कविताओं में, चाचा मजाज़ ने समाज में एक महिला के योगदान की सराहना की और उन्हें पुरुषों के साथ चलने और काम करने का आग्रह किया, जो उस समय लगभग एक अज्ञात अवधारणा थी।

भारत में, महिलाओं की मुक्ति स्वतंत्रता आंदोलन के साथ शुरू हुई। पहली बार, वे अपने घरों से बाहर निकलीं और स्वतंत्रता आंदोलन में पुरुषों के साथ भाग लिया। महात्मा गाँधी और जवाहरलाल नेहरू जैसे नेताओं ने आंदोलन में उनके योगदान की सराहना की और प्रोत्साहन दिया। जब नव स्थापित भारत के गणराज्य के लिए संविधान तैयार किया गया, महिलाओं को इसमें अपना सही स्थान मिला और उन्हें पूर्ण भारतीय नागरिकों के रूप में समानता दी गई। भारतीय महिलाएं संवैधानिक समानता प्राप्त करके प्रसन्न हुईं और महिलाओं के रोजमर्रा के जीवन में नए अधिग्रहित अधिकारों के शून्य प्रभाव के बावजूद आज़ादी के बाद के वर्षों में एक प्रकार की आत्मतुष्टि प्रचलित हो गई।

1973 में, संयुक्त राष्ट्र ने विकासशील देशों के विकास संबंधी मुद्दों पर ध्यान केंद्रित करने का निर्णय लिया। इन देशों में विकास को बढ़ावा देने के लिए, इसने संतुलित लिंग-समानता विकास को समझने, आकलन करने और बढ़ावा देने के लिए पूरा एक साल समर्पित करने का निर्णय लिया। इस उद्देश्य के लिए, यह निर्णय लिया गया कि विकास के विभिन्न पहलुओं जैसे महिलाएं, साक्षरता, परिवार नियोजन आदि को एक-एक वर्ष समर्पित किया जाए। संयुक्त

राष्ट्र ने 1975 को महिलाओं का वर्ष घोषित किया और 1975 की गर्मियों में मेक्सिको शहर में इस विषय पर एक अंतर्राष्ट्रीय सम्मेलन का आयोजन किया गया। सम्मेलन से पहले, संयुक्त राष्ट्र ने सभी सदस्य देशों से उनके देश में महिलाओं के स्तर पर एक रिपोर्ट प्रस्तुत करने का अनुरोध किया। तब तक भारत में, महिलाओं की स्थिति पर कोई व्यापक अध्ययन नहीं हुआ था। सामान्य जनता और यहां तक कि सरकार ने भी मान लिया था कि महिलाएं ठीक हैं क्योंकि उन्हें संवैधानिक लैंगिक समानता सुनिश्चित की गई है। तथापि, संयुक्त राष्ट्र की आवश्यकता को पूरा करने के लिए, एक विस्तृत रिपोर्ट तैयार की जानी थी। रिपोर्ट तैयार करने का कार्य नवगठित भारतीय सामाजिक विज्ञान अनुसंधान परिषद (आईसीएसएसआर) को सौंपा गया। सौभाग्यवश, इस परिषद् का नेतृत्व, एक प्रसिद्ध और उच्च सम्मानित स्वतंत्रता सेनानी और धर्मनिरपेक्ष प्रत्यायकों वाले एक प्रतिष्ठित सामाजिक वैज्ञानिक, श्री जे.पी. नाईक कर रहे थे। भारत में महिलाओं की स्थिति की जांच करने और संयुक्त राष्ट्र को प्रस्तुत करने के लिए एक विस्तृत रिपोर्ट तैयार करने के लिए सात महिला सदस्यों की समिति का गठन किया गया था। समिति के सदस्यों को विभिन्न क्षेत्रों से चुना गया था और इसका नेतृत्व बंगाल की एक समर्पित सामाजिक कार्यकर्ता और उस समय की एक संसद सदस्य श्रीमती फूल रेणु गुहा कर रही थीं। डॉ वीणा मजूमदार—एक राजनीतिक वैज्ञानिक और बहुत ही गतिशील और मुखर व्यक्तित्व—को इस समिति की सचिव चुना गया था। इस समिति ने उत्कृष्ट काम किया था। इन सदस्यों ने भारत के सभी हिस्सों की यात्रा की, सभी जाति, वर्ग, धर्म और क्षेत्र के पुरुषों और महिलाओं का साक्षात्कार लिया। इसने स्वतंत्र भारत में महिलाओं की स्थिति पर सबसे व्यापक, निष्पक्ष दस्तावेज संकलित किया, जिसे 1974 में सार्वजनिक किया गया। इस रिपोर्ट ने जनता, सरकार और नीति निर्माताओं को चौंका दिया था। इसने देशभर की उन गरीब महिलाओं की दुर्दशा का पर्दाफाश किया जो प्राचीन, पारंपरिक, कठोर पितृसत्तात्मक सामाजिक संरचना में रह रही थीं। देश की राजनैतिक स्वतंत्रता और एक लोकतांत्रिक, सामाजिक रूप से न्यायपूर्ण संविधान—जो लिंग समानता को सुनिश्चित करता था—ने भारत में महिलाओं की स्थिति पर कोई महत्वपूर्ण प्रभाव नहीं डाला था। वे सभी महत्वपूर्ण विकास संकेतकों जैसे शिक्षा, स्वास्थ्य और रोजगार में पुरुषों से पीछे रह गई थीं। भारत की आजादी के बाद की पहली जनगणना दर्शाती थी कि भारत में पुरुष-महिला अनुपात आज़ादी-पूर्व दशक से भी नीचे गिर गया था। इससे स्वतंत्र भारत में महिलाओं के स्थान पर गंभीर पुनर्विचार किया गया।

इस रिपोर्ट के छपने के बाद, महिलाओं के मुद्दों पर सम्मेलन और कार्यशालाओं का आयोजन किया जाने लगा। अख़बार और पत्रिकाएँ भी महिलाओं की चिंताओं पर प्रकाश डालने लगे। *सेमिनार* नामक पत्रिका ने एक पूरा अंक भारत में महिलाओं की स्थिति को समर्पित कर दिया और मुझे अग्रलेख लिखने का अनुरोध किया। मुझे अभी भी कुतूहल है कि मेरा चुनाव कैसे किया गया। तथापि, इसने मुझे महिलाओं की दुर्दशा और समाज में उनकी स्थिति के बारे में गंभीरता से सोचने के लिए विवश कर दिया। तब तक, मैं केवल एक गुस्सैल युवती थी, जो खुद की और मेरे देश की अन्य महिलाओं की दुर्दशा पर नाराज़ थी। इस प्रस्ताव ने मुझे इस सबसे प्रचलित सामाजिक अस्वस्थता में गहराई तक देखने के लिए प्रेरित किया। मुझे याद है

कि मैंने एक पूर्वपक्ष बनाया कि लिंग-अन्याय मूलतः इसी तथ्य से खुद को व्यक्त करता है कि एक तरफ तो समाज महिलाओं के ऊपर एक निश्चित भूमिका मढ़ देता है और दूसरी तरफ, उस भूमिका को शून्य मूल्य देता है। इसीलिए, महिलाओं को परिवार और समाज की संपत्ति के बजाय सामाजिक दायित्व के रूप में देखा जाता है। प्रजनन और उत्पादन की उनकी दोनों ही भूमिकाओं को कोई मूल्य नहीं दिया गया था। यह मुद्दा किसी तरह काम कर गया। सेमिनार का परिसंचरण राष्ट्रव्यापी था, खासकर शिक्षित लोगों के बीच, और मेरा नाम शिक्षित अभिजात वर्गों में परिचित हो गया। मैरी हैनी नामक एक यूएस राजनयिक की पत्नी थी, जो अपने देश के नारीवादी आंदोलन से परिचित थी और दिल्ली में महिलाओं पर होने वाली विभिन्न संगोष्ठियों आदि में भाग लेती थी। मैरी और मेरे तार जुड़ गए और हम मित्रवत हो गए।

1975 में, मैं अभी भी जेएमसी में तदर्थ आधार पर व्याख्याता के पद पर काम कर रही थी। जैसा कि मैंने पहले बताया, समाजशास्त्र के तत्कालीन विभागाध्यक्ष—प्राध्यापक श्रीनिवास—जिनका मत निर्णायक था, मेरी नियुक्ति नहीं होने दे रहे थे।

1975 का जून महीना था। मैं अस्थाई व्याख्याता के तौर पर महाविद्यालय के पुस्तकालय में पसीना बहाते हुए पुस्तकालय के सामान की जांच में मदद कर रही थी, कि तभी महाविद्यालय के चपरासी ने मुझे एक बड़ा सा लिफाफा दिया जो संयुक्त राज्य अमेरिका की सरकार के राज्य विभाग, वाशिंगटन डी.सी. से मेरे नाम पर आया था। मैंने उसे खोलने के पहले दो बार देखा। मुझे यह समझ में नहीं आ रहा था कि यूएसए की सरकार मुझसे बातचीत क्यों करना चाहेगी। न तो मैं कभी यूएस गई थी और न ही मैं अपनी नई परिचित के अलावा किसी और अमरीकी को जानती थी। लिफाफे की सामग्री ने मुझे और भी अचंभित किया क्योंकि इसमें 21 देशों की 21 अन्य चुनिंदा महिलाओं के साथ, संयुक्त राज्य में एक यात्रा संगोष्ठी में भाग लेने का निमंत्रण था। वाह, क्या अवसर था! मैं स्तब्ध थी। मेरे मन में यह बात दर्ज होने में थोड़ा समय लगा। तो, मैंने तुरंत मेरी अमरीकी सहेली मैरी हैनी को फ़ोन किया, वह दिल्ली में मेरी जान-पहचान की इकलौती अमरीकी थी। मैंने उसे निमंत्रण के बारे में बताया और वह चिल्ला पड़ी, "हे भगवान्, यह एक गलती है। तुम्हें यह नहीं मिलना चाहिए था।" मैंने उत्तर दिया, "क्यों नहीं, इस पर मेरा नाम लिखा है और यह सही पते पर भेजा गया है।" उसने कहा, "एक बार मेरे पास आओ और मैं तुम्हे सब कुछ समझा दूंगी।" इसीलिए मैं उसके घर गई; वह मेरे महाविद्यालय के पास में ही रहती थी। उसने मुझे बताया कि भारत सरकार और यूएसए की सरकार के बीच द्विपक्षीय समझौते के कारण, दोनों में से कोई भी सरकार किसी व्यक्ति विशेष को उसकी सरकार की पूर्व अनुमति के बगैर आधिकारिक तौर पर प्रतिनिधित्व करने के लिए आमंत्रित नहीं कर सकती। किसी व्यक्ति का नाम लेकर—इस मामले में मेरा—आधिकारिक निमंत्रण भेजकर संयुक्त राज्य अमेरिका की सरकार आधिकारिक प्रोटोकॉल के ख़िलाफ़ हो गई है। एक आधिकारिक प्रतिनिधि का नाम सुझाना गृह सरकार का विशेषाधिकार था। इस त्रुटि ने शायद भारत सरकार को नाराज़ किया हो और यह मेरे शामिल होने की अनुमति को रोक सकता है। उसने स्वीकार किया कि उसने मेरा नाम सुझाया था और इस बात पर जोर दिया था कि किसी अन्य भारतीय महिला को आमंत्रित नहीं किया जाना चाहिए क्योंकि अधिकांश महिलाओं के मुद्दों पर मेरे जितनी अभिज्ञ नहीं थी।

तथापि, मुझे उस अनुभव से अधिक फायदा हो सकता है बजाय किसी नामांकित व्यक्ति के जो केवल किसी भारतीय राजनेता या नौकरशाह का रिश्तेदार या मित्र होगा। सम्मेलन अगले हफ्ते शुरू होनेवाला था और संयुक्त राज्य अमेरिका की सरकार ने भारत सरकार की हां समझते हुए, आमंत्रण सीधे मुझे ही भेज दिया था। मैरी ने मुझे यह भी समझाया कि नौकरशाही प्रक्रिया को चार मंत्रालयों, गृह, विदेश, वित्त, और शिक्षा से मंजूरी लेने की आवश्यकता है, साथ ही उन्हें दिल्ली विश्वविद्यालय के उपकुलपति के अनुमोदन की भी आवश्यकता है, जिसे समाजशास्त्र विभाग के प्रमुख के अनुमोदन की आवश्यकता थी। इस प्रकार से, इसमें बहुत लंबा समय लग जाएगा। पहली संगोष्ठी शिक्षा के विषय पर थी और इसीलिए इसमें मेरी उपस्थिति अनिवार्य थी। इसीलिए, अब बहुत देर हो चुकी थी और यहाँ तक कि यदि अनुरोध को फिर से खोला जाए और अनुमति प्रदान कर दी जाए, तो भी लंबी नौकरशाही प्रक्रिया के पूरी होने के लिए पर्याप्त समय नहीं था। वह या यूएस दूतावास, किसी भी मामले में, हस्तक्षेप नहीं कर सकते थे क्योंकि उनके हस्तक्षेप से भारत सरकार और भी विरोधी बन सकती थी। इसलिए, एकमात्र संभावना यह थी कि मैं खुद ही सरकार की अनुमति पाने के लिए अपने संसाधनों का इस्तेमाल करूँ। लेकिन मैं सरकार में ऐसे किसी भी वज़नदार को नहीं जानती थी जो मेरी मदद कर सके। मैं कम से कम एक कोशिश किये बगैर इतने सुनहरे अवसर को कैसे जाने दे सकती थी? तो, मैंने पूछा कि क्या वह मुझे बता सकती है कि किस विभाग को निमंत्रण भेजा गया था। उसने झिझकते हुए मुझे बताया कि वह विदेश मामलों के मंत्रालय में संयुक्त सचिव के पास पड़ा हुआ है। शायद मैं, उसके नाम का उल्लेख किए बिना, उनसे मिलकर अपनी उम्मीदवारी को मंजूरी न देने के कारण के बारे में पूछ सकती हूँ। मैं घर आई और संयुक्त सचिव के कार्यालय में फ़ोन किया और हमेशा की तरह, उनके सचिव ने मुझसे मेरे अनुरोध का उद्देश्य पूछा। जब मैंने उन्हें आमंत्रण के बारे में बताया, तो उन्होंने मुझे मिलने का समय देने से मना कर दिया। मेरा उत्साह टूट गया, लेकिन मैंने उम्मीद छोड़ने से इनकार कर दिया। मेरे पति का मानना था कि इसकी कोशिश करना भी पागलपन था। मुझे सरकार के रूखेपन पर गुस्सा आया और मैं दुखी और निराश हुई। कोई रास्ता नहीं दिख रहा था जो इतने कम समय में सरकार को हिलाए।

एक दिन बाद, मुझे महिलाओं की एक पत्रिका, *फेमिना*, के संपादक के सचिव का फ़ोन आया, जो मुझसे मिलना चाहती थीं। मैं नियत समय पर, सुबह 11 बजे, दिल्ली के उनके कार्यालय में गई। वह एक एक कमरे का कार्यालय था, जिसके एक कोने में सचिव बैठी थी और दूसरे कोने में अखबार पढ़ते हुए एक मध्यम आयु के सज्जन बैठे थे। जैसे ही मैं पहुंची, सचिव ने संपादक की ओर से मुझसे माफ़ी मांगी और मुझे सूचित किया कि संपादक को अचानक से 11 बजे प्रधानमंत्री के कार्यालय में बुलवा लिया गया है, जबकि बैठक का समय दोपहर में तय किया गया था। हुआ ऐसा था कि भारत के तत्कालीन राष्ट्रपति, डॉ राधाकृष्णन का उस दिन देहांत हो गया था और सार्वजनिक छुट्टी की घोषणा कर दी गई थी, इसीलिए श्रीमती गाँधी ने संपादक के साथ अपने मिलने के समय को बदल दिया था। लेकिन अगर मैं थोड़ी देर इंतज़ार कर सकूँ, तो संपादक मुझसे मिलना चाहेंगी और *फेमिना* के लिए महिलाओं के मुद्दों पर एक लेख लिखने की संभावना पर चर्चा करना चाहेंगी। मैंने इंतज़ार करने का निर्णय लिया। कमरे

में बहुत शांति थी—एक अजीब तरह की चुप्पी थी—इसीलिए मैंने सचिव के साथ बातचीत करने की शुरुआत की। बातचीत के दौरान, मैंने उसे मुझे मिले हुए इस अद्भुत निमंत्रण के बारे में बताया और यह भी कि किस प्रकार सरकार कोई जवाब नहीं दे रही है। मैं इसका वर्णन केवल दैवी हस्तक्षेप के रूप में कर सकती हूँ। कमरे के दूसरे कोने में बैठे हुए सज्जन स्पष्ट रूप से हमारी बातचीत सुन रहे थे क्योंकि उन्होंने अचानक से बीच में हस्तक्षेप किया और कहा, "सरकार आपको अनुमति क्यों नहीं दे रही है? आप अत्यधिक योग्य हैं और इसका प्रतिनिधित्व करने के लिए एक उपयुक्त महिला होंगी। मैं आपकी मदद करता हूँ।" मैं नहीं जानती थी कि वे कौन थे। तथापि, यह पता चला कि वे एक अखबार के मालिक थे और बहुत प्रभावशाली व्यक्ति थे। आज भी मुझे नहीं पता कि वे मेरे बारे में कैसे और कितना जानते थे। लेकिन वे एक देवदूत साबित हुए। मेरी उपस्थिति में, उन्होंने विदेश मामलों के प्रधान सचिव, श्री डोंगरे को फ़ोन किया और उन्हें बताया कि वे एक ज़रीना भट्टी को भेज रहे हैं और उन्हें उसकी मदद करने की पूरी कोशिश करनी चाहिए। मुझे फ़ोन की दूसरी तरफ से बहुत ही सम्माननीय "जी सर, जी सर" सुनाई दे रहा था। फिर उन्होंने मुझे संपादक का इंतज़ार न करते हुए, अपने जीवनी वृतांत (बायोडाटा) के साथ सीधे श्री डोंगरे के पास जाने के लिए कहा। उन्होंने कहा कि वे संपादक को कह देंगे कि उन्होंने मेरा साक्षात्कार ले लिया है और अब मुझे अपने यूएसए के दौरे पर ध्यान देना चाहिए।

मैंने वैसा ही किया। जैसे ही मैं घर पहुंची, मेरी बेटी हुमा ने मुझे बताया कि श्री तेजा के दफ़्तर से फ़ोन आया था, और उन्होंने मुझे अगली सुबह 10 बजे मिलने के लिए बुलाया है। मैं विश्वास नहीं कर पाई कि यह वही श्री तेजा हैं जिन्होंने एक दिन पहले मुझसे मिलने से इंकार कर दिया था। अगले दिन, नियत समय पर, मैं श्री तेजा के कार्यालय में थी। मुझे कमरे में ले जाया गया और श्री तेजा मेरे स्वागत में खड़े हुए, मुझसे गर्मजोशी से हाथ मिलाया और मुझे बैठने के लिए कहा। फिर उन्होंने संपूर्ण परिस्थिति मुझे समझाई और निमंत्रण का जवाब न देने का कारण बताया और कहा कि एक बार जब मुझे अपने दम पर संबंधित मंत्रालयों से आवश्यक मंजूरी मिल जाएगी, तो उन्हें मुझे निमंत्रण सौंपने में बड़ी ख़ुशी होगी। यह कार्य माउंट एवरेस्ट चढ़ने जितना ही कठिन था। मुझे यह भी नहीं पता था कि कहाँ से शुरुआत करनी चाहिए लेकिन मैं एक बार कोशिश करने के लिए प्रतिबद्ध थी और यह मैंने अकेले ही किया। किस्मत से, विदेश मामलों के मंत्रालय में यह प्रक्रिया पहले ही शुरू हो चुकी थी जिन्होंने उसी दिन गृह मंत्रालय को अपनी मंजूरी दे दी थी। अंतिम स्वीकृति उनके पास से आनी थी। लेकिन मेरे आवेदन को मंजूर करने से पहले गृह मंत्रालय को शिक्षा मंत्रालय की मंजूरी की आवश्यकता थी। विदेशी मुद्रा प्राप्त करने के लिए वित्त मंत्रालय की स्वीकृति आवश्यक थी। वह आखिरी पड़ाव था और क्योंकि मेरे पति वहां के उच्च पदस्थों को जानते थे, तो वह कोई परेशानी की बात नहीं थी। वास्तविक परेशानी थी शिक्षा मंत्रालय, जिसे मेरे नियोक्ताओं के तौर पर समाजशास्त्र विभाग के अध्यक्ष और कुलपति से मंजूरी लेनी थी। मुझे पता था कि श्री शाह कभी भी मेरे आवेदन को मंजूरी नहीं देंगे। इसके बावजूद भी, मैंने हिम्मत नहीं हारी और उस वक्त के शिक्षण मंत्री, श्री नुरुल हसन से भेंट लेने की ठानी। मैं नुरुल हसन के परिवार को जानती थी क्योंकि वे लखनऊ के थे और

उनकी एक बहन ने करामात हुसैन मुस्लिम गर्ल्स कॉलेज में मुझे पढ़ाया था। हमेशा की तरह, मुझे मंत्रीजी से मिलने का समय नहीं दिया गया लेकिन मैं उनके सचिव से मिली, मेरे मामले की वकालत की, और उनसे बिनती की मुझे ख़ारिज करने से पहले कम से कम मेरा बायोडाटा तो मंत्रीजी को दिखा दें। सचिव ने मेरा बायोडाटा मंत्रीजी को दिखाया जिनका कुतूहल मेरे मुस्लिम नाम को और मेरा जन्मस्थान लखनऊ पढ़कर जाग गया। उन्होंने मेरे और मेरे परिवार के बारे में छानबीन कराई। मेरा परिवार लखनऊ में प्रसिद्ध था और उनकी बहन के प्रति मेरे संदर्भ ने उन्हें प्रभावित किया। उन्होंने खुद अंतिम निर्णय लेने से पहले मेरे आवेदन को आवश्यक मंजूरी के लिए विश्वविद्यालय में भेजने का निर्णय लिया। तो, मेरा भविष्य विश्वविद्यालय के अधिकारियों यानि प्राध्यापक शाह और कुलपति की मंजूरी पर अटका हुआ था। मैंने फिर से उम्मीद लगभग छोड़ दी थी।

लेकिन इसे भाग्य का खेल कहिए, या ईश्वर की इच्छा, या उन ग्रहों का मेल जो मेरे जीवन के क्रम का निर्धारण कर रहे थे, कुछ ऐसा हुआ कि मेरी जेएमसी में एक युवा सहकर्मी थी, किरण नंदा, जो मुझे बहुत पसंद करती थी और प्रत्यक्ष रूप से अपने पिता के सामने मेरी तारीफ़ करती रहती थी, उसने उन्हें बताया कि कैसे सरकार मुझे यूएसए जाने की अनुमति नहीं दे रही है। उसके पिताजी शिक्षण मंत्रालय में काम करते थे और दिल्ली विश्वविद्यालय के मामलों से निपटते थे। किस्मत से, मेरा आवेदन कुलपति की मंजूरी के लिए लेकर जाने का कार्य उन्हें सौंपा गया था। वे यह भी जानते थे कि प्राध्यापक शाह मेरे विरोधमें थे और मुझे डर था कि मुझे उनसे मंजूरी नहीं मिलेगी। तो, जब वे मेरा आवेदन कुलपति के पास लेकर गए और कुलपति ने उसे प्राध्यापक शाह के पास भेजने के लिए कहा क्योंकि उनकी मंजूरी के बाद ही कुलपति उसे मंजूरी दे सकते थे, तो श्री नंदा ने बीच में दखल देकर उन्हें सुझाव दिया कि कुलपति इसे आगे न भेजें क्योंकि समय बहुत कम है और विभागाध्यक्ष शहर से बाहर हैं। सौभाग्यवश, कुलपति मुझे जानते थे और उन्होंने मेरे आवेदन को खुद ही मंजूरी देना स्वीकार कर लिया। श्री नंदा उसी दिन कुलपति की मंजूरी को शिक्षण मंत्रालय में लेकर गए और यह सुनिश्चित किया कि उनकी मंजूरी गृह मंत्रालय को भेज दी जाए। विदेश मंत्रालय और शिक्षण मंत्रालय की मंजूरियों के बाद गृह मंत्रालय के पास आपत्ति उठाने का कोई कारण ही नहीं था। उन्होंने तत्काल भारत में संयुक्त राज्य अमेरिका के दूतावास को सूचित किया कि ज़रीना भट्टी को दिए गए निमंत्रण को भारत सरकार द्वारा अनुमोदित कर दिया गया है। इन सारी प्रक्रियाओं में चार दिन लगे, यानि सोमवार से गुरुवार। गुरुवार दोपहर को मुझे संयुक्त राज्य अमेरिका की सूचना एजेंसी (यूएसआईए) के मुख्य का फ़ोन आया कि मेरे लिए यूएस की यात्रा की मंजूरी मिल गई है और मैं अगली सुबह 9.30 बजे आकर उनसे मिलूं। मैं बहुत खुश थी लेकिन अगर मैं सप्ताहांत में भारत नहीं छोडती, तो मैं शिक्षा की संगोष्ठी के लिए समय पर बोस्टन नहीं पहुँच पाती। तथापि, अगली सुबह, मैं यूएसआईएस के निदेशक, श्री रोचे से मिलने पहुंची। उन्होंने सौहार्दपूर्ण रूप से मेरा स्वागत किया लेकिन कहा कि मैं असंभव वस्तु की मांग कर रही हूँ क्योंकि मेरे पास अमेरिकी वीजा और फिर वित्त मंत्रालय से विदेशी मुद्रा की मंजूरी प्राप्त करने के लिए केवल एक कामकाजी दिन है। केवल तभी, वे संयुक्त राज्य अमेरिका की मेरी यात्रा को मंजूरी देंगे। अमेरिकी दूतावास

केवल 11 बजे तक वीज़ा के फॉर्म जारी करता था और शाम को 4 बजे वीजा दिए जाते थे। उस दिन शुक्रवार था और 10 बज चुके थे। यह कैसे संभव था कि मैं दूतावास में जाऊं, फॉर्म लूँ, उसे भरूं, यहाँ मंजूरी के लिए लाऊं, और फिर 11 बजे तक दूतावास में जमा करूँ? मैं देख सकती थी कि स्थिति निराशाजनक थी। मुझे अगली सुबह के विमान पर एक सीट भी लेनी थी। बड़े से बड़े आशावादी भी इस स्थिति पर हंसते और हिम्मत हार बैठते। लेकिन मेरे लिए, खेल अभी खत्म नहीं हुआ था। यूएसआईएस के निदेशक के निजी सचिव, कमरे में हमारे वार्तालाप को सुन रहे थे। वे एकाएक बीच में बोल पड़े कि वे हमेशा अपने पास कुछ वीजा के फॉर्म रखते हैं, तो वे एक मुझे दे सकते हैं जो मैं वहीं भरकर निदेशक के हस्ताक्षर और उनकी मंजूरी ले सकती हूँ और वे—निजी सचिव—तुरंत ही उस आवेदन को मेरे वैध पासपोर्ट के साथ दूतावास में जमा करा सकते हैं। यह बहुत ही अद्भुत था क्योंकि मैं उन्हें बिल्कुल जानती नहीं थी और उन्होंने खुद आकर इतनी बड़ी मदद की पेशकश रखी। उन्होंने यह भी कहा कि वे तुरंत ही मेरे लिए पैन ऍम की अगली सुबह की उड़ान में जगह आरक्षित करा देते हैं, जो उन्होंने वहीं के वहीं किया भी। मैंने विदेशी मुद्रा को छोड़ने का फैसला किया क्योंकि यूएस में मेरे दोस्त थे, जिनसे मैं डॉलर उधार ले सकती थी। श्री रोचे भी बहुत सहयोगात्मक थे लेकिन मुझे आज भी उनकी टिप्पणी याद है, "श्रीमती भट्टी, अगर आप कल सुबह की पैन ऍम की उड़ान में बैठ जाती हैं, तो यह एक चमत्कार ही होगा।" वह चमत्कार हुआ। मैं जुलाई 1975 के उस निर्णायक शनिवार को उस पैन ऍम की उड़ान में बैठी जिसने मेरा जीवन बदल दिया।

संयुक्त राज्य अमेरिका की मेरी प्रथम यात्रा

यह यूएस की मेरी पहली यात्रा थी। मेरे उत्साह की कोई सीमा नहीं थी। मेरे परिवार को विश्वास ही नहीं हो रहा था कि यह हो रहा है। मैंने जल्दी से अपना सामान बाँधा, और अपनी कांजीवरम साड़ियों को दिखाने का निर्णय लिया क्योंकि उस वक्त मेरे पास थोड़ी ही बची थीं। मैं रात को सोने से पहले अपने सूटकेस को पलंग के नीचे धकेला; मुझे अभी भी यकीन नहीं हो रहा था कि मैं यूएसए जा रही थी और डर रही थी कि मेरा सूटकेस चोरी हो सकता है या कोई और अप्रत्याशित अड़चन आ सकती है। हालाँकि कुछ भी दुर्भाग्यपूर्ण नहीं हुआ और मैं निर्धारित समय पर विमान में बैठ गई लेकिन पास में कुछ भी अमरीकी मुद्रा न होने के कारण मैं थोड़ा-सा घबराई हुई थी। यहाँ फिर से मेरी किस्मत अच्छी थी और मुझे फैबइंडिया के श्री और श्रीमती जॉन बिसेल विमान पर मिल गए। मैं दिल्ली से उन्हें जानती थी और मैंने उन्हें बताया कि मैं क्यों और कैसे स्टेट्स जा रही हूँ। मैंने उन्हें यह भी बताया कि बिना कोई डॉलर लिए यात्रा कर रही हूँ, क्योंकि मुझे उम्मीद है कि न्यूयॉर्क पहुंचने पर मुझे अपने मित्रों से कुछ डॉलर मिल जाएंगे। न्यूयॉर्क हवाईअड्डे पर अकेले पहुंचने के बारे में भी मैं बहुत घबराई हुई थी। मुझे सूचित किया गया था कि यूएस के विदेश विभाग से कोई मुझसे मिलेगा और मुझे होटल में पहुंचाकर अगली सुबह बोस्टन की यात्रा का टिकट भी देगा। श्री और श्रीमती बिसेल को लगा कि मेरे पास किसी

भी परिस्थिति के लिए कुछ डॉलर होने चाहिए और उन्होंने बड़ी ही दयालुता से मुझे 100 अमरीकी डॉलर दिए जो मैं दिल्ली वापस लौटने पर लौटा सकती थी। मैं कुछ हद तक आश्वस्त हुई। मैं हवाईअड्डे पर मुझे लेने आए व्यक्ति से मिलने में कामयाब हो गई जो मुझे एक होटल में ले गया। होटल पहुँचने के बाद, मैंने न्यूयॉर्क में मेरे भाई के एक क़रीबी मित्र, सईद को फ़ोन किया। सईद थोड़ा खाना और कुछ और डॉलर लेकर आया। तो, मैं अगली सुबह बोस्टन जाने और सबसे रोमांचक और बेसब्री से प्रतीक्षित संगोष्ठी में भाग लेने के लिए पूरी तरह से तैयार थी। इस प्रकार, नारीवाद में मेरा सफ़र शुरू हुआ।

बाकी के समूह को उनके निर्देश वाशिंगटन में दिए जा चुके थे और वे पहले ही बोस्टन पहुँच चुके थे। यह सही में एक अंतर्राष्ट्रीय समूह था, जिसमें एशिया, यूरोप, और अफ्रीका से महिलाएं आयीं थीं और साथ ही कुवैत से भी एक युवती थी। हमें मुफ्त भोजन, आवास और परिवहन के संदर्भ में उदार आतिथ्य प्रदान किया गया। और साथ ही, हमें जेबखर्च के तौर पर कुछ डॉलर भी दिए गए और कहा गया कि हम काम से थोड़ा विराम लेने के लिए अपनी पसंद के किसी भी शहर में जाकर अपने मित्र या रिश्तेदार से मिल सकते थे। मैंने डेज नामक अमरीकी परिवार, जो कि एक क़रीबी मित्र थे, के यहाँ जाने के लिए ईस्ट लांसिंग का चुनाव किया। बड और गेन कुछ सालों के लिए भारत में रह चुके थे और हमसे उनकी काफी मित्रता थी। यह उनके आतिथ्य का आनंद लेने का एक बढ़िया अवसर था। हर शहर में, हमने संगोष्ठियाँ आयोजित कीं और विभिन्न क्षेत्रों से प्रख्यात नारीवादियों से मिले। इससे हमें अमेरिका में और साथ ही उन देशों में भी महिलाओं की स्थिति के बारे में जानकारी मिली जिनका हमारे समूह में प्रतिनिधित्व किया गया था।

हम जिन शहरों में गए, उनमें से मुझे सैन फ्रांसिस्को सबसे ज्यादा पसंद आया। संयुक्त राज्य अमेरिका में कई अन्य शहरों का दौरा करने के बाद भी मैं इसे शीर्ष पर रखती हूँ। उस समय जो अन्य शहर मुझे पसंद आया, वह था डेनवर। डेनवर में ही भाग्य ने मेरी पीठ थपथपाई और फिर से मेरे लिए एक अन्य अवसर का द्वार खोला। एक सुबह, हम बाहर नाश्ता कर रहे थे। वह एक गर्म सुबह थी और मैं पृष्ठभूमि के पर्वतों को देखते हुए, अपने नाश्ते का आनंद उठा रही थी, तभी हमारी एक अमरीकी मार्गरक्षी ने कहा, "सुनो ज़रीना, मुझे अभी ऐसा विचार आया है कि तुम्हे अगले हफ्ते मेक्सिको में होने वाली महिलाओं की संगोष्ठी में जाना चाहिए। वहां विकासशील देशों से बहुत ही कम महिलाएं होंगी। तुम पहले से ही यहाँ हो और अगर तुम्हे वहां भेजा जाए तो प्रायोजकों को बहुत कम खर्चा पड़ेगा।" लेकिन मुझे प्रायोजित कौन करेगा? मुझे कुछ भी पता नहीं था। उसने मुझे सलाह दी कि मैं संयुक्त राष्ट्र की गैर सरकारी संस्था की जनसभा (एनजीओ फोरम) को खुद को प्रायोजित करने का अनुरोध भेजूं, क्योंकि उन्हें डर था कि गैर सरकारी संस्था की जनसभा (एनजीओ फोरम) केवल अमरीकियों से ही भरी पड़ी होगी। उसने मुझे यह भी बताया कि अनुरोध किसे भेजूं और उस व्यक्ति का पता भी दिया। मुझे अच्छे से याद है कि मैंने उसी वक्त, एक पत्र लिखा जिसमें मैंने अनुरोध किया कि मुझे गैर सरकारी संस्था की जनसभा (एनजीओ फोरम) द्वारा प्रायोजित और वित्त पोषित किया जाए और डेनवर से ही उसे डाक में भेज दिया। हम अपने दूसरे गंतव्यों पर चले गए और मैं उसके बारे में लगभग भूल ही गई।

मेक्सिको सम्मेलन में मेरी भागीदारी

हमारी यात्राओं की समाप्ति के बाद, हम अमेरिका छोड़ने से पहले वापस रिपोर्ट करने के लिए वाशिंगटन गए। वहां, मुझे एक और आश्चर्य मिला। मुझे संयुक्त राष्ट्र की गैर सरकारी संस्था की जनसभा (एनजीओ फोरम) से आया एक बड़ा सा लिफाफा दिया गया, जिसपर मेरा नाम लिखा था। इसमें मैक्सिको सम्मेलन में गैर सरकारी संस्था की जनसभा (एनजीओ फोरम) में भाग लेने का एक निमंत्रण था, यह पूरा संयुक्त राष्ट्र द्वारा प्रायोजित था। इसमें मेरा हवाई टिकट और होटल के वाउचर आदि थे। क्या किस्मत थी! मैं ख़ुशी से फूली नहीं समाई। तो, घर लौटने की बजाय, मैं अगली सुबह मेक्सिको के लिए निकल पड़ी। मैंने दिल्ली में अपने परिवार को सूचित किया, जो मेरे लिए उतने ही खुश थे। मैं अपनी दोनों छोटी बेटियों, किरण और निक्की, के लिए चिंतित थी जिन्हें मेरे बिना और दो हफ़्तों के लिए रहना पड़ेगा। लेकिन हुमा अब बड़ी हो गई थी और अपनी दोनों छोटी बहनों का ध्यान रखती थी। मेरे पति ने मुझे सुनिश्चित किया कि मैं चिंता न करूँ; वह उनका ख्याल रखेगा।

जैसा कि पता चला, में गैर सरकारी संस्था की जनसभा (एनजीओ फोरम) में केवल तीन अन्य भारतीय महिलाएं थीं। एक का नाम सुधा था, जो न्यूयॉर्क में रहती थी, वह नई दिल्ली के अखिल भारतीय महिला सम्मेलन का प्रतिनिधित्व कर रही थी; जसलीन धमीजा तेहरान से आई थी जहाँ पर वह संयुक्त राष्ट्र के एक काम पर थी; और देवकी जैन नई दिल्ली में महिलाओं पर एक शोध संस्थान का नेतृत्व कर रही थी। अजीब बात यह थी कि आधिकारिक भारतीय प्रतिनिधिमंडल की अध्यक्षता एक सज्जन और दो महिलाएं कर रही थीं; पत्रकार रामी छाबड़ा उनमें से एक थी।

वहां मैं पूरी दुनियाभर से आई हजारों महिलाओं में से एक थी। अमेरिका के दौरे और फिर मेक्सिको में महिलाओं पर अंतर्राष्ट्रीय सम्मेलन में भाग लेने के अद्भुत अवसर ने मेरे जीवन को एक पूर्णतः अलग दिशा दे दी और अवसर मेरी झोली में गिरने लगे। क्योंकि देवकी जैन और मैं, केवल हम दोनों महिलाएं ही ऐसी थीं जो सीधे भारत से गई थीं और मेक्सिको सम्मेलन की गैर सरकारी संस्था की जनसभा (एनजीओ फोरम) में भाग लिया था, हमारे लौटने पर बैठकों और संगोष्ठियों को संबोधित करने और सम्मेलन के बारे में बात करने के लिए हमारी बहुत मांग होने लगी। देवकी ज़्यादातर बैंगलोर में रहती थी, इसीलिए दिल्ली में यह खुशनुमा बोझ मेरे ऊपर आ पड़ा। इन अवसरों ने मुझे एक "नारीवादी" में तब्दील कर दिया।

12

यूएसएआईडी में शामिल होना

लगभग उसी समय, मेक्सिको सम्मेलन से प्रभावित होकर, अंतर्राष्ट्रीय संस्थाओं ने विशेष रूप से विकासशील देशों में, महिलाओं के विकास पर लक्ष्य केंद्रित करने का निर्णय लिया। 1974 में, अमरीकी सरकार ने पर्सी संशोधन नामक एक क़ानून लागू किया, जिसके अनुसार, सभी अंतर्राष्ट्रीय विकास के लिए संयुक्त राज्य संस्था (यूएसएआईडी –United States Agency for International Development) के विदेशी मिशनों को अपने अभियानों में एक लिंग विशेषज्ञ नियुक्त करने की आवश्यकता थी। दिल्ली का यूएसएआईडी मिशन इस पद को भरने के लिए उपयुक्त व्यक्ति की तलाश करने लगा। उस वक्त, उस पद का नाम "महिला विकास/सामाजिक विश्लेषक।" एलएसई से समाजशास्त्र पढ़े हुए होने और मेक्सिको सम्मेलन में भाग लिए होने के कारण, और साथ ही अमेरिका की परिचर्चा संगोष्ठी के माध्यम से नारीवादी आंदोलन में मेरे प्रदर्शन के कारण, मैं एक नए निर्माण किए गए पद के लिए विशेष रूप से योग्य थी, तो मुझे इस पद पर नियुक्त कर लिया गया। हालाँकि यह पद मेरे पास सीधे नहीं बल्कि एक छोटे नाटक के बाद आया।

1970 के दशक के मध्य में, भारत में तेजी से घट रहे जंगलों के बारे में जागरूकता पैदा हुई और सामाजिक वानिकी की अवधारणा उभरी। अंतर्राष्ट्रीय संस्थाओं ने इसका अंधानुकरण करने का निर्णय लिया, तो यूएसएआईडी ने भारत में सामाजिक वानिकी पर एक परियोजना शुरू करने का फैसला किया और इस उद्देश्य के लिए बड़ी मात्रा में धन आवंटित किया। पर्सी संशोधन के अनुसार, हर परियोजना में एक "महिला विकास" विशेषज्ञ होनी चाहिए थी। सामाजिक वानिकी परियोजना के प्रभारी अधिकारी, श्री पीटर ब्लूम ने मध्यप्रदेश (मप्र) राज्य में काम करनेवाली इस परियोजना के दल पर इस क्षमता में काम करने के लिए एक उपयुक्त महिला की तलाश करना शुरू कर दिया। हुआ ऐसा कि श्री ब्लूम की पत्नी, ग्रेचेन, अपने स्नातकोत्तर के लिए जवाहरलाल नेहरू विश्वविद्यालय (जेएनयू) में पढ़ रही थी, और उसका परिचय मेरी बेटी हुमा से हुआ, जो उस वक्त जेएनयू में ही पढ़ रही थी। ग्रेचेन ने मेरी बेटी से सामाजिक वानिकी परियोजना के लिए एक उपयुक्त महिला को खोजने के लिए अपने पति की चिंता का ज़िक्र

किया। मेरी बेटी ने एक संभावना के रूप में मेरा सुझाव दिया। ग्रेचेन ने कुछ संगोष्ठियों में और मेक्सिको सम्मेलन में मुझे महिलाओं के मुद्दों पर बोलते हुए सुना था। वह इस सुझाव पर उछल पड़ी और अपने पति को मेरे बारे में सूचित किया। एक सुबह, मुझे यूएसएआईडी से श्री ब्लूम का फ़ोन आया कि वे मुझसे मिलना चाहते हैं। हुमा ग्रेचेन के साथ अपनी बातचीत के बारे में मुझे बताना भूल गई थी, तो यह मेरे लिए एक सुखद आश्चर्य था। मैं श्री ब्लूम से मिलने गई, जिन्होंने मुझे आगामी परियोजना के बारे में बताया और मेरा बायोडाटा देखने के बाद, मुझे प्रस्ताव दिया कि मैं सामाजिक वानिकी के उनके दल में महिला विकास विशेषज्ञ के रूप में शामिल होऊं। वह दल आनेवाले हफ्ते से मध्यप्रदेश में यात्रा शुरू करनेवाला था, लेकिन मुझे अगर संभव हो तो, अगले दिन से ही काम पर आना था। मैंने ख़ुशी-ख़ुशी उनका प्रस्ताव स्वीकार कर लिया लेकिन हिचकिचाते हुए उन्हें बताया कि मैं सामाजिक वानिकी के बारे में ज्यादा नहीं जानती हूँ (दरअसल, मैं कुछ भी नहीं जानती थी)। उन्होंने हंसते हुए कहा कि बहुत से लोग इस बारे में नहीं जानते हैं क्योंकि यह एक नई अवधारणा है जहाँ, वानिकी का प्रोत्साहन लोगों की भागीदारी के द्वारा होगा और मैं एक समाजशास्त्री होने के नाते, इसे संभाल पाऊँगी। उन्होंने दयालुता से मुझे सामाजिक वानिकी की अवधारणा पर थोडा साहित्य दिया ताकि मैं क्षेत्र में जाने से पहले उसे पढ़ लूँ। तो यहाँ मुझे, संयुक्त राज्य की सरकार ने छह हफ़्तों के लिए नियुक्त कर लिया, और मैं सामाजिक वानिकी पर अमरीकी विशेषज्ञों के साथ काम करने लगी। पहले के अमेरिका और मेक्सिको की यात्राओं के अवसरों की ही तरह, यह अवसर भी मेरी झोली में बिना किसी प्रयत्न के आ गिरा। मैं अपनी किस्मत की तुलना उस समय से करने से रोक नहीं पाती जब मैं भारत लौटने के अपने शुरुआती दिनों के बाद, नौकरी ढूँढने के लिए एक जगह से दूसरी जगह घूमती रहती थी और मुझे कोई सफलता नहीं मिलती थी। भारतीय लोग ज्योतिष में और किसी व्यक्ति के जीवन पर कुछ विशिष्ट ग्रहों के प्रभाव पर विश्वास रखते हैं। मैं इस दर्शन की दृढ़ समर्थक होने का दावा तो नहीं कर सकती, लेकिन ऐसा लगता था कि मेरे ग्रह अनुकूल हैं। मुझे यह भी पता चल गया कि जबसे मैं अपने पहले पति से अलग हुई, मेरी किस्मत बदलना शुरू हो गई। हयात के साथ विवाह के उन 12 वर्षों में, मुझे बहुत संघर्ष करना पड़ता था, जबकि मेरे हाथ लंदन विश्वविद्यालय की उन दो पदवियों, जो बाद में मेरी सबसे बड़ी संपत्ति साबित हुई, के अलावा कुछ भी नहीं पड़ा था। कल्पना कीजिए, कि किस प्रकार पहले, लंदन विश्वविद्यालय की दो पदवियां होने के बावजूद भी, मुझे दिल्ली विश्वविद्यालय में एक व्याख्याता का पद भी नहीं मिल पा रहा था।

सामाजिक वानिकी में मेरा पहला प्रयत्न

सामाजिक वानिकी परियोजना पर काम करने की पेशकश ने मेरे लिए अन्य पेशेवर अवसरों को जन्म दिया और मुझे पता चला कि भाग्य एक बार फिर से मुझ पर मुस्कुरा रहा था। तथापि, मेरा पहला कार्य था सामाजिक वानिकी के बारे में सीखना। मैं वानिकी के बारे में पूरी तरह से

अनजान थी, मुझे वृक्षों की, उनकी किस्मों की, या विभिन्न वृक्षों की उपयोगिता के बारे में कोई जानकारी नहीं थी। मैं ईश्वर को धन्यवाद देती हूँ कि उसने मुझे त्वरित सीखने की ताकत बहाल की है और मैंने कार्यक्षेत्र में जाने के पहले जितना हो सके उतना एक हफ्ते में जल्दी से जल्दी सीख लिया। मेरा कार्य यह देखना था कि महिलाएं पुनर्वनरोपण की प्रक्रिया में पूरी तरह से भाग लें और उससे लाभान्वित भी हों। अपने संबंधित क्षेत्रों में उच्च अर्हताप्राप्त विशेषज्ञों के साथ कार्यक्षेत्र में बिताए उन छह हफ्तोंने मुझे बहुत कुछ सिखाया। प्रतिनिधिमंडल के नेता, हार्वर्ड के एक प्रोफेसर, मेरे प्रति बहुत ही दयालु, समझदार और सहायक थे, और दल के सदस्य भी वैसे ही थे। वे न केवल सराहनात्मक थे, बल्कि एक मध्यम आयुवर्ग की मुस्लिम महिला (मैं उस समय 43 साल की थी) के साथ काम करने का उन्हें कुतूहल भी था। दरअसल, उस मिशन ने अब तक किसी भी भारतीय को अधिकारी स्तर पर नियुक्त नहीं किया था। मिशन के सभी अधिकारी और विशेषज्ञ अमरीकी थे। कुछ भारतीयों को आगे जाकर अधिकारी के पद पर पदोन्नत किया गया जिन्होंने शुरुआत टाइपिस्ट और वफ़ादार सचिव के रूप में की थी और वे उच्च शैक्षणिक योग्यता न होने के कारण पीछे ही रहते थे। साथ ही वे "गोरे" मालिकों से कुछ ज्यादा ही प्रभावित थे और उन्हें खुश करने के लिए बिछे जाते थे। मुझे उस माहौल में काम करना था और अपनी गरिमा को बनाए रखना था। मैं यह ज़रूर स्वीकार करती हूँ कि मेरे अधिकांश सहकर्मी, विशेषकर अमरीकी, सहयोगात्मक थे और सभ्य व्यवहार करते थे। यह एक तथ्य है कि मेरे पति, जो उस समय दिल्ली में एक प्रतिष्ठित आर्थिक अनुसंधान संस्थान (राष्ट्रीय अनुप्रयुक्त आर्थिक अनुसंधान संस्थान - एनसीएईआर) का नेतृत्व कर रहे थे और एक जाने-माने अर्थशास्त्री थे, ने भी मुझे एक सम्मानजनक, योग्य, और सक्षम अधिकारी के रूप में स्थापित होने में मदद की।

इस परियोजना पर काम करने का मेरा पहला अनुभव अत्यधिक जानकारीपूर्ण, दिलचस्प, और प्राणपोषक था। इसने मुझे वानिकी से संबंधित अधिकारियों—नौकरशाही के स्तर यानि वन एवं पर्यावरण सचिव से लेकर पंचायत स्तर—से बातचीत करने का अवसर प्रदान किया। मैंने अपने देश के विकास के मुद्दों, विशेष रूप से लोगों केजीवन में जंगलों के महत्व और एक महत्वपूर्ण राष्ट्रीय विकास संसाधन के रूप में उनके महत्व के बारे में सीखना शुरू किया। यह सब मेरे लिए नई शिक्षा थी। हमने मध्यप्रदेश के सभी जंगलों की यात्रा की, जंगल के अतिथि गृहों में रहे, स्थानीय लोगों से बातचीत की, और अधिकारियों के साथ मुद्दों पर चर्चा की। भारत सरकार के सामाजिक वानिकी अधिकारी हमेशा हमारे साथ यात्रा करते थे और भव्य आतिथ्य प्रदान करते थे। हालाँकि इस बात में कोई संदेह नहीं है कि भारतीय समाज में आतिथ्य एक सकारात्मक सांस्कृतिक कारक है और मैं इसे संरक्षित करने के पूरी तरह से पक्ष में हूँ, लेकिन हमारी जंगलों की यात्रा के दौरान मैंने जिस भव्य आतिथ्य का अनुभव लिया वह पूरी तरह से अनावश्यक था और सार्वजनिक धन की बर्बादी थी।

हमारा पहला पड़ाव ग्वालियर में था। जब हम सुबह नाश्ते के लिए गए, तो परोसे गए व्यंजन देखकर मेरे आश्चर्य के कोई सीमा नहीं रही। वहां जितने लोग थे उनकी दोगुनी संख्या में आधे तले हुए अंडे थे और उतने ही उबले अंडे और ऑमलेट थे। वहां दलिया और कॉर्नफ़्लेक्स

था, टोस्ट का ढेर था, दर्ज़नों परांठे, सब्ज़ी, चाय और कॉफ़ी, और विविध प्रकार के फल थे। आतिथ्य की यही शैली हमारी पूरी यात्रा के दौरान जारी रही। दोपहर और रात का भोजन भव्य शैली में परोसा जाता था, जिसमें दोपहर के भोजन के साथ बियर और रात के भोजन के दौरान आयातित स्कॉच परोसी जाती थी। अमरीकी शराब के शौक़ीन नहीं थे और दोपहर के भोजन में बियर लेने से बचते थे क्योंकि उनका कहना था इससे उन्हें नींद आती थी। हालाँकि हमारे भारतीय समकक्ष भोजन और शराब का पूरा आनंद उठाते थे। लगभग सभी भारतीय वन अधिकारियों की विशाल तोंद थी। मैंने देखा कि उन्होंने एक अतिरंजित सामंती जीवनशैली विकसित कर ली थी। मैंने गौर किया कि अहाते में खड़ी की गई जीप को भी दरवाज़े तक उनके बिल्कुल सामने लाना पड़ता था। वे उस गाड़ी में चढ़ने के लिए आवश्यक कुछ कदम भी नहीं चलते थे। वे वन अधिकारी वर्दी पहनते थे और हाथ में डंडा रखते थे; वे सेना की तरह काम करते थे, जनरलों की तरह व्यवहार करते थे और सामान्य लोगों के साथ कोई संपर्क स्थापित नहीं करते थे जबकि सामाजिक वानिकी की अवधारणा लोगों की भागीदारी पर आधारित थी और इसमें लोगों और अधिकारियों के बीच नजदीकी संपर्क होना आवश्यक था। इस पेशे का सिद्धांत था, "वानिकी वृक्षों के बारे में नहीं, बल्कि लोगों के बारे में है।" यह व्यवहार वन अधिकारियों के प्रशिक्षण और लोकाचार के बिल्कुल विरुद्ध था। परिणामस्वरूप, नियमित वन अधिकारी सामाजिक वानिकी विभाग का एक हिस्सा होने पर नाराज थे। पुनर्वनरोपण और वनीकरण का सबसे महत्वपूर्ण उपकरण होने के बावजूद, इसे शुरुआत में वानिकी सेवा द्वारा कम आँका गया। इसीलिए, पुनर्वनरोपण को प्रारंभ करना एक बहुत कठिन कार्य था। इसमें केवल वनों की कटाई रोकना शामिल नहीं था बल्कि वानिकी की पूरी संस्कृति और वन अधिकारियों की मानसिकता को बदलना भी शामिल था। भ्रष्टाचार इतने बड़े पैमाने पर था कि ग्रामीणों ने मुझे बताया कि वन अधिकारी अपना "वेतन" समय पर नहीं लेते हैं; उनकी *बलाई आमदनी*[1] बहुत ज्यादा होती है। सामाजिक वानिकी में, ऐसी *बलाई* आमदनी संभव नहीं थी और अपनी वर्दी और डंडा त्यागकर ग्रामीणों से मित्रता करने की, और आधिकारिक होना बंद करने की आवश्यकता थी।

वानिकी सेवा में लिंग भेदभाव

मुझे यह जानकर निराशा हुई कि महिलाओं को वन सेवा (अनौपचारिक रूप से) में आने की अनुमति नहीं थी जबकि यह एक राष्ट्रीय-स्तर की सेवा थी और आईएएस, आईएफएस और आईपीएस की तरह ही संचालित की जाती थी। हालाँकि महिलाओं पर सेवा में शामिल होने से संवैधानिक रूप से प्रतिबंध नहीं लगाया गया था, यह एक लिंग-भेदभावपूर्ण प्रथा थी जो वन सेवा द्वारा ही थोपी गई थी। अजीब बात यह थी कि सरकार ने या लोगों ने कभी इस

---

[1] रिश्वत।

पर प्रश्न नहीं उठाया। मुझे संदेह है कि यह तो शायद सामान्य जनता को ज्ञात भी नहीं होगा। मध्यप्रदेश में यूएसएआईडी परियोजना भारत में दूसरी थी। पहली योजना इसी राज्य में विश्व बैंक द्वारा शुरू की गई थी। लेकिन उस परियोजना ने कम-अधिक रूप से पारंपरिक स्वरूप में काम किया था। मैं एक सामाजिक वानिकी परियोजना पर पहली लिंग विशेषज्ञ थी। मुझे भोपाल में विश्व बैंक के दल से मिलना याद है जिन्होंने मेरी तरफ शून्यदृष्टि से देखा और पूछा कि मैं एक सामजिक वानिकी परियोजना में क्या कर रही हूँ। जब उन्हें पता चला कि मैं एक लिंग विशेषज्ञ के तौर पर दल का एक भाग हूँ, तो सबको बड़ा आश्चर्य हुआ। हमारी परियोजना इस बात पर जोर देती थी कि महिलाओं को सामाजिक वानिकी में शामिल होने के लिए प्रोत्साहित किया जाए और इस सेवा के लिए पुरुषों के साथ प्रतिस्पर्धा करने के लिए आमंत्रित किया जाए। सौभाग्यवश, यह अनुरोध वित्त संस्था होने के नाते, यूएसएआईडी के दायरे के भीतर ही थी। इसके अलावा, भारत सरकार अपनी स्थिति का बचाव नहीं कर सकती थी क्योंकि महिलाओं को रोकना क़ानूनी और संवैधानिक रूप से ग़लत था। वन अधिकारी इस सेवा से महिलाओं की अनुपस्थिति का बचाव इस आधार पर करते थे कि चूंकि महिलाएं शारीरिक रूप से कमज़ोर होती हैं, वे एक वन अधिकारी के श्रमसाध्य कर्तव्यों का सामना नहीं कर पाएंगी। नियुक्ति की एक आवश्यकता यह थी कि उम्मीदवार को 15 किलोमीटर पैदल चलना होता था और यह माना जाता था कि महिलाओं के पास ऐसा करने की ताकत नहीं होती है। यह भी बताया गया था कि युवा महिलाओं के लिए छेड़छाड़ के डर से अकेले जंगलों में घूमना सुरक्षित नहीं था। इसीलिए उन्हें "संरक्षित" करना चाहिए। यह माना जाता था कि इन्ही कारणों की वजह से, महिलाएं खुद ही इस सेवा में शामिल नहीं होना चाहती थीं। हालाँकि उनके तर्क काम नहीं आए और जब, हमारे जोर देने पर, इस सेवा में महिलाओं का प्रवेश खोला गया, तो उस वर्ष सामान्य प्रतियोगी प्रक्रिया के माध्यम से पांच महिलाएं इसमें शामिल हुईं। प्रशासन को तब एक और समस्या का सामना करना पड़ा—प्रशिक्षण अवधि के दौरान उन्हें कहाँ ठहराया जाए क्योंकि देहरादून के वन अनुसंधान संस्थान (एफआरआई) में महिलाओं के लिए कोई छात्रावास नहीं था। यह संस्थान कई एकड़ जमीन पर स्थित है जहाँ पुरुषों के छात्रावास के अलावाकर्मचारियों के लिए बंगले भी हैं। यह जगह इतनी सुंदर है कि मुझे इससे प्यार हो गया और मैं चाहने लगी कि काश मैं भी एक वन अधिकारी होती। उसी समय, मुझे इस विचार पर गुस्सा भी आया कि महिलाओं को इस शानदार जगह पर प्रवेश से वंचित किया गया था। तथापि, प्रशासन ने आख़िरकार पांच नई चुनिंदा महिला वन अधिकारियों को बंगला आवंटित करने का निर्णय लिया। लेकिन, उन्होंने वह बंगला चुना जो संस्थान के सबसे दूरवाले कोने में सबसे अकेले स्थान पर स्थित था। क्या ऐसा करते हुए, लंबी दूरी तक चलने में महिलाओं की असफलता और सुरक्षा की चिंताएं प्रशासन के ध्यान में नहीं आयीं? शिक्षित भारतीय पुरुषों की पूर्वाग्रहित मनोदशा कुछ ऐसी थी। हालाँकि जब महिलाएं वन सेवा में दाखिल होने लग गयीं तो एक बड़ी बाधा दूर हो गई।

यूएसएआईडी की सामाजिक वानिकी परियोजना ने वन सेवा के निचले स्तर में महिलाओं के प्रवेश की तरफ एक और योगदान दिया। तब तक, कोई अलग सेवन विस्तार सेवा नहीं थी

क्योंकि वन विस्तार को ग्रामीण विस्तार के तहत ही लिया गया था। सामाजिक वानिकी की शुरुआत के साथ, एक अलग वन विभाग विस्तार सेवा स्थापित करने का निर्णय लिया गया था ताकि पहले से ही काम के बोझ तले दबी ग्रामीण विस्तार सेवा पर अधिक बोझ नापड़े। इस प्रस्ताव को सरकार द्वारा स्वीकार कर लिया गया था। लेकिन हमारी परियोजना ने एक संशोधन किया कि इस नवनिर्मित सेवा में महिला विस्तार अधिकारी भी होनी चाहिए। मैंने इस समावेशन पर जोर दिया क्योंकि मेरा मानना था कि महिलाएं बेहतर संचारक होती हैं और ग्रामीण महिलाएं और विशेषकर आदिवासी महिलाएं इस नौकरी को करना चाहेंगी। जमीनी वास्तविकताओं से अधिक परिचित होने के कारण इससे भी बेहतर काम हो सकता है। इस सुझाव का भी शुरू में विरोध किया गया लेकिन मैंने, दल के समर्थन के साथ, इस स्तर पर महिलाओं को शामिल करने पर जोर दिया। आख़िरकार, वन अधिकारियों की कुछ रुकावटों के बाद, इस प्रस्ताव को स्वीकार कर लिया गया और यह वचन दिया गया कि कम से कम 25 प्रतिशत महिलाओं को विस्तार कर्मचारियों के रूप में नियुक्त किया जाएगा। मैं खुश थी कि एक और जंग जीत ली गई है। तथापि, छह महीनों के बाद, हमें प्रगति का हिसाब-किताब रखना था और एक मूल्यांकन किया गया। मुझे यह जानकर आश्चर्य हुआ कि एक भी महिला विस्तार कर्मचारी को नियुक्त नहीं किया गया था। स्वाभाविक रूप से मैंने इस बारे में पूछताछ की और यह उत्तर मिला कि किसी भी महिला ने इस पद के लिए आवेदन नहीं किया। मैंने पूछा कि इस पद का विज्ञापन कहाँ दिया गया था। तुरंत जवाब आया, "राष्ट्रीय गैजेटियर में, जहाँ वन विभाग के सभी पदों का विज्ञापन दिया जाता है।" लेकिन महिलाओं को कैसे पता चलेगा कि इन नए पदों का निर्माण किया गया है, विशेष रूप से तब जब उन्हें सभी स्तरों पर वन सेवा से दूर रखा जाता है? हालाँकि मुझे इस बात पर यकीन नहीं था कि महिलाएं ऐसी नौकरियों में दिलचस्पी नहीं रखेंगी जिसमें ग्रामीण पृष्ठभूमि चाहिए थी और उच्च्च शैक्षणिक योग्यताओं की आवश्यकता नहीं थी। तो, मैंने उन्हें बताया कि जब तक परियोजना की आवश्यक शर्त के रूप में महिला विस्तार कर्मचारियों की नियुक्ति नहीं होती, तब तक परियोजना मुश्किल में है। सौभाग्यवश, मैं उम्र में बड़ी थी, इसीलिए मैंने अपने सफ़ेद बालों का फायदा उठाते हुए इस मुद्दे को देख रहे अधिकारी को डांट भी दिया। मैंने सुझाव दिया कि वे इस पद का विज्ञापन स्थानीय और क्षेत्रीय अख़बारों में करें और लड़कियों के विद्यालयों और महाविद्यालयों को इन नवनिर्मित पदों की सूचना देते हुए लिखें। किस्मत से, उन्होंने मेरे सुझाव को मान लिया और एक छोटी अवधि के भीतर ही, लगभग 1200 आवेदन आए, जिनमें से कुछ स्नातक और स्नाकोत्तर महिलाओं के भी थे। इस प्रकार, न्यूनतम नियुक्तियां की गयीं। फिर से प्रशिक्षण अवधि के दौरान इन नव नियुक्त महिला विस्तार कर्मचारियों को ठहराने की समस्या उभरकर आई। मैंने उनके लिए एक छात्रावास बनाने के लिए कुछ अतिरिक्त निधि की मांग की और वह प्रदान की गई। प्रशिक्षण के स्थान, शिवपुरी में महिला कर्मचारियों के लिए एक छात्रावास का निर्माण किया गया। आख़िरकार, जब महिला विस्तार कर्मचारियों को नियुक्त किया गया और कार्यक्षेत्र में भेजा गया, तो उग्र राष्ट्रवादी वन अधिकारियों के द्वारा उनका जीवन कठिन बना दिया गया। महिलाओं को सबसे मुश्किल कार्य

दिए जाते थे, ऐसे क्षेत्र दिए जाते थे जिन तक पहुँचने का कोई सड़क मार्ग नहीं था, और ऐसे क्षेत्र दिए जाते थे जहाँ पुरुष जाना नहीं चाहते थे। अगर महिला कर्मचारी अपनी असामान्य रूप से कठिन नियुक्ति के बारे में बात करती थीं तो वन अधिकारी मुझसे शिकायत करते थे। अधिकारी उनके प्रति सहानुभूतिपूर्ण और मददगार होने की बजाय उन्हें ताने मारते थे। मैं स्थिति पर बारीकी से निगरानी रखती थी और वार्तालापों और तर्कों के माध्यम से, उन अधिकारियों को कुछ हद तक लिंग सुग्राही बनाने की कोशिश करती थी।

यूएसएआईडी में मेरे 10 साल के कार्यकाल के दौरान, मुझे महाराष्ट्र और उत्तरप्रदेश में लघु सिंचाई परियोजनाओं पर और साथ ही असंख्य उत्तर भारतीय राज्यों में माता और शिशु पोषण परियोजनाओं पर भी काम करने का अवसर प्राप्त हुआ। मैंने पाया कि विकास प्रक्रिया में एक महत्वपूर्ण बाधा का कारक नौकरशाहों की पितृसत्तात्मक मानसिकता थी। भारत में नौकरशाह ज़्यादातर उच्च मध्यम वर्ग के होते हैं, जिनमें आरक्षित श्रेणी के तहत अनुसूचित जाति (एससी) और अनुसूचित जनजाति (एसटी) के लोग भी शामिल होते हैं। मैंने देखा कि अनुसूचित जाति और अनुसूचित जनजाति के लोग भी अपने उच्च जाति के सहकर्मियों की तरह व्यवहार करने की इच्छा रखते थे। मैंने गौर किया कि उनमें भी, लोगों और उनकी ज़रूरतों के प्रति बिल्कुल भी संवेदनशीलता नहीं थी। अधिकारियों के पास बहुत अच्छा तकनीकी ज्ञान था लेकिन वे बुनियादी स्तर पर प्रभावित लोगों की आकांक्षाओं और संबंधों पर तकनीक के इस्तेमाल के प्रति संवेदनहीन थे। जो चीज़ मुझे सबसे ज्यादा गुस्सा दिलाती थी वह यह थी कि संबंधित अधिकारियों को सिलाई मशीनों का जुनून था, उन्हें लगता था कि सिलाई मशीनें गरीबी कम करने का रामबाण उपाय है और कपड़े सिलना गरीब महिलाओं के लिए आमदनी उत्पन्न करने की गतिविधि है, जबकि उन्हें ज़मीनी वास्तविकताओं की कोई समझ नहीं थी। हर गाँव में, दर्जियों की एक जाति होती है जो ग्रामीणों के लिए सिलाई का काम करती है। इस बात पर गौर किया जाना चाहिए कि अन्य पेशेवर जातियों की तरह यह दर्जी अपनी कला अपने बेटों को सिखाते हैं, बेटियों को नहीं। इसीलिए, गाँव में निचले स्तर पर, महिलाओं से सिलाई सीखने की कोई उम्मीद नहीं थी—एक ऐसी भूमिका जो नौकरशाह थोपने की कोशिश कर रहे थे—क्योंकि उच्च वर्ग की महिलाएं सिलाई और कढ़ाई जैसी गतिविधियों से अपना समय काटती थीं। इन विकास अधिकारियों को यह बात समझ में नहीं आई कि इन गरीब महिलाओं को सिलाई का प्रशिक्षण देना मतलब उनकी पहले से बोझ-तले दबी ज़िंदगी पर और बोझ डालना था, और दूसरी बात, इस बात की कोई संभावना नहीं थी कि वे पेशेवर दर्जी के साथ प्रतिस्पर्धा करने जितना पर्याप्त कौशल हासिल कर लेंगी। अपने बचाव में, यह अधिकारी कहते थे कि किसी भी स्थिति में, यह महिलाएं वह पैसा बचा लेंगी जो वे दर्जी को देने में खर्च करती हैं, लेकिन इन अधिकारियों को यह नहीं पता था कि एक गरीब ग्रामीण परिवार का सिलाई पर वार्षिक खर्च लगभग नगण्य होता है। गरीबों के पास मुश्किल से दो जोड़ी कपड़े होते हैं। साड़ी—जो कि महिलाएं आमतौर पर पहनती हैं—उसे किसी सिलाई की आवश्यकता नहीं होती; गरीब महिलाएं बिना पेटीकोट के ही साड़ी पहनती हैं क्योंकि वे एक अतिरिक्त परिधान

नहीं खरीद सकतीं। बच्चे केवल एक छोटा कपड़ा पहनते हैं और पुरुषों की धोती या लुंगी को भी सिलाई की आवश्यकता नहीं पड़ती। अगर इन गरीब महिलाओं को सिलाई का प्रशिक्षण दिया भी जाता, तो वे कितना पैसा बचा लेतीं और कितनी महिलाएं सिलाई मशीन खरीदने में समर्थ हो पातीं? ऐसे कारकों पर कोई विचार नहीं किया गया था। तो, गरीब परिवारों के लिए आमदनी अर्जित करने के रामबाण उपाय के तौर पर सिलाई मशीन का विचार एकदम बकवास था क्योंकि अमितव्ययी होने के साथ-साथ, यह महिलाओं की पारंपरिक छवि को मज़बूत करता था और लैंगिक रूप से एक अन्य पारंपरिक भूमिका गरीब महिलाओं पर थोपी जा रही थी। विकास अधिकारी महिलाओं को किसी अन्य ऐसे पेशे के लिए प्रशिक्षित करने के बारे में सोच भी नहीं सकते थे जहाँ महिलाओं को स्थानीय रूप से उपलब्ध प्राकृतिक संसाधनों का उपयोग करके ऐसी चीज़ें बनाना सिखाया जाए जो न केवल उनके काम आ सके, बल्कि उनकी आमदनी में इजाफा भी कर सकें, जैसे साबुन बनाना या स्थानीय रूप से उपलब्ध पौधों और फलों से तेल निकालना। आधुनिक तकनीक के कौशल के लिए महिलाओं को प्रशिक्षण देने की संभावना पर विचार ही नहीं किया गया था। धारणा यह थी कि प्रौद्योगिकी भी सिर्फ पुरुषों के लिए ही थी।

अपने सामाजिक वानिकी क्षेत्रकार्य के समाप्त होने के बाद, हम रिपोर्ट लिखने के लिए दिल्ली लौट गए। मुझे वनों की कटाई रोकने में महिलाओं की भागीदारी पर और वृक्षारोपण करने में वे किस प्रकार से शुरुआत कर सकती थीं, इस पर अपने विचार देने थे और मुझे भविष्य की कार्यवाही के लिए सुझाव भी देने थे। मेरे दो प्रारूपों की परियोजना निदेशक ने बेहद आलोचना की थी लेकिन वे बहुत सहायक और प्रोत्साहित करनेवाले थे। तीसरी बार, मैं टाइपराइटर के सामने बैठी (तब कंप्यूटर नहीं थे) और लिखना शुरू किया। मैं ऐसे लिख रही थी जैसे कि कोई अदृश्य हाथ मेरा मार्गदर्शन कर रहा हो, मैंने रात को 2 बजे तक टाइप किया और अगली सुबह रिपोर्ट जमा करा दी। परियोजना निदेशक इससे बहुत खुश हुए और इससे मेरा आत्मविश्वास बढ़ा।

यूएसएआईडी के साथ मेरी नियुक्ति केवल परियोजना की छह सप्ताह की अवधि के लिए थी। आखिरी दिन, मैं थोडा उदास महसूस कर रही थी कि मेरा कार्य, जो कि बहुत समृद्ध करनेवाला था, खत्म हो रहा था। तभी मेरे पास मिशन निदेशक के दफ़्तर से फ़ोन आया। मिशन की निदेशक, श्रीमती प्रेसिला बौटन, मेरे साथ दोपहर का भोजन करना चाहती थी। मैंने सहृदयता से उनका प्रस्ताव स्वीकार किया और सोचा कि यह उनकी तरफ से अलविदा कहने का एक बहुत ही विनम्र तरीका है। मैं कर्मचारी भोजनालय (कैंटीन) में गई और परियोजनाओं के मेरे अनुभवों के बारे में बातचीत की। उन्होंने मुझसे भारत के नारीवादी आंदोलन के बारे में पूछा और मैंने मुक्त रूप से महिलाओं के मुद्दों पर चर्चा की। दिन की समाप्ति पर, जब मैं दफ़्तर से निकल रही थी, श्रीमती बौटन मेरे कमरे में आयीं और मुझे सूचित किया कि मुझे मिशन में लिंग विशेषज्ञ के पद का प्रस्ताव दिया गया है और मेरा दोपहर का भोजन असल में एक साक्षात्कार था। क्या मैंने यह प्रस्ताव स्वीकार किया? निश्चित रूप से, मैंने किया।

यूएसएआईडी के साथ लिंग विशेषज्ञ के रूप में मेरी नियुक्ति

किस्मत ने फिर अपना खेल दिखाया। लिंग विशेषज्ञ के रूप में मेरी नौकरी न केवल मेरी दिलचस्पी की थी बल्कि इसमें वेतन भी ज्यादा मिलता था। एक व्याख्याता के रूप में मेरा वेतन 500 रुपए था, जो बढ़कर 5000 रुपए प्रतिमाह हो गया था, इसके अलावा, मेरे देश और उसके विकास के बारे में सीखने और यात्रा करने के विशाल अवसर उपलब्ध थे। यह ईश्वर का भेजा हुआ अवसर था। मुझे केवल एक समस्या दिख रही थी। यूएसएआईडी के साथ मुझे सप्ताह के पांच दिन सुबह 8.30 बजे से शाम के 5.30 बजे तक काम करना था, जिसमें साल में केवल 15 दिन की अर्जित छुट्टी मिलती थी जबकि एक व्याख्याता के रूप में, मेरे पास दिन में केवल कुछ घंटे काम करने की सुविधा थी और अपने काम के घंटे खुद चुनने की आज़ादी भी थी, और गर्मी की लंबी छुट्टियाँ भी मिलती थीं। मैं अपने व्याख्यान सुबह के घंटों में देती थी ताकि मैं लड़कियों के स्कूल से लौटने के समय पर घर लौट सकूँ। उस प्रकार की नौकरी मेरे लिए तब सही थी जब मेरे बच्चे छोटे थे क्योंकि मैं अपनी नौकरी के साथ अपने घर के काम-काज को मिला सकती थी। मैं सुबह बच्चों के साथ बस स्टॉप पर चलकर जाती थी और उनके स्कूल से लौटने के बाद उनका स्वागत करने घर पर होती थी। उन्हें घर पर पूरे समय मेरी उपस्थिति की आदत थी। जब मुझे यूएसएआईडी की नौकरी का प्रस्ताव मिला तब मेरी छोटी बेटियों की किशोरावस्था की शुरुआत थी। हुमा महाविद्यालय में पढ़ती थी। उन्हें पहले की तरह मेरी आवश्यकता नहीं थी। मेरे सास-ससुर पहले ही गुज़र चुके थे। हालाँकि मुझे अभी भी अपने पति और बच्चों से सलाह-मशविरा करना था। सौभाग्यवश, मेरे पति के मुंह खोलने से पहले ही, मेरी बेटियों ने घोषणा कर दी कि वे पूरे समय मेरी उपस्थिति के बिना भी काम चला सकती हैं और मुझे इस प्रस्ताव को स्वीकार कर लेना चाहिए। मेरे पति ने भी मुझे आगे बढ़ने की सलाह दी। मैं विश्वविद्यालय से बिना वेतन लिए तीन साल की छुट्टी की हकदार थी। मैंने इस विशेषाधिकार का लाभ उठाया और विश्वविद्यालय की नौकरी से इस्तीफ़ा दिए बिना छुट्टी ले ली। मैं अपने विकल्प खुले रखना चाहती थी। एक हफ्ते के अंदर, मैं यूएसएआईडी के भारतीय मिशन की पहली महिला अधिकारी बन गई। 42 साल की उम्र में, मैंने एक पूर्णतः भिन्न पेशे की शुरुआत की।

यूएसएआईडी के काम के लंबे घंटे मुझे बोझिल लगते थे लेकिन मेरा काम दिलचस्प था। उस समय, यह मिशन तीन क्षेत्रों में वित्त पोषण कर रहा था, जो थे, सामाजिक वानिकी, मध्यम और लघु सिंचाई, और माता और बालक स्वास्थ्य जिसमें परिवार नियोजन भी शामिल था। भारत सरकार ने इस मिशन को पांच उत्तरी राज्य सौंपे थे। यह राज्य थे हरियाणा, पंजाब, मध्यप्रदेश, गुजरात, और महाराष्ट्र। लिंग विशेषज्ञ के तौर पर मैं सभी विकास परियोजनाओं में महिलाओं की भागीदारी के महत्व पर प्रकाश डालती थी और महिलाओं को सक्रिय प्रतिभागी और लाभार्थियों, दोनों ही रूपों में परियोजनाओं में शामिल करने का प्रयत्न करती थी। मैं परियोजना के सभी स्तरों पर काम करती थी, परियोजना तैयार करने से लेकर उसकी निगरानी और मूल्यांकन करने तक। इसने मुझे खुद को उन पांच राज्यों कीसामाजिक-आर्थिक

रूपरेखाओं से परिचित कराने का, इन परियोजनाओं के ज़रिए महिलाओं की स्थिति में सुधार लाने और इस परियोजना की गतिविधियों में उनकी भागीदारी को बढ़ाने के तरीकों का सुझाव देने का एक विशाल अवसर प्रदान किया। मेरी हिंदी में बोलने और उत्तर भारतीय बोलियों में बातचीत करने की क्षमता ने मुझे ग्रामीणों के साथ एक अच्छा संबंध बनाने में मदद की जिससे मेरा काम बहुत सुगम हो गया। शुरुआत में, मेरा गोरा रंग, धाराप्रवाह अंग्रेज़ी, और गोरे पुरुषों के साथ काम करने के कारण ग्रामीणों के मन में संदेह उत्पन्न हो गया था। कुछ लोगों को लगता था कि मैं एक गोरी मेमसाहब हूँ लेकिन जिस पल मैं अपना मुंह खोलकर स्थानीय भाषा में बात करने लगती थी, और उनकी ही तरह व्यवहार करने लगती थी—चारपाई पर आराम से बैठकर उनकी परिचित शैली में उन्हें संबोधित करने लगती थी—एक संबंध बन जाता था। मेरे पूर्व क्षेत्रकार्य के अनुभवों ने मुझे परिस्थितियों का सामना करने में मदद की और जल्दी ही मुझे स्वीकार कर लिया गया। मैं ग्रामीण महिलाओं और पुरुषों के साथ अपनी बातचीत का आनंद उठाती थी, और उनकी समस्याओं के बारे में महत्वपूर्ण जानकारी एकत्रित करती थी और उनको सुलझाने के बारे में उनके विचार सुनती थी। जहाँ भी मैं जाती थी, मैं ग्रामीणों की तेज समझ और उनकी समस्याओं की धारणा और उनके बारे में चर्चा करने की उनकी उत्सुकता से प्रभावित होती थी। लेकिन व्यावहारिक स्तर पर, वे कृषि में पुरानी तकनीकों और मान्यताओं को छोड़ने, परिवार नियोजन को स्वीकार करने या महिलाओं को गांव के मामलों को संभालने के लिए आगे आने की अनुमति देने में बहुत प्रतिरोध करते थे। उनकी विशेष रूप से महिलाओं के प्रति पारंपरिक सोच ने, बदलने का और प्रतिरोध किया, जिसने मेरे काम को थोड़ा और कठिन बना दिया। मैंने यह भी देखा कि बदलाव के प्रति विरोध नीची जातियों के बजाय उच्च जातियों में अधिक मज़बूत था। मैंने यह निष्कर्ष निकाला कि ऐसा शायद इसीलिए था क्योंकि नीची जातियों के पास सामाजिक-आर्थिक बदलावों के कारण खोने लायक बहुत कम था लेकिन उच्च जातियों को यह डर था कि यह बदलाव गाँव की संरचना में उनकी उच्च स्थिति और शक्ति को प्रभावित करेंगे। उसी तरह, मैंने पाया कि नीची जाति की महिलाओं को बिना धुएं के चूल्हे[2], परिवार नियोजन का स्वीकार, और आधुनिक कृषि तकनीकों जैसे बदलावों के साथ प्रयोग करने के लिए मनाना आसान था। जब उच्च जातियों ने नए ज्ञान और तकनीकों के फायदों को देखा, तो उन्होंने भी बदलावों को स्वीकार कर लिया, शायद इसीलिए क्योंकि वे पीछे रहना नहीं चाहते थे।

मुझे यह देखकर आश्चर्य हुआ कि परियोजनाओं पर काम करनेवाले अमेरिकी पुरुष भी अपने भारतीय समकक्षों जितने ही उग्र पुरुषसत्तावादी थे। वे परियोजनाओं के उद्देश्य के अनुसार अपना काम करते थे, और मुझे अक्सर निराशावाद के साथ लिंग संबंधी मुद्दों को सँभालने के लिए अकेला ही छोड़ देते थे, वे इस बात से पूर्णतः सुनिश्चित नहीं थे कि सामाजिक-आर्थिक

[2] मिट्टी या ईंटों से बना छोटा स्टोव।

विकास में महिलाओं की महत्वपूर्ण भूमिका हो सकती है। मैं यह स्वीकार करती हूँ कि इसमें कुछ अपवाद भी थे। जैसे कि कभी-कभार मुझे बहुत समझदार और सहायक साहब भी मिलते थे जो महिलाओं के विकास कार्यक्रमों के लिए उपलब्ध धनराशि का उपयोग मुझे खुले हाथ से करने देते थे। जब मैं यूएसएआईडी में शामिल हुई थी, भारतीय विकास गैर सरकारी संगठनों (एनजीओ) को विदेशी दाताओं से वित्त पोषित होने की अनुमति नहीं थी। कुछ गैर सरकारी संगठनों के पास अनुचित धनराशि थी और कुछ के ऊपर अमरीकी जासूस होने का संदेह था। लेकिन बाद में, यह प्रतिबंध हटा लिया गया और भारत सरकार ने कुछ शर्तों के तहत गैर सरकारी संगठनों के द्विपक्षीय वित्त पोषण की अनुमति दे दी। इसने मुझे महिलाओं के विकास और सशक्तिकरण के लिए काम करनेवाले गैर सरकारी संगठनों को वित्त पोषित करने में मदद की। मुझे कुछ ईमानदार महिला गैर सरकारी संगठनों के बारे में व्यक्तिगत रूप से ज्ञान था और मैं जानती थी कि वे किस प्रकार भारी आर्थिक कठिनाइयों के बावजूद काम जारी रखने के लिए संघर्ष कर रहे थे। मैं अपने साहब की सहायता से महिलाओं की एक प्रशिक्षण परियोजना के लिए मंजूरी प्राप्त करने में भी सफल रही। 1980 के दशक के पूर्वार्ध में, महिलाओं के गैरसरकारी संगठन, हालाँकि बहुत कम थे, लेकिन वे महिलाओं के कारणों को आगे बढ़ाने के लिए ईमानदार और अत्यधिक प्रेरित थे। लेकिन उन्हें अपना कार्य कुशलता से करने के लिए प्रशिक्षण की आवश्यकता थी। कुछ छोटे गैर सरकारी संगठन यह भी नहीं जानते थे कि परियोजना को प्रतिपादित कैसे किया जाए और विदेशी संस्थाओं से धन प्राप्त करने के लिए जो बजट जमा किया जाता है उसे तैयार कैसे किया जाए। वे तकनीकों के मूल्यांकन और जांच के बारे में भी कुछ नहीं जानते थे। महिलाओं की प्रशिक्षण परियोजना के तहत, मैं उन क्षेत्रों में उनके हुनरों को बढ़ावा देने में सक्षम थी।

अपने यूएसएआईडी के दिनों के दौरान, मैंने लघु और मध्यम सिंचाई परियोजनाओं पर भी काम किया। सिंचाई अभियांत्रिकों के साथ काम करते हुए मुझे महसूस हुआ कि उनकी विकास की दृष्टि कितनी अदूरदर्शी थी। यह आंशिक रूप से उनकी शिक्षा और प्रशिक्षण के कारण था—जो उस वक्त—शुद्ध तकनीकी पहलुओं पर था। सिंचाई से संबंधित मुद्दों से जुड़े सिंचाई अभियांत्रिक और नौकरशाह दोनों ही यह महसूस करते थे कि उनका कार्य केवल सिंचाई के लिए बहुत से क्यूसेक पानी का निर्माण करना है। उन्हें इस बात पर ध्यान केंद्रित करना महत्वपूर्ण नहीं लगता था कि जब सिंचाई जैसे विकास के लिए महत्वपूर्ण कारक को गाँव में लाया गया, तो लोगों का, और गाँव की विभिन्न जाति और समुदायों के साथ उनके संबंधों का क्या हुआ। वे अभियांत्रिक अपनी सीमित विशेषज्ञता में सक्षम थे लेकिन वे सिंचित खेती से निपटने में महिलाओं की भूमिका और उनके जीवन पर इसके प्रभाव से अनभिज्ञ थे। जब सिंचाई के पानी को किसी क्षेत्र में लाया जाता है, तो एक सबसे महत्वपूर्ण कारक का सामना करना पड़ता है जो है आबादी के विभिन्न वर्गों के बीच उसका वितरण। मैंने यह गौर किया कि पानी के वितरण से संबंधित निर्णय, निर्णय लेने वालों की सामाजिक और सांस्कृतिक कारकों के प्रति असंवेदनशीलता से बहुत अधिक प्रभावित थे। यह निर्णय करनेवाले भी अपनी स्वयं की जाति

और जाति से बंधी हुई सोच के कारण विवश थे। परिणामस्वरूप, उच्च जाति के और अमीर किसान, छोटे और भूमिहीन किसानों की कीमत पर ज्यादा फायदा उठाने में कामयाब हो जाते थे। सिंचाई परियोजनाओं में काम करने के बाद, मुझे हमारे देश के असमान विकास के पीछे के कारणों का पता चला। मुझे लगता है कि अर्थशास्त्रियों द्वारा तकनीकी सिद्धांतों का मंथन और तकनीकी विशेषज्ञों का तकनीक आधारित प्रशिक्षण भारत के विकास में लगातार आर्थिक असमानताओं के लिए काफी हद तक जिम्मेदार है।

यूएसएआईडी में मेरे काम के दौरान, मैंने यह भी महसूस किया कि सामान्य प्रभाव के विपरीत, भारत सरकार विदेशी दाता संस्थाओं, और उससे भी अधिक द्विपक्षीय दाताओं पर कड़ी नज़र रखती थी। जैसे कि यूएसएआईडी के कर्मचारियों को संबंधित मंत्रालय के एक सरकारी अधिकारी को साथ लिए बिना खेतों में जाने की अनुमति नहीं थी। सभी विदेशी संस्थाओं को परियोजना के हर स्तर पर सरकार के साथ करीब से काम करना पड़ता था। सरकार के पास यह निर्णय लेने का अधिकार है कि वह किन क्षेत्र/क्षेत्रों में विदेशी मदद स्वीकारेगी और काम करने के लिए राज्यों को आवंटित करेगी। विदेशी मदद संस्थाओं द्वारा जमा की गई परियोजनाओं को स्वीकार करने से पहले सरकार द्वारा अच्छे से छानबीन की जाती थी। द्विपक्षीय संस्थाएं जैसे यूएसएआईडी को संयुक्त राष्ट्र विकास संस्थाओं से ज्यादा कड़ी छानबीन का सामना करना पड़ता था। मेरे लिए यह जानना सुखद था कि हमारी सरकार विदेशी दाताओं के सामने झुकती नहीं थी और अपनी संप्रभुता को बरक़रार रखती थी। मेरे कार्यकाल के दौरान, विशाल निधिकरण वाली एक बहुत बड़ी परियोजना को भारत सरकार ने खारिज कर दिया था क्योंकि वह इस परियोजना में सुझाए गए कार्यान्वयन तंत्र से सहमत नहीं थी।

महिला आंदोलन के मेरे कुछ वामपंथी मित्रों ने मेरे यूएसएआईडी के साथ काम करने की निंदा की थी। उन्हें यह अहसास नहीं हुआ कि जितना यूएसएआईडी को मेरे अनुभव से मिल रहा है, उससे कहीं अधिक मेरे देश और उसकी विकास समस्याओं के बारे में मुझे उससे सीखने को मिल रहा है। मैं कभी भी उनके दबाव में नहीं आई; दरअसल, मुझे याद नहीं कि कभी मैं इस दबाव में आई कि मैं वह काम करूँ जो हमारी महिलाओं के हित में नहीं था। किसी भी मामले में, महिलाओं की विकास निधि इतनी छोटी थी कि अमरीकी सरकार को उसकी कोई चिंता नहीं थी। तथापि, यूएसएआईडी के साथ लगभग एक दशक तक काम करने के बाद, जब मुझे लगा कि अमेरिका की नीति बदल रही है और यूएसएआईडी, भारत ने ग्रामीण विकास से हाथ खींचकर उच्च तकनीकी कार्यक्रमों को बढ़ावा देने में और अधिक निवेश करने का निर्णय लिया है, तब मैंने इस्तीफ़ा दे दिया। मुझे लगता है कि कम से कम उस समय इसका गरीब ग्रामीण महिलाओं के ऊपर बहुत लाभकारी परिणाम नहीं पड़ा होगा। एक बेहद आकर्षक नौकरी छोड़ने का यह निर्णय आसान नहीं था। वेतन के अलावा, मुझे उच्च से निचले स्तर तक के भारतीय नौकरशाहियों से मिलने और बातचीत करने का अवसर प्राप्त होता था, यह एक ऐसा अवसर था जो मुझे विश्वविद्यालय में व्याख्याता के रूप में कभी हासिल नहीं होता। लेकिन मुझे अपनी प्रतिबद्धता के साथ ईमानदार रहना था और मुझे लगा कि एक भारतीय गैर सरकारी संगठन के

साथ काम करते हुए, मैं यूएसएआईडी के साथ काम करते हुए मिले अपने विशाल अनुभव और शिक्षा से महिलाओं के विकास और सशक्तिकरण की तरफ बेहतर योगदान दे सकती हूँ। नौकरी छोड़ने से महिला आंदोलन में मेरी विश्वसनीयता फिर से स्थापित हुई।

वाशिंगटन में मुख्य वक्ता

मेरे यूएसएआईडी के दिनों के दौरान ही मुझे एक अवसर मिला—जिसे मैं अपने पेशेवर जीवन का उच्चांक मानती हूँ—अमेरिका के वाशिंगटन डी.सी. के एक अंतर्राष्ट्रीय सम्मेलन में मुख्य वक्ता के तौर पर भाषण देना। मुझे यह अवसर पाकर बहुत ख़ुशी हुई क्योंकि अगले ही वर्ष, नोबल पुरस्कार विजेता अमर्त्य सेन, ने उसी सम्मेलन में मुख्य वक्ता के तौर पर भाषण दिया था, हालाँकि मैं खुद की उनसे तुलना करने के बारे में सोच भी नहीं सकती। अमेरिकी महिला विकास संस्था (The American Association of Women in Development – एएडब्ल्यूआईडी) का एक वार्षिक सम्मेलन हुआ करता था और वे मुख्य भाषण देने के लिए किसी ऐसे को आमंत्रित करते थे जिसने विकासशील देशों में महिलाओं के मुद्दों पर उल्लेखनीय योगदान दिया हो। ऐसे प्रतिष्ठित सम्मेलन के लिए मेरा चुनाव होना मेरे लिए बहुत सम्मान की बात थी। वह सत्र जहाँ मैं अपना मुख्य भाषण देने जा रही थी, उसकी अध्यक्षता वाशिंगटन में यूएसएआईडी के प्रमुख कर रहे थे। मेरे साहब (बॉस) और यूएसएआईडी के भारतीय कार्यालय के निदेशक आश्चर्यचकित थे कि ऐसा सम्मान मुझे प्रदान किया गया था। मेरे एक साहब ने मज़ाक में कहा भी, “अरे ज़रीना, तुम ऐसे सत्र में भाषण देने जा रही हो जिसकी अध्यक्षता हमारे मुख्य साहब कर रहे हैं। मुझे तो उनके साथ हाथ मिलाने का अवसर भी प्राप्त नहीं हुआ और तुम उनके साथ एक ही मंच पर रहोगी!” तथापि, निदेशक ने मुझे वह भाषण दिखाने के लिए कहा, जो मैंने दिखाया, और उनकी स्वीकृति भी पाई। हुआ ऐसा कि उस वक्त मेरे पति, जो मेरा लिखा हुआ सब कुछ संपादित करते थे, संयुक्त राष्ट्र के काम से बैंकाक गए हुए थे। तो, मैंने अपना पूरा भाषण खुद लिखा जिससे मेरे आत्मविश्वास में और भी वृद्धि हुई। लेकिन मैं यह अवश्य कहूँगी कि मेरा वाशिंगटन जाना परेशानी-मुक्त नहीं था।

क्योंकि अमेरिकी सरकार मेरे हवाई टिकट के पैसे दे रही थी, तो मुझे अमेरिकन ध्वजपोत वाहक, पैन ऍम से यात्रा करने के लिए बाध्य किया गया था। लेकिन उस समय, पैन ऍम हड़ताल पर थी और इसने भारत से अमेरिका की अपनी उड़ानें रद्द कर दी थीं। परिणामस्वरूप, नई दिल्ली से जानेवाली अन्य अंतर्राष्ट्रीय उड़ानें पूरी भर चुकी थीं और मुझे उसमें जगह नहीं मिली। पैन ऍम उड़ानों की उपलब्धता के अभाव में, मुझे किसी भी अन्य हवाई कंपनी से भारत से बाहर उस बिंदु तक जाने की अनुमति थी जहाँ से मुझे पैन ऍम की उड़ान मिल सके और वह जगह थी लंदन। मेरी बेटी हुमा भारत मेंआई थी और वह एयर इंडिया की उड़ान से उसी दिन अमेरिका जानेवाली थी, जिस दिन मैं वाशिंगटन जानेवाली थी। मैं किसी भी उड़ान में जगह पाने के लिए

भागदौड़ कर रही थी लेकिन कहीं भी सफलता प्राप्त नहीं हो रही थी। केवल एक संभावना यह थी कि किसी और देश में जाऊं और वहां से जाने का प्रयत्न करूँ लेकिन तब वीज़ा की प्रक्रिया के लिए पर्याप्त समय नहीं था। आख़िरकार, मैंने एयर इंडिया के प्रबंधक से मिलने और उसे अपने दुर्दैव के बारे में बताने का निर्णय लिया। मैं उस अवसर को चूक नहीं सकती थी। मैंने उन्हें अपना सम्मेलन का आमंत्रण पत्र दिखाया और उनसे अनुरोध किया कि वे मेरे साथ अति महत्वपूर्ण व्यक्ति की तरह व्यवहार करें और मुझे लंदन जानेवाली एयर इंडिया की उड़ान में जगह दें। मैं जानती थी कि राष्ट्रीय हवाई कंपनियां अति महत्वपूर्ण व्यक्तियों के लिए कुछ जगहें आरक्षित रखते हैं और एक अंतर्राष्ट्रीय सम्मेलन में मुख्य भाषण का आमंत्रण का मतलब निश्चित रूप से अति महत्वपूर्ण व्यक्ति होता है। प्रबंधक सहानुभूतिपूर्ण था और उन्होंने मुझे न्यूयॉर्क तक की एयर इंडिया की उड़ान में एक जगह आवंटित की, वही उड़ान जिसमें हुमा जानेवाली थी। यह एक बड़ी राहत की बात थी। हम विमान में सुबह 4 बजे बैठे और बैठने के तुरंत बाद सो गए, क्योंकि हम पिछली रात को सोए नहीं थे। कुछ घंटों के बाद, हमारी नींद खुली और हमने पाया कि विमान तो उड़ ही नहीं रहा था और बाहर का नज़ारा दिल्ली हवाईअड्डे की तरह ही दिख रहा था। जब मैंने समय देखा, तो सुबह के 10 बज रहे थे। उसी समय, एक घोषणा हुई कि हमें उतरना पड़ेगा क्योंकि एक तकनीकी खराबी के कारण, विमान उड़ नहीं सकता और बंबई से दूसरा विमान हमें पहले लंदन और फिर न्यूयॉर्क ले जाने के लिए आ रहा है। हुमा एयर इंडिया की उड़ान से न्यूयॉर्क की दिशा में उड़ान भरनेवाली थी लेकिन मुझे लंदन से संयोजक (कनेक्टिंग) पैन ऍम की उड़ान से वाशिंगटन भेजा जानेवाला था। हमारी उड़ान में देरी के चलते, मेरी वह संयोजक उड़ान भी छूट गई जिसका यह मतलब था कि मैं अपना भाषण देने समय पर वाशिंगटन नहीं पहुँच पाऊँगी और अगर ऐसा हुआ तो अमेरिकी सरकार मेरी यात्रा का खर्च नहीं उठाएगी। शनिवार होने के कारण, मैं यूएसएआईडी के दफ़्तर में किसी से संपर्क भी नहीं कर सकती थी। मैं इस दुविधा में थी कि आगे जाया जाए या नहीं। मुझे वह सुनहरा अवसर अपने हाथ से फिसलता हुआ दिखाई दे रहा था। हुमा ने इस बात पर जोर दिया कि मैं उसी एयर इंडिया की उड़ान से न्यूयॉर्क जाऊं जिससे वह जा रही थी। न्यूयॉर्क से वाशिंगटन के लिए हर घंटे में उड़ानें थीं, तो मैं समय पर पहुँच सकती थी। सौभाग्यवश, एयर इंडिया की उड़ान पर एक ख़ाली जगह थी। मैंने उसका लाभ उठाया और आख़िरकार रविवार शाम को वाशिंगटन पहुंची और सोमवार की सुबह भाषण देने का अपना वादा निभाया। एएडब्ल्यूआईडी ने बहुत उदारतापूर्वक मेरा इंतज़ाम एक महंगे होटल में अति महत्वपूर्ण कमरे में किया था। हुमा मेरे साथ वाशिंगटन आई थी और मेरे होटल के कमरे को साझा करके बहुत रोमांचित थी। सुबह मैं धड़कते दिल के साथ अंतर्राष्ट्रीय दर्शकों के सामने बोलने के विचार के साथ उठी। हालाँकि मैंने खुद को शांत किया और सादगीपूर्ण ढंग से तैयार होने के लिए मेरी रेशमी कांजीवरम साड़ी निकाली, जो मेरे हिसाब से थोड़ी कम चमकदार थी। हुमा ने मेरे रूप को मंजूरी दी और मुझे सुनिश्चित किया कि मैं अवसर के हिसाब से गरिमामय लग रही हूँ। मेरा मन अतीत में लगभग एक दशक पीछे लौट गया जब मैं रॉयल विक्टोरिया अल्बर्ट हॉल में अपनी बीए (ऑनर्स) की पदवी लेने के लिए बैठी थी, और अतीत में और भी पीछे, जब मुझे लगभग हर साल स्कूल जाने से रोकने की धमकी

का सामना करना पड़ता था। वाशिंगटन में अंतर्राष्ट्रीय दर्शकों के सामने खड़े होने के लिए मैंने निश्चित रूप से एक लंबी दूरी तय की थी। मैंने दर्शकों में अपनी अमेरिकी सहेली, मैरी हैनी को मुस्कुराते हुए देखा। उसके पास इसका कारण था क्योंकि नारीवाद की तरफ की मेरी यात्रा को शुरू करने में उसका बहुत बड़ा हाथ था। मैं ताउम्र उसकी आभारी रहूंगी।

यूएसएआईडी के लिए काम करते समय, मेरे पास पूर्व और पश्चिम दोनों किनारों के, विभिन्न अमेरिकन विश्वविद्यालयों के लगभग एक दर्ज़न से भी ज्यादा ऐसे मौके आए थे, जहाँ मुझे उन मुद्दों के बारे में बात करनी थी जिनसे हम निपट रहे थे, जैसे भारतीय नारीवाद का विकास और प्रगति के मुद्दे आदि। मेरे पास दूर-दराज की जगहों जैसे मास्को और इडाहो राज्य के पूलमैन में जाने के अवसर थे, जहाँ भारतीय विद्वान् अक्सर नहीं जाते। चाहे मैं अमेरिका के किसी भी भाग का दौरा करूँ, मैं सैन डिएगो भी जाती थी जहाँ हुमा रहती थी। हुमा कहा करती थी, "मम्मी चाहे टिम्बकटू भी जा रही हों लेकिन रास्ते में सैन डिएगो अवश्य जाएंगी।" मुझे बहुत अच्छा वेतन मिलता था इसीलिए हुमा के दोनों बच्चों के जन्म के समय उसकी मदद के लिए दोनों बार मैं सैन डिएगो जाने में सक्षम थी। मुझे विश्वास नहीं होता कि उन दोनों बच्चों, अरमान और आयशा, की उम्र अब बीस से तीस के बीच में है।

यूएसएआईडी से इस्तीफ़ा देने के बाद, मैंने यूएसएआईडी में मिलनेवाले एक-चौथाई वेतन पर महिला विकास अधिकारी के तौर पर एक भारतीय गैर सरकारी संगठन में काम करना शुरू किया। इस नई नौकरी ने मुझे लिंग विशेषज्ञ के रूप में अल्पकालिक सलाहकार के रूप में काम करने का अधिक लचीलापन दिया। अवसर मेरे रास्ते में आते गए और मुझे संयुक्त राष्ट्र के अल्पकालिक सलाहकारके असंख्य प्रस्ताव मिले। उनमें से, मुझे अंतर्राष्ट्रीय कृषि विकास निधि (आईएफएडी) की तीन सलाहकारी संस्थाओं पर काम करते हुए सबसे अधिक आनंद आया। आईएफएडी का मुख्यालय रोम में है और इसने मुझे मेरे सबसे पसंदीदा शहर में काम करने का अवसर प्रदान किया, यह शहर मुझे पेरिस से भी ज्यादा पसंद है। सौभाग्यवश, मेरी एक अमेररिकी मित्र है जिसे भी रोम बहुत पसंद था और उसे शहर की बहुत जानकारी भी थी। मैं उसके साथ रही और उसने मुझे इतना रस लेते हुए सब दिखाया कि रोम, उसकी वास्तुकला, उसकी मूर्तियाँ, और उसके लोगों के प्रति मेरी प्रशंसा बढ़ गई। मैंने आईएफएडी की तीन परियोजनाओं पर लिंग विशेषज्ञ के तौर पर काम किया। हम भारत में आंकड़ें एकत्रित करते थे, और फिर रोम जाकर विश्लेषण करते थे, और रिपोर्ट लिखते थे।

13

भारत में महिला आंदोलन

वर्ष 1981 में, जब मैं यूएसएआईडी के साथ काम कर रही थी, मैंने बंबई के एसएनडीटी महिला महाविद्यालय में आयोजित पहले महिला सम्मेलन में भाग लिया था। यह सम्मेलन आँखें खोलनेवाला था क्योंकि भारत के सभी कोनों से आयीं महिलाओं ने भाग लिया था। यह उत्साही भागीदारी हम सब के लिए एक आश्चर्य के रूप में सामने आई थी। हमें बिल्कुल भी पता नहीं था कि इतनी सारी महिलाएं, यहाँ तक कि छोटे विश्वविद्यालयों और महाविद्यालयों से भी, महिलाओं के मुद्दों पर काम कर रही थीं। इस तरह के व्यापक हित के मद्देनजर, डॉ माधुरीबेन शाह की अगुवाई में एक निर्णय लिया गया कि महिला अध्ययन की एक संस्था का निर्माण किया जाए और एक साल बाद, भारतीय महिला अध्ययन संस्थान (आईएडब्ल्यूएस) अस्तित्व में आया। बंबई सम्मेलन के तुरंत बाद, मैंने यूएसएआईडी से इस्तीफ़ा दे दिया और आईएडब्ल्यूएसके कार्यकारी अधिकारी के लिए चुनी गई। मैंने बाद में इसके कोषाध्यक्ष का और, आख़िरकार, इसके अध्यक्ष का पद संभाला। आईएडब्ल्यूएस को उच्च शिक्षा के सभी स्तरों पर महिलाओं और महिलाओं के मुद्दों को एकीकृत करने के लिए अनिवार्य किया गया था। यह सब लिंग-आधारित आंकड़ों का उत्पादन करके और भारत में शिक्षा और लिंग के मुद्दों पर अनुसंधान को प्रोत्साहित करके, लिंगअध्ययन पर पाठ्यक्रम तैयार करके, और शैक्षणिक विषयों को संवेदनशील बनाकर और शिक्षाविधि के लिए लिंग अनुशासन के महत्व की ओर ध्यान देकर किया गया था। सौभाग्यवश, इसकी स्थापना के बाद से ही यह निर्णय लिया गया कि महिलाओं के अध्ययन के एक अलग विभाग की मांग नहीं की जाएगी क्योंकि इससे महिलाएं हाशिए पर चली जाएंगी। इसकी बजाय, हम चाहते थे कि महिलाओं के मुद्दों को उच्च शिक्षा प्रणाली में एकीकृत किया जाए और विभिन्न शैक्षणिक विषयों में भी शामिल किया जाए। इस शैक्षणिक अभ्यास के साथ ही, वकालत के कार्यक्रमों में भाग लेना और जमीनी संगठनों के साथ मिलकर काम करना महत्वपूर्ण माना गया; हम अव्यवहारिक शिक्षाविदों का निर्माण नहीं करना चाहते थे जो हमारे देश की ज़मीनी हकीकतों से अलगाव-प्राप्त हों।

जैसा कि पहले ज़िक्र किया गया है, माधुरीबेन शाह ने विश्वविद्यालयों और महाविद्यालयों में महिलाओं के अध्ययन केन्द्रों की स्थापना के लिएविश्वविद्यालय अनुदान आयोग (यूजीसी)

का नेतृत्व किया। यह सभी केंद्र, और इनके साथ ही स्वतंत्र अनुसंधान संस्थान जैसे दिल्ली कामहिला अध्ययन केंद्र और सामाजिक विज्ञान न्यास संस्थान (आईएसएसटी, देवकी जैन के नेतृत्व में), बंबई का एसएनडीटी महिला विश्वविद्यालय (डॉ नीरा देसाई के नेतृत्व में), और अन्य अपने संबंधित विश्वविद्यालयों से निधि प्राप्त करते थे। वीणा मजूमदार की अगुवाई वाले महिला विकास अध्ययन केंद्र (सीडब्ल्यूडीएस) जो आंशिक रूप से भारतीय सामाजिक विज्ञान अनुसंधान परिषद (आईसीएसएसआर) द्वारा प्रायोजित था, के अलावा निजी केंद्र अपनी निधि खुद उभारते थे। इन संस्थानों ने महिलाओं के कार्यक्रमों के विश्लेषण, मूल्यांकन, और निगरानी की लिंग-आधारित तकनीकों का विकास किया। उन्होंने अपने ज्ञान और निष्कर्षों द्वारा सरकार और नीति निर्माताओं को सिंचित किया, इसके अलावा उन्होंने महिला संगठनों को उनके काम में और महिलाओं के योगदान को उनके परिवार और समाज को दिखाने में मदद की।

आईएडब्ल्यूएस की स्थापना

एक महत्वपूर्ण योगदान जो कि लिंग-उन्मुख अनुसंधान ने शैक्षणिक विषयों में किया है वह है "कार्य," "रोज़गार," "परिवार," आदि अवधारणाओं को पुनःपरिभाषित करने का और नारीवादी परिप्रेक्ष्य के साथ इतिहास की पुनः व्याख्या करने का। इन शोधों ने न केवल मानवीय ज्ञान में वृद्धि की बल्कि विकास प्रक्रियाओं की बेहतर समझ में भी योगदान दिया और इस प्रकार लैंगिक-संवेदनशील नीतियों में सहायता प्रदान की थी। आईएडब्ल्यूएस ने—महिलाओं के विभिन्न अध्ययन केंद्रों, अनुसंधान संस्थानों और व्यक्तिगत नारीवादी शोधकर्ताओं द्वारा आयोजित नारीवादी अनुसंधान समन्वय के लिए—द्वैवार्षिक राष्ट्रीय सम्मेलनों को आयोजित करने का निर्णय लिया जो न केवल शोधकर्ताओं और अन्य शिक्षाविदों के लिए, बल्कि महिला-उन्मुख गैर-सरकारी संगठनों के लिए एक-दूसरे के साथ बातचीत करने, चर्चा करने, और उनके कार्य को साझा करने का एक मंच प्रदान करेगा। इस सम्मेलन को कई जगहों पर ले जाया गया और विभिन्न राज्यों में इसका आयोजन हुआ। इन्हें ज़्यादातर विश्वविद्यालयों द्वारा आयोजित किया गया था, जिससे छात्रों को संवेदीकरण और महिला आंदोलन में उनकी भागीदारी को आमंत्रित करने का अतिरिक्त लाभ मिला।

आईएडब्ल्यूएस अपने सदस्यों को महिला-संबंधित विकास और अनुसंधान केंद्रों के प्रति सचेत बनाने के लिए और अध्ययन केंद्रों और अन्य स्थानों पर अनुसंधान और वकालत कार्य को आयोजित करने के लिए एक त्रैमासिक पत्रिका भी निकालती है। विश्वविद्यालय अनुदान आयोग की अध्यक्ष, डॉ माधुरीबेन शाह ने भी विश्वविद्यालयों और महाविद्यालयों में महिलाओं के अध्ययन केन्द्रों के काम पर नजर रखने के लिए यूजीसी में महिलाओं की स्थायी समिति को फिर से सक्रिय कर दिया था। डॉ अरमैती देसाई जब अध्यक्ष थीं, तब मुझे उनके कार्यकाल में महिलाओं की यूजीसी स्थायी समिति की सदस्य होने का विशेषाधिकार प्राप्त हुआ। इस समिति में मुझे शामिल किए जाने से मुझे यूजीसी के कामकाज और सरकार से निपटने में शामिल

नौकरशाही प्रक्रियाओं को बेहतर ढंग से समझने का अवसर मिला। दुर्भाग्यवश, डॉ अरमैती देसाई के छोड़ने के बाद, यूजीसी की स्थायी समिति लगभग बेकार हो गई, क्योंकि पुरुषों को अध्यक्ष नियुक्त किया गया और उच्च शिक्षा प्रणाली में महिलाओं को एकजुट करने में उन्हें ज्यादा दिलचस्पी नहीं थी। लेकिन सक्रिय नेतृत्व के बिना भी केंद्रों का काम करना जारी रहा। इसी बीच, बड़ी संख्या में लैंगिक अनुसंधान संस्थान और संगठन स्थापित किए गए हैं जो अपने निष्कर्षों का एकत्रीकरण सरकार और नीति-निर्माताओं के लिए कर रहे हैं और इसके परिणामस्वरूप महिलाओं के अनुकूल कई क़ानून अस्तित्व में आए हैं।

नारीवादी नेतृत्व का एक सकारात्मक परिणामसरकार और योजना निकायों कोमहिलाओं की चिंताओं के प्रति संवेदित कर रहा है। सौभाग्यवश, 1980 के दशक में जब महिला आंदोलन गति बढ़ा रहा था, तब सरकार और नीति बनाने वाली संस्थाओं के कई नौकरशाहों को वीणा दी (डॉ वीणा मजूमदार) और अन्य पहली पीढ़ी की नारीवादी महिलाओं द्वारा महिलाओं की स्थिति को गंभीरता से लेने के लिए समझाना पड़ा। व्यापक विचारधारावाले अधिकारी जैसे डॉ स्वामीनाथन—जो उस समय योजना आयोग के उपाध्यक्ष थे—अशोक मित्रा, और शिक्षण मंत्रालय के अनिल बोरडिया, जो नई शिक्षा नीति का मसौदा तैयार करने के लिए ज़िम्मेदार थे, आगे आए और उन्होंने चुनौतियों को स्वीकार किया। वे खुद भी रिपोर्ट में पाई गई महिलाओं की स्थिति से स्तंभित और नाखुश थे और यह मानते थे कि देश में महिलाओं की स्थिति को बेहतर बनाने के लिए ठोस कार्रवाई की जानी चाहिए। परिणामस्वरूप, महिलाओं को नई शिक्षा नीति में उनका सही स्थान मिला, जिसमें महिलाओं की शिक्षा के साथ-साथ तीन अन्य केंद्रबिंदु भी थे, जो थे अल्पसंख्यकों, दलितों और अनुसूचित जनजातियों की शिक्षा। डॉ स्वामीनाथन की उपाध्यक्षता के तहत आई छठी पंचवर्षीय योजना में पहली बार महिलाओं की स्थिति पर एक अध्याय भी शामिल था। इस आंदोलन की यह कुछ प्रमुख उपलब्धियां थीं।

"सात बहनों" का गठबंधन

लगभग इसी समय एक और सकारात्मक विकास हुआ। यह था प्रमुख महिला संगठनों के राष्ट्रीय गठबंधन का निर्माण। इस गठबंधन को "सात बहनों (सेवेन सिस्टर्स)" का नाम दिया गया था। इसका उद्देश्य था भारत सरकार पर सामूहिक दबाव डालना ताकि महिला समिति की स्थिति के आधार पर महिलाओं की स्थिति पर गंभीर नजर डाली जाए और महिलाओं की स्थितियों में सुधार के लिए समिति की सिफारिशों को लागू किया जा सके। शुरुआत में, "सात बहनें" भारत के युवा महिला ईसाई संगठन, अखिल भारतीय महिला सम्मेलन, भारतीय महिला राष्ट्रीय संघ—यह भारतीय कम्युनिस्ट पार्टी (सीपीआई) की एक शाखा थी—अखिल भारतीय महिला लोकतंत्रीय संघ (सीपीएम की एक शाखा) भारतीय विश्वविद्यालय महिला संघ, महिला दक्षता समिति (समाजवादी और उदारवादी विचारधाराओं की महिलाओं का गठबंधन), भारतीय व्यापार संघ केंद्र [सीआईटीयू (महिला कर्मचारियों का व्यापार संघ)], और

महिला विकास अध्ययन केंद्र (सीडब्ल्यूडीएस) से मिलकर बना था, जिसने वायडब्ल्यूसीए के साथ इवी ख़ान के नेतृत्व में, महिला संगठनों के इस प्रकार के मिश्रण को एकत्र लाने की पहल की। यह 1980 के दशक की सबसे उल्लेखनीय उपलब्धि थी जिसने भारत में महिलाओं के संघर्ष को मजबूत किया। अंत में, सात बहनों का गठबंधन खत्म हो गया, लेकिन जब तक यह अस्तित्व में था, तब तक एक उपयोगी उपकरण था और सब नहीं लेकिन कुछ संगठन महिलाओं के आम मुद्दों के लिए एक साथ पैरवी करते रहे।

भारत के महिला आंदोलनों ने अपनी स्थापना के बाद से ही, एक बहु-आयामी दृष्टिकोण अपनाया था। यह महिलाओं को भारतीय राज्यतंत्र और अर्थव्यवस्था के एक अभिन्न अंग के रूप में देखते थे। यह महिलाओं की आर्थिक स्थिति, उनके स्वास्थ्य के स्तर, उनके शैक्षिक पिछड़ेपन, और परिवार और समाज में उनके क़ानूनी स्तर पर भी ध्यान केंद्रित करते थे। इस दृष्टिकोण से शिक्षाविदों और कार्यकर्ताओं के बीच घनिष्ठ संबंध बने और इस निकटता से दोनों ही लाभान्वित हुए। लिंग भेदभाव प्रथाओं पर ध्यान केंद्रित करने के लिए कईलिंग-सुलभ विधान लागू किए गए क्योंकि क़ानून भी सामाजिक-सांस्कृतिक प्रथाओं से कम लिंग भेदभावपूर्ण नहीं था। महिला समिति की स्थिति द्वारा चिन्हांकित की गई संवैधानिक लैंगिक समानता केवल कागज़ पर ही बनी रही। 1956 में हिंदू संहिता विधेयक को पारित करने से महिलाओं को संपत्ति के साथ-साथ तलाक़ और पुनर्विवाह का अधिकार मिल गया, लेकिन पितृसत्तात्मक सोच में बदलाव नहीं आया और बहुत सी सामाजिक बुराइयों ने महिलाओं की स्थिति को पीड़ित करना जारी रखा। दहेज की प्रथा एक ऐसी बुराई थी जो बढ़ती ही जा रही थी, जिसके चलते कुछ मामलों में दुल्हन को जलाए जाने जैसे चरम कदम उठाए गए। बलात्कार का क़ानून भी काफी पुरातन था। महिला आंदोलनों ने इन मुद्दों को उठाया। सात बहनों के गठबंधन के एक संयुक्त प्रयास के चलते, एक संयुक्त दहेज विरोधी मंच का आयोजन किया गया। इस मंच ने सार्वजनिक समर्थन की मांग में धरने किए थे और दहेज कीप्रथा के ख़िलाफ़ क़ानून बनाने के लिए सरकार से आग्रह किया। यह दहेज़ विरोधी क़ानून पारित करने के लिए सरकार को मनाने में सफल रहा।

1986 में एक और महत्वपूर्ण घटना हुई जिसने भारतीय मुस्लिम समुदाय को लगभग हिलाकर रख दिया, इसे शाह बानो मामले के नाम से जाना जाता है, इसने मुस्लिम पर्सनल लॉ की विश्वसनीयता पर प्रश्नचिन्ह लगा दिया और इसके पक्षपात पर प्रकाश डाला। मुस्लिमों और ईसाईयों जैसे अल्पसंख्यकों के पास अपने स्वयं के पर्सनल लॉ हैं, जिनमें विवाह, तलाक़, रखरखाव, बच्चों की अभिरक्षा, और विरासत जैसे मुद्दे उनके अधिकार क्षेत्र में आते हैं। हिंदू और सिख अब संशोधित और अपेक्षाकृत अधिक लिंग-समान हिंदू संहिता विधेयक के तहत शासित हैं। ईसाई क़ानून महिलाओं के प्रति कुछ हद तक उदार है, लेकिन मुस्लिम पर्सनल लॉ बेहद लैंगिक भेदभावपूर्ण और प्राचीन है। यह एक पुरुष को एक ही समय चार पत्नियाँ रखने की अनुमति देता है (ऐसा नहीं है कि यह जनसांख्यिकीय बाधाओं के कारण अक्सर होता है) और पत्नी को केवल तीन बार "मैं तुम्हे तलाक़ देता हूँ" कहकर बिना कोई कारण दिए या गवाह पेश किए एकतरफा तलाक़ दे सकता है, जिसे ट्रिपल *तलाक़* कहा जाता है। यह अजीब लग सकता

है लेकिन ट्रिपल *तलाक़* तब भी मान्य है जब पति नशे की हालत में हो। इस प्रकार, तलाक़शुदा पत्नी को चार महीने और 10 दिन के अलावा, जिसे *इद्दत* का काल कहा जाता है जो विधवा के मामले में भी समान ही रहता है, रखरखाव मिलने का अधिकार भी नहीं होता। एक 70 साल की बुज़ुर्ग महिला, शाह बानो को उसके पति ने तीन बार *तलाक़* कहकर एकतरफा तलाक़ दे दिया था और उसे *इद्दत* की कालावधि में भी रखरखाव देने से मना कर दिया था क्योंकि वह प्रजनन काल से परे जा चुकी थी। यह गौर करना दिलचस्प है कि धर्म पर आधारित पर्सनल लॉ के विपरीत, भारत में एक समान आपराधिक संहिता है जो जाति और समुदाय की परवाह किए बिना, सभी भारतीय नागरिकों को नियंत्रित करती है। समान आपराधिक संहिता के अनुसार, अगर कोई व्यक्ति किसी अन्य व्यक्ति को निराश्रयता में डालता है तो, यह अपराधी के लिए क़ानूनी तौर पर अनिवार्य है कि वह पीड़ित व्यक्ति की क्षतिपूर्ति के लिए उसे प्रतिमाह 500 रुपए रखरखाव के रूप में अदा करे। शाह बानो ने इस क़ानूनी प्रावधान का आह्वान किया और इस क़ानून के तहत रखरखाव के अपने अधिकार की मांग की। उसके पति ने उसकी मांग को यह कहकर अमान्य सिद्ध करने का प्रयत्न किया कि यह प्रावधान मुस्लिमों पर लागू नहीं किया जा सकता क्योंकि यह मुस्लिम पर्सनल लॉ का विरोध करता है। ऐसा ग़लत दावा किया गया है कि यह क़ानून ईश्वर का वचन है, इसीलिए यह पवित्र है और इसमें हस्तक्षेप नहीं किया जा सकता है। जबकि असलियत में, यह प्रावधान मुस्लिम न्यायविदों द्वारा कुरान की व्याख्या पर आधारित हैं। यह दावा किया गया था कि अगर वर्तमान मुस्लिम पर्सनल लॉ में कोई बदलाव किया गया, जो सैंकड़ों सालों से अपरिवर्तित रहा है, तो यह पाखंड और अल्पसंख्यक अधिकारों का गंभीर उल्लंघन होगा। शाह बानो के पति को मुस्लिम कट्टरपंथी वर्ग में समर्थक मिल गए जिन्होंने मुस्लिम पर्सनल लॉ का बचाव करते हुए बहुत कोलाहल मचाया। उदार मुसलमानों ने सही ढंग से समझाया कि मुस्लिम पर्सनल लॉ को ईश्वर का वचन कहना भ्रामक है। यह असल में ईश्वर के वचन की व्याख्या थी। उन्होंने अपना समर्थन यह तर्क देते हुए किया कि भारत में मुस्लिम पर्सनल लॉ के चार पूरी तरह से मान्यता प्राप्त संस्करण मौजूद हैं, जो हैं हनफ़ी, शाफ़ई, मालिकी, और हंबली। लेकिन क़ुरान केवल एक ही है। यह चार संस्करण चार इस्लामी संप्रदायों की व्याख्याओं पर आधारित हैं। इसीलिए, कट्टरपंथी दृष्टिकोण पर, उदारवादी और धर्मनिरपेक्ष उन दोनों ही मुस्लिमों ने हमला किया, जो शाह बानो का समर्थन कर रहे थे। दुर्भाग्यवश, नारीवादी आंदोलन ने खुद को इन विवादों से अलग रखा लेकिन नारीवादियों, मुस्लिमों और गैर-मुस्लिमों ने प्रसार माध्यमों के मध्यम से कट्टरपंथी स्थिति के ख़िलाफ़ विरोध प्रदर्शन का फैसला किया और शाह बानो के पक्ष में हस्ताक्षर अभियान चलाया। वे बड़ी संख्या में हस्ताक्षर एकत्रित करने में सफल हुए। मैंने प्रधानमंत्री राजीव गाँधी को एक खुली चिट्ठी लिखी, जिसमें मुस्लिम पर्सनल लॉ को कट्टरपंथी मुस्लिमों द्वारा ईश्वर का वचन कहकर निर्माण किए गए भ्रम को समझाया था और उनसे हस्तक्षेप करने का अनुरोध किया था। मैंने उनसे मिलने के लिए एक प्रतिनिधिमंडल का भी आयोजन किया था। इस प्रतिनिधिमंडल में मुस्लिम और गैर-मुस्लिम दोनों ही महिलाएं शामिल थीं। हमें तुरंत प्रधानमंत्री राजीव गाँधी से मिलने का समय मिल गया। वह बैठक बहुत ही सकारात्मक थी। उन्होंने पूरी तरह से हमें मोहित कर लिया। दरअसल, उन्होंने मुझे और प्रोमिला

दंडवती—प्रतिनिधिमंडल की दो सबसे वरिष्ठ सदस्यों—को "आंटी" कहा और इस मामले पर ध्यान देने का वचन किया। उसी दिन, उन्होंने इस मुद्दे को संसद में उठाया और मुस्लिम पर्सनल लॉ के संबंध में अन्य इस्लामी देशों में क्या हो रहा था, इस बारे में एक श्वेत पत्र की मांग की। लेकिन अफसोस, जैसा कि हमेशा होता है, कट्टरपंथी और रूढ़िवादी जीत गए। राजीव को सलाह दी गई कि वे मुसीबत मोल न लें क्योंकि इससे उनका मुस्लिम वोट बैंक खतरे में आ जाएगा। इसीलिए वे पीछे हट गए और कट्टरपंथियों को उनके रास्ते जाने दिया। शाह बानो पर पाखंड और मुस्लिम समुदाय को विभाजित करने का आरोप लगाया गया था; वह डर गई और आखिरकार मामला वापस ले लिया। हालांकि मुस्लिम पर्सनल लॉ के मूल सिद्धांतों का विरोध किए बिना आपराधिक संहिता में थोड़ा सुधार किया गया था। मुझे दुःख केवल इस बात का नहीं था कि मुस्लिम समुदाय ने अपनी उदार और धर्मनिरपेक्ष प्रमाणिकता स्थापित करने का एक स्वर्णिम अवसर खो दिया था बल्कि अपने नारीवादी सहकर्मियों के तटस्थ रवैये पर भी मुझे दुःख हो रहा था। अब, अल्पसंख्यक अधिकारों के संरक्षण के बहाने से एक समान नागरिक संहिता के विरोध में ली गयी उनकि निश्चित भूमिका, जो प्रभावशाली रूप से सबसे अधिक पुरातात्विक भेदभावपूर्ण मुस्लिम पर्सनल लॉ का समर्थन करती है, भी चिंताजनक है। इसका अंतिम परिणाम यह है कि मुस्लिम महिलाएं इस लगभग बर्बर क़ानून के तहत अभी भी रह रही हैं, और हमेशा की तरह मुस्लिम पहचान के संरक्षण के आघात को सहन कर रही हैं।

उस समय गुस्सा इतना ज्यादा था कि शाह बानो के समर्थन में प्रेस में जाने पर मुझपर व्यक्तिगत हमला किया गया था। मैंने एक लेख लिखा था जिसमें मैंने बंबई के एक प्रतिष्ठित संस्थान में हुए एक अध्ययन से यह उद्धृत किया था कि कुछ इलाकों में, बहुसंख्यक वेश्याएं मुस्लिम हैं। इसे ग़लत समझ लिया गया और एक अफवाह उड़ी कि मैंने सभी मुस्लिम महिलाओं को वेश्या कहा है। मुझे गंभीर धमकियाँ दी गयीं, जिनमें मुझपर और मेरी युवा बेटियों पर बलात्कार की धमकी भी शामिल थी। हालाँकि जब कट्टरपंथी मुसलमानों के दबाव में आकर सरकार झुक गई, तो यह तूफ़ान शांत हो गया।

जैसा कि पहले ज़िक्र किया गया है, यूएसएआईडी छोड़ने के बाद, मैं अंशकालिक आधार पर एकॉर्ड (एसीसीओआरडी) नामक गैर सरकारी संगठन में काम करती थी, जिसका नेतृत्व किरण वडेहरा करती थीं जो एक काबिल युवा महिला थीं और मेरे यूएसएआईडी के दिनों से मुझे जानती थीं, जब मैंने उनकी कुछ परियोजनाओं के लिए निधि उपलब्ध कराई थी। जब उसने सुना कि मैंने यूएसएआईडी से इस्तीफ़ा दे दिया है, उसने मुझे अपने साथ आने और महिला विकास विभाग का नेतृत्व करने का अनुरोध किया। वह मेरे प्रति बहुत समर्थक और दयालु थी लेकिन हम महिलाओं के मुद्दों को बहुत अलग तरीक़े से देखते थे और वहां तीन साल काम करने के बाद, मैंने इस्तीफ़ा देने का और अल्पकालिक सलाहकार के रूप में काम करने का निर्णय लिया।

एकॉर्ड में काम करते समय, मुझे बीजिंग में अंतर्राष्ट्रीय महिला सम्मेलन में जाने का अवसर प्राप्त हुआ। मैं किरण वडेहरा की उदारता के लिए उनकी आभारी हूँ कि उन्होंने मुझे यह सोचकर प्रायोजित करने का प्रस्ताव दिया कि एकॉर्ड की अंतर्राष्ट्रीय स्तर पर मौजूदगी बनाई जा सके। मैं

रोमांचित थी क्योंकि चीन के प्रति मेरे मन में विशेष आकर्षण था और उन दिनों चीन में जाने पर प्रतिबंध था। मैंने इस सम्मेलन का और विशुद्ध चीनी भोजन का अच्छे से आनंद उठाया। चीनी भोजन मेरा पसंदीदा रहा है और चीन में खाने के बाद, मैं विशुद्ध चीनी भोजन और भारतीयकरण किया हुआ चीनी भोजन जो हमारे यहाँ भारत में बनता है, के बीच फर्क बता सकती हूँ। हमें एक रेस्तरां में ले जाया गया जिसकी विशेषता पेकिंग डक (बतख) में थी। वहां हमें एक लिखित विवरण दिया गया था कि पेकिंग डक (बतख) कैसे तैयार किया जाता है। जाहिर है, यह प्रक्रिया बतख के पालन-पोषण की संकल्पना से शुरू की जाती है, जब तक कि बतख काटने और पकाने के लिए तैयार न हो जाए। स्वाद के अंतर का मज़ा लेने के लिए बतख के प्रत्येक भाग को अलग-अलग परोसा गया था। यह एक अद्भुत भोजन था, और कुछ नहीं तो इसी के लिए बीजिंग एक और बार जाना चाहिए।

यॉर्क विश्वविद्यालय में फ़ैलोशिप

बीजिंग से लौटने के बाद, मुझे कनाडा के दूतावास से भारत में नारीवादियों के सामने आने वाले तत्कालीन मुद्दों पर एक लेख लिखने का प्रस्ताव मिला। मेरे लेख की बहुत प्रशंसा की गई और उसे ओटावा भेज दिया गया। एक मित्र ने सुझाव दिया कि मुझे नई दिल्ली में शास्त्री इंडो-कैनेडियन संस्थान में वरिष्ठ फ़ैलोशिप के लिए आवेदन करना चाहिए। दोनों देशों के बीच संयुक्त अनुसंधान और दोनों देशों के विद्वानों कीआपसी यात्रा के माध्यम से दोनों देशों के बीच बेहतर समझ को बढ़ावा देने के लिए यह संस्थान स्थापित किया गया था। वहां विभिन्न विषयों में फ़ेलोशिप भी स्थापित की गई थी, और महिला अध्ययन उनमें से एक विषय था। मैंने उस वरिष्ठ फ़ेलोशिप के लिए आवेदन किया और "कनाडा में भारतीय मुस्लिमों की पहचान चिन्ह" शीर्षक से एक अनुसंधान प्रस्ताव जमा करा दिया और उनसे अनुरोध किया वे मुझे टोरंटो, जहाँ भारतीयों की आबादी बहुत अधिक थी, के एक विश्वविद्यालय से संबद्ध करें। मेरी कनाडा जाने में व्यक्तिगत दिलचस्पी थी, क्योंकि मेरी दो बहनें टोरंटो में रहती थी और एक भाई ओटावा में। मेरा अनुरोध स्वीकार कर लिया गया और मुझे टोरंटो के यॉर्क विश्वविद्यालय से संबद्ध एक वरिष्ठ फ़ेलोशिप प्रदान की गई। मैं बहुत खुश थी क्योंकि यह मेरा पहला कनाडा दौरा था और इससे मुझे मेरे निवास के दौरान अमेरिका में रह रही अपनी बेटी से कई बार मिलने के अवसर प्राप्त हुए।

यह कनाडा में अनिवासी भारतीय (एनआरआई) समुदाय के साथ मेरा पहला अनुभव था और मुझे यह जानकर आश्चर्य हुआ कि वहां रहनेवाले सभी समुदायों के भारतीय, समय के हिसाब से जैसे जम ही गए थे, इस अर्थ में कि उन्हें लगता था कि भारत अभी भी वैसा ही है—विशेषतया सांस्कृतिक रूप से—जैसा तब था जब वे कनाडा आ गए थे। वे पश्चिमी संस्कृति पर सांस्कृतिक श्रेष्ठता की विस्थापित भावना से पीड़ित थे। 1990 के दशक की शुरुआत में कनाडा में भी नस्लीय पूर्वाग्रह प्रचलित थे और उनकी प्रतिक्रियास्वरुप यह भावना बढ़ गई थी, हालाँकि वह देश दावा करता था कि उसका समाज सभी संस्कृतियों का "मोज़ेक (मिश्रण)"

है और प्रत्येक नागरिक के पास समान अधिकार हैं। नस्लवाद, हालाँकि आधिकारिक तौर पर हतोत्साहित किए जाने के बाद भी, निजी बातचीतों में और यहाँ तक कि कार्यस्थलों में भी दिखाई देता था, हालाँकि वह अमेरिका जितना स्पष्ट नहीं था। एशियाई और विशेष रूप से भारतीय, जिन्हें कुछ हद तक, अपनी संस्कृति का अनुचित अभिमान था, एकसाथ रहकर एक लगभग एकांत जीवन जीते थे, और गोरों से बातचीत करना टालते थे। वे उन्हीं सामाजिक-सांस्कृतिक विपाटन को यादगार बनाते थे जो भारत में अस्तित्व में था और यह अपेक्षा करते थे कि उनके बच्चे भी इसका पालन करें। इसने पहली पीढ़ी के भारतीयों के बच्चों के लिए एक बहुत ही दुर्भाग्यपूर्ण स्थिति उत्पन्न कर दी जो कनाडा में ही जन्मे और बड़े हो रहे थे। वे कुंठित महसूस करते थे क्योंकि उनके माता-पिता उनके साथी समूह की जीवनशैली का पालन नहीं करना चाहते थे। भारतीय माता-पिता अपने बच्चों पर लैंगिक नैतिकता के "श्रेष्ठ" मानकों को लागू करने की कोशिश करते थे। वे डेटिंग (अविवाहित लड़के-लड़कियों के मिलन) को मंजूरी नहीं देते थे और मुस्लिम विशेष रूप से शराब पीने की कड़ी निंदा करते थे। वे लिंग असमानता को भी मानते थे और बेटों के मुकाबले बेटियों के साथ अधिक सख्त थे। चूंकि मेरा केंद्रबिंदु भारतीय मुस्लिम थे, मैंने देखा कि नैतिक मूल्यों को लागू करने के लिए इस्लाम को एक हथियार के रूप में इस्तेमाल किया जाता था। मुझे यह देखकर बहुत हैरानी हुई कि भारतीय मुस्लिम परिवारों ने अपने बच्चों को केवल इस्लामी भारतीय होना सिखाया है; उन्होंने अपने बच्चों को संगीत, वास्तुकला, भोजन और ऐसे अन्य क्षेत्रों में भारतीय समाज के मुसलमानों के योगदान के बारे में सूचित ही नहीं किया था। मैं "भारतीय" मुसलमानों का उल्लेख करती हूं क्योंकि कनाडाई भारतीय मुस्लिम खुद को अन्य देशों के मुसलमानों से अलग समझते थे। जाहिर है, पैन-इस्लामिक भावना ने क्षेत्रीय और सांस्कृतिक मतभेदों को मिटाया नहीं था। विभिन्न देशों के मुसलमानों की मस्जिदें भी अलग थीं।

जिस बात ने मुझे सबसे ज्यादा व्यथित किया वह थी भारतीय महिलाओं की दुर्दशा, विशेष रूप से वे जो पहली पीढ़ी के अप्रवासी थे। जैसा कि हर जगह होता है, युवा पीढ़ी को एक संस्कृति हस्तांतरित करने का बोझ महिलाओं पर पड़ता है। यह वहां भी स्पष्ट था, क्योंकि सभी समुदायों की भारतीय महिलाओं ने अपने बच्चों को भारतीयों की "लैंगिक नैतिकता", श्रेष्ठ परिवार (काफी हद तक अतिरंजित विचार), और निश्चित रूप से, धार्मिक मूल्यों को प्रस्तुत करने का बहुत कठिन प्रयास किया था। माताओं से यह अपेक्षा की जाती थी कि वे अपने बच्चों के लिए आदर्श बनें और पारंपरिक भारतीय पत्नियों की भूमिका निभाएं। भारतीय महिलाएं अपने पतियों के प्रभुत्व के अधीन रहती थीं। मेरे टोरंटो आने के तुरंत बाद, मुझे अत्यधिक लिंग भेदभावपूर्ण जीवन शैली की झलक मिल गई। मेरी बहनरेशम और मुझे, मेरी बहन के एक भारतीय दोस्त ने रात्रि-भोजन के लिए आमंत्रित किया था। वहां, मुझे यह देखकर आश्चर्य हुआ कि पुरुष और महिलाएं आपस में मिलतेजुलते नहीं थे। महिलाएं एक साथ बैठकर घरेलू मामलों पर चर्चा करती थी, जबकि उनमें से कुछ पेशेवर महिलाएं थीं जैसे कि डॉक्टर और मेरी बहन जो कि एक स्कूल समूह की पर्यवेक्षक थी। पुरुष एक साथ बैठकर कनाडा की राजनीति, उनकी नौकरी के लिए प्रचार के अवसर पर चर्चा करते थे और भारत पर प्रहार करने में तल्लीन रहते

थे। जब भोजन परोसा गया, तो एक सज्जन उठे और भोजन की मेज की तरफ बढ़े। मैं उनके पीछे गई और उनके पास बैठ गई लेकिन मैंने देखा कि कोई भी अन्य महिला या पुरुष पीछे नहीं आया। मैंने यह भी गौर किया कि वे सज्जन जो मेज के पास आए थे, थोड़ी असुविधा महसूस करने लगे। मैंने अपनी बहन की तरफ देखा और उसे आने के लिए कहा और उसने घबराए हुए स्वर में उत्तर दिया, "पहले पुरुषों को भोजन करने दो, उनका होने के बाद महिलाएं खाएँगी।" मैं इस प्राचीन भारतीय परंपरा के अस्तित्व पर चकित रह गई क्योंकि यह प्रथा भारत से तो बहुत समय पहले ही समाप्त हो चुकी है, विशेष रूप से शिक्षित शहरी भारतीयों में से।

एक और शाम के दौरान, हम महिलाओं को तहखाने में भेज दिया गया जो बहुत गंदा था जबकि पुरुषों को बैठक में बिठाया था। भोजन के दौरान, पुरुषों को खाने की मेज पर परोसा गया और हम महिलाओं को रसोई से अपनी थालियों में परोसने के लिए कहा गया। मैंने अपना खाना लिया और देखा कि बैठक के सोफे ख़ाली पड़े थे क्योंकि पुरुषों ने उन्हें ख़ाली कर दिया था, मैं हाथों में थाली लेकर एक सोफे पर जाकर बैठ गई। मेज़बान और अन्य महिला मेहमानों के बीच थोड़ी फुसफुसाहट होने के बाद, मेरी बहन मेरे पास आई और शर्मिंदगी के स्वर में मुझसे कहा कि हमारी मेज़बान चाहती हैं कि मैं तहखाने में जाकर वहां अन्य महिलाओं के साथ खाऊं। वहां एनआरआई बच्चों के हित के लिए इस तरह की "श्रेष्ठ" भारतीय संस्कृति का प्रदर्शन किया जा रहा था या फिर वह हमारे उग्र पुरुषसत्तावादियों के हित के लिए था?

कनाडा की भारतीय महिलाएं एक और स्थान पर भी हार गयीं। उनमें से ज़्यादातर स्नातक थीं और उनमें से अधिकांश के पास भारत की स्नातकोत्तर पदवियां थीं। उनमें से कुछ डॉक्टर थीं; कुछ ने तो भारत में डॉक्टर के रूप में के साल काम भी किया था। लेकिन भारतीय पदवियों का कनाडा में कोई मूल्य नहीं था। तो, यह अर्हताप्राप्त महिलाएं कनाडा के संस्थानों से आगे की योग्यता लिए बिना नौकरी नहीं कर सकती थीं। बहुसंख्यक मामलों में, भारतीय एक बेहतर जीवनशैली के लिए कनाडा में स्थानांतरित हुए थे, जो तभी संभव था जब पुरुष और महिलाएं दोनों ही नौकरी करें। ज्यादातर मामलों में, पुरुषों के पास बेहतर शैक्षणिक योग्यताएं थीं और वे सफ़ेदपोश नौकरियां करते थे लेकिन बीए की पदवी-प्राप्त महिलाओं को छोटी-मोटी नौकरियां करनी पड़ती थीं और उनका आत्मसम्मान कम होता था। इस पूरी परिस्थिति में अगर किसी ने अपना सब कुछ खोया था तो वे यह महिलाएं थीं। मेरी जाँच-पड़ताल के दौरान, मेरा सामना ऐसे परिवारों से हुआ जहाँ बहुत घरेलू विवाद था और पत्नियों को इसे भुगतना पड़ता था क्योंकि तलाक़ को अच्छी नज़र से नहीं देखा जाता था और इससे भारतीय पारिवारिक जीवन की "श्रेष्ठ" छवि ख़राब होती थी। इसमें अपवाद भी थे, लेकिन वे बहुत कम थे। अधिकांश परिवार अपने बेटों और बेटियों के पालन-पोषण में लिंग भेदभाव करते थे, जिससे अक्सर बेटियों में क्रोध और कुंठा देखी जाती थी। मैंने उन क्षेत्रों के कुछ पुलिस रिकॉर्ड देखे जो मुख्य रूप से भारतीय थे और पाया कि पुलिस स्टेशन में बहुत से फ़ोन देर रात को पड़ोसियों द्वारा किए गए थे जिन्होंने बेटियों के देर रात तक घर से बाहर रहने के कारण भारतीय माता-पिता द्वारा अपनी बेटियों पर चिल्लाने और मारने-पीटने के शोर-शराबे की शिकायत की थी। इससे परिवार में बहुत मनमुटाव उत्पन्न हो गया था और दो प्रकार के युवाओं का निर्माण हो गया था। पहले वे

थे जो विद्रोही थे, माता-पिता को तकलीफ पहुंचाते थे, और दूसरे वे थे जो कठोर अनुसारक थे, जिनमें से कुछ धार्मिक कट्टरपंथी बन जाते थे और पश्चिमी संस्कृति को मजबूती से अस्वीकृत करते थे। हालांकि वे सभी अपनी उस समृद्धि का आनंद उठाते थे, जिसे विवाह और धार्मिक त्यौहारों को बेहद धूमधाम के साथ मनाते हुए अभिव्यक्ति मिलती थी।

मैंने यॉर्क विश्वविद्यालय में अपना समय अच्छे से बिताया। मैं हमेशा विश्वविद्यालय के परिसरों में सहज महसूस करती थी और इस बार एक दशक के बाद मुझे एक विश्वविद्यालय परिसर में आने का अवसर मिला था। मेरे शोध कार्य के अलावा, जिसमें मुझे अंत में एक रिपोर्ट देनी पड़ती थी, मुझे विभिन्न विभागों में व्याख्यान देने और संकाय के सम्मेलनों में भाग लेने का अनुरोध किया गया था। मैंने पाया कि विश्वविद्यालय परिसर के जीवन में कंप्यूटर्स के परिणामस्वरूप बड़े बदलाव हुए हैं। संकाय के सदस्य और छात्र दोनों ही विश्वविद्यालय परिसर में कम समय बिताते थे; वे जितना हो सके घर से काम करते थे। इसने व्यक्तिगत आदान-प्रदान की आवृत्ति कम कर दी थी और मेरे समय की तुलना में विश्वविद्यालयों में भीड़भाड़ कम होती थी।

सुनहरा अध्याय

मेरा काम पूरा करने के बाद, मेरी भारत वापसी बहुत नाटकीय थी। भारत का सोने का भंडार कम हो रहा था और भारत सरकार ने सोने के शुल्क मुक्त आयात की अनुमति देने का फैसला किया था। चूंकि मेरी वरिष्ठ फ़ैलोशिप काफी आकर्षक थी और मैं अपनी बहन के साथ रहती थी, मैं थोडा पैसा बचाने में कामयाब हो गई। किरण का विवाह समीप आ रहा था। मैंने घर लाने के लिए अपने डॉलर की बचत को सोने में परिवर्तित करने का निर्णय लिया। मैंने इसे अपनी तरफ से एक देशभक्तिपूर्ण भाव माना, हालांकि यह सोने की केवल एक छोटी सी राशि थी, लगभग दो सौ ग्राम या इतनी ही। मैंने अपने अर्थशास्त्री पति से पूछा कि क्या डॉलर की बजाय सोना लाना सही है। उन्होंने मेरे निर्णय को मंजूरी दी और एक अन्य अर्थशास्त्री मित्र से आगे पूछताछ की जो उस समिति का सदस्य था जिसने सोने के शुल्क मुक्त आयात को अनुमति देने का निर्णय लिया था। हरी बत्ती मिलने के बाद, मैंने अपने डॉलर को सोने में बदल दिया। जैसे ही मैं दिल्ली हवाई अड्डे पर पहुंची, मैंने गर्व से अपने सोने की घोषणा की और सीमा शुल्क अधिकारी को वह छोटी प्लास्टिक की थैली दिखाई जिसमें कुछ औंस के शुद्ध सोने के सिक्के थे। अधिकारी ने मेरी तरफ आश्चर्य के साथ देखा क्योंकि मैं बड़ी आसानी से उस छोटी थैली को अपने कपड़ों में छुपा सकती थी और उसे बाहर ले जा सकती थी। लेकिन यहाँ मैं, उस कीमती धातु को पूरी निर्लज्जता से दिखाती हुई खड़ी थी। उसने कहा, "मैडम, यह गैरक़ानूनी है, आप सोने के सिक्कों का आयात नहीं कर सकती।" मैंने उन्हें उस अध्यादेश के बारे में याद दिलाया जो सोने के शुल्क मुक्त आयात की अनुमति देता था। उसने कहा कि उसे पता है लेकिन इसमें एक शर्त थी कि सोना आयात करनेवाला व्यक्ति भारत से कम से कम छह महीने के लिए बाहर होना चाहिए।

मैं साढ़े पांच महीने से बाहर थी, और इस आवश्यकता में केवल 15 दिन कम पड़ रहे थे। उन सोने के सिक्कों को जब्त करने के अलावा उसके पास कोई विकल्प नहीं था। तथापि, वह मेरी ईमानदारी से प्रभावित हुआ और उसने मेरे सोने को बचाने के लिए एक रास्ता सुझाया। उसने सुझाव दिया कि वह सोने को जब्त कर लेगा लेकिन इसे सुरक्षित हिरासत में रखेगा और अगर मैं अगले 15 दिनों में भारत से बाहर गई, तो मैं उसे फिर से प्राप्त कर सकती हूँ। उसने सुझाव दिया कि मुझे श्रीलंका, भूटान या पाकिस्तान जैसी पड़ोसी देश में जाना चाहिए। मेरे पास सोने को सीमा शुल्क अधिकारी के पास छोड़ने के सिवाय कोई विकल्प नहीं था। मुझे आश्चर्य था कि मेरे पति ने मुझे अपूर्ण जानकारी दी थी और जाहिर तौर पर मेरी अनमोल बचत खोने पर मैं बहुत परेशान थी। सीमा शुल्क अधिकारी ने फिर से मेरे छोटी थैली की जांच की और कहा कि वह इसे प्लास्टिक बैग में नहीं रख सकता है। मुझे इसे किसी छोटे डिब्बे में रखना चाहिए लेकिन वह मुझे कोई डिब्बा उपलब्ध नहीं करा पाया। तो, मैं एक कर-मुक्त दुकान पर गई और चॉकलेट का एक छोटा डिब्बा खरीदा, उसे ख़ाली किया, और सोने को उसमें रखा जिसको कसकर पैक किया गया और सील करके ले जाया गया। मुझे एक रसीद दी गई ताकि मैं वापस आने पर उसपर दावा कर सकूँ। उस वक्त मुझे ऐसा करने की कोई उम्मीद नहीं थी।

मेरे पति छह महीने की शर्त से आश्चर्यचकित हुए और अपने दोस्त को फ़ोन किया, जो स्वयं भी आश्चर्यचकित हुआ, क्योंकि समिति ने ऐसी कोई शर्त नहीं रखी थी। जाहिर है, इस मामले से निपटनेवाले किसी नौकरशाह ने समिति से परामर्श किए बिना छह महीने की शर्त रखी थी। समिति ने इस मामले की जांच की और सख्ती से इस शर्त को पूर्वव्यापी प्रभाव से हटा दिया और मुझे अपने सोने की वापसी के लिए हरी बत्ती मिल गई। मैं खुश और बहुत राहत महसूस कर रही थी और मेरे पति और मैं तुरंत हवाईअड्डे के सीमा-शुल्क पर पहुंचे। सीमा शुल्क अधिकारी ने आधिकारिक पत्र की वैधता पर सवाल नहीं किया और हमें हवाईअड्डे परिसर में एक कमरे में जाने का संकेत दिया। ख़ुशी-ख़ुशी हम उस कमरे में गए जो अँधेरा और गंदा था। मेज पर बैठे दो चिडचिडे सज्जनों ने हमें संदेह के साथ देखा। हमने उनमें से एक को पत्र दिखाया जिसने बिना किसी दिलचस्पी के साथ उसे देखा और हमें उस वस्तु का वर्णन करने के लिए कहा जिसका दावा हम कर रहे थे। जब हमने विवरण बताया कि वह एक छोटा टिन का डिब्बा था, उसने हमें बड़े गंदे तरीक़े से देखा और कहा कि वह फाइलों में की गई हजारों प्रविष्टियों के बीच एक छोटे से टिन के डिब्बे की पहचान कैसे कर सकता है। उसने फाइलों की बड़ी संख्या की ओर इशारा किया, उनमें से कुछ फटी हुई थीं और सभी धूल से भरी थीं। इसके अलावा, उसने हमसे पूछा कि हम यह कैसे सुनिश्चित कर सकते हैं कि हमारे छोटे टिन के डिब्बे को उस विशेष भंडारण स्थल में रखा गया था क्योंकि शहर के विभिन्न हिस्सों में ऐसे कई भंडारण स्थल थे। उसने मेरे छोटे टिन के डिब्बे की प्रविष्टि को खोजने का प्रयास करने से भी इनकार कर दिया। हमने कोशिश करने का अनुरोध करना जारी रखा क्योंकि हम आधिकारिक तौर पर अपने सोने का दावा करने के हकदार थे। हमसे छुटकारा पाने के लिए, उसने एक बड़े कमरे की तरफ इशारा किया और हमें वहां जाने और वहां के कार्यवाहक से उसे ढूँढने की विनती करने के लिए कहा। हम एक बड़े कमरे में गए जहाँ एक के ऊपर एक बहुत से सूटकेसों का ढेर पड़ा था जो छत तक

जा पहुंचा था। कार्यवाहक हमारी कीमती वस्तु का वर्णन सुनने के बाद, हंसने लगा और कहा, "बताइए, डिब्बों के इस जंगल में आपका छोटा डिब्बा कहाँ ढूँढूं?" हम परिस्थिति की मूर्खता को देख सकते थे लेकिन मैं अपनी कीमती वस्तु को कैसे छोड़ सकती थी, वह भी तब जब मेरे पास उसे ले जाने का आधिकारिक आदेश था? हमने इस बात पर जोर दिया कि उसे कोशिश तो करनी चाहिए, तो उसने आख़िरकार एक लंबा डंडा उठाया और उसे दो बड़े बक्सों के बीच घुसाया। और तभी मेरा छोटा डिब्बा लुढ़कता हुआ नीचे आया! हम तीनों ने उसकी तरफ आश्चर्य से देखा। हम इतने चकित थे कि कुछ सेकंडों के लिए, उसे उठाने के लिए नीचे भी नहीं झुके। कार्यवाहक को यह विश्वास ही नहीं हो रहा था जो डिब्बा गिरा, वही मेरी "इच्छित वस्तु" थी। उसने हमारी तरफ देखा और कहा, "साहब, आपने ज़रूर इसे बहुत मेहनत की कमाई से खरीदा होगा।" यह किसी चमत्कार से कम नहीं था, लेकिन मेरी समस्या अभी समाप्त नहीं हुई थी। जब हम सोना जौहरी के पास ले गए, तो उन्होंने भी हमें संदेह के साथ देखा जैसे कि हम तस्कर थे और कीमत की तुलना में बहुत कम पेशकश करते थे। तब भी वे हमें नकद नहीं दे सकते थे; हमें उसी राशि के गहनों को खरीदना था। मुझे गहने खरीदने में दिलचस्पी नहीं थी क्योंकि मेरे पास पहले ही किरण को देने के लिए पर्याप्त था। हमें दावत और अन्य संबंधित खर्चों के लिए नकद चाहिए था। मैंने कार्यालय के एक सहकर्मी के साथ अपनी समस्या साझा की। सौभाग्यवश, उसके एक चाचा थे जो शौकिया तौर पर सोने के गहने डिजाईन करते थे। इसलिए, उन्होंने मेरा सोना खरीदने की पेशकश की क्योंकि वे जानते थे कि वह अत्यंत शुद्ध था और उन्होंने मुझे उसकी सही कीमत दी। इस प्रकार, मेरी कठिनाइयां अंततः खत्म हुईं और किरण के विवाह के लिए पैसा हाथ में आया। मेरे बारे में हर जगह फुसफुसाहट होने लगी, "क्या तुम्हे पता है ज़रीना कनाडा से सोना आयात करके लाई है?" मेरी सारी देशभक्ति संदेह में बदल गई थी और सार्वजनिक धारणा में मुझे एक तस्कर करार दे दिया।

लिंग संवेदीकरण पर एक पाठ्यक्रम तैयार करना

पिछले 30 सालों में, स्वास्थ्य, शिक्षा और रोजगार में महिलाओं की स्थिति में सुधार के लिए कई योजनाएं तैयार की गईं और इन्हें लागू भी किया गया, लेकिन इन बहुआयामी प्रयासों के बावजूद, कोई महत्वपूर्ण बदलाव नहीं हुआ। महिला भ्रूणहत्या और महिलाओं के ख़िलाफ़ अपराध की बढती घटनाओं जैसी कुछ प्रतिकूल परिस्थितियां उन्हें नुकसान पहुँचाने का काम कर रही थीं। धीमे परिवर्तन के कारणों में से एक कारण था, उन लोगों में लिंग जागरूकता की कमी जो महिलाओं के विकास कार्यक्रमों में शामिल थे। यह पाया गया कि वे कर्मचारी जो विशेष रूप से ग्रामीण क्षेत्रों में महिलाओं की विकास योजनाओं में शामिल थे, वे खुद ही भेदभावपूर्ण धारणा के शिकार थे। महिलाओं की स्थिति में कोई बदलाव लाने के लिए उनके पास ज्ञान और दृढ़ विश्वास की कमी थी। उनमें से ज्यादातर ग्रामीण पृष्ठभूमि से आते थे और पारंपरिक रूप से बाध्य थे। उनके पास आधुनिक उदारवादी विचारों के लिए सीमित पहुंच थी।

मैं तब भी एकॉर्ड के साथ थी, और तब मुझे जमीनी विकास श्रमिकों के लिए दूरस्थ शिक्षा पाठ्यक्रम को डिजाइन करने और लिखने का अवसर मिला था। यह पाठ्यक्रम राष्ट्रीय खुले स्कूल द्वारा प्रायोजित किया गया था। श्रमिकों को सूचित करने, प्रशिक्षित करने और लिंग-संवेदीकरण करने के लिए इसे छोटे योगदान के रूप में माना जाता था ताकि वे अपने कर्तव्यों को अधिक प्रभावी ढंग से पूरा कर सकें। यह पाठ्यक्रम जब तक चला तब तक बहुत अच्छा चल रहा था, लेकिन दुर्भाग्यवश, राष्ट्रीय मुक्त स्कूल के नौकरशाही के कठोर रवैये के कारण, मेरे एकॉर्ड छोड़ने के कुछ समय के बाद, इस पाठ्यक्रम को बंद कर दिया गया।

बीड़ी अध्ययन

महिलाओं के मुद्दों को, विशेष रूप से घरेलू और राष्ट्रीय अर्थव्यवस्था में उनके आर्थिक योगदान को, समझने के लिए मैंने एक और योगदान दिया, वह था एक अध्ययन जो मैंने बीड़ी[1] निर्माता महिला श्रमिकों के ऊपर किया था। घरों और समाज में महिलाओं की भूमिका को उजागर करते हुए, हमने पाया कि महिला का आर्थिक योगदान लगभग अदृश्य था और यह मुख्य कारक था, जो उन्हें कम दर्ज़ा मिलने के लिए सबसे ज्यादा ज़िम्मेदार था। महिलाओं को घर और समाज के लिए संपत्ति के बजाय देयताएं माना जाता था क्योंकि उनके आर्थिक योगदान को शून्य माना जाता था। भारतीय अर्थव्यवस्था के असंगठित क्षेत्र की बहुत कम समझ थी जिसमें लगभग 90 प्रतिशत महिला श्रमिक शामिल थी। इन महिला श्रमिकों को घर पर काम करनेवाले श्रमिकों के रूप में संदर्भित किया गया था। उनमें परिधान निर्माता, फीता निर्माता, कई प्रकार के हस्तकला उत्पादक, बीड़ी निर्माता, माला निर्माता और सैकड़ों दैनिक मजदूरी वाले श्रमिक शामिल थे, जिन्हें एक वस्तु के दर के आधार पर भुगतान किया जाता था और जितनी वस्तुएं बनाई जाती थीं, उतना पैसा मिलता था। उनका कोई संघ, काम के घंटों का नियमन, मजदूरी का दर, या चोटों या स्वास्थ्य समस्याओं के मामले में मुआवजे के कोई नियम नहीं थे। उनमें से ज्यादातर ठेकेदारों के माध्यम से काम करते थे जो उनका भारी शोषण करते थे। घर पर काम करनेवाले श्रमिकों की एक बड़ी श्रेणी बीड़ी निर्माताओं की थी। 1990 के दशक में, यह अनुमान लगाया गया था कि बीड़ी बनानेवाले कार्यबल में 90 प्रतिशत हिस्सा महिलाओं का था। बहुत सी महिलाएं इस पेशे में आती थीं क्योंकि इसमें किसी शिक्षा या प्रशिक्षण की आवश्यकता नहीं थी। बीड़ी बनाने के लिए जरूरी एकमात्र कच्चा माल था तेंदू का पत्ता, थोडा सूखा तंबाकू, और तंबाकू को तेंदू के पत्तों के भीतर शंकु आकार में बाँधने के लिए धागा। ठेकेदार मजदूरों को पत्ते और तम्बाकू प्रदान करते हैं और बदले में बीडियों की निश्चित संख्या की मांग करते हैं। श्रमिकों को सूखी पत्तियां आमतौर पर बोरे में भरकर दी जाती हैं। यह पत्ते अक्सर बहुत ही भंगुर होते हैं और बीड़ी के लिए शंकु आकार में घुमाते समय टूट जाते हैं और ख़राब हो जाते हैं। ठेकेदार इस समस्या पर ध्यान

[1] तेंदू के पत्ते में तंबाकू भरकर बनाई गई पतली सिगरेट।

नहीं देते और अगर उन्हें बीड़ी की निश्चित संख्या नहीं दी जाती तो मजदूरी में कटौती करते हैं। एक और बहुत ही अन्यायपूर्ण बात यह है कि ठेकेदार केवल एकदम सही बीडियों का ही चयन करते हैं और जो आवश्यक मानकों के अनुसार नहीं होती उनको ख़ारिज कर देते हैं। श्रमिकों को ख़ारिज की गई बीडियों का भुगतान नहीं किया जाता लेकिन उसे ठेकेदार अपने पास रख लेता है और उन बीडियों को भी बेच देता है, और श्रमिक को उसके पैसे भी नहीं मिलते। अक्सर ठेकेदार को बीड़ी की आवश्यक संख्या प्रदान करने के लिए बीड़ी श्रमिकों को कच्चा माल खरीदने के लिए पैसे उधार लेने पड़ते हैं, इस प्रकार उनकी मजदूरी कम हो जाती है। मैंने उत्तर प्रदेश के इलाहाबाद जिले में बीड़ी अध्ययन का आयोजन किया था। इस अध्ययन के निष्कर्षों ने बीड़ी उद्योग की शोषक प्रकृति का पर्दाफाश किया और प्रणाली को विनियमित करने के लिए बीड़ी और सिगार उत्पादक अधिनियम को लागू करने के लिए सरकार को प्रेरित किया। इस अधिनियम का उद्देश्य था ठेकेदारों को खत्म करना और निर्माताओं को खुद को "उद्यमियों" के रूप में परिभाषित करना जो अपने उत्पाद को प्रत्यक्ष रूप से बाजार में बेच सकते हैं। इस अधिनियम में न्यूनतम वेतन भी तय किया गया था। 1980 के पूर्वार्ध में, यह 1000 बीडियों पर लगभग 4 रुपए था। वह दर अब बढ़ गई होगी लेकिन ठेकेदारों ने उद्यमियों से "ख़रीदना" और उनके लिए बिक्री करना जारी रखा। निर्माता, जिनके पास अपेक्षित विपणन कौशल या सुविधाएं नहीं थी, उनके पास ठेकेदारों पर निर्भर होने के अलावा और कोई चारा नहीं था। हालांकि इस अधिनियम के कारण कुछ फर्क पड़ा है और कुछ बीड़ी निर्माता क़ानूनी प्रावधानों का लाभ उठाने लगे हैं और अपने उत्पादों को सीधे बाजार में ले जाते हैं।

बीड़ी श्रमिकों के अध्ययन के साथ-साथ, आईएलओ ने गृह आधारित श्रमिकों के दो और अध्ययन भी शुरू किये; जिनमें से एक नरसपुर के फीता निर्माताओं पर था। मैं तीसरे अध्ययन का नाम भूल गई हूँ। सुमा चिटनीस शोधकर्ता थी। इन तीन अध्ययनों ने ऐसे श्रमिकों की दुर्दशा की ओर सरकार का ध्यान आकर्षित किया और प्रसिद्ध सामाजिक कार्यकर्ता, डॉ इला भट्ट की अध्यक्षता में संगठित क्षेत्र में श्रम शक्ति महिला श्रमिक नामक एक समिति की स्थापना की गई।

"श्रम शक्ति"

हमारे अध्ययन का एक महत्वपूर्ण योगदान था नीति निर्माताओं और सरकार की भारतीय अर्थव्यवस्था के उपेक्षित असंगठित क्षेत्रके प्रति निर्माण की गई जागरूकता। इस जागरूकता ने इला भट्ट की अध्यक्षता में अर्थव्यवस्था के असंगठित क्षेत्र पर राष्ट्रीय आयोग की स्थापना के रूप में आकार लिया, वे गृह-आधारित श्रमिकों के बीच काम कर रही थीं और उन्होंने उनके अधिकारों की रक्षा के लिए स्वनियोजित महिला संघ (Self Employed Women's Association – SEWA—सेवा) नामक एक व्यापार संघ का गठन किया था। सेवा एक बहुत ही सफल आदर्श था और यह लगभग एक घरेलू शब्द बन गया। असंगठित क्षेत्र पर आयोग की एक व्यापक और खुलासा करनेवाली रिपोर्ट जिसका शीर्षक "श्रम शक्ति" था, अपनी तरह

की पहली रिपोर्ट थी। यह गौरतलब है कि असंगठित क्षेत्र में बहुत बड़ी संख्या में महिला श्रमिक तब भी थीं और अब भी हैं। असंगठित क्षेत्र को दृश्य करने में श्रम शक्ति का वांछित प्रभाव पड़ा और राष्ट्रीय अर्थव्यवस्था में इसके योगदान को मान्यता मिलनी शुरू हुई।

आईएडब्ल्यूएस के साथ मेरा संबंध

एकॉर्ड के लिए काम करते समय, मैं आईएडब्ल्यूएस की कोषाध्यक्ष चुनी गई। यह एक ऐसी जिम्मेदारी थी जिसके लिए मैं ठीक नहीं थी; मुझे एक तरह से हिसाब से नफ़रत थी। लेकिन हुआ ऐसा कि कोषाध्यक्ष को दिल्ली का ही होना था और उस साल आईएडब्ल्यूएस की राष्ट्रीय कार्यकारिणी में केवल मुझे और सुजया को ही निर्वाचित किया गया था। सुजया—जो उस समय एक सरकारी कर्मचारी थी और महिला और बाल कल्याण मंत्रालय में संयुक्त सचिव थी—को लगा कि उसके लिए कोषाध्यक्ष का पद लेना उचित नहीं होगा, और इसीलिए मेरा चुनाव हुआ। मैंने हिसाब रखना और सभी संबंधित कामों को नौकरी के दौरान ही सीखा। द्विवार्षिक राष्ट्रीय सम्मेलन के लिए विदेशी वित्त पोषण को स्वीकार करने के लिए विदेशी मुद्रा नियमन अधिनियम (एफसीआरए) को लागू करने और प्राप्त करने का काम भी मुझपर ही आ पड़ा। सम्मेलन को आयोजित करने की लागत बढ़ रही थी और आईएडब्ल्यूएस के पास बहुत सीमित संसाधन थे। सौभाग्यवश, नीदरलैंड दूतावास ने उस सम्मेलन के खर्च को उठाने की पेशकश की जो कि मैसूर विश्वविद्यालय में आयोजित किया गया था। कोषाध्यक्ष की भूमिका में, भारतीय नौकरशाही से निपटने का यह मेरे जीवन का पहला मौका था। एफसीआरए को मंजूर करने के लिए गृह मंत्रालय के जिन निचले स्तर के अधिकारियों से मुझे निपटना पड़ा, उन्होंने मुझे कितना परेशान किया! उन्होंने औपचारिकताओं को पूरा करने के लिए बेमतलब ज्यादा समय लगाया, ज़ाहिर तौर पर उन्हें रिश्वत चाहिए थे। अंत में, सम्मेलन शुरू होने के एक दिन बाद मुझे एफसीआरए प्रमाणपत्र मिला।

मेरी एक दीर्घकालिक इच्छा थी कि आईएडब्ल्यूएस का एक राष्ट्रीय सम्मेलन लखनऊ विश्वविद्यालय में होना चाहिए, क्योंकि लखनऊ मेरा गृह नगर होने के बावजूद, विश्वविद्यालय मेरी पहुँच से बाहर था क्योंकि मेरी युवावस्था में मुझे परदे में रहना पड़ता था। आज भी, जब भी मैं लखनऊ विश्वविद्यालय में व्याख्यान देने या सम्मेलन में भाग लेने के लिए जाती हूँ, तो रोमांचित हो उठती हूँ। मेरी दीर्घकालिक इच्छा तब पूरी हुई जब 2008 में आईएडब्ल्यूएसका रजत जयंती सम्मेलन आखिरकार लखनऊ विश्वविद्यालय में आयोजित किया गया। यह विश्वविद्यालय का बहुत बड़ा अनुग्रह था कि उन्होंने ज्ञान और विकास में योगदान देने के लिए मुझे सम्मानित किया और मुझे एक फलक प्रदान किया जो हमेशा मुझे प्रिय रहेगा।

70 वर्ष की होने के बाद, मैंने कोई भी पेशेवर काम नहीं करने का निर्णय लिया। लेकिन हुआ ऐसा कि पता नहीं कहाँ से, मुझे एशियन डेवलपमेंट बैंक की "लिंग विशेषज्ञ के रूप में राजमार्ग बनाने" की एक परियोजना में काम करने का प्रस्ताव आया। नौकरी का विवरण आकर्षक लग

रहा था और मेहनताना भी बहुत ज्यादा था। तो, मैंने प्रस्ताव स्वीकार कर लिया और एक ऐसे क्षेत्र में काम करने का आनंद उठाया जिससे मैं अब तक अनभिज्ञ थी। मेरा काम था सड़कों और राजमार्गों के निर्माण के लिए भूमि अधिग्रहण के मुद्दों से निपटना और यह देखना कि इससे महिलाएं किस प्रकार से प्रभावित होती हैं। यह कार्य नौ महीने का था, और हालाँकि नियुक्ति दिल्ली में ही थी, लेकिन एक बार फिर मेरे पास प्रशिक्षण कार्यशालाएं आदि के लिए बहुत से राज्यों में यात्रा करने क़ा अवसर था। तब मुझे एहसास हुआ कि मैं अभी भी सही सलामत हूँ और भारत में सेवानिवृत्ति की 60 या 65 साल की आयु बहुत जल्दी है। हालांकि वह मेरा आखिरी पेशेवर काम था। मेरे पति को सेवानिवृत्त हुए 15 साल हो चुके थे, तो मैंने भी आख़िरकार पूरी तरह से सेवानिवृत्त होने का निर्णय ले लिया। मैं अभी भी आईएडब्ल्यूएस की कार्यकारिणी समिति की सदस्य थी जब उसका रजत जयंती सम्मेलन लखनऊ में हुआ। उस सम्मेलन के बाद, मैंने सभी स्वैच्छिक पदों से बाहर निकलने का फैसला किया। मैं तब तक 72 साल की हो चुकी थी; मेरे लिए अपना पद ख़ाली करना और युवा महिलाओं को अवसर प्रदान करना लंबे समय से अतिदेय था। यह आंदोलन एक ऐसे चरण पर पहुंच गया था जहां युवा पीढ़ी आगे आकर उसमें नया जोश भर सकती थी। सौभाग्यवश, आंदोलन को आगे लेकर जाने के लिए, वहां बहुत से युवक तो नहीं, लेकिन बहुत सी युवतियां थीं।

वह समय बहुत अशुभ साबित हुआ, क्योंकि सम्मेलन के तुरंत बाद मुझे अपने बाएं स्तन में एक गांठ मिली जो कि घातक साबित हुई। मेरा मानना है कि यह एक बार फिर से दैवीय हस्तक्षेप ही था क्योंकि कैंसर अपने प्राथमिक चरण में था। मैंने समय बर्बाद किये बिना सर्जरी कराई और सौभाग्यवश इसके कारण मुझे किसी भी भावनात्मक आघात का सामना नहीं करना पड़ा। लेकिन इस बीमारी ने मेरी शारीरिक सहनशक्ति को प्रभावित किया। इसीलिए, अगर मैं आधिकारिक प्रतिबद्धताओं से बाहर नहीं आती, तो भी मेरे लिए उसी गति से काम करना संभव नहीं था। मेरी सर्जरी हुए अब सात साल बीत चुके हैं और मैं ठीक हूँ और एक सामान्य जीवन बिता रही हूँ, या यूँ कहूँ कि उतना सामान्य जीवन बिता रही हूँ जितना एक अस्सी साल की बूढी महिला के लिए संभव है।

14

और ज़िंदगी चलती गई

मेरा परिवार आगे बढ़ रहा था। इदराक और मैंने माता-पिता की अपनी भूमिकाओं को बहुत गंभीरता से लिया था और सीमित वित्तीय संसाधनों के मद्देनजर, अपनी प्राथमिकताएं निश्चित करने का निर्णय लिया था, जो थीं हमारी बेटियों को अच्छी शिक्षा और अच्छे मानव मूल्य प्रदान करना। हमने उन्हें यह समझाने में तकलीफ उठाई कि उन्हें अच्छे इंसानों को जीवनसाथी के रूप में चुनना चाहिए और यह कि अच्छे इंसान सभी धर्मों और समुदायों में पाए जाते हैं। हमने उन्हें अपने जीवनसाथी खुद चुनने के लिए प्रोत्साहित किया। हुमा ने एक प्रतिभाशाली बंगाली वैज्ञानिक—शोमित्रो घोष—को चुना जिससे वह पीएचडी करते समय शिकागो में मिली। उसके एक हिंदू को चुनने से इदराक बहुत खुश नहीं थे; उन्हें उम्मीद थी कि वह या तो किसी मुस्लिम या ईसाई को चुनेगी, क्योंकि उसके पिता एक मुस्लिम थे, या फिर ईसाई को, क्योंकि उसका पालन-पोषण एक ईसाई घर में हुआ था। लेकिन मैंने उसके चुनाव को स्वीकार किया और इदराक को भी ऐसा करने के लिए मनाया, क्योंकि हमने ही उन्हें अपने निजी जीवन में अपने चुनाव करने के लिए प्रशिक्षित किया था, अब हम पीछे हटकर अपनी प्राथमिकताओं को निर्देशित नहीं कर सकते। सौभाग्यवश, वह युवा बहुत ही योग्य, उच्च शिक्षित और उदारवादी विचारों का था। हुआ ऐसा कि उसके पिता, डॉ आर.सी. घोष ने, जो कि पेशे से एक वन अधिकारी थे, देहरादून के वन अनुसंधान संस्थान के अनुसंधान निदेशक के पद से सेवानिवृत्त होने के बाद, एनसीएईआर में एक सलाहकार के रूप में शामिल हो गए थे, जिसका नेतृत्व उस समय इदराक कर रहे थे। इदराक और डॉ घोष एक-दूसरे को काफी पसंद करने लग गए थे लेकिन उन्हें यह पता नहीं था कि उनके बच्चे अमेरिका में प्रणय निवेदन कर रहे थे। जब शोमित्रो ने इदराक को पत्र लिखकर, उनकी बेटी का हाथ मांगा और जब हमें उसके माता-पिता के बारे में पता चला, हमने आश्वस्त महसूस किया कि हमारी बेटी ने एक अन्य धार्मिक समुदाय के व्यक्ति को चुनने के बावजूद सही चुनाव किया है। डॉ घोष की खुद की बहन का विवाह एक मुस्लिम से हुआ था। इसीलिए, घोष परिवार ने भी अपने बेटे की पसंद का स्वागत किया। शोमित्रो की माँ, शाहाना एक आनंददायक महिला थीं और उनकी और मेरी

एक-दूसरे से अच्छी पटती थी। हुमा और शोमित्रो के विवाह को अब 27 वर्ष हो गए हैं और उनके दो अद्भुत बच्चे हैं, अरमान और आयशा। हुमा एक प्राध्यापक है और वर्तमान में सैन डिएगो विश्वविद्यालय, कैलिफ़ोर्निया के महिला अध्ययन विभाग की अध्यक्ष है।

किरण और निक्की ने भी अपने जीवनसाथी स्वयं चुने। स्कूल की शिक्षा पूरी होने के बाद, किरण और निक्की दोनों ने ही सेंट स्टीफेंस कॉलेज में दाखिला लिया। सौभाग्यवश, दोनों ने ही अपनी शालांत परीक्षा में अच्छा प्रदर्शन किया था। किरण ने अर्थशास्त्र (ऑनर्स) का विकल्प चुना और निक्की ने अंग्रेज़ी साहित्य। किरण डी काल्ब के शिकागो विश्वविद्यालय से अर्थशास्त्र में स्नातकोत्तर करने अमेरिका चली गई, और निक्की ने अपने स्नातकोत्तर के लिए जामिया मिलिया इस्लामिया में जन संचार में दाखिला लिया। अपना स्नातकोत्तर पूरा करने के बाद, किरण ने उत्तरप्रदेश के एक मुस्लिम, असलम से विवाह किया, जो इलाहाबाद के एक प्रसिद्ध परिवार से ताल्लुक रखते थे। असलम अपने पारिवारिक व्यवसाय में शामिल हो गए थे। किरण और असलम के मिलने के पहले से मैं उस परिवार को अच्छे से जानती थी। अपने विवाह और बेटी ल्याला के जन्म के बाद, किरण ने पीएचडी के लिए एलएसई में दाखिला लिया। उसने अपनी पारिवारिक आवश्यकताएँ और पढ़ाई को अच्छे से संतुलित किया, ठीक वैसे ही जैसे पहले हुमा ने किया था। वह एलएसई में एक आवासीय छात्रा के रूप में एक साल बिताकर भारत लौटी, जो कि पीएचडी की न्यूनतम आवश्यकता थी, हिमाचल प्रदेश के अपने चुने हुए क्षेत्र में अपना क्षेत्रकार्य पूरा किया, अपने दूसरे बच्चे दान्याल को जन्म दिया, और फिर वापस अपनी थीसिस लिखने की तरफ लौटी। यूनिसेफ भारत के साथ एक छोटा कार्यकाल बिताने और राष्ट्रीय बाल अधिकार आयोग में राष्ट्रीय समन्वयक के रूप में एक साल काम करने के बाद, अब वह नई दिल्ली के नीति अनुसंधान केंद्र में वरिष्ठ फ़ेलो के रूप में काम कर रही है। उसकी दिलचस्पी सामाजिक मुद्दों में है और वह सूचना अधिनियम के अधिकार और बाल अधिकार क़ानून जैसे कई ऐतिहासिक विधानों से जुड़ी हुई है। हुमा और निक्की के साथ, वह भी सामाजिक रूप से अत्यधिक जागरूकहै, जिससे मेरे दिल को प्रसन्नता मिलती है। हम भाग्यशाली है कि हमें दोनों बेटियों से आनंददायक नाती-नातिनें मिलीं। हमारी दोनों नातिनें—आयशा, जो अब 24 साल की है और ल्याला, जो 16 साल की है—तेजस्वी सुंदर, उज्ज्वल, और प्रतिभाशाली लड़कियों के रूप में बड़ी हुई हैं। आयशा एक हरफ़नमौला है, वह पढ़ाई में अच्छी है, एक उत्कृष्ट तैराक है, और एक भरतनाट्यम नृत्यांगना भी है। उसने बर्कले विश्वविद्यालय से अपनी स्नातक की पदवी हासिल की है और अब न्यूयॉर्क में वास्तुकला की पढ़ाई कर रही है। ल्याला भी स्कूल में अच्छा प्रदर्शन कर रही है। उसे चित्रकारी करना, विभिन्न पाठ्यक्रमेतर गतिविधियों में भाग लेना पसंद है, और वह एक अच्छी वाद-विवादी भी बन रही है। वह शायरी में भी हाथ आजमाती है जिसके वंशाणु की मेरे परिवार में कोई कमी नहीं है।

मेरे दोनों नाती, अरमान और दान्याल, दोनों सच्चे सज्जनों के रूप में बड़े हो रहे हैं। अरमान अपनी शिक्षा पूरी करने के बाद, अब शिकागो में कार्यरत है। उसे अपनी नौकरी पसंद है और वह अपने पेशे में अच्छा कर रहा है। वह स्कूल में फुटबॉल खेलता था, जिससे उसके *नाना* बहुत

प्रसन्न थे, क्योंकि वे खुद भी अपनी युवावस्था में फुटबॉल के बहुत अच्छे खिलाड़ी थे। दान्याल अभी 13 वर्ष का है, और अभी वह यह निर्णय लेने के लिए बहुत छोटा है कि वह क्या करना चाहता है, लेकिन वह भी एक अंतर्राष्ट्रीय फुटबॉल खिलाड़ी बनने की तमन्ना रखता है और इस खेल को पागलों की तरह पसंद करता है, जिससे उसके *नाना* के दिल को बड़ी ख़ुशी मिलती है। उसे खाना बनाना भी पसंद है और उसने घोषणा की है कि यदि वह एक विश्व-स्तर के फुटबॉल खिलाड़ी के रूप में सफल नहीं हो पाया, तो वह एक बावर्ची बनेगा, लेकिन अब वह खाना बनाने के बारे में भी अपना मन बदल रहा है। सौभाग्यवश, वह स्कूल में भी अच्छा प्रदर्शन कर रहा है। ल्याला और दान्याल दोनों ही संगीत में कुछ हुनर दिखा रहे हैं, यह गुण उन्हें अपने पिता से विरासत में मिले हैं। ल्याला पियानो और दान्याल गिटार सीख रहा है।

निक्की ने पति के रूप में एक पंजाबी वास्तुकार मनु खुराना को चुना है। वे एक अच्छे व्यक्ति है और बहुत उदारवादी विचारों के हैं। उनका परिवार बहुत खुले विचारों का है और उन्होंने निक्की को पूरे दिल से स्वीकार किया है। उसके कोई बच्चे नहीं हैं क्योंकि वह अपने पेशे में अधिक व्यस्त है। जन संचार में अपना स्नातकोत्तर पूरा करने के बाद, उसने कुछ बॉलीवुड फ़िल्मों में सहायक निर्देशक के रूप में काम किया, टेलीविज़न पर कई धारावाहिक निर्देशित किए, और वर्तमान में एक फिल्म की पटकथा पर काम कर रही है।

हमारे अपने दामादों और उनके परिवारों के साथ अच्छे संबंध रहे हैं। मनु के पिताजी, गुलशन, उर्दू शायरी के बहुत बड़े प्रशंसक हैं। दरअसल, उन्होंने तरन्नुम नामक एक समूह की स्थापना की है जो समय-समय पर गज़ल-गायन सत्रों का आयोजन करता है। उनकी याददाश्त बहुत ज़बरदस्त है और उनकी बातचीत हमेशा उपयुक्त उर्दू छंदों से लैस होती है। मैं एक साहित्यिक परिवार से ताल्लुक रखती हूँ और इदराक भी एक शायर थे, तो गुलशन की उर्दू शायरी के प्रति दिलचस्पी ने हमारे बीच, धर्म और क्षेत्र की सीमाओं से परे, एक संबंध स्थापित कर दिया है। मैं यहाँ एक घटना का ज़िक्र करना चाहूंगी जो दर्शाती है कि किस प्रकार इच्छा और समझ से, धार्मिक और सांस्कृतिक बाधाओं को पार किया जा सकता है। निक्की और मनु के विवाह के बाद जल्दी ही, करवा चौथ का त्योहार आनेवाला था। इस दिन विवाहित महिलाओं को अपने पति की लंबी उम्र के लिए व्रत रखना पड़ता है और यह सबसे मुश्किल व्रत होता है क्योंकि पूरे दिनभर पानी की एक बूँद भी नहीं पी जाती है। चाँद देखने के बाद ही यह व्रत खोला जाता है। मनु की माँ, संतोष, और उनकी ननद यह योजना बना रही थी वे पूरा दिन कैसे बिताएंगी। व्रत करने वाली महिलाएं समय बिताने के लिए अक्सर एक साथ बैठती हैं और ताश या फिर कोई और घर के अंदर खेले जाने वाले खेल खेलती हैं। जब वे दोनों महिलाएं दिन की योजना बना रही थीं, निक्की उनके साथ बैठी थी और संतोष की ननद ने टिप्पणी की, "मुझे लगता है निक्की हमारे प्यारे मनु के लिए व्रत नहीं रखेगी।" निक्की ने गौर किया कि उसकी सास के चेहरे पर एक उम्मीद की भावना थी, हालाँकि उन्होंने उसे व्रत रखने के लिए नहीं कहा क्योंकि वे जानती थी कि मुस्लिम और ईसाई व्रत नहीं रखते। निक्की उन्हें नाउम्मीद नहीं करना चाहती थी और उसने तुरंत कहा कि वह भी उनके साथ व्रत रखेगी जबकि वह ऐसे अंधविश्वासों को नहीं मानती थी। निक्की ने मुझे बाद में बताया, "मम्मी, मुझे लगा कि मनु की माँ की ख़ुशी

के लिए एक दिन व्रत रखने से क्या हो जाएगा, क्योंकि उनका मानना था कि इससे पति की उम्र बढती है।" मनु हालाँकि इस बात पर गुस्सा थे कि निक्की ने उनकी माँ की अव्यक्त इच्छा को स्वीकार कर लिया था। शाम को, संतोष की ननद ने नौकर से मंदिर ले जाने के लिए पूजा की तीन थालियाँ तैयार करने को कहा। लेकिन संतोष ने बीच में दखल देकर नौकर से केवल दो ही थालियाँ तैयार करने को कहा क्योंकि निक्की को मंदिर जाने की ज़रूरत नहीं थी और उन्होंने निक्की से कहा कि उनके लौटने का इंतज़ार न करे बल्कि जैसे ही चाँद दिखे, अपना व्रत खोल दे। मुझे लगता है कि यह एक दूसरे के रिवाजों की समझ और सहिष्णुता का एक आदर्श उदाहरण है, जिसके कारण सुखी रिश्ते बनते हैं।

लेकिन इन सभी कारकों के बावजूद भी, दुर्भाग्यवश किरण और निक्की दोनों के विवाह नहीं चले। निक्की 10 साल विवाहित रहने के बाद दोस्ताना ढंग से अलग हो गई और किरण का विवाह 12 साल तक चला। शहरी क्षेत्रों में रहने वाले शिक्षित परिवारों में ऐसी घटनाएँ बहुत आम हैं। मुझे लगता है कि हमारी युवा, शिक्षित और आर्थिक रूप से स्वतंत्र महिलाएं नौकरी और निजी आजादी की आकांक्षा रखती हैं, जबकि पुरुष जब पति बन जाते हैं, तो उन्हें इस समानता को स्वीकार करना मुश्किल हो जाता है और वे अपनी पत्नियों से पारंपरिक रूप से परिभाषित अपेक्षाएं करना जारी रखते हैं। यह शहरी भारत में तलाक़ की बढ़ती दर का एक प्रमुख कारण है और यह शिक्षित शहरी समाज में होने वाले उग्र बदलावों को दर्शाता है।

मेरा परिवार दर्शाता है कि कैसे एक नानी (मेरी माँ), जिसने अच्छे से विद्यालयीन शिक्षा भी नहीं ली थी, से उसकी प्रगति एक नातिन तक हुई है जो अमेरिका के बर्कले विश्वविद्यालय में पढ़कर, एक वास्तुकार होने की तैयारी कर रही है।

मैंने पहले ज़िक्र किया है कि मुझे कुछ 20 वर्ष की आयु में तपेदिक हुआ था, क्षिप्रहृदयता (जिसमें हृदय की धड़कन असामान्य रूप से तेज़ हो जाती है), और फिर बाद में कैंसर भी हुआ था लेकिन मैं इन सबसे बच गई। मैं निश्चित रूप से एक उत्तरजीवी हूँ और आशा करती हूँ कि मेरे घटनाओं से भरे हुए जीवन से मैं आसान रूप से प्रस्थान करूँ। पीछे मुड़कर देखते हुए, मैं यह महसूस करती हूँ कि मैंने धन के मामले में नहीं, लेकिन निश्चित रूप से अनुभवों के मामले में एक समृद्ध जीवन जिया है।

तीन बड़ी बीमारियों से जीतने के बाद, मेरे पेशेवर और गैर सरकारी संगठनों के कार्यों के माध्यम से समाज के लिए मेरी देनदारी का भुगतान करने के बाद, और मेरे तीन बच्चों को बड़ा करने के बाद, मेरे पति और मैंने मसूरी के हमारे घर "वुडसाइड" में सेवानिवृत्त होने का निर्णय लिया। हम साल में लगभग आठ महीने यहाँ रहे। यह एक आदर्श सेवानिवृत्त जीवन है और हम अपनी बेटी किरण और उसके पूर्व पति असलम के आभारी हैं कि उन्होंने इसे हमारे लिए इतना सुविधाजनक बनाया। "वुडसाइड" केवल एक विशाल घर ही नहीं है बल्कि बहुत ही शांत और निर्मल परिवेश में खूबसूरती से स्थित है। मैंने अपने संस्मरण लिखते हुए खुद को व्यस्त रखा; मेरे पति किसान अर्थव्यवस्था पर एक पुस्तक लिखने में व्यस्त थे, लेकिन अफसोस, वे उसे पूरी नहीं कर सके। नवंबर 2013 में उनका निधन हो गया। जब हमारे पास खेलने के लिए चार लोग होते थे, या फिर जब बच्चे और नाती-नातिनें हमसे मिलने आते थे, तो हम अपना ख़ाली

समय स्क्रैबल और ब्रिज खेलकर बिताते थे। हमें टेलीविज़न पर खेल देखने में भी मज़ा आता था। मैं टेनिस के लिए पागल हूँ जबकि मेरे पति क्रिकेट को प्राथमिकता देते थे, जिसका मज़ा उठाना मैंने भी सीख लिया।

अब, 49 साल के साहचर्य के बाद इदराक चले गए हैं। प्रत्येक विवाह की तरह हमारे विवाह में भी उतार-चढ़ाव आए, लेकिन हम दोनों के मज़बूत व्यक्तित्व होने के बावजूद भी, हमारी निरंतर एकजुटता का रहस्य इस तथ्य में था हमने कभी भी एक-दूसरे के सकारात्मक गुणों को आँखों से ओझल नहीं होने दिया और हमारे दृष्टिकोण और धारणाओं के अंतर को समझने और समायोजित करने की कोशिश की। इस पुस्तक के युवा पाठकों को वैवाहिक जीवन के इस पहलू के बारे में सोचना चाहिए। तथापि, मुझे अपने जीवन की दिशा थोड़ी बदलनी होगी और उनके बिना जीना सीखना होगा। यह बहुत मुश्किल लगता है लेकिन मैं जानती हूँ मुझे वास्तविकता को स्वीकारकर आगे बढ़ना होगा।

मेरी बेटियां, नाती-नातिनें, और भाई-बहन अपने व्यस्त जीवन में से समय निकालकर मुझसे मिलने आते रहते हैं। इससे मसूरी के मेरे शांत जीवन में चहल-पहल छा जाती है।

मैं इस पुस्तक की समाप्ति अपने मित्रों, शिक्षकों, माता-पिता, और जिनके मैं संपर्क में आई, उन सभी के प्रेम, लगाव, और प्रोत्साहन का शुक्रिया अदा करते हुए करना चाहती हूँ; और सबसे ज्यादा मेरे पति का, जिन्होंने पिछली पीढ़ी के पुरुष और पुरुष प्रधान होने के बावजूद [वे खुद मज़ाक में कहते थे कि वे एक उग्र पुरुषसत्तावादी सूअर (एमसीपी) हैं], मेरे पेशेवर प्रयासों को प्रोत्साहन और समर्थन प्रदान किया।

मैं अपनी बेटियों हुमा, किरण, और निखत की आभारी हूँ जिन्होंने यह सुझाव दिया कि मैं अपनी कहानी लिखूं और यह बात मेरे दिल को छू गई। मैं विशेष रूप से हुमा को धन्यवाद देना चाहती हूँ जिसने इस विचार पर वाद-विवाद किया कि मैं अपने जीवन के बारे में लिखूं, हालाँकि—जैसा मैंने पहले ज़िक्र किया था—मुझे इस बारे में कोई ग़लतफ़हमी नहीं है कि मैं एक महत्वपूर्ण व्यक्ति हूँ लेकिन मैं उन सामाजिक बदलावों को दर्ज कराना चाहती थी जो मैंने अपने 80 वर्षों के जीवनकाल के दौरान देखे और अनुभव लिए थे। मुझे उम्मीद है कि यह पुस्तक उन बदलावों को दर्शाएगी जो मेरे समुदाय, क्षेत्र, और भारत में हुए हैं, हालाँकि अभी भी सामाजिक-आर्थिक और लिंग समानता में बहुत कुछ हासिल करना बाकी है। मैं यह उम्मीद करती हूँ कि मेरी पीढ़ी द्वारा शुरू किया गया लिंग समानता का संघर्ष तब तक जारी रहेगा जब तक हम एक ऐसा समाज हासिल नहीं कर लेते जहाँ प्रत्येक व्यक्ति—लिंग, जाति, और वर्ग का ख्याल किए बिना—समाज के हित के लिए अपनी क्षमता का पूरी तरह से उपयोग करने में सक्षम हो जाएगा।

और अंत में

एक पारसी कहावत है, "*हिम्मत-ए-मर्दा, मदद-ए-खुदा*" जिसका मतलब है कि एक पुरुष (या महिला) की हिम्मत को ईश्वर की मदद मिलती है। इस पुस्तक को लिखते समय मैं अक्सर इस कहावत के बारे में सोचती थी क्योंकि मैंने अपने सपनों और आकांक्षाओं को हासिल किया है, जिन्हें मेरी व्यक्तिगत परिस्थितियों और सामाजिक-सांस्कृतिक वातावरण ने बेजोड़ बना दिया है, और मैं महसूस करती हूँ कि कोई दैवी शक्ति मुझे एक निश्चित दिशा में निरंतर धकेल रही थी, जबकि तथ्य यह है कि मैं बहुत धार्मिक भी नहीं हूँ।

मैंने इस पुस्तक में उस समय के भारतीय मुस्लिम समाज और उत्तरप्रदेश प्रांत के अवध क्षेत्र के रीति-रिवाज़ों और प्रथाओं की झलक दिखाने की कोशिश की है, जिस समय मैं वहां बड़ी हो रही थी, और साथ ही बीसवीं सदी के उत्तरार्ध के ब्रिटिश समाज की भी झलक दिखाने की कोशिश की है, जब मैं तकरीबन 10 वर्ष तक लंदन में रही थी।

भारतीय मुस्लिम समाज बहुत ही सामंतवादी और साथ ही जाति और लिंग-भेदभावपूर्ण भी था, फिर भी उसमें खुद का एक लावण्य था। उसे अपनी *तहज़ीब*, शिष्टाचार के परिशोधन, सूक्ष्म हास्य के साथ विनम्र शिष्टाचार, उर्दू भाषा की मिठास और आतिथ्य के उच्च्च स्तर पर अभिमान था। मुझे याद है, मेरे पिताजी कहते थे कि आतिथ्य उनका धर्म था। समाज में बड़े-बुज़ुर्गों के प्रति सम्मान था और अन्य समुदायों के प्रति खुलापन था जहाँ हिंदू और मुस्लिम अपने तरह का जीवन शांति से जीते थे।

मैंने उन भारतीय मुस्लिमों की दुविधा को सामने लाने की कोशिश की है जिन्होंने भारत में, अपने पूर्वजों की धरती पर रहने का चुनाव किया था और जिनकी भारतीयता ने नवनिर्मित इस्लामी राज्य पाकिस्तान की तरफ की धार्मिक खिंचाई को जीत लिया था। उन्होंने स्वतंत्रता आंदोलन में भाग लिया था, अपने देश के विभाजन का विरोध किया था, और इसकी राजनीति और समाज का एक अभिन्न अंग रहे थे। धार्मिक आधार पर भारत के विभाजन ने उन्हें एक ऐसे देश में अल्पसंख्यक बना दिया जिसे वे अपना मानते थे, इस तथ्य के बावजूद भी कि इन मुस्लिमों के पास पाकिस्तान जाने का विकल्प था लेकिन फिर भी उन्होंने भारत में रहने का विकल्प चुना। मेरा परिवार बहुतों में ऐसा ही एक परिवार था जिसने भारत के विभाजन का विरोध किया था और अपनी जड़ों को पकड़कर पीछे रहने का फैसला लिया था। वे मुस्लिम जो

नवनिर्मित "इस्लामी राज्य" के लालच में पाकिस्तान चले गए थे, उनका उपमहाद्वीप के उस भाग के मूल निवासी, पंजाबी और सिंधियों द्वारा, स्वागत नहीं किया गया था। पाकिस्तान के अप्रवासी मुस्लिमों को एक अलग संस्कृति और भाषा के साथ समायोजन करने में कठिनाई महसूस हुई और वे पीछे छोड़ आई बातों को याद करते थे। उनमें से कुछ ने तो, जब तक संभव हो, लौटने का भी निर्णय लिया था।

मैंने यह भी दर्शाने का प्रयत्न किया है कि कैसे भारतीय मुस्लिमों और भारतीय ईसाईयों ने प्रमुख हिंदू रीति-रिवाजों और अनुष्ठानों को अपना लिया था जो भारतीय समाज की अत्यधिक पितृसत्तात्मक संरचना को दर्शाता है। कई रिवाज़ और अनुष्ठान जैसे कि जाति की चेतना और महिलाओं के साथ बर्ताव का पालन भारतीय मुस्लिम और भारतीय ईसाई भी करते हैं, जो कि उनकी धार्मिक शिक्षाओं के ख़िलाफ़ है। इनमें से सबसे अधिक प्रत्यक्षथीं, सामाजिक स्तरीकरण की प्रथाएं जो हिंदू जाति के अनुकूल थीं, लड़कियों पर परदा (अकेलापन) लादने का समाजीकरण, और विधवाओं के प्रति व्यवहार, जिसके बारे में मैंने कुछ विवरणों में लिखा है। यह गौर करना कुछ हद तक अच्छा है कि व्यापक प्रदर्शन और शिक्षा के चलते, मुस्लिम लड़कियों में भी, नारीवाद का उदय हुआ है, और इससे भी ज्यादा, भारतीय संविधान में समता और सामाजिक न्याय के आधुनिक विचार प्रतिष्ठापित किए गए हैं। बदलाव की प्रक्रिया शुरू हो गई है, हालांकि यह काफी धीमी गति से है।

भारतीय मुस्लिमों में, मुस्लिम पर्सनल लॉ की अभी भी जारी प्रथा मुस्लिम महिलाओं की प्रगति के रास्ते में एक गंभीर बाधा है, विशेष रूप से अब जब इस क़ानून को मुस्लिम पहचान का प्रतीक माना जाने लग गया है। इस बात से इंकार नहीं किया जा सकता कि वांछनीय परिवर्तन हो रहे हैं, जैसे कि विधवाओं के प्रति व्यवहार में बहुत सुधार हुआ है और उनपर लगाए गए बहुत से निजी प्रतिबंध हटा लिए गए हैं, पहले की तरह अब तलाक़ के साथ सामाजिक कलंक जुड़ा हुआ नहीं है, मुस्लिम लड़कियों और महिलाओं की शिक्षा उफान पर है हालाँकि अभी भी वे पीछे रह रहे हैं, और महिलाओं की नौकरी को भी सामाजिक रूप से पहले की बजाय अब अधिक सहन किया जा रहा है। एक उम्मीद यह की जाती है कि ऐसी प्रगतियां न केवल निरंतर बल्कि त्वरित भी होंगी, हालाँकि सांप्रदायिक कट्टरतावाद का उदय खतरा उत्पन्न करता है और कुछ प्रतिगामी संकेत भी दिखाई देते हैं।

मैंने जिस पारसी कहावत से शुरुआत की मैं उसे दोहराना चाहती हूँ, "*हिम्मत-ए-मर्दा, मदद-ए-खुदा*"। हम सबको, विशेषकर महिलाओं को, बाधाओं के बावजूद आगे बढ़ने की ताकत मिले। मैंने यह कर दिखाया है, और आप भी कर सकते हैं।

लेखिका के बारे में

धर्म से मानवतावादी, पेशे से समाजशास्त्री, विश्वास से नारीवादी, ज़रीना भट्टी की परवरिश आज़ादी-पूर्व के भारत में लखनऊ में एक पारंपरिक मुस्लिम परिवार में बुर्के (अकेलेपन) में की गई थी। वे नई दिल्ली के भारतीय महिला अध्ययन संस्था (आईएडब्ल्यूएस) और युवा महिला ईसाई संघ (वायडब्ल्यूसीए) की पूर्व अध्यक्ष हैं। उन्होंने भारत और विदेशों में भारतीय मुस्लिम महिलाओं और असंगठित क्षेत्रों में महिलाओं के मुद्दों पर व्यापक रूप से अनुसंधान किए हैं, प्रकाशन किए हैं और व्याख्यान दिए हैं। अंतर्राष्ट्रीय श्रम संगठन (आईएलओ) द्वारा आयोजित और प्रकाशित उनके अग्रणी अध्ययन, बीड़ी उद्योग में महिलाएं, को काफी मान्यता मिली। ज़रीना भट्टी ने लंदन स्कूल ऑफ़ इकोनॉमिक्स एंड पॉलीटिकल साइंस से समाजशास्त्र में बीए (ऑनर्स) की डिग्री प्राप्त की और दिल्ली विश्वविद्यालय में पढ़ाया है। उन्होंने आगे जाकर अंतर्राष्ट्रीय विकास के लिए संयुक्त राज्य संस्था (यूएसएआईडी), अंतर्राष्ट्रीय कृषि विकास निधि (आईएफएडी), और एशियाई विकास बैंक (एडीबी) के लिए लिंग विशेषज्ञ के रूप में काम किया है। उन्हें 2015 में देवी पुरस्कार से सम्मानित किया जा चुका है। काम से सेवानिवृत्त होने के बाद, वे भारत के उत्तराखंड राज्य के मसूरी में शांतिमय जीवन बिता रही हैं।